ALEXANDER
FEST
VERLAG

George Soros **Die offene Gesellschaft**
Für eine Reform des globalen Kapitalismus

Aus dem Amerikanischen von Bernhard Klöckener,
Susanne Kuhlmann-Krieg, Henning Thies
und Sebastian Vogel

Alexander Fest Verlag

Inhalt

Einleitung

Dieses Buch gehört in den Bereich der praktischen Philosophie; die Konzepte und Gedanken, die ich darin entfalte, sollen als Orientierung zum Handeln dienen. Mich selbst haben sie sowohl bei meiner erfolgreichen beruflichen Tätigkeit auf den Finanzmärkten als auch bei meinen philanthropischen Aktivitäten geleitet, und ich glaube, daß sie ebenso für die Gesellschaft insgesamt gelten können: Es geht um Prinzipien für eine offene Weltgesellschaft. Bei der Ausführung dieses ehrgeizigen Projektes ist ein weites Feld zu beackern, und die Argumentation muß gleichzeitig auf der philosophischen und der praktischen, der öffentlichen und der persönlichen Ebene erfolgen.

Auf der praktischen Ebene habe ich ein ganzes Netzwerk von Stiftungen gegründet, das sich der Förderung offener Gesellschaften verschrieben hat. Es umfaßt alle Länder im Einflußbereich der früheren Sowjetunion, und es erstreckt sich auch auf andere Teile der Welt: Südafrika, die zehn Staaten im südlichen Afrika, die sechzehn Staaten Westafrikas, Haiti, Guatemala, Birma und neuerdings Indonesien. Sogar in den USA gibt es ein Open Society Institute. Jede nationale Stiftung hat ein unabhängiges Kuratorium und ihre eigenen Mitarbeiter, die selbst Prioritäten setzen und die Verantwortung für alle Stiftungsaktivitäten im eigenen Land tragen. Sie unterstützen die Zivilgesellschaft, versuchen aber auch, mit den jeweiligen Regierungen zusammenzuarbeiten, denn demokratische und effiziente Regierungen sind ein zentraler Bestandteil einer offenen Gesellschaft. Nicht selten liegen die Stiftungen allerdings im Streit mit der Regierung oder einzelnen Regierungsaktivitäten. In manchen Ländern, namentlich in der Slowakei und in Kroatien, konnten sie die Zivilgesellschaft erfolgreich zum Widerstand gegen repressive Regime mobilisieren, in Weißrußland und Birma jedoch wurden sie verboten – sie operieren dort von außen –, und die serbische Stiftung beispielsweise arbeitet unter prekären Bedingungen. Zusätzlich haben wir übergreifende Programme in jenen Bereichen eingerichtet, in denen sich unser Netzwerk besonders engagiert: höheres Schulwesen und allgemeine Bildungspolitik; Gerichts- und Rechtswesen einschließlich des Strafvollzugs; öffentliches Gesundheitswesen (vor allem die Behandlung von Alkohol- und Drogensucht); Künste und kulturelle Institutionen; Bibliothekswesen; Medien (auch Verlage und Internet). Außerdem gilt unser Augenmerk der Jugendarbeit, dem Schutz schwacher Bevölkerungsgruppen (zum Beispiel geistig Behinderter) und dem Schutz von Minderheiten (besonders der Roma).

Seit geraumer Zeit gelte ich als eine Art Finanzguru, und in diesem Punkt kann ich mich über einen Mangel an Aufmerksamkeit nicht beklagen. Meine Ansichten zu politischen Fragen dagegen haben bislang nur wenig Beachtung gefunden. Finanzexperten gibt es viele; kaum jemand aber kümmert sich darum, wie Krisen gezielt verhindert werden können. Mit meinem Buch möchte ich nicht zuletzt diese Lücke füllen: Ich plädiere für eine weltweite Allianz der Demokratien, mit der sich die Entwicklung offener Gesellschaften in einzelnen Ländern fördern ließe und die gleichzeitig jene internationalen Rechtsnormen und Institutionen stärken könnte, die eine offene Weltgesellschaft voraussetzt.

Wir leben in einem globalen Wirtschaftssystem, das durch den freien Austausch von Gütern und Dienstleistungen und, mehr noch, durch die freie Bewegung von Kapital gekennzeichnet ist. Als Folge davon hängen Zinssätze, Wechselkurse und Aktienpreise in den verschiedenen Ländern eng miteinander zusammen, und die Weltfinanzmärkte üben enormen Einfluß auf die wirtschaftliche Lage jedes einzelnen Landes aus. Dem Finanzkapital kommt dabei eine besonders privilegierte Stellung zu. Kapital ist ohnehin beweglicher als andere Produktionsfaktoren, das Finanzkapital aber ist die mobilste aller Kapitalformen. Weil es so leicht abwandern kann, hat die Globalisierung der Finanzmärkte die Fähigkeit einzelner Staaten reduziert, das Kapital zu besteuern und zu regulieren. Angesichts der entscheidenden Rolle, die das internationale Finanzkapital für die Geschicke der einzelnen Länder spielt, läßt sich durchaus von einem kapitalistischen Weltsystem sprechen.

Heute kann man ohne zu zögern den Sieg des Kapitalismus verkünden – aber immer noch nicht den Sieg der Demokratie. Politik und Ökonomie stehen in einem krassen Mißverhältnis. Wir leben längst in einer globalisierten Wirtschaft, doch unsere Politik beruht nach wie vor auf dem Grundsatz nationalstaatlicher Souveränität. Wie lassen sich die Bedürfnisse einer offenen Weltgesellschaft mit denen souveräner Staaten vereinbaren? Das ist das dringlichste Problem, vor dem wir gegenwärtig stehen.

Kapitalismus und Demokratie gehen nicht zwangsläufig Hand in Hand. Zweifellos besteht ein Zusammenhang zwischen beiden; steigender Lebensstandard und die Bildung einer relativ wohlhabenden Mittelschicht wecken nicht selten das Bedürfnis nach Freiheit und Demokratie und sorgen häufig für größere politische Stabilität. Doch das geschieht nicht automatisch. Nur unfreiwillig lockern autoritäre Regime ihren Griff, und oft wird ihr Machterhalt durch eigene oder fremde Wirtschaftsinteressen begünstigt. Das läßt sich in vielen Ländern beobachten, vor allem dort, wo Öl oder Diamanten im Spiel sind. Kurz, die unheilige Allianz von Regierung und Wirtschaft stellt heute eine der größten Gefahren für Freiheit und Demokratie dar.

Dieses Phänomen ist natürlich nicht neu. Früher nannte man es Faschismus, und es war für Mussolinis Italien ebenso charakteristisch wie, wenn auch in jeweils unterschiedlichem Maße, für Hitlers Deutschland, Francos Spanien und Salazars Portugal. Heute sind die Erscheinungsformen vielfältiger, man kann sie allerdings in Fujimoris Peru genausogut erkennen wie in Mugabes Simbabwe, im Birma der SPDC und in Mahathirs Malaysia, um nur einige Beispiele zu nennen. Noch beunruhigender aber ist, daß der Zusammenbruch des Kommunismus in vielen Ländern, auch in Rußland, ebenfalls zu einer unseligen Vermischung von »Big Business« und Regierung geführt hat: Während man nach außen den Schein demokratischer Prozesse wahrt, werden in Wahrheit die Machtressourcen des Staates in den Dienst privater Interessen gestellt. Gleichzeitig kümmern sich die demokratischen Länder nicht besonders um die innenpolitischen Verhältnisse in anderen Staaten. Für sie haben meistens andere Fragen Vorrang. Dabei benötigen gerade die Menschen, die unter repressiven Regimen leben, Unterstützung von außen; oft ist das ihre einzige Hoffnung auf Rettung.

Der Kapitalismus hat große Erfolge vorzuweisen, wenn es darum geht, Reichtum und Wohlstand zu schaffen, aber wir können uns nicht darauf verlassen, daß er Freiheit, Demokratie und rechtsstaatliche Verhältnisse genauso sicherstellt. Profit ist der Motor der Wirtschaft, und deren Zweck liegt nicht darin, universale Prinzipien zu wahren und zu gewährleisten, sondern Gewinne zu erzielen. Das Management hat sich in erster Linie den Eigentümern des Unternehmens gegenüber zu verantworten, nicht irgendeiner nebulösen Einheit namens öffentliches Interesse – obwohl Unternehmen oft versuchen, oder wenigstens vorgeben, im Sinne der Öffentlichkeit zu handeln, weil das ihr Geschäft fördert. Wenn uns universale Grundsätze wie Freiheit, Demokratie und Rechtsstaat wirklich etwas bedeuten, dann dürfen wir sie nicht dem Spiel der Marktkräfte überlassen. Wir müssen andere Institutionen schaffen, um diese Prinzipien zu sichern.

All das mag selbstverständlich klingen, und doch muß es gesagt werden, denn die Überzeugung, Märkte könnten und würden alle unsere Bedürfnisse regeln und befriedigen, ist weit verbreitet. Im 19. Jahrhundert nannte man diesen Glauben *laissez faire*. Ich habe einen besseren Namen dafür gefunden: Marktfundamentalismus. Marktfundamentalisten behaupten, dem Gemeinwohl sei am besten gedient, wenn man jedermann gestatte, seine Eigeninteressen zu verfolgen. Das hört sich nach einer verlockenden Idee an – leider stimmt sie nur zur Hälfte. Für die Verfolgung privater Interessen eignen Märkte sich hervorragend, aber sie sind nicht dafür gemacht, die Interessen der Allgemeinheit zu schützen; ja, die Bewahrung der Marktmechanismen ist selbst ein öffentliches Interesse, eines von vielen. Schließlich konkurrieren Marktteilnehmer nicht deshalb miteinander, weil sie den freien Wettbewerb erhalten wollen, sondern um zu gewinnen; wenn sie könnten, würden sie den Wettbewerb ausschalten.

Früher war der Nationalstaat für den Schutz der öffentlichen Interessen zuständig, doch mit der Ausweitung der globalen Kapitalmärkte schrumpfte die Macht des Staates. Wenn sich das Kapital frei bewegen kann, läßt es sich nur auf die Gefahr hin besteuern und regulieren, daß man es aus dem Lande vertreibt, und da es für die Schaffung von Wohlstand zentrale Bedeutung hat, müssen sich die Regierungen den Forderungen des Kapitals beugen (oft zum Nachteil anderer Ziele und Erwägungen). Sonst übersteigt nämlich der mögliche Schaden leicht den Nutzen, den Steuern und Regulierungen einbringen können. Das wurde vor nicht allzu langer Zeit im Falle des deutschen Finanzministers Oskar Lafontaine deutlich, dessen Versuch, die Steuerlast der Wirtschaft zu erhöhen, spektakulär scheiterte.

In mancherlei Hinsicht ist diese Entwicklung durchaus zu begrüßen. Privatunternehmen sind bei der Schaffung von Wohlstand erfolgreicher als der Staat, und der globale freie Wettbewerb hat zu einem Anstieg der Produktivität geführt. Hinzu kommt, daß Staaten ihre

Macht oft mißbrauchen, während die Globalisierung dem einzelnen ein Maß an Freiheit einräumt, das kein Staat bieten könnte.

Allerdings gibt es auch eine Kehrseite: Dem Staat fällt es immer schwerer, die Funktionen zu erfüllen, an die seine Bürger sich gewöhnt haben. Das wäre nicht weiter schlimm, wenn man sich darauf verlassen könnte, daß die freien Märkte sämtliche Bedürfnisse regeln. Aber das ist offenkundig nicht der Fall. Einige unserer kollektiven Belange sind eigentlich selbstverständlich: Frieden und Sicherheit, Recht und Ordnung, Menschenrechte, Umweltschutz und irgendeine Form von sozialer Gerechtigkeit. Marktwerte dagegen bringen nur zum Ausdruck, was ein Marktteilnehmer einem anderen im freien Austausch für Güter oder Dienstleistungen zu zahlen bereit ist; über ihre gemeinsamen Interessen ist damit nichts gesagt. Folglich können menschliche und soziale Werte nur durch gesellschaftliche und politische Abmachungen zur Geltung kommen, selbst wenn diese weniger effizient sind als Märkte.

Sogar im Dienst individueller Interessen weist der Marktmechanismus bestimmte Grenzen und Unvollkommenheiten auf, die von den Marktfundamentalisten jedoch ignoriert werden. Finanzmärkte etwa sind ihrem Wesen nach instabil. Die Theorie des vollkommenen Wettbewerbs nimmt an, daß die Kurven von Angebot und Nachfrage unabhängig voneinander existieren. Wo beide aufeinandertreffen, müsse sich ein Gleichgewicht finden lassen. Doch die Voraussetzungen, auf denen das Gleichgewichtskonzept basiert, trifft man in der realen Welt selten an. In der Finanzsphäre sind sie sogar unerreichbar. Die Finanzmärkte streben danach, Wechsel auf eine Zukunft auszustellen, die davon abhängt, wie man sie momentan bewertet. Weil die Marktteilnehmer aber niemals alle notwendigen Informationen besitzen, kann das Ergebnis nur ungewiß sein. Darum muß – im Gegensatz zur Idee eines Marktmechanismus, der sich selbst ins Gleichgewicht bringt – die Stabilität der Finanzmärkte durch politische Maßnahmen gesichert werden.

Leider sind auch politische Maßnahmen unvollkommen, und so ist die Geschichte der Finanzmärkte durch periodisch wiederkehrende Krisen geprägt. Gleichwohl haben die fortgeschrittenen Industrieländer mit der Zeit Zentralbanken und hochdifferenzierte Regulierungssysteme entwickelt, mit denen die Instabilität in erträglichen Grenzen gehalten werden konnte. Der letzte große Zusammenbruch fand hier in den dreißiger Jahren des 20. Jahrhunderts statt. Die Lage in den Ländern an der Peripherie des kapitalistischen Weltsystems ist dagegen weniger gut: Für einige der aufstrebenden Märkte hatte die Finanzkrise der Jahre 1997 bis 1999 genauso verheerende Folgen wie die Große Depression der dreißiger Jahre für die USA.

Das internationale Finanzsystem läßt sich nicht länger auf der Basis nationaler Kompetenzen regeln. Am Ende des Zweiten Weltkriegs schuf man in Bretton Woods eine Reihe internationaler Institutionen, die allerdings auf eine Welt ohne frei fließende Kapitalströme zugeschnitten waren. Diese Institutionen haben tapfer versucht, sich den ständig wechselnden Verhältnissen anzupassen, konnten jedoch mit dem neuerdings rasanten Wachstum der internationalen Finanzmärkte nicht Schritt halten. Vergeblich stemmten sie sich der internationalen Finanzkrise von 1997 bis 1999 entgegen. Zum Glück blieben die Länder im Zentrum des kapitalistischen Weltsystems verschont, ja, sie profitierten sogar von der Not an der Peripherie, und die Weltwirtschaft hat sich schneller wieder erholt, als man es auf dem Höhepunkt der Krise erwarten konnte. Diese bemerkenswerte Widerstandskraft hat den Glauben an die Fähigkeit der Finanzmärkte zur Selbstkorrektur gefestigt. Gleichzeitig mußte der Internationale Währungsfonds (IWF), statt gestärkt aus der Krise hervorzugehen, eine Beschränkung seiner Macht und seines Einflusses hinnehmen. Dadurch wird die Weltwirtschaft aber nur noch anfälliger für die nächste Krise. Die Hoffnung, daß es keine weitere Krise mehr geben werde, widerspricht allen historischen Erfahrungen.

Die Unzulänglichkeiten der internationalen Finanzarchitektur werden allerdings durch die der internationalen politischen Architektur noch übertroffen. Die Tragödie des Zweiten Weltkriegs führte zur Gründung der Vereinten Nationen, mit deren Hilfe Frieden und Sicherheit in der Welt bewahrt werden sollten. Leider waren sie diesem hehren Anspruch nicht gewachsen, denn kaum hatten sie das Licht der Welt erblickt, da zerfiel die Welt in zwei feindliche Lager – angeführt von den USA und der Sowjetunion –, die militärisch wie ideologisch in einen Konflikt auf Leben und Tod verstrickt waren. Dennoch erkannte jede Seite, daß sie die lebenswichtigen Interessen der jeweils anderen Seite respektieren mußte, weil sie sich gegenseitig mit Atomwaffen auslöschen konnten. Auf diese Weise wurde der kalte Krieg zu einem Instrument der Stabilität – auf der Grundlage atomarer Abschreckung.

Das ebenso schreckliche wie wirkungsvolle Gleichgewicht zwischen Ost und West endete mit dem inneren Zusammenbruch des Sowjetimperiums. Damals gab es einen historischen Moment, in dem die Vereinten Nationen ihre ursprünglich geplante Funktion hätten übernehmen können, doch diese Gelegenheit wurde verschenkt, als sich die westlichen Demokratien nicht darüber einigen konnten, wie man im Bosnienkonflikt vorgehen sollte. Das System wurde instabil. Die Erfahrung zweier Weltkriege hat gezeigt, daß ein System, das auf der Souveränität von Staaten beruht, Frieden und Stabilität nicht sichern kann. Weil souveräne Staaten ihre Macht oft mißbrauchen, sollte eine Beschneidung dieser Macht eigentlich eine willkommene Entwicklung sein; insofern ist die gegenwärtige Stimmung zugunsten der Märkte und gegen den Staat berechtigt. Mit der Schwächung des souveränen Nationalstaats müßte allerdings eine entsprechende Stärkung internationaler Institutionen einhergehen, doch an diesem Punkt steht uns der Marktfundamentalismus, der sich der internationalen genauso wie der staatlichen Autorität widersetzt, im Wege.

Natürlich trifft die Schuld nicht nur den Marktfundamentalismus; der ungebrochene Glaube an die nationale Souveränität ist ebenso von Bedeutung. Die Vereinigten Staaten halten an ihrer Souveränität nachdrücklicher fest als die meisten anderen Länder. Als einzige verbliebene militärische Supermacht und als stärkste Wirtschaftskraft der Welt haben die USA zwar nichts dagegen, Abmachungen zu treffen, die, wie die Welthandelsorganisation, Märkte öffnen und gleichzeitig ihre eigenen Interessen bis zu einem gewissen Grade schützen, aber sie widersetzen sich hartnäckig jeder Einschränkung ihrer Souveränität auf anderen Gebieten. So sind sie zwar bereit, sich in die inneren Angelegenheiten bestimmter Länder einzumischen, nicht jedoch, sich selbst den Regeln zu unterwerfen, die sie anderen verordnen wollen.

Während sich die Vereinigten Staaten in der Rolle des Bewahrers hehrer Prinzipien gefallen, sehen andere darin nur die Arroganz der Macht. Es klingt vielleicht schockierend, aber ich glaube, daß die einseitig beherrschende Position, die die Vereinigten Staaten gegenwärtig einnehmen, eine ernsthafte Bedrohung für den Frieden und Wohlstand der Welt darstellt. Und doch könnten die USA leicht zu einem machtvollen positiven Faktor werden, wenn sie nur von der unilateralen zur multilateralen Haltung überwechseln würden. Die Welt braucht einige Regeln und Verhaltensmaßstäbe, und wenn die Vereinigten Staaten bereit wären, sich ebenfalls daran zu halten, könnten sie durchaus die Führungsrolle bei der Durchsetzung solcher Regeln übernehmen.

Leider ist die Abneigung der USA gegen multilaterale Vorgehensweisen nicht völlig unbegründet. Die meisten internationalen Institutionen funktionieren nicht richtig. Das liegt daran, daß es sich um Zusammenschlüsse von Staaten handelt, und Staaten haben – nach Richelieu – keine Prinzipien, sondern nur Interessen; entsprechend verhalten sie sich auch im Rahmen von internationalen Organisationen. Außerdem werden sämtliche Fehler und Mängel einer staatlichen Bürokratie in einer internationalen Bürokratie noch potenziert. Kurz, internationale Organisationen wie etwa die UNO sind ziemlich ungeeignet dafür, universale Prinzipien zu sichern und zu verteidigen. Das zeigt nicht zuletzt die UNO-Bilanz beim Schutz der Menschenrechte.

Ich glaube, daß internationale Institutionen nur dann besser funktionieren können, wenn sie die Unterstützung der Zivilgesellschaft haben. Staaten mögen prinzipienlos sein, aber demokratische Staaten beachten die Wünsche ihrer Bürger. Wenn die Bürger Prinzipien haben, können sie diese auch ihren Regierungen auferlegen, und aus diesem Grund setze ich mich für eine Allianz demokratischer Staaten ein: Sie hätte nämlich das aktive Engagement einer Bürgergesellschaft hinter sich, das dafür sorgen würde, daß die Regierungen den Prinzipien der Allianz treu bleiben. Hier liegt allerdings zugleich eine große Schwierigkeit: Die Demonstrationen in Seattle und Washington anläßlich der Welthandelskonferenz (November 1999) haben gezeigt, daß sich die Zivilgesellschaft durchaus *gegen* internationale Einrichtungen aktivieren läßt; es muß aber ein Weg gefunden werden, sie *zu ihren Gunsten* zu mobilisieren.

Eine Allianz demokratischer Staaten hätte zwei Ziele: Sie müßte erstens das internationale Recht und die internationalen Institutionen stärken und zweitens die Demokratie in den einzelnen Ländern fördern. Beide Ziele sind natürlich miteinander verbunden: Die Förderung der Demokratie müssen internationale Institutionen übernehmen, und den Schutz universaler Prinzipien kann man keinem einzelnen Land anvertrauen. Wann immer sich nämlich ein Konflikt zwischen universalen Prinzipien und Eigeninteressen ergibt, werden wahrscheinlich die letzteren siegen. (Diesen Punkt haben die Gründerväter der USA sehr gut verstanden, als sie die Verfassung der Vereinigten Staaten konzipierten.) Und doch liegt es im Interesse aller demokratischen Staaten, die Entwicklung von Demokratien auf der ganzen Welt zu fördern. In unserer heutigen globalen Gesellschaft mit ihren wechselseitigen Abhängigkeiten ergeben sich die meisten Konflikte nicht auf zwischenstaatlicher Ebene, sondern innerhalb einzelner Staaten. Demokratien können es nicht hinnehmen, daß die Menschenrechte völlig mißachtet werden, und früher oder später werden sie wahrscheinlich – wie in Jugoslawien – in solche innerstaatlichen Konflikte hineingezogen. Doch selbst wenn sie sich nicht unmittelbar hineinziehen lassen, müssen sie sich mit dem Zustrom von Flüchtlingen und verschiedenen anderen weitreichenden Folgen auseinandersetzen.

Eine Demokratie von außen errichten zu wollen hat freilich etwas Widersprüchliches an sich. Dieser innere Widerspruch läßt sich nur vermeiden, wenn die Einmischung von außen Vorteile bringt und darum freiwillig hingenommen wird. Soweit wie irgend möglich sollte sie aus Anreizen und konstruktivem Engagement bestehen. Ist ein Konflikt erst einmal ausgebrochen, dann läßt er sich nur schwer wieder in den Griff bekommen. Krisenprävention kann also gar nicht früh genug beginnen. Doch in den Frühstadien ist nicht leicht zu erkennen, was genau zu einer kritischen Zuspitzung führen wird, und darum besteht der beste Weg zur Krisenvermeidung darin, die Entwicklung von dem zu fördern, was ich unter offenen Gesellschaften verstehe. Ebendas versucht mein Netzwerk von Open Society Foundations zu tun. Durch den Aufbau offener Gesellschaften läßt sich die Wahrscheinlichkeit von Krisen, die eine Intervention von außen erfordern, wesentlich reduzieren. Und werden dennoch Strafaktionen unvermeidlich, so sind sie viel leichter zu rechtfertigen, wenn ihnen ein konstruktives Engagement vorangegangen ist.

Gegenwärtig verlassen wir uns viel zu sehr auf Strafmaßnahmen. Bezeichnenderweise handelt es sich bei der einzig wirksamen Allianz demokratischer Staaten um ein Militärbündnis – die Nato. Wir müssen die Nato aber durch eine politische Allianz ergänzen, und weil die Entwicklung einer offenen Gesellschaft eng mit Wohlstand zusammenhängt, muß eine solche Allianz zunächst wirtschaftliche Korrekturmaßnahmen ins Auge fassen.

Heute, nach der Nato-Intervention im Kosovo, sind solche Überlegungen besonders dringlich. Meines Erachtens war die Intervention nötig, aber sie muß sich dadurch rechtfertigen, daß sie eine bessere Zukunft für die Region sichert. Dazu müßte es der Europäischen Union jedoch gelingen, die Länder dieser Region einander näherzubringen, indem sie sie enger an Europa heranführt. Dieser Gedanke wird inzwischen weithin akzeptiert, und er findet seinen Ausdruck im Stabilitätspakt für Südosteuropa. Dessen Umsetzung muß für die EU zu den obersten Zielen gehören. Für mich hat diese Aufgabe zweifellos hohe Priorität. Ganz allgemein gesagt, setze ich mich für eine konzertierte Aktion der wirtschaftlich starken Demokratien ein, um die Entwicklung der Demokratie in den schwächeren Teilen der Welt zu fördern – in Form von technischer Hilfe und konkreten ökonomischen Anreizen. Wirtschaft und Politik lassen sich nicht trennen: Amartya Sen argumentiert überzeugend, daß der Maßstab für Entwicklung das Maß an Freiheit sein sollte, nicht das Bruttosozialprodukt eines Landes.[1]

Zu den Mitgliedern einer solchen Allianz würden die USA gehören, die Europäische Union und eine ausreichende Zahl demokratischer Länder von der Peripherie des kapitalistischen Weltsystems – anderenfalls könnte sich die Allianz in ein Instrument zur Beherrschung und Ausbeutung der Schwächeren verwandeln. Das problematischste Mitglied wären dabei die Vereinigten Staaten, weil sie sich, wie gesagt, weigern, die Regeln, auf die sie andere festlegen wollen, auch selbst zu beachten. Sie hätten indes von einer Allianz, wie sie mir vorschwebt, nichts zu befürchten, denn diese könnte ohne die Teilnahme der USA überhaupt nicht funktionieren. Gleichwohl wäre eine grundlegende Neuorientierung der US-Politik – weg vom Unilateralismus und hin zum Multilateralismus – erforderlich. Natürlich geht mein Vorschlag den Marktfundamentalisten gegen den Strich, schließlich hat sich die Auslands- und Entwicklungshilfe in Afrika, neuerdings auch in der Sowjetunion und ihren Nachfolgestaaten, als schwerer Fehlschlag erwiesen. Dem Stabilitätspakt für Südosteuropa droht das gleiche Schicksal. Doch die Tatsache, daß etwas nicht funktioniert, bedeutet noch nicht, daß die zugrundeliegende Idee aufgegeben werden sollte. Vielmehr müssen wir die Ursachen unseres Scheiterns untersuchen und bessere Strategien entwickeln. So wie sie heute gehandhabt wird, orientiert sich die Auslands- und Entwicklungshilfe allzuoft an den Bedürfnissen der Geberländer, nicht an denen der Empfängerländer. Und aufgrund meiner eigenen Erfahrungen in Staaten wie Rußland kann ich bestätigen, daß wirtschaftliche Hilfe von außen durchaus effizient sein kann.

Das kapitalistische Weltsystem hat zu äußerst ungleichen Verhältnissen geführt; die Schere zwischen Arm und Reich öffnet sich immer weiter. Das ist gefährlich, denn ein System, das seinen Verlierern nicht ein Minimum an Hoffnung und Sicherheit bietet, ist für Verzweiflungstaten anfällig. Wenn wir dagegen jenen Ländern ökonomische Anreize bieten, die bereit sind, diese zu ihrem Vorteil zu nutzen, schaffen wir ein wirkungsvolles Werkzeug für die Krisenprävention. Anreize fördern die wirtschaftliche und politische Entwicklung. Und daraus, daß solche Anreize auch entzogen werden können, ergibt sich eine Handhabe gegen Regierungen, die sich weigern mitzuspielen.

Leider bietet die heute herrschende Weltfinanzstruktur den weniger Begünstigten so gut wie keine Unterstützung. Im Gegenteil: Nach der Finanzkrise der letzten Jahre versucht man, mehr Marktdisziplin durchzusetzen. Doch wenn die Finanzmärkte ihrem Wesen nach instabil sind, bedeutet mehr Marktdisziplin zugleich mehr Instabilität – und wieviel Instabilität können Gesellschaften verkraften?

Jetzt, wo wir Weltfinanzmärkte haben, brauchen wir auch eine

Weltzentralbank und einige weitere internationale Finanzinstitutionen, deren Aufgabe ausdrücklich darin besteht, die Finanzmärkte vor schweren Turbulenzen und Verwerfungen zu bewahren. Jede Kreditvergabe, die auf einen Kreditgeber letzter Instanz vertrauen kann, ist freilich mit einem gewissen Maß an moralischer Gefahr (»Moral Hazard«) verbunden, und gegenwärtig lautet der Schlachtruf der Marktfundamentalisten, daß die moralische Gefahr auszuschließen sei. Das führt nicht zuletzt dazu, daß Kompetenz, Größe und Funktion des Internationalen Währungsfonds eingeschränkt werden. Zweifellos wird diese Beschränkung das Risiko einer exzessiven Kreditvergabe an aufstrebende Märkte verhindern, doch ich fürchte, dafür kommt die nächste Krise aus der entgegengesetzten Richtung: als Ergebnis eines unzureichenden Kapitalflusses in weniger entwickelte Länder.

Die vom US-Kongreß eingesetzte Meltzer-Kommission empfiehlt, die Weltbank von einer Kreditvergabe- in eine Subventionsvergabeagentur für die ärmsten Staaten der Welt umzuwandeln. Das ist eigentlich eine großartige Idee, allerdings zielen die Vorschläge der Meltzer-Kommission auf eine Verkleinerung der Weltbank ab; das nicht benötigte Kapital soll an die Anteilseigner zurückgegeben werden, und das würde einen umfangreichen Ressourcentransfer, weg von den Armen, hin zu den Reichen, bedeuten. Meines Erachtens sollte man das nicht verbrauchte Kapital vielmehr produktiv nutzen, indem man die Vergabe von Subventionen und Kreditbürgschaften durch die Weltbank steigert. Gerade darum geht es der Meltzer-Kommission indes nicht. Ähnlich würde ich im Hinblick auf die Welthandelsorganisation argumentieren. Zwar besteht ein dringender Bedarf an Arbeits- und Umweltschutzmaßnahmen, die armen Länder können sich solche Maßnahmen jedoch einfach nicht leisten. Statt Sanktionen sollte es deshalb eher Anreize geben, die es weniger wohlhabenden Staaten ermöglichen, sich an die Abmachungen zu halten.

Eine Allianz von Demokratien ist auf unterschiedliche Weisen denkbar. Man könnte versuchen, bereits existierende Institutionen wie die Weltbank oder sogar die UNO zu reformieren, man könnte aber auch informeller operieren und sich spezifischen Problemgebieten oder Problemländern widmen. Jedenfalls hätte man eine bessere Chance, die Vereinten Nationen zu reformieren, als je zuvor – eben weil man entweder innerhalb der UNO oder von außen operieren könnte, je nachdem ob sich die Mitgliedsstaaten weigern mitzuziehen. Wie auch immer, erfolgreich könnte die Allianz nur sein, wenn sich ihre Mitglieder untereinander einigen, und das wiederum heißt, daß einige Grundregeln für eine offene Weltgesellschaft festgelegt werden müssen.

Den Begriff »offene Gesellschaft« hat Henri Bergson in seiner 1932 veröffentlichten Abhandlung ›Die beiden Quellen der Moral und der Religion‹ geprägt. Nach Bergson ist die eine Quelle stammesgebunden, die andere universal; jene führt zu einer geschlossenen, diese zu einer offenen Gesellschaft. Weiterentwickelt wurde das Konzept dann von Karl Popper in seinem Buch ›Die offene Gesellschaft und ihre Feinde‹ (1945), worin er die These vertrat, die offene Gesellschaft sei von Ideologien bedroht, die universale Gültigkeit reklamieren und behaupten, im Besitz absoluter Wahrheit zu sein. Popper gab dem Begriff der offenen Gesellschaft eine epistemologische Grundlage – unseren von Natur aus unvollkommenen Verstand. Ideologien, die Anspruch auf die letztgültige Wahrheit erheben, stellen für die offene Gesellschaft vor allem deshalb eine Bedrohung dar, weil sich dieser Anspruch nur mit Zwang und Gewalt durchsetzen läßt.

Bergsons Ansatz leistet gute Dienste, wenn man ethnische Konflikte wie die in Jugoslawien verstehen will; Popper kann die Bedrohungen erhellen, die von totalitären Regimen wie in NS-Deutschland oder der Sowjetunion ausgehen. Während des Zweiten Weltkriegs und danach ließ sich das Konzept einer offenen Gesellschaft am leichtesten verstehen, indem man es geschlossenen Gesellschaften gegenüberstellte, die auf totalitären Ideologien wie Faschismus und Kommunismus basierten. Und dies galt bis zum Zusammenbruch des Sowjetreiches im Jahre 1989.

Seither hat sich die Situation verändert. Der Zusammenbruch des Kommunismus hat nicht automatisch zur Herausbildung einer offenen Gesellschaft geführt, und es besteht nicht länger eine einfache Dichotomie zwischen offener und geschlossener Gesellschaft. Sie greift zu kurz, weil der offenen Gesellschaft aus einer ganz unerwarteten Richtung Gefahr droht: durch die ungehemmte Verfolgung von Eigeninteressen. Wir sind gewohnt, in autoritären Strukturen – einer repressiven Regierung oder einer Ideologie, die den Anspruch erhebt, im Besitz der absoluten Wahrheit zu sein, und diese mit allen Mitteln durchzusetzen versucht – das Haupthindernis für eine offene Gesellschaft zu sehen, seien sie religiöser oder weltlicher Natur. Doch jetzt erweist sich, daß der Mangel an Autorität und das Fehlen eines sozialen Zusammenhalts genauso schwächend wirken können. Die Auflösung der Sowjetunion hat gezeigt, wie bedrohlich auch ein kraftloser Staat für die Freiheit sein kann.[2]

In meiner Studienzeit, kurz nach dem Zweiten Weltkrieg, habe ich Poppers Konzept der offenen Gesellschaft begierig aufgegriffen. Als ungarischer Jude, der zuerst der Vernichtung durch die Nazis und dann dem Kommunismus entkommen war, lernte ich schon früh, welche Macht von einem gesellschaftlichen System ausgeht – und wie wichtig seine jeweilige Form für den einzelnen ist. Poppers Dichotomie zwischen offenen und geschlossenen Gesellschaften schien mir von grundlegender Bedeutung zu sein. Sie beleuchtete nicht nur die fundamentalen Unzulänglichkeiten totalitärer Ideologien, sie erhellte auch einige elementare philosophische Probleme. Poppers Philosophie war es, die mich bei der Gründung der Open Society Foundations leitete.

Ich war aktiv an der Revolution beteiligt, die das Sowjetsystem hinwegfegte, und diese Erfahrung hat mich gezwungen, das Konzept der offenen Gesellschaft von Grund auf neu zu durchdenken. Damit komme ich zu den philosophischen Aspekten meines Buches.

Ich beginne damit, die Beziehung zwischen Denken und Realität zu untersuchen. Letztlich stehe ich weder auf der Seite des Realismus noch auf der des Idealismus; vielmehr möchte ich einen Ausgleich zwischen beiden finden: Es gibt eine Realität, aber wir können sie mit unserem Verstand nicht vollkommen erfassen. Auch wenn unsere Sicht auf die Welt sich dieser durchaus nähern kann, so wird sie ihr doch niemals ganz entsprechen. Deshalb gehe ich – statt mich in das Wesen der Realität oder die Natur letzter Wahrheiten zu vertiefen – lieber von der Prämisse aus, daß wir die Welt, in der wir leben, prinzipiell nicht vollkommen begreifen können. Wir sind ein Teil der Welt, die wir verstehen wollen, und unser mangelndes Verständnis von ihr prägt die Vorgänge, an denen wir beteiligt sind: Beide Bereiche interagieren miteinander, und dadurch gelangt in jeden von ihnen ein Element der Unbestimmtheit. Folglich können wir unsere Entscheidungen nicht auf vollständig gesichertes Wissen gründen, und unsere Handlungen haben leicht unbeabsichtigte Konsequenzen. Diese Effekte beeinflussen und steigern sich gegenseitig. Ich nenne einen solchen Rückkopplungsmechanismus »Reflexivität«. Er ist der Grundstein meines Theoriegebäudes.
Das Konzept der Reflexivität ist im Grunde offenkundig, es hat aber Implikationen, die nicht allgemein akzeptiert werden. Es führt nämlich zu einer Spaltung von Natur- und Sozialwissenschaften, und es unterminiert zugleich die Postulate, auf denen die wirtschaftswissenschaftliche Theorie basiert: rationales Verhalten im allgemeinen und rationale Erwartungen im besonderen. Daraus resultiert eine von der gängigen ökonomischen Theorie radikal abweichende Interpretation der Art und Weise, wie Finanzmärkte operieren. Und

das ist einer der Fälle, wo mein Begriffssystem praktische Implikationen hat.

In meinem Buch gehe ich über eine Kritik der allgemein akzeptierten Ideen hinaus. Ich verwende die Konzepte der Fehlbarkeit und der Reflexivität, um eine Theorie der Geschichte zu formulieren. Finanzmärkte interpretiere ich als historische Prozesse, und ich benutze sie als Testlabor für meine Theorie. Bei diesen Experimenten kommen – anders als bei den mathematischen Gleichungen, die in der ökonomischen Theorie das Marktgleichgewicht definieren – keine exakt festgelegten Ergebnisse heraus. Das diskreditiert meine Interpretation bei vielen Ökonomen, aber ich behaupte, wir sollten besser akzeptieren, daß Finanzmärkte ihrem Wesen nach unberechenbar sind, als weiter an einer falschen Theorie festzuhalten.

Für mich ist die Geschichte ein reflexiver Prozeß, in dem die von Vorurteilen mitbestimmten Entscheidungen der Teilnehmer mit einer Realität interagieren, die von den am historischen Geschehen Beteiligten nicht vollends verstanden wird. Die durch die Interaktion ausgelöste Dynamik kann sich selbst verstärken oder sich selbst korrigieren, wobei eine sich selbst verstärkende Bewegung irgendwann abbrechen muß: Sie wird früher oder später an die von der Realität gesetzten Grenzen stoßen, aber sie kann lange genug andauern und weit genug reichen, um tiefgreifende Veränderungen in der Wirklichkeit hervorzurufen. Wenn sie an ihre Grenzen stößt und unhaltbar wird, löst sie möglicherweise eine entgegengesetzte, sich gleichfalls selbst verstärkende Bewegung aus. Solche Prozesse lassen sich auf den Finanzmärkten gut beobachten, doch ihr Ausmaß, ihre Dauer und ihr tatsächlicher Verlauf bleiben unbestimmt und ungewiß.

Wenn ich versuche, dieses Modell auf die Geschichte im allgemeinen anzuwenden, wird meine Interpretation eigenwilliger. Dennoch kann sie auch hier erhellend sein – vorausgesetzt, man nimmt sie nicht zu ernst. Leider habe ich mich selbst nicht immer an diesen

Ratschlag gehalten. Weniger unverbindlich gemeint ist meine Vorstellung davon, wie eine Gesellschaft organisiert sein sollte. Ich entwickle das Konzept einer offenen Gesellschaft als einer Vereinigung freier Individuen, die in einem gesetzlich geregelten Rahmen gegenseitig ihre Rechte respektieren.[3]

Der Marktfundamentalismus ist der Idee einer offenen Gesellschaft nicht so schroff entgegengesetzt, wie es totalitäre Ideologien vom Schlage des Faschismus und des Kommunismus waren. Es handelt sich vielmehr um eine Verzerrung des Konzepts, um eine unangemessene Übertreibung eines Einzelaspekts. Doch dadurch wird diese Doktrin nicht weniger bedrohlich. Unabsichtlich und ohne es zu merken, gefährdet sie die offene Gesellschaft, indem sie die Funktionsweise von Märkten mißversteht und ihnen eine zu große Bedeutung beilegt. Marktfundamentalisten glauben an die individuelle Freiheit – in der Tat ein Eckpfeiler der offenen Gesellschaft –, sie überschätzen dabei allerdings die Verdienste des Marktmechanismus. Sie sind überzeugt, daß effiziente Märkte die beste Verteilung der Ressourcen garantieren und daß jede Intervention, ganz gleich ob seitens des Staates oder seitens internationaler Institutionen, schädlich sei. Weil diese Denkweise so viel Einfluß gewonnen hat, stellt sie heute für eine offene Weltgesellschaft eine größere Bedrohung dar als der Kommunismus oder der Sozialismus, die sich längst gründlich diskreditiert haben.

Als Verfechter einer offenen Gesellschaft möchte ich klarstellen, daß ich gegen den Kapitalismus als solchen nichts einzuwenden habe. Die Konzepte der offenen Gesellschaft und der Marktwirtschaft hängen eng miteinander zusammen, und der globale Kapitalismus hat uns einer offenen Weltgesellschaft näher gebracht. Aber Märkte sind nicht vollkommen. Sie können nur individuelle, nicht aber gesellschaftliche Bedürfnisse befriedigen, und selbst die Allokation von Ressourcen kann man ihnen nicht überlassen: Finanzmärkte sind ihrem Wesen nach instabil. Das heißt nicht, daß wir den Kapitalismus abschaffen sollten; vielmehr sollten wir uns bemühen, seine Fehler und Unzulänglichkeiten zu korrigieren.

Der Kommunismus hat versucht, den Marktmechanismus auszuschalten und alle wirtschaftlichen Aktivitäten kollektiver Kontrolle zu unterwerfen. Der Marktfundamentalismus will kollektive Entscheidungsprozesse abschaffen und alle politischen und sozialen Werte den Marktwerten unterordnen. Beide Extreme sind falsch. Wir müssen uns damit abfinden, daß alle menschlichen Konstrukte fehleranfällig sind und daß Perfektion unsere Möglichkeiten als Menschen übersteigt. Deshalb müssen wir uns mit dem Zweitbesten zufriedengeben: mit einer unvollkommenen Gesellschaft, die sich stets für Verbesserungen offenhält – und das kapitalistische Weltsystem hat Verbesserungen dringend nötig.

Damit habe ich keine vollständige Zusammenfassung meines Buches gegeben. Trotzdem sollte deutlich geworden sein, daß darin eine Fülle – womöglich sogar eine Überfülle – von Themen zur Sprache kommen soll. Vielleicht wäre es sinnvoller gewesen, sich auf weniger zu konzentrieren, aber mein Gedanken- und Begriffssystem weist einen inneren Zusammenhang auf, und es fällt mir schwer, isolierte Punkte hervorzuheben. Ich halte das für eine Schwäche in der Anlage des Buches, denn da ich von der radikalen Fehlbarkeit ausgehe, dürften nicht alle meine Thesen gleichermaßen überzeugend sein.

Die Schwäche betrifft jedoch nicht meine Argumentation selbst – die verschiedenen Punkte hängen nicht logisch voneinander ab –, sie geht vielmehr auf meine eigenen Vorlieben zurück. Auf einer persönlichen Ebene gesehen, handelt es sich bei diesem Buch um mein Lebenswerk. Ich habe es als Student begonnen, und es ist immer noch nicht abgeschlossen. Ich zögere, es loszulassen. Manches, was ich hier vortrage, habe ich schon anderswo geäußert, aber ich glaube, daß ich es mittlerweile besser akzentuieren kann.

Ich habe einen angeheirateten Onkel, Tamas Losonczy, der sein Leben lang als abstrakter expressionistischer Maler in Ungarn tätig war. Bis vor kurzem war dort der abstrakte Expressionismus verboten, und so fühlte mein Onkel sich gezwungen, seine Hauptthemen in all seinen Gemälden ständig zu wiederholen. Dadurch wirkten seine Bilder überladener und komplexer als vergleichbare Werke aus dem Westen. Mir geht es mit meiner Philosophie so ähnlich wie ihm mit seinen Bildern, und ich fürchte, ich leide vielleicht an demselben Syndrom wie er: dem Zwang, bereits früher formulierte Argumente wiederholen zu müssen, weil ich nicht das Gefühl habe, daß meine Botschaft wirklich durchgedrungen ist. Ich kann mich natürlich täuschen. Meine These etwa, daß der Aspekt der Reflexivität in der ökonomischen Theorie zu kurz komme, war 1987, als ich ›Die Alchemie der Finanzen‹ veröffentlichte, wohl berechtigt, aber manche Wirtschaftswissenschaftler behaupten, das habe sich inzwischen geändert. Dennoch kann ich ihrer Kritik entnehmen, daß der Hauptpunkt des Reflexivitätsgedankens – nämlich die prinzipielle Unberechenbarkeit der Finanzmärkte – immer noch nicht allgemein akzeptiert wird, denn man wirft mir vor, mit meiner Theorie ließen sich keine gültigen Voraussagen machen.

Die Tatsache, daß die Hauptgedanken aus meiner lebenslangen Beschäftigung mit all jenen Themen in dieses Buch geflossen sind, macht es zu keiner leichten Lektüre. Ich hoffe jedoch, daß sich die Mühe trotzdem lohnt, und ich denke, daß ich zu einigen öffentlich bedeutsamen Fragen durchaus etwas·zu sagen habe. Neben dem Konzept der offenen Gesellschaft und meinem Vorschlag einer Allianz der Demokratien sind mir folgende Punkte wichtig:

- das Konzept der Reflexivität;
- die Arbeitshypothese der radikalen Fehlbarkeit;
- die Unterschiede zwischen Natur- und Sozialwissenschaften;
- die Kritik der Gleichgewichtstheorie in den Wirtschaftswissenschaften und die Grundzüge eines neuen Paradigmas;

- die Erörterung, wie Marktwerte in Bereiche eindringen, in denen sie eigentlich nichts zu suchen haben;
- die Kritik des Marktfundamentalismus;
- das Konzept der gleichgewichtsfernen Situationen;
- das Konzept der fruchtbaren Irrtümer;
- die Interpretation der Finanzmärkte als eines historischen Prozesses, bei dem die Resultate von den Erwartungen abweichen;
- die Unterscheidung zwischen der Aufstellung von Regeln und deren Befolgung sowie die These, daß wir uns in der Politik (anders als auf den Märkten) vom Begriff des Gemeinwohls leiten lassen müssen, *selbst wenn andere das nicht tun*;
- die Erforschung des Unterschieds zwischen Zentrum und Peripherie des kapitalistischen Weltsystems;
- die Untersuchung der neuen Weltfinanz- und weltpolitischen Architektur.

Die Schwierigkeiten, die mit diesem Buch verbunden sind, werden durch seine Entstehungsgeschichte noch vergrößert. Die gedankliche Keimzelle ist ein Artikel, den ich 1997 in der Februar-Ausgabe von ›Atlantic Monthly‹ unter dem Titel ›Die kapitalistische Bedrohung‹ veröffentlicht habe. Die Tatsache, daß hier ein Erzkapitalist den Kapitalismus kritisierte, sorgte für beträchtliches Aufsehen, und so entschloß ich mich, den Artikel zu einem Buch zu erweitern. Während ich daran arbeitete, brach im Juli 1997 eine große internationale Finanzkrise von der Art aus, vor der ich gewarnt hatte und weiter warnen wollte. Ich hatte also das Gefühl, daß ich etwas Dringendes und Wichtiges zu diesem Thema zu sagen hatte. Als in Rußland im August 1998 das Bankensystem zusammenbrach und die Inlandsschulden nicht länger bedient werden konnten, glaubte ich, das globale Finanzsystem werde nun aus den Fugen geraten, und beschloß daher, mein Buch unverzüglich in Druck zu geben.

Es erschien im November 1998 unter dem Titel ›Die Krise des globalen Kapitalismus. Offene Gesellschaft in Gefahr‹. Als die amerikanische Paperback-Ausgabe anstand, begann ich mit der Revision, und die Überarbeitung wurde schon bald so grundlegend und umfangreich, daß sie auf ein neues Buch hinauslief.

Von heute aus gesehen, lag ich mit meiner Katastrophenprognose falsch, darum stehe ich nicht unversehrt da. Wenn ich im Jahr 2000 zurückschaue, scheint mir, daß mir zwei wesentliche Fehlurteile unterlaufen sind. Zum einen habe ich die Fähigkeit der Finanzbehörden unterschätzt, eine Katastrophe abzuwenden, die auf das Zentrum des weltkapitalistischen Systems zukam: Ich betonte doch gerade die Ungleichheit von Zentrum und Peripherie, und die Tatsache, daß die Federal Reserve die amerikanische Wirtschaft erfolgreich beschützen konnte, während dem Internationalen Währungsfonds dasselbe für die Volkswirtschaften an der Peripherie nicht gelang, führte ebenjene Ungleichheit deutlich vor Augen. Das hätte ich eigentlich vorhersehen müssen.

Die zweite Fehleinschätzung bestand darin, daß ich die Auswirkungen der technologischen Revolution ignorierte. Diese war nämlich mit Sicherheit ein wichtiger Faktor, mit dessen Hilfe das Zentrum die Probleme an der Peripherie abzuschütteln vermochte. Gleichzeitig mit dem Zusammenbruch auf den aufstrebenden Märkten der Peripherie gab es nämlich einen Internet-Boom. Wie konnte mir das nur entgehen? Ich ließ mich dadurch täuschen, daß es schon im 19. Jahrhundert, einer ebenfalls weltkapitalistischen Epoche, vergleichbare technische Fortschritte – Eisenbahn, Elektrizität, Telefon – gegeben hatte. Aber bereits damals verursachten die neuen Technologien Auf- und Abschwünge. Hier lag ein wesentlicher Irrtum in meiner Analyse, und ich kann ihn jetzt nicht einfach löschen, ohne die historische Wahrheit zu verfälschen. Ich kann ihn nur in aller Form eingestehen.

Trotz dieser Fehler bin ich überzeugt davon, daß mein Ansatz immer noch tragfähig genug ist, um eine Umarbeitung des Buches zu rechtfertigen. Zum ersten Mal in meinem Leben erfuhren meine

Ideen ernsthafte kritische Aufmerksamkeit, und ich habe von dieser Kritik sehr profitiert. Und da die Anerkennung von Fehlern im Zentrum meines Ansatzes steht, habe ich sämtliche Einwände aufgegriffen, die ich für berechtigt hielt. Darüber hinaus hat sich der Schwerpunkt vom Ökonomischen ins Politische verlagert. ›Die Krise des globalen Kapitalismus‹ fand vor allem wegen meiner Äußerungen zur Finanzkrise Beachtung – kaum verwunderlich angesichts der damals herrschenden Umstände und meiner notorischen Berühmtheit als Finanzspekulant. Was ich dagegen zum »Nichtmarktsektor« zu sagen hatte, stieß auf weniger Interesse. Bei der Arbeit am vorliegenden Buch verspürte ich deshalb den dringenden Wunsch, meine Ansichten zur sicherheits- und weltpolitischen Architektur eingehender zu erläutern.

Problematisch war dabei, daß ich durch eine Revision meiner ursprünglichen Analyse der Krise von 1997 bis 1999 aus heutiger Sicht die historische Wahrheit verfälscht hätte. Darum habe ich beschlossen, in jenen Passagen des Buches, die sich damit befassen, den ursprünglichen Text weitgehend beizubehalten. Diese Lösung hat die Struktur des Buches nicht vereinfacht, aber zum Ausgleich möchte ich hier einen kurzen Wegweiser anfügen. Im ersten Kapitel stelle ich die Begriffe Reflexivität und Fehlbarkeit vor. Daran schließt sich im zweiten Kapitel eine Erörterung der wissenschaftlichen Methodik an. In Kapitel drei untersuche ich Stichhaltigkeit und Bedeutung des Reflexivitätskonzepts im Testlabor der Finanzmärkte und stütze mich dabei auch auf Material aus meinem früheren Buch ›Die Alchemie der Finanzen‹. Das vierte Kapitel bietet den Versuch einer Geschichtstheorie, die auf der reflexiven Beziehung zwischen dem Denken der Personen und den Ereignissen, an denen sie beteiligt sind, beruht. Aufgrund der Fehlbarkeit ist ein Gleichgewicht unmöglich. Es bleiben drei Möglichkeiten: das Beinahegleichgewicht einer offenen Gesellschaft, das statische Ungleichgewicht einer geschlossenen Gesellschaft und das dynamische Ungleichgewicht eines revolutionären Umschwungs. Im fünften Kapitel folgt eine Erörterung der idealtypischen offenen Gesellschaft, und in Kapitel sechs setze ich mich mit dem Problem der sozialen Werte auseinander, wobei ich die Unterscheidung zwischen der Aufstellung von Regeln und deren Einhaltung einführe. Damit ist im ersten Teil des Buches der begriffliche Rahmen gezogen.

Im zweiten Teil wird dieser begriffliche Rahmen auf den gegenwärtigen historischen Augenblick angewendet. Doch die Zeit steht nicht still. Wie schon erwähnt, habe ich mit der Niederschrift von ›Die Krise des globalen Kapitalismus‹ begonnen, ehe die Finanzkrise der Jahre 1997 bis 1999 zum Ausbruch kam; ich brachte das Buch heraus, gerade als sich die Krise auf ihrem Höhepunkt befand. Seither habe ich vieles neu durchdacht und revidiert, was im vorliegenden Buch seinen Niederschlag gefunden hat. Kapitel sieben bietet einen analytischen Überblick über das kapitalistische Weltsystem. Das achte Kapitel befaßt sich mit der Finanzkrise von 1997 bis 1999. In Kapitel neun geht es um den gescheiterten Übergang Rußlands von einer geschlossenen zu einer offenen Gesellschaft. Kapitel zehn enthält eine Darstellung der Weltfinanzarchitektur und Vorschläge zu ihrer Verbesserung. Kapitel elf widmet sich am Beispiel der Auflösung Jugoslawiens der weltpolitischen Architektur, und Kapitel zwölf schließlich untersucht die Aussichten für eine offene Weltgesellschaft.

Aus Gründen der historischen Treue und Genauigkeit wurde der Text von Kapitel sieben und acht weitgehend unverändert übernommen. Die übrigen Kapitel bringen meine gegenwärtigen Ansichten zum Ausdruck. Gleichwohl bleibe ich nach wie vor offen für Kritik und bin zu weiteren Revisionen bereit. Gerne hätte ich die Arbeit an diesem Buch noch fortgesetzt, doch am Ende stand wieder ein Abgabetermin im Raum. Aber wie gesagt: Ich sehe darin mein Lebenswerk, und ich werde mein Leben lang daran weiterarbeiten.

ERSTER TEIL

Kapitel 1   Denken und Realität

Das Konzept der offenen Gesellschaft basiert auf der Einsicht, daß unser Weltverständnis von Natur aus unzulänglich ist. Wer behauptet, im Besitz der absoluten Wahrheit zu sein, erhebt einen unbegründeten Anspruch, den er nur aufrechterhalten kann, wenn er seine Sichtweise Andersdenkenden aufzwingt. Das Ergebnis einer solchen Einschüchterung ist eine geschlossene Gesellschaft, in der die Freiheit des Denkens und der Rede unterdrückt wird. Wenn wir uns jedoch eingestehen, daß wir fehlbar sind, können wir die Wirklichkeit nicht nur besser begreifen, wir müssen uns auch kein unbegrenztes Wissen anmaßen; und wenn wir dementsprechend handeln, können wir eine Gesellschaft entwickeln, die offen ist für ständige Verbesserungen. Die offene Gesellschaft kann nicht vollkommen werden, aber sie hat den großen Vorteil, daß sie Rede- und Gedankenfreiheit garantiert und der Experimentierfreude und Kreativität allen erdenklichen Raum läßt.

Wenn ich den Begriff der offenen Gesellschaft erklären will, muß ich mit der Beziehung von Denken und Realität beginnen, vor allem sofern sie soziale Belange betrifft; ich muß zeigen, was unser Verständnis der Welt so unzulänglich macht. Wissen ist für uns nicht unerreichbar, doch wenn wir an einer Situation aktiv beteiligt sind, können wir unsere Entscheidungen nicht allein auf unser Wissen gründen. Wissen bezieht sich auf Tatsachen, aber bei den Ereignissen, die unseren Entscheidungen unterworfen sind, handelt es sich gerade nicht um Tatsachen. Solche Ereignisse liegen in der Zukunft und hängen davon ab, wie wir uns hier und jetzt verhalten. Und auch wenn sie eingetreten sind, werden sie sich noch immer von den Tatsachen unterscheiden, mit denen es die Naturwissenschaften zu tun haben, denn jene Ereignisse sind durch unser Denken beeinflußt worden. Was wir denken, ist Teil dessen, worüber wir nachzudenken haben – genau da liegt die Ursache für unsere Schwierigkeiten.

Das Verhältnis von Denken und Realität treibt die Philosophie seit ihren Anfängen um, und noch immer ist es nicht hinreichend geklärt. Es liegt in der Natur philosophischer Fragestellungen, daß es auf sie keine endgültigen, unwiderlegbaren Antworten gibt, oder besser gesagt, daß jede Antwort neue Fragen aufwirft. Ich kann nicht erwarten, das zu ändern, dennoch fühle ich, daß ich etwas Wichtiges darzulegen habe.

Im Zentrum meiner Überlegungen steht die Feststellung, daß die Beziehung von Denken und Realität reflexiv ist – was wir denken, hat Einfluß auf das, worüber wir nachdenken. Zweifellos gilt das nicht für jeden Aspekt der Realität: Naturphänomene nehmen ihren Lauf ohne die geringste Rücksicht auf unser Denken. Reflexivität ist nur im sozialen Bereich von Bedeutung, und ebendieser soll uns hier interessieren. Ich versuche zu zeigen, daß die Reflexivität sowohl den Ereignissen als auch dem Verständnis derer, die an ihnen beteiligt sind, ein Element der Ungewißheit hinzufügt. Sie ist zwar weder in unserem Denken noch in der Realität die alleinige Ursache von Ungewißheit, aber sie stellt ein wichtiges zusätzliches Unsicherheitsmoment dar.

Ich begebe mich mit einigem Zagen in diese Diskussion, denn philosophische Argumente tendieren dazu, sich endlos fortzuspinnen, und das gilt besonders für ein zirkuläres Phänomen wie die Reflexivität. Außerdem habe ich mit diesem Thema einige persönliche Schwierigkeiten. Zu Beginn der Sechziger brachte ich drei Jahre mit seiner Untersuchung zu. Eines Tages verstand ich nicht mehr, was ich am Tag zuvor geschrieben hatte, und beschloß aufzugeben. Nun wage ich mich – bestärkt durch die erfolgreiche Anwendung meines konzeptuellen Rahmens auf die reale Welt – erneut in den Ring.

Die Korrespondenztheorie der Wahrheit

Um Wissen zu erwerben, ist es zunächst einmal wichtig, zwischen Denken und Realität zu unterscheiden. Wissen besteht aus wahren Aussagen, und der Korrespondenztheorie der Wahrheit zufolge ist eine Aussage genau dann wahr, wenn sie mit den Tatsachen übereinstimmt. Damit man feststellen kann, ob das der Fall ist, müssen die Aussagen von den Tatsachen, auf die sie sich beziehen, völlig unabhängig sein: Nur dann können Tatsachen als Maßstab für den Wahrheitsgehalt einer Aussage dienen. Manchmal fehlt freilich diese notwendige Trennung, und Wissen läßt sich nicht erwerben. In sogenannten primitiven Gesellschaften unterscheiden die Menschen nicht zwischen ihrem eigenen Denken und der Welt, auf die es sich bezieht. Sie entwickeln Überzeugungen, die sie als Realität behandeln. So sprechen sie zum Beispiel Geistern die Herrschaft über bestimmte Gegenstände zu und glauben, daß solche Geister wirklich existieren. Sobald man allerdings die Diskrepanz zwischen Denken und Realität bemerkt, kann eine bis dahin gültige Weltsicht als falsch erkannt werden. Wahre Aussagen lassen sich von falschen unterscheiden, und dem Erwerb von Wissen steht nichts mehr im Wege. Animismus und primitive Religionen verlieren ihre Anziehungskraft, Philosophie und Wissenschaft können Fuß fassen.
Als die Philosophen anfingen, das Verhältnis von Denken und Realität zu diskutieren, bestand ihr Hauptanliegen darin, dem Wesen des Seins auf die Spur zu kommen (Ontologie) und zu erklären, wie sich die Wirklichkeit erkennen läßt (Epistemologie). Das brachte sie dazu, eine einseitige Beziehung zu unterstellen, in der die Vernunft aktiv nach Wissen strebt, während die Realität passiv darauf wartet, entdeckt zu werden. Bestärkt wurde diese Sichtweise durch den

Erfolg der Wissenschaft. Die wissenschaftliche Methode hat sich nach Kräften bemüht, ihren Forschungsgegenstand rein zu halten und ihn vor der Verfälschung durch die Gedanken und Handlungen wissenschaftlicher Beobachter zu bewahren.

Doch die Beziehung zwischen Denken und Realität ist keine Einbahnstraße. Situationen mit denkenden Beteiligten warten nicht unveränderlich darauf, daß man sie erforscht, sie werden durch die Entscheidungen der in ihnen Handelnden aktiv geformt. Natürlich gibt es Dinge, die unabhängig von unserem Denken geschehen. Solche Phänomene, etwa die Bewegung der Planeten, bilden den Gegenstand der Naturwissenschaften. In sozialen Situationen hingegen, an denen reflektierende Individuen beteiligt sind, stellt sich das Verhältnis von Denken und Realität wesentlich komplizierter dar.

Wo viele Menschen zusammenwirken, kann man nicht davon ausgehen, daß jeder von ihnen in derselben Situation dieselben Gedanken hat. Sie werden gemeinsam ein Ergebnis hervorbringen, doch dieses eignet sich nicht als unabhängiges Kriterium, an dem sich die Wahrheit oder Gültigkeit jener Gedanken messen läßt. Ohne ein solches Kriterium aber kann Denken nicht als Wissen gelten; selbst wenn es mit dem übereinstimmt, was tatsächlich geschieht, könnte diese Korrespondenz schließlich durch den Einfluß zustande gekommen sein, den die Beteiligten auf die Situation ausgeübt haben. Eine solche Korrespondenz hat im Hinblick auf den Wahrheitsgehalt einer Aussage nicht dieselbe Beweiskraft wie in den Fällen, in denen Aussagen und Tatsachen wirklich unabhängig voneinander sind. Statt jener einseitigen Beziehung, die wir als Basis für den Erwerb von Wissen kennengelernt haben, kommt dem Denken hier eine Doppelrolle zu.

Einerseits versuchen denkende Beteiligte, die Situation, an der sie beteiligt sind, zu verstehen; ich bezeichne dies als die passive oder kognitive Funktion. Andererseits sind sie Teil der Situation, die sie zu verstehen suchen; dies nenne ich die aktive oder partizipative Funktion. Zwischen den Beteiligten und der Situation besteht mithin eine wechselseitige Beziehung. Beide Funktionen wirken in entgegengesetzte Richtungen und können unter Umständen miteinander kollidieren. Die unabhängige Variable der einen Funktion ist die abhängige Variable der anderen. Falls beide Funktionen zur selben Zeit dieselben Variablen verknüpfen, nimmt die eine der anderen unter Umständen die unabhängige Variable. Eine solche Interferenz läßt ein Element der Unbestimmtheit entstehen, das nicht vorhanden wäre, wenn die beiden Funktionen getrennt voneinander operieren würden. Das ist es, was ich unter Reflexivität verstehe. Ich habe den Begriff der Grammatik entlehnt, in der ein Verb als reflexiv bezeichnet wird, wenn es sein Subjekt zugleich als Objekt hat – beispielsweise in dem Satz »Ich wasche mich«.

Die Theorie der Reflexivität

Reflexivität läßt sich also durch das Zusammenwirken zweier rekursiver Funktionen erklären. In formalisierter Schreibweise kann man die kognitive Funktion in der Form $x = f\,(y)$ darstellen und die partizipative Funktion in der Form $y = \ddot{o}\,(x)$, wobei x für die Beurteilung der Situation y durch den Beteiligten steht. In beide Funktionen geht der Zeitfaktor ein, was wir durch die Schreibweise x_{t1}, x_{t2} und y_{t1}, y_{t2} ausdrücken können. Jede Funktion für sich würde ein eindeutiges Ergebnis liefern: Im Falle der kognitiven Funktion würde die Situation das Urteil des Beteiligten festlegen; im Falle der partizipativen Funktion würde das Urteil des Beteiligten die Situation bestimmen. Doch man kann sie nicht voneinander trennen: Die unabhängige Variable der einen Funktion (y im Falle von f und x im Falle von $\ddot{o}$) ist die abhängige Variable der anderen. In unserer Schreibweise: $y_{t2} = f\,[\ddot{o}\,y_{t1}]$ und $x t_2 = f\,[\ddot{o}\,x_{t1}]$. Solange der Funktionswert beider Zuordnungen nicht 1 beträgt und beide Funktionen wirksam sind, bleiben mithin weder das Urteil des Beteiligten noch der aktuelle Stand der Dinge mit fortschreitender Zeit konstant, und beide werden durch ihren vorangegangenen Zustand nur mittelbar definiert. Somit liefern beide Funktionen zu jedem Zeitpunkt ein anderes Ergebnis, das sich nicht mit Gewißheit voraussagen läßt. Das Element der Unbestimmtheit in der einen Funktion geht auf deren Abhängigkeit von der anderen zurück.

Das ist freilich eine unzureichende Darstellung. In den meisten Situationen gibt es mehr als einen Beteiligten, so daß wir statt eines einfachen x im Grunde $x_{1,2,3...n}$ zu schreiben hätten. Und auch die Situation wird nicht allein durch die Handlungen des Beteiligten festgelegt, sondern außerdem durch weitere Faktoren, so daß die Formel eigentlich $y = a,b,c...ö\ (x_{1,2,3...n})$ lauten müßte. Aber das ändert nichts an unserem Grundargument: Wenn die beiden Funktionen dieselben Variablen zur selben Zeit verknüpfen, verleiht diese Interaktion beiden ein Element der Ungewißheit. Einerseits kann das Urteil desjenigen, der sich in einer Situation befindet, durch diese nicht vollständig bestimmt werden, da sie von seinem Urteil abhängt, und andererseits können seine Entscheidungen die Situation nicht ganz und gar prägen, da er auf der Basis unzureichenden Wissens handelt. Zwischen dem Urteil des Beteiligten und dem aktuellen Stand der Dinge besteht ebenso ein Mangel an Übereinstimmung wie zwischen seinen Absichten und dem tatsächlichen Ergebnis seines Tuns.

Reflexivität ist ein recht begrenztes Phänomen: Die Wirklichkeit umfaßt gigantische Bereiche, die vom Denken der Beteiligten in keiner Weise berührt werden, und der menschliche Geist beschäftigt sich nicht nur mit der Situation, in die er gerade eingebunden ist – er kann träumen, sich in Phantasien ergehen und sich in philosophische Spekulationen oder wissenschaftliche Fragestellungen verwickeln. Überdies ist Reflexivität weder in der Wirklichkeit noch im

Denken die einzige Ursache von Ungewißheit; in dem engen Bereich allerdings, in dem sie zum Tragen kommt, wirkt sie als zusätzliches Unsicherheitsmoment. Der Zufall will es jedoch, daß dieser enge Bereich für uns als denkende Individuen besonders wichtig ist, denn genau hier spielt sich unser Leben ab.

Beteiligte und Beobachter

Es lohnt sich, der Position des Beteiligten die des Naturwissenschaftlers gegenüberzustellen. Dieser Vergleich wird selten gezogen, aber er ist durchaus erhellend. Naturwissenschaftler denken über ein Universum nach, das unabhängig von ihrem Denken existiert. Ihre Aussagen gehören zu der einen Welt, die Tatsachen, auf die sie sich beziehen, zu einer anderen. Eine Korrespondenz zwischen beiden ist nur in einer Richtung möglich. Vor allem deshalb können Tatsachen als Kriterium dienen, an dem sich die Wahrheit oder Gültigkeit wissenschaftlicher Aussagen messen läßt, und aus dem gleichen Grund haben solche Aussagen keinen Einfluß auf die Tatsachen; will der Wissenschaftler die Realität erfolgreich verändern, muß er sie zuerst kennenlernen.

Ganz anders liegt der Fall, wenn denkende Subjekte beteiligt sind. Sie können sehr viel unmittelbarer auf die Realität einwirken, indem sie Ideen und Argumente formulieren, die ihre eigenen Entscheidungen und die der anderen Beteiligten beeinflussen. Diese Ideen müssen den jeweiligen Tatsachen nicht unbedingt entsprechen; wegen des erwähnten Mangels an Übereinstimmung können sie das genaugenommen ja auch gar nicht. Trotzdem werden sie die Situation verändern – wobei das Ergebnis aufgrund der unzulänglichen Einsicht der Beteiligten kaum deren Erwartungen entsprechen wird. Hier ist ein Rückkopplungsmechanismus am Werk, von dem weder die Ansichten der Beteiligten noch der tatsächliche Verlauf der Ereignisse unberührt bleiben. Und einen solchen Prozeß, der

Denken und Realität gleichermaßen verändert, kann man historisch nennen.

Historische Prozesse

Nicht jeder Rückkopplungsmechanismus mündet in einen historischen Prozeß. Vielfach entspricht das Ergebnis zwar den Erwartungen, oder vorhandene Abweichungen beeinflussen die künftigen Erwartungen nicht. Aber jene Fälle, in denen ein dynamischer Prozeß in Gang gesetzt wird, sind ohne Zweifel die interessanteren.

Der Schlüssel zum Verständnis einer solchen Dynamik liegt im Element der Beurteilung beziehungsweise des Vorurteils, das in die Entscheidungen der Beteiligten notwendigerweise einfließt und von dem diese niemals frei sind. Umgekehrt dürfte die Diskrepanz zwischen Ergebnissen und Erwartungen das Vorurteil beeinflussen – sei es positiv oder negativ. Eine positive Rückkopplung wird das anfängliche Vorurteil bestärken, und das zieht womöglich eine weitere positive Rückkopplung nach sich. Allerdings kann dieser Prozeß nicht endlos weitergehen, denn irgendwann erzeugt das Vorurteil derart hohe Erwartungen, daß die Realität dahinter zurückbleiben muß.

Unterschiedliche Menschen hegen unterschiedliche Erwartungen, doch in vielen Situationen – insbesondere auf den Finanzmärkten – kann man von einem allgemein herrschenden Vorurteil sprechen. Anfänglich mögen die Ergebnisse dieses Vorurteil weiter verstärken, aber wenn es immer mehr um sich greift, reicht sein Einfluß irgendwann nicht mehr aus, um die Erwartungen zu bestätigen: Je größer die Kluft zwischen Ergebnis und Erwartungen, desto schwerer ist es, das herrschende Vorurteil aufrechtzuerhalten. Sobald es jedoch in Frage gestellt wird, kann ein sich selbst verstärkender Prozeß in die Gegenrichtung einsetzen. Je massiver das herrschende Vorurteil sich zuvor hochgeschaukelt hat und je größer die Diskrepanz zwischen Ergebnissen und Erwartungen geworden ist, desto wahrscheinlicher wird ein solcher Umschwung. Das dritte Kapitel enthält einige Beispiele für solche reflexiven Rückkopplungen auf den Finanzmärkten.

Der reflexive Prozeß entfaltet sich allmählich. Menschen werden bei ihren gegenwärtigen Entscheidungen durch eine Reihe von Erwartungen geleitet, die bestimmte Ergebnisse nach sich ziehen. Diese wiederum können die künftigen Erwartungen der Menschen verändern und damit gleichzeitig die nächste Reihe von Entscheidungen auslösen, die zu neuen Ergebnissen führen, und so weiter. Ein solcher Prozeß aber braucht Zeit. Deshalb könnte man behaupten, daß kognitive und partizipative Funktionen nicht wirklich aufeinander einwirken, weil sie zeitlich voneinander getrennt sind; ein Vorurteil, das im einen Augenblick bestehe, könne erst im nächsten durch ein unerwartetes Ergebnis beeinflußt werden.

Dieses Argument wird allerdings dadurch entkräftet, daß das Denken keineswegs auf Vorgänge der äußeren Welt beschränkt ist und nicht nur durch äußere Ereignisse verändert werden kann. Insbesondere wenn Menschen über sich selbst oder andere nachdenken, kommen die beiden Funktionen gleichzeitig zum Tragen. Sätze wie »Ich liebe dich« oder »Er ist mein Feind« üben zweifellos im selben Augenblick, in dem sie geäußert werden, einen Einfluß auf die Person aus, an die sie gerichtet sind. Noch unmittelbarer ist die Wirkung, wenn sich die Wahrnehmung der eigenen Person ändert. Die zeitliche Differenz fehlt hier ganz, und es kommt zwischen den beiden Funktionen zu einem regelrechten Kurzschluß. Mit ihrer Meinung ändern Menschen auch ihr Verhalten, und diese Änderung wird nicht durch äußere Umstände bestimmt.

Ein solcher Wandel beeinflußt das Denken des Betroffenen direkt, die äußere Welt hingegen nur indirekt. Für das Selbstbild eines Menschen, seine Werte und Erwartungen spielt die Reflexivität eine noch viel bedeutendere Rolle als für den Gang der Ereignisse, denn Identität und Charakter einer Person werden in hohem Maße reflexiv geformt. Hier tritt die anfänglich selbstverstärkende, am Ende aber selbstzerstörerische Abfolge, die ich zuvor beschrieben habe, seltener zutage, doch wenn sie eintritt, nimmt sie historische Dimensionen an.

Auch dort, wo sich das Denken mit Ereignissen der äußeren Welt befaßt, müssen diese nicht unbedingt eintreten, um eine Veränderung in der Einstellung der Beteiligten zu bewirken. Betrachten wir die Finanzmärkte: Das Wesen von Investitionsentscheidungen besteht darin, die Zukunft zu antizipieren oder zu »diskontieren«. Die Zukunft aber ist ungewiß, weil der Preis, den die Anleger heute für eine Aktie zu zahlen bereit sind, die Geschicke einer Firma auf vielfältige Weise beeinflussen kann. Kurz, veränderte Erwartungen können sich auf die von ihnen »diskontierte« Zukunft auswirken. Das macht die Preise auf den Finanzmärkten zutiefst unwägbar.

Es gibt einige soziale, kaum aber historische Phänomene, die nicht als reflexiv gelten können. Man könnte sogar behaupten, daß ein Ereignis erst durch reflexive Rückkopplung wirklich historisch wird, und entsprechend lassen sich gleichförmige Alltagsereignisse, in denen unsere beiden Funktionen nicht merklich miteinander interagieren, von historischen Situationen unterscheiden, bei denen dies der Fall ist. Um ein Beispiel zu geben: Die Fahrt zum Arbeitsplatz ist ein alltägliches Ereignis, die Rede Nikita Chruschtschows vor dem XX. Parteitag der Kommunistischen Partei der Sowjetunion hingegen war ein historischer Moment. Ein wahrhaft historisches Ereignis verändert nicht nur die Welt, sondern vor allem unser Verständnis von ihr, und dieses neue Verständnis wiederum hat neue und unvorhersehbare Auswirkungen auf den weiteren Verlauf der Dinge.

Die Unterscheidung zwischen alltäglichen und historischen Ereignissen mag tautologisch scheinen, doch Tautologien können dem Verstand auf die Sprünge helfen. Parteitage in der Sowjetunion waren äußerst langweilige, vorhersagbare Angelegenheiten, Chruschtschows Rede vor dem XX. Parteitag aber hob sich davon ab. Indem er Stalins Verbrechen öffentlich beim Namen nannte und verurteilte, veränderte er die Wahrnehmung der Menschen, und wenn sich das Regime auch nicht auf der Stelle wandelte, so hatte die Rede doch unabsehbare Folgen: Diejenigen, die dreißig Jahre später an vorderster Front der Glasnost-Bewegung standen, waren in ihrer Jugend nicht selten durch Chruschtschows offene Worte geprägt worden.

Unbestimmtheit

Auch wenn das selbstverständlich zu sein scheint, möchte ich nochmals betonen, daß die Unbestimmtheit, von der ich vorhin schon einmal gesprochen habe, nicht durch Reflexivität an sich hervorgerufen wird; vielmehr muß sie begleitet sein vom unzulänglichen Verständnis der Beteiligten. Besäßen die Menschen aufgrund irgendeines Zufalls vollkommenes Wissen, könnten wir die Interaktion zwischen ihrem Denken und der äußeren Welt ohne weiteres ignorieren: Es gäbe keine Unbestimmtheit, insofern diese sich ja aus der Rückkopplung zwischen ungenauen, vorurteilsbeladenen Erwartungen und unbeabsichtigten Folgen ergibt. Ein solcher Zustand ist unrealistisch, doch wurde er ernsthaft propagiert. Karl Marx vertrat den Standpunkt, der ideologische Überbau werde durch die materiellen Produktionsbedingungen bestimmt; Sigmund Freud behauptete, das Unbewußte diktiere das menschliche Verhalten, und die klassische Ökonomie gründet auf der Annahme, daß eine vollständige Voraussicht möglich sei. Alle drei waren von demselben Wunsch beseelt: eine wissenschaftliche Erklärung für menschliches Verhalten zu finden. Den im 19. Jahrhundert herrschenden Maßstäben zufolge hatte eine solche Erklärung streng deterministisch zu sein, wenn sie Anspruch auf Wissenschaftlichkeit erheben wollte.

Reflexivität in der Ideengeschichte

Das Konzept der Reflexivität ist so grundlegend, daß kaum vorstellbar ist, ich hätte es als erster entdeckt. Und das habe ich auch nicht. Reflexivität ist lediglich ein neues Etikett für die Interaktion von Denken und Realität, die unsere Alltagspraxis zutiefst prägt. Außerhalb der Sozialwissenschaften gibt es durchaus ein weitverbreitetes Bewußtsein von Reflexivität. Die Voraussagen des Delphischen Orakels waren reflexiv, ebenso das griechische Drama, und zwar insofern, als der Wert von Prophezeiungen sich daran bemaß, welchen Einfluß sie auf das Handeln der Menschen ausübten. Selbst in den Sozialwissenschaften ist die Bedeutung reflexiver Strukturen gelegentlich erkannt worden: Machiavelli führte ein Element der Unbestimmtheit in seine Analyse ein und nannte es Fortuna; Robert Merton lenkte die Aufmerksamkeit auf sich selbst erfüllende Prophezeiungen und den Mitläufereffekt; Alfred Schütz führte unter dem Namen der Intersubjektivität ein der Reflexivität verwandtes Konzept in die Soziologie ein. Soziologen wie Anthony Giddens verwenden den Begriff der Reflexivität in ganz ähnlicher Weise wie ich.

In jüngster Zeit hat sich eine ganz neue Wissenschaft herausgebildet, die evolutionäre Systemtheorie, die die Interaktion zwischen Räuber und Beute oder, allgemeiner gesprochen, zwischen dem Beteiligten und seinem Umfeld untersucht. Der Beteiligte muß kein Mensch und das Verhalten nicht unbedingt vom unzulänglichen Verständnis einer Situation gelenkt sein, doch die Beziehung setzt hier ebenfalls eine wechselseitige Beeinflussung voraus, und um sie zu beschreiben, entwickelte die evolutionäre Systemtheorie spezielle Algorithmen. Auch die Spieltheorie hat sich auf die Evolution besonnen. Anfänglich ging sie vom Prinzip der Rationalität aus, aber das wurde allmählich verdrängt, und die Untersuchung rationalen Verhaltens wich dem Studium »adaptiven Verhaltens«. Sogar in die Wirtschaftstheorie hat Reflexivität inzwischen Einzug gehalten. Über diesen vergleichsweise neuen Entwicklungen vergißt man leicht, daß Sozialwissenschaftler – insbesondere die Ökonomen – lange Zeit hindurch alles getan haben, um das Konzept der Reflexivität aus ihrem Wirkungskreis zu verbannen. Die Gründe dafür sollen im dritten Kapitel erörtert werden.

Ich habe vor beinahe fünfzig Jahren begonnen, Dinge unter dem Aspekt der reflexiven Rückkopplung zu betrachten. Dazu wurde ich durch diejenigen Anmerkungen in Karl Poppers Buch ›Die offene Gesellschaft und ihre Feinde‹ angeregt, die sich mit dem Problem der Selbstbezüglichkeit befassen. Zwar besteht nur eine entfernte Verwandtschaft zwischen Reflexivität und Selbstbezüglichkeit – Selbstbezüglichkeit ist eine Eigenschaft von Aussagen, und damit fällt sie ausschließlich in den Bereich des Denkens, während Reflexivität Denken und Realität verbindet –, aber beide Konzepte haben etwas gemeinsam: das Element der Unbestimmtheit.

Daß Aussagen den Gegenstand, auf den sie sich beziehen, beeinflussen können, hat zuerst Epimenides entdeckt, als er das Paradoxon vom Lügner aufstellte. Alle Kreter sind Lügner, sagte er – selbst Kreter – und zog damit die Wahrheit seiner eigenen Aussage in Zweifel. War die Bedeutung dessen, was er sagte, richtig, mußte die Aussage falsch sein; war umgekehrt seine Aussage richtig, dann mußte die darin übermittelte Bedeutung falsch sein. Das Paradoxon vom Lügner, gemeinhin als intellektuelle Kuriosität gewertet, blieb fast immer unbeachtet. Wahrheit wurde als Übereinstimmung von Aussagen und Tatsachen definiert: als Korrespondenztheorie, wie sie bis zu Beginn des 20. Jahrhunderts vorherrschend war. Die Untersuchung der äußeren Welt hatte eindrucksvolle Resultate erbracht, und die Erfolge der Wissenschaften stießen auf allgemeine Bewunderung. Dadurch ermutigt, setzte sich Bertrand Russell mit dem Paradoxon vom Lügner auseinander. Seine Lösung bestand darin, zwei Klassen von Aussagen zu unterscheiden: eine Klasse, zu der auch selbstbezügliche Aussagen gehören, und eine andere, die derartige Aussagen ausschließt. Nur die letzteren können, so Russell, als begründete Aussagen mit einem bestimmten Wahrheitswert gelten, während sich im Falle selbstbezüglicher Aussagen oft nicht sagen läßt, ob sie wahr oder falsch sind. Die Vertreter des Logischen Positivismus führten diese Argumentation weiter und erklärten alle Aussagen, deren Wahrheitswert nicht bestimmt werden kann, für sinnlos.

Bald darauf jedoch änderte sich die Lage. Wittgensteins Interesse für den Alltagsgebrauch der Sprache erwachte, und die Naturwissenschaften wurden weniger deterministisch. Sie stießen an Grenzen, jenseits deren Beobachtungen nicht mehr von ihrem Gegenstand zu trennen waren. Nur wenige vermochten diese Schranke zu durchbrechen, zuerst mit Hilfe von Einsteins Relativitätstheorie, dann mittels Heisenbergs Unschärferelation. Und in jüngster Zeit haben Forscher unter Verwendung einer Theorie der Evolution komplexer Systeme, die auch als Chaostheorie bekannt wurde, damit begonnen, Phänomene zu untersuchen, deren Verlauf sich nicht anhand zeitlos gültiger Gesetze bestimmen läßt. Ereignisse nehmen einen nicht genau vorhersagbaren Verlauf, auf den selbst kleine Variationen großen Einfluß haben. Die Chaostheorie konnte viele Phänomene erhellen, die sich zuvor der wissenschaftlichen Durchdringung entzogen hatten, zum Beispiel das Wetter, und sie hat die Idee eines unbestimmten Universums, in dem Ereignisse einen einzigartigen, nicht genau vorhersehbaren Verlauf nehmen, akzeptabler gemacht. Zu Recht hat sich diese Vorstellung nach und nach auch in den Sozialwissenschaften durchgesetzt, denn sie beschreibt den Weg, dem reflexive Phänomene folgen.

Anfang der sechziger Jahre habe ich zum ersten Mal den Begriff der Reflexivität auf das Verständnis sozialer Zusammenhänge, insbesondere der Finanzmärkte, angewandt, noch vor Herausbildung der Theorie komplexer Systeme. Der Logische Positivismus tut selbstbezügliche Aussagen, wie gesagt, als bedeutungslos ab – und in diesem Punkt versuchte ich, ihn nun durch die Einführung des Begriffs der Reflexivität auf den Kopf zu stellen, indem ich Aussagen, deren Wahrheitswert unbestimmt ist, gerade nicht für bedeutungslos erklärte, sondern sogar für bedeutungsvoller als Aussagen mit bekanntem Wahrheitswert. Letztere konstituieren Wissen: Sie helfen uns, die Welt so zu verstehen, wie sie ist. Doch erstere, die Ausdruck unserer Unvollkommenheit sind, helfen uns, die Welt, in der wir leben, zu formen.

Damals, als ich zu dieser Schlußfolgerung gelangte, betrachtete ich sie als große Einsicht. Das Konzept der Reflexivität und das mit ihm verbundene Moment der Unbestimmtheit erschienen als eine Herausforderung an die herrschende Lehrmeinung. Noch als die Physik ihren strikt deterministischen Standpunkt bereits verlassen hatte, klammerten sich die Sozialwissenschaften im allgemeinen und die Wirtschaftswissenschaften im besonderen verzweifelt an diese Position. Wie sich die Zeiten geändert haben! Der Logische Positivismus ist derart in Ungnade gefallen, daß ich fürchten muß, weit geöffnete Türen einzurennen. Die evolutionäre Systemtheorie hat nicht nur in den physikalischen und biologischen Wissenschaften, sondern ebenfalls in den Sozialwissenschaften an Boden gewonnen. Und während rationale Erwartungen und Entscheidungen noch immer hoch im Kurs stehen, haben viele Ökonomen die Rationalität als alleinige Erklärungsbasis aufgegeben und beginnen, alternative Möglichkeiten zur Betrachtung ökonomischen Verhaltens zu erforschen.

Wie man es von einer reflexiven Welt erwarten sollte, blieben diese Veränderungen nicht auf das Reich des Denkens beschränkt; sie beeinflußten auch die Wirklichkeit. In gewisser Weise hat der Computer die Trennung von Denken und Realität aufgehoben, denn bei ihm sind Inhalte und Arbeitsanweisungen in derselben Botschaft enthalten. Damit hat sich eine neue Weltsicht ergeben, in der Denken und Realität miteinander interagieren, statt als getrennte Kategorien zu gelten, und die Bedeutung von Information ist überdeutlich geworden. Viele Aspekte der Realität, organisches Wachstum beispielsweise, die man zuvor mit den Begriffen des Energiehaushalts umschrieben hatte, ließen sich mit den Begriffen des Informationsaustauschs weit besser darstellen. Zuvor nicht verfügbare Formen von Information und Kommunikation – bildgebende Computerverfahren zum Beispiel, die Biotechnologie, die Entschlüsselung des menschlichen Genoms, das Internet und verschiedene Formen der virtuellen Realität – spielen in unserem Leben eine immer wichtigere Rolle.

Die Vorstellung, daß die Wirklichkeit irgendwie getrennt und unabhängig vom Denken existieren könnte, ist aus der Mode gekommen. Diese veränderte Wahrnehmung der Realität hat sich in den letzten Jahren zunehmend durchgesetzt und ist nunmehr an einem Punkt angelangt, wo sie sich zu einer echten Revolution verdichtet. Rückkopplung und Reflexivität werden als reale Phänomene betrachtet, und wenn Reflexivität als theoretisches Konzept noch nicht anerkannt ist, liegt das womöglich nicht mehr daran, daß sie der herrschenden Lehrmeinung widerspricht, sondern daran, daß sie allzu offensichtlich geworden ist. Dieser revolutionäre Wandel hat mich mehr oder minder unvorbereitet getroffen; das ist kein Wunder, schließlich zeichnen sich Revolutionen dadurch aus, daß ihr Tempo unser Fassungsvermögen übersteigt. Finge ich mit meinen Überlegungen nochmals von vorne an, hielte ich es vielleicht für überflüssig, mich so eingehend mit dem Begriff der Reflexivität und seiner Nähe zur Selbstbezüglichkeit zu beschäftigen. Dennoch bin ich überzeugt davon, daß mein Ansatz seine Vorteile hat: Die Menschen heute mögen Reflexivität als Selbstverständlichkeit hinnehmen, doch sie sind sich vielleicht nicht all ihrer Implikationen bewußt. Und ich bin wohl kaum der einzige, dem es schwerfällt, mit dem radikalen Wechsel der Standpunkte zurechtzukommen, obschon den meisten Menschen nicht einmal klar sein dürfte, daß ein radikaler Wechsel stattgefunden hat – den jungen nicht, weil sie sich kaum vorstellen können, wie man vor fünfzig Jahren gedacht hat, und den alten nicht, weil sie es versäumt haben, ihr Denken an die Veränderungen anzupassen, und sich nun von diesen überfahren fühlen.

Der Logische Positivismus ist zu Beginn dieses Jahrhunderts von ungeheurem Einfluß gewesen, und das erinnert uns daran, daß die Grenzen unseres Begriffsvermögens noch vor nicht allzu langer Zeit kaum verstanden wurden. Wir alle wissen, daß wir fehlbar sind, aber wir wissen nicht wirklich, warum. Es ist die Tatsache, daß wir selbst Teil der Wirklichkeit sind, die unsere Fähigkeiten als Beobachter einschränkt. Wir müssen uns auf Überzeugungen verlassen, die ihre eigene Gültigkeit untergraben, und können daher niemals den Grad von Gewißheit erlangen, wie er dort üblich ist, wo sich die Wahrheit an den Tatsachen bemißt. Nehmen wir Tod und Sterben: Beides läßt sich wissenschaftlich untersuchen, aber wenn es um unseren eigenen Tod geht, können wir die Antwort nicht von der Wissenschaft erwarten, wir müssen sie selbst finden.

Es gibt viele Möglichkeiten, sich damit zu arrangieren, gleichzeitig Beobachter und Beteiligter zu sein, doch keine davon ist sonderlich befriedigend. Der Logische Positivismus hat dieses Problem einfach ignoriert. Mit ihm wurde im Grunde nur die aufklärerische Idee der Trennung von Vernunft und Wirklichkeit konsequent zu Ende gedacht. »Cogito ergo sum«, sagte Descartes – ich denke, also bin ich. Die entsprechende aufklärerische Idee, daß die Vernunft die Wirklichkeit zu deuten und Voraussagen über sie zu treffen vermag, wurzelt tief in unserer Art zu denken. Auf ihr beruhen in der Ökonomie beispielsweise die Annahme der vollständigen Konkurrenz und die Theorie der rationalen Erwartungen, die, wie wir sehen werden, die wissenschaftliche Rechtfertigung für das herrschende Credo des Marktfundamentalismus liefern. Aber Erwartungen können nicht rational sein, wenn sie an etwas geknüpft werden, das von sich selbst abhängt.

Gegenwärtig ist die Dekonstruktion der Wirklichkeit und ihre Auflösung in subjektive Ansichten wie persönliche Vorurteile der letzte Schrei. Es wird sogar die Grundlage angezweifelt, auf der sich unterschiedliche Aussagen beurteilen lassen, nämlich die Wahrheit. Ich habe für dieses andere Extrem nicht viel übrig und betrachte es als gleichermaßen irreführend. Die Reflexivität sollte uns zu einer Neueinschätzung unseres Wahrheitsbegriffs führen, nicht zu seiner totalen Ablehnung. Reflexivität basiert auf der Einsicht, daß eine Realität existiert und daß wir ein Teil von ihr sind: Deshalb muß unser Verständnis von ihr unzulänglich sein. Die Wirklichkeit ist einzigartig und von einzigartiger Bedeutung, sie läßt sich nicht auf die Ansichten und Überzeugungen der an ihr Beteiligten reduzieren oder aufspalten, weil zwischen dem, was Menschen glauben, und dem, was tatsächlich geschieht, der uns bekannte Mangel an Übereinstimmung herrscht. Dieser Mangel vereitelt auch die Vorhersage von Ereignissen auf der Basis universell gültiger Verallgemeinerungen. Kurz, es gibt eine Wirklichkeit, auch wenn sie sich nicht vorhersehen läßt. Das mag schwer zu akzeptieren sein, aber es ist nutzlos, ja gefährlich, es zu leugnen. Jeder, der auf den Finanzmärkten schon einmal Geld verloren hat, wird das bezeugen können. Märkte erfüllen nur selten die Erwartungen, die man an sie hat, doch ihr Urteil ist real genug, um Sorgen und Verluste entstehen zu lassen – und es gibt keine Berufungsinstanz.

Es mag befremdlich erscheinen, daß ich Finanzmärkte als Beispiel für die Wirklichkeit präsentiere, denn die meisten Menschen halten sie für irreal. Das soll lediglich zeigen, daß wir ein verzerrtes Verständnis von der Realität haben. Wir glauben, die Wirklichkeit existiere unabhängig von den Schwächen der Menschen, während doch unser unzulängliches Verständnis seinerseits ein Teil der Realität ist. Ebenso spiegeln Finanzmärkte die voreingenommene Sicht der an ihnen Beteiligten, und sie prägen zugleich die Ereignisse. Diese lassen sich nicht allein dadurch verstehen, daß man die Standpunkte der Beteiligten betrachtet, wir müssen auch berücksichtigen, wie der tatsächliche Lauf der Dinge davon abweicht. Ansonsten ignorieren wir die Diskrepanz zwischen Erwartungen und Ergebnissen – und das käme einer beträchtlichen Verzerrung der Realität gleich.

Ich versuche die Widersprüche, die es mit sich bringt, gleichzeitig Beteiligter und Beobachter zu sein, dadurch zu überbrücken, daß ich von unserer Fehlbarkeit ausgehe. In Abwandlung des »Cogito ergo sum« könnte man sagen: »Ich bin Teil der Welt, die ich zu verstehen suche, also ist mein Verständnis von ihr notwendigerweise unzulänglich.« Dies gilt ganz besonders für jene Bereiche der Wirklichkeit, an denen denkende Individuen beteiligt sind, und es führt dazu, daß sowohl unserem Weltverständnis als auch dem Ereignisverlauf ein Element der Unbestimmtheit zukommt. Da sich diese Unbestimmtheit nicht beseitigen läßt, sollten wir gleich bei ihr ansetzen. Dies schließt nicht aus, daß wir uns über das Wesen der Realität oder des Wissens Gedanken machen, aber es bietet ein festeres Fundament als solche Spekulationen – und es wird uns zum Konzept der offenen Gesellschaft als wünschenswerter Form der sozialen Organisation führen.

Nun sind wir zwar mit der Reflexivität als Phänomen vertraut geworden, aber wir haben noch nicht gelernt, ihren Auswirkungen Rechnung zu tragen. Wir müssen erkennen, daß die Wirklichkeit nichts ist, was von unserem Denken getrennt und unabhängig existiert. Allumfassendes Wissen ist unerreichbar, und dennoch sind wir imstande, Einfluß zu nehmen auf die Welt, in der wir leben. Wir sollten allerdings nicht vergessen, daß unsere Fehlbarkeit mit großer Wahrscheinlichkeit zu einer Diskrepanz zwischen unseren Absichten und dem tatsächlichen Ergebnis führen wird. Statt vergeblich einem vollkommenen Entwurf nachzustreben – gleichgültig ob in Gestalt des Kommunismus oder in Gestalt von Märkten, die sich einem Gleichgewichtszustand nähern –, sollten wir uns mit dem Zweitbesten zufriedengeben: einer Gesellschaft, die sich selbst für Veränderungen und Verbesserungen offenhält. Und darin besteht das Konzept einer offenen Gesellschaft.

Ein reflexiver Wahrheitsbegriff

Der Logische Positivismus sortierte Aussagen nach wahr, falsch und sinnlos. Nach Ausgrenzung sinnloser Aussagen blieben ihm mithin zwei Kategorien: wahr und falsch. Das Schema eignet sich hervorragend für ein Universum, das von den auf sich bezogenen Aussagen getrennt und unabhängig ist, bleibt aber völlig unzureichend für das Verständnis einer Welt denkender Teilnehmer. Statt Aussagen, deren Wahrheitswert sich nicht eindeutig bestimmen läßt, zu ignorieren oder zu versuchen, ihnen mit den Kategorien »wahr« oder »falsch« beizukommen, sollten wir eine dritte Kategorie ins Auge fassen: nämlich reflexive Aussagen, deren Wirkung nicht von ihrem Wahrheitswert abhängt. Alle Wertaussagen sind ihrem Wesen nach reflexiv: »Selig sind die Armen, denn ihrer ist das Himmelreich« – glaubt man daran, dann sind die Armen vielleicht wirklich selig, wenn auch zugleich weniger motiviert, sich aus ihrem Elend zu befreien. Und umgekehrt: Sagt man, die Armen seien an ihrem Elend selbst schuld, dann wird man nichts unternehmen, um ihnen zu helfen, und sie werden kaum einen Grund haben, sich selbst für selig zu halten. Die meisten Verallgemeinerungen hinsichtlich Geschichte und Gesellschaft funktionieren ganz genauso: Mögen sie auch keinerlei Wahrheitswert besitzen, so wäre es doch ebenso falsch wie gefährlich, sie als sinnlos anzusehen. In dem Maße nämlich, in dem man an sie glaubt, beeinflussen sie die Situation, auf die sie sich beziehen.

Trotzdem bestehe ich nicht darauf, eine dritte Kategorie von Wahrheit für den Umgang mit reflexiven Phänomenen einzuführen. Die altehrwürdige Unterscheidung von wahr und falsch mag hinreichen, vorausgesetzt, wir sind uns darüber im klaren, daß Aussagen nicht wahr oder falsch sein müssen, um Bedeutung zu haben. Vorhersagen, die sich auf einzelne Ereignisse beziehen, sind wahr oder falsch, je nachdem, ob sie sich erfüllen oder nicht. Erst wenn es um die Vorhersagekraft von Theorien geht, kommt die mit der Reflexivität einhergehende Unbestimmtheit ins Spiel, und deshalb sollte das Problem auf der Ebene von Theorien, nicht von Aussagen verhandelt werden. Der entscheidende Punkt ist, daß in reflexiven Situationen die Tatsachen nicht unbedingt ein unabhängiges Kriterium liefern, an dem die Gültigkeit oder Wahrheit von Theorien gemessen werden kann. Wir haben uns angewöhnt, Übereinstimmung als das wesentliche Merkmal von Wahrheit anzusehen, doch Übereinstimmung kann auf zweierlei Weise herbeigeführt werden: entweder indem man Aussagen macht, die den Tatsachen entsprechen, oder indem man so auf die Tatsachen einwirkt, daß sie mit den Aussagen übereinstimmen. Nur im ersten Falle bürgt die Übereinstimmung für Wahrheit; im zweiten Falle legt sie womöglich nur Zeugnis ab für den Einfluß einer Überzeugung statt für deren Richtigkeit oder Gültigkeit. Letzteres trifft für die meisten politischen Äußerungen und viele Gesellschaftstheorien zu: Sie sind weder richtig noch falsch, sondern ihr Einfluß hängt davon ab, ob sie geglaubt werden.

Eine interaktive Sicht der Realität

Wenn wir zwischen Aussagen und Tatsachen, zwischen Denken und Realität unterscheiden, dürfen wir nie vergessen, daß wir selbst diese Unterscheidung eingeführt haben, um der Welt, in der wir leben, einen Sinn zu verleihen. Unsere Welt ist überaus kompliziert; wollen wir uns ein Bild von ihr machen, das als Entscheidungsgrundlage dienen kann, dann müssen wir vereinfachen. Die Verwendung von Verallgemeinerungen, Metaphern, Analogien, Vergleichen, Dichotomien und anderen geistigen Konstrukten dient diesem Zweck: Ein verwirrendes Universum soll in eine bestimmte Ordnung gebracht werden. Aber jedes Konstrukt verzerrt in gewissem Maße das, was es darstellt, und jede Verzerrung liefert ihrerseits einen Beitrag zu der Welt, die wir verstehen müssen; auf ihre Weise entwickeln Ideen ein Eigenleben.

Je mehr wir denken, desto mehr müssen wir nachdenken. Und je komplexer das Denken, desto komplexer auch die Realität. Denken kann daher niemals ganz mit der Realität gleichziehen: Diese bleibt immer reicher. Den Punkt hat mir Gödels Theorem verständlich gemacht. Kurt Gödel wies nach, daß es in der Mathematik mehr Gesetze gibt als die mathematisch beweisbaren. Er zeigte nicht nur, daß die Zahl der Gesetze unendlich ist, sondern auch, daß sie die Zahl der Gesetze übersteigt, die bekannt sein können, weil es Gesetze über Gesetze über Gesetze ad infinitum gibt; und was gewußt werden kann, erweitert sich im Einklang mit unserem Wissen.

Die gleiche Argumentationslinie ließe sich auf Situationen mit denkenden Akteuren anwenden. Um solche Situationen zu verstehen, müssen wir ein Modell konstruieren, das die Perspektiven sämtlicher Beteiligter enthält. Diese Perspektiven konstituieren ebenfalls ein Modell, das die Perspektiven sämtlicher Beteiligter enthält. Also brauchen wir ein Modell der Modellbauer, deren Modelle die Modelle von Modellbauern enthalten, und so weiter, ad infinitum. Je mehr Ebenen die Modelle erkennen, desto mehr Ebenen müssen erkannt werden – und wenn die Modelle sie nicht erkennen, wie das früher oder später der Fall sein muß, dann reproduzieren sie nicht länger die Realität.[4]

Dies ist nicht der Ort, die vielen verschiedenen Möglichkeiten zu erörtern, wie Denken die Realität verzerren und verändern kann. Für den Augenblick reicht es aus, wenn wir sie unter dem Namen

»Fehlbarkeit« zusammenfassen. Es gibt Probleme, für die es keine endgültigen Lösungen gibt, und Versuche, eine definitive Lösung zu erzwingen, können die ohnehin vorhandenen Schwierigkeiten zusätzlich verstärken. Ein denkender Beteiligter, der nach Wissen strebt oder mit der Gewißheit seines eigenen Todes zurechtzukommen versucht, steht vor unlösbaren Aufgaben. Ich bezeichne diese Art von Problemen als *conditio humana*. Doch unlösbare Aufgaben gibt es nicht nur im Bereich der *conditio humana*. Bei vielen Gelegenheiten rennen wir gegen sie an: beim Entwerfen eines Systems von Wechselkursen, bei der Bekämpfung des Drogenmißbrauchs oder bei dem Versuch, die Stabilität von Finanzmärkten zu erhalten – all dies stellt uns vor unlösbare Probleme, bei denen jede erreichte Lösung unweigerlich neue Schwierigkeiten bereitet.

Zwei Arten von Fehlbarkeit

Ich möchte hier zwei Arten von Fehlbarkeit vorstellen: erstens eine eher gemäßigte, »formale«, die an den Begriff der Reflexivität geknüpft ist und der Forderung nach einer kritischen Denkweise in einer offenen Gesellschaft entspricht; zweitens eine radikalere, persönliche, die mich durch das Leben leitet und geleitet hat. Mit der formalen, gemäßigten Art habe ich mich bereits auseinandergesetzt. Fehlbarkeit in diesem Sinne bedeutet, daß das Denken der beteiligten Menschen nicht vollends mit der tatsächlichen Situation korrespondiert, was am Ende zu unbeabsichtigten Handlungsfolgen führt. Normalerweise werden daraus erwachsende Fehler korrigiert, aber wenn irrige Ansichten sich selbst bestätigen, wird nicht sofort augenfällig, daß sie falsch sind. Das geschieht erst sehr viel später – und bis dahin hat sich die zugrundeliegende Wirklichkeit längst wieder verändert.

In der Regel hat das Wort »Fehlbarkeit« einen negativen Beigeschmack, aber es besitzt auch einen wichtigen positiven Aspekt:

Was nämlich unvollkommen ist, das kann verbessert werden. Wir müssen nur unsere Fehlbarkeit einsehen und Methoden entwikkeln, unsere Irrtümer zu korrigieren. Das ist der Weg zum kritischen Denken, und ihm sind keine Grenzen gesetzt; gerade weil wir Perfektion nicht erreichen können, gibt es unendlich viel Raum für Verbesserungen.

Dies trifft nicht nur für unser Denken zu, sondern auch für unsere Gesellschaft. Nie werden wir vollkommen sein; welchen Weg wir auch wählen, er wird stets Mängel aufweisen. So müssen wir uns, wie gesagt, mit dem Zweitbesten zufriedengeben – einer Form gesellschaftlichen Lebens, die zwar nicht vollkommen ist, doch stets zugänglich für Verbesserungen. Und ebendas meint das Konzept der offenen Gesellschaft: für Verbesserungen offen sein. Genau hier ist sie der geschlossenen Gesellschaft, die ihre eigenen Unzulänglichkeiten abzustreiten versucht, selbst wenn sich die Welt um sie herum verändert, weit überlegen. Die Einsicht in unsere Fehlbarkeit ist der Schlüssel zum Fortschritt.

Radikale Fehlbarkeit

An diesem Punkt ändere ich meinen Kurs. Statt Fehlbarkeit in allgemeinen Begriffen zu diskutieren, möchte ich erklären, was sie für mich persönlich bedeutet. Auf ihr beruht nicht nur meine Weltsicht, sondern auch mein Selbstverständnis, und daher prägt sie mein Verhalten. Sie ist die Grundlage meiner Geschichtsauffassung und der Leitfaden all meiner Handlungen, ob als Mitspieler auf den Finanzmärkten oder als Philanthrop, und wenn ich an meinen Gedanken irgend etwas als besonders originell empfinde, dann mein radikales Verständnis von Fehlbarkeit.

Meine Interpretation der Fehlbarkeit geht weit über das hinaus, was sich mit den bisher angeführten Argumenten rechtfertigen ließe. Ich behaupte nämlich, daß sämtliche Konstrukte des menschlichen

Geistes in der einen oder anderen Weise mangelhaft *sind* – ganz gleich, ob sie die verborgensten Winkel unseres Denkens betreffen oder ihren Ausdruck in Form von wissenschaftlichen Disziplinen, Ideologien und Institutionen finden. Dies ist natürlich eine wesentlich stärkere Behauptung als die Annahme, daß unsere Konstrukte durchweg fehlerhaft sein können. Ich spreche nicht bloß von einer mangelnden Übereinstimmung zwischen Denken und Realität, ich spreche von einer tatsächlichen Unzulänglichkeit aller menschlichen Entwürfe, von einer tatsächlichen Divergenz zwischen Absichten und Ergebnissen. Wie oben erklärt, gilt das nur für historische Vorgänge. In normalen, alltäglichen Situationen werden Fehler ausgeglichen. Ebendarum aber kann ein radikales Konzept von Fehlbarkeit auch als Basis für eine Geschichtstheorie dienen.

Es gibt zwei Möglichkeiten, mit der Erkenntnis umzugehen, daß alle Konstrukte mit Mängeln behaftet sind: Man kann den Kopf in den Sand stecken oder nach – wenn auch unvollkommenen – Kompromissen suchen. Eine geschlossene Gesellschaft erhält die Illusion von Vollkommenheit aufrecht, eine offene Gesellschaft akzeptiert die *conditio humana*. Wenn sämtliche Konstrukte unvollkommen sind, werden manche Alternativen besser sein als andere, und es kommt nur darauf an, für welche wir uns entscheiden. Aus der Einsicht in unsere Fehlbarkeit läßt sich eine Menge gewinnen. Eine offene Gesellschaft ist einer geschlossenen stets vorzuziehen, denn sie bietet uns die Chance, die Welt zu verbessern.

Natürlich ist meine Behauptung, alle menschlichen Konstrukte seien fehlerhaft, keine wissenschaftliche Hypothese, denn sie läßt sich nicht hinreichend überprüfen. Obwohl ich davon ausgehe, daß die Sichtweisen der Beteiligten nie der Realität entsprechen, vermag ich es nicht zu beweisen, weil ich nie wissen werde, wie sie ohne diese Sichtweisen aussieht. Man könnte auf Ereignisse warten, die von den Erwartungen abweichen, doch auch hier gibt es eine Einschränkung: Nachfolgende Ereignisse können nicht als unabhängiges Kriterium für eine Entscheidung darüber dienen, wie korrekte Erwartungen hätten aussehen müssen, denn andere Erwartungen hätten womöglich auch zu einem anderen Ergebnis geführt, und so trage ich meine weitergehenden Annahmen als Arbeitshypothese vor, nicht als logischen oder wissenschaftlichen Beweis.

Ich spreche von einer Arbeitshypothese, weil mir meine Auffassung bei meinen finanziellen Tätigkeiten gute Dienste geleistet hat. Sie ermutigte mich, in jeder Investitionsentscheidung nach Fehlern zu forschen und, sobald ich sie gefunden hatte, aus der damit verbundenen Einsicht Nutzen zu ziehen. Wenn ich den möglichen Erfolg einer Investition beurteilen wollte, war mir klar, daß ich die Situation notwendigerweise verzerrt interpretierte; das konnte mich jedoch nicht davon abhalten, mir eine Meinung zu bilden. Im Gegenteil: Ich suchte nach Situationen, in denen meine Interpretation sich von der vorherrschenden unterschied, denn in diesen Fällen läßt sich ein Gewinn erzielen.

Für meine Vorhaben auf den Finanzmärkten entwickelte ich eine eigene Variante von Poppers Modell der wissenschaftlichen Methode, die ich im folgenden Kapitel näher erläutern werde. Gewöhnlich stellte ich eine Hypothese auf, auf deren Grundlage ich dann investieren konnte. Sie mußte sich von der herrschenden Meinung unterscheiden, denn je größer der Unterschied, desto größer der potentielle Profit. Gab es hingegen keine Abweichung, war ein Engagement sinnlos. Dieses Verfahren entsprach einer – von Wissenschaftsphilosophen im übrigen heftig kritisierten – Devise Poppers: Je härter die Prüfung, desto wertvoller die Hypothese, die sie übersteht. In der Wissenschaft ist der Wert einer Hypothese nicht greifbar; auf den Finanzmärkten läßt er sich mühelos in Geld messen. Im Gegensatz zu einer wissenschaftlichen muß eine finanzielle Hypothese überdies keineswegs wahr sein, um profitabel zu sein; es reicht aus, daß sie allgemein akzeptiert wird. Und doch kann sich eine falsche Hypothese nicht ewig halten. Deshalb investierte ich gern in fehlerhafte Hypothesen, die eine Chance auf allgemeine Akzeptanz hatten, vorausgesetzt, ich wußte, wo der Fehler lag, und konnte rechtzeitig verkaufen. So beteiligte ich mich beispielsweise genau deshalb am sogenannten Boom der Mischkonzerne in den sechziger Jahren, weil ich dessen Schwächen kannte. Meine fehlerhaften Hypothesen nannte ich fruchtbare Irrtümer, und es ist wohl nicht übertrieben, wenn ich sie als Kern meiner Geschichtstheorie und meines Erfolgs bezeichne.

Meine Arbeitshypothese, daß sämtliche menschlichen Konstrukte fehlerhaft sind, ist nicht nur unwissenschaftlich, sie hat noch einen weiteren schwerwiegenden Mangel: Wahrscheinlich ist sie falsch. Wie wir gesehen haben, lassen sich wahre Aussagen treffen und gültige Theorien aufstellen. Die Naturwissenschaften stehen als monumentale Verkörperung dessen da, was der menschliche Geist vermag. Und dennoch tut meine Hypothese gute Dienste: Gültige Konstrukte sind so selten, daß wir dazu neigen, sie zu überfrachten oder zu überdehnen, wenn wir auf sie stoßen. Auch dafür bietet die wissenschaftliche Methode ein gutes Beispiel. Sie hat sich bei der Untersuchung von Vorgängen in der Natur bewährt, daher möchten wir sie auf die Gesellschaft anwenden. Entsprechend verhält es sich beim Marktmechanismus: Er funktioniert hervorragend, wenn es um die Allokation von Gütern und Ressourcen für private Bedürfnisse geht, daher sind wir versucht, ihm auch im Hinblick auf öffentliche Belange zu vertrauen. Dasselbe gilt für unsere Institutionen: Sobald sie eingerichtet sind, tendieren wir dazu, uns auf sie zu verlassen, selbst dann noch, wenn sie längst überflüssig geworden oder erstarrt sind. Jede Institution entwickelt im Laufe der Zeit Schwächen, aber das heißt nicht, daß sie so geschaffen wurde und ihre Aufgabe nie hat erfüllen können.

Menschliche Einrichtungen lassen sich nur dann als unzulänglich bezeichnen, wenn wir erwarten, daß sie zeitlos gültig sind, ähnlich wie Naturgesetze. Eine mit Mängeln behaftete Theorie oder Politik kann an einem bestimmten Punkt der Geschichte vorübergehend von Nutzen sein. Wie lange solche fruchtbaren Irrtümer brauchbar sind, hängt ganz davon ab, wann ihre Fehler erkannt und ob sie rechtzeitig korrigiert werden. Früher oder später ist der Spielraum für Verfeinerung und Weiterentwicklung erschöpft, und ein neuer fruchtbarer Irrtum fesselt die Aufmerksamkeit der Menschen. Auch meine hier vorgetragenen Gedanken mögen nichts als fruchtbare Irrtümer sein, zumal ich ohnehin dazu neige, die Ideengeschichte als eine Folge von lauter fruchtbaren Irrtümern zu betrachten. Man kann sie auch »Paradigmen« nennen.[5] Und die Kombination dieser beiden Annahmen – daß alle geistigen Konstrukte fehlerhaft sind, einige von ihnen jedoch fruchtbar – stellt den Kern meiner Version radikaler Fehlbarkeit dar. Ganz gleich, ob es um die äußere Welt oder um meine eigenen Handlungen geht – stets wende ich sie mit dem gleichen Eifer an.

Ein persönlicher Nachtrag

Das Konzept der radikalen Fehlbarkeit ist für mich nicht bloß eine abstrakte Theorie, es entspringt auch einer tiefen persönlichen Überzeugung. Als Fondsverwalter mußte ich mich in hohem Maße auf meine Intuition verlassen, schließlich war ich mir der Unzulänglichkeit meines Wissens bewußt. Die wichtigsten Gefühle, die mich bei meiner Arbeit begleiteten, waren daher Zweifel, Ungewißheit, Angst. Das allerdings bekümmerte mich nicht. Was mir Sorgen bereitete, waren vielmehr Gefühle der Sicherheit, und so empfand ich echte Freude nur dann, wenn ich, von plötzlicher Ungewißheit heimgesucht, entdeckte, worüber ich mir Sorgen machen mußte. Doch erst vor kurzem wurde mir langsam klar, wie ungewöhnlich diese Einstellung ist, und ich war überrascht, daß andere meine Art zu denken merkwürdig fanden. Einen eigenen Irrtum aufzuspüren bereitet mir Vergnügen, keinen Kummer. Die meisten Menschen geben sich größte Mühe, Fehler zu leugnen oder zu vertuschen, die gerade dadurch zu einem festen Bestandteil ihrer Persönlichkeit werden.

Ich darf mein Plädoyer für eine selbstkritische Haltung freilich nicht überstrapazieren. Allein für sich kann das nicht funktionieren. Um positive Ergebnisse zu bewirken, muß eine selbstkritische Haltung mit einem gewissen Maß an Erfolg einhergehen, denn sie ist Teil eines reflexiven Prozesses, der sich in beide Richtungen verstärken kann. Wenn man sich seiner Grenzen bewußt ist, führt das noch nicht dazu, daß man sie überwindet – im Gegenteil: Selbstzweifel können sich leicht bestätigen, indem sie das eigene Selbstvertrauen untergraben. Dagegen erhöht die Fähigkeit, zu Fehlern stehen zu können, das eigene Potential, und das wiederum bringt einen in eine stärkere Position, wenn es darum geht, Fehler zu erkennen und zu korrigieren. Ich weiß, wovon ich spreche, denn ich habe beide Erfahrungen gemacht. Meine selbstkritische Haltung ist älter als mein Engagement auf dem Aktienmarkt. Es war mein Glück, daß ich im Investmentgeschäft gelandet bin, wo ich sie nutzbringend umsetzen konnte. Ob sich meine Haltung beim Schreiben dieses Buches als ebenso lohnend erweisen wird, weiß ich nicht. Ich habe keinerlei Hemmungen, meine Fehler zuzugeben, aber in diesem Falle macht mich das womöglich nicht so erfolgreich wie auf dem Aktienmarkt.

Später übertrug ich meine selbstkritische Haltung auf meine philanthropischen Aktivitäten, wobei ich entdeckte, daß auch Wohltätigkeit mit etlichen Paradoxien und unbeabsichtigten Folgen verbunden ist. Sie kann jene, denen sie zugute kommen soll, in bloße Objekte verwandeln, und sie kann mit Taten, die angeblich anderen helfen sollen, nicht selten dem Zweck dienen, lediglich das Ego des Gebers zu befriedigen. Schärfer formuliert: Menschen sind häufig wohltätig, weil sie sich als gut empfinden möchten, nicht weil sie

anderen Gutes tun wollen. Da ich solche Standpunkte vertrat, mußte ich anders an die Sache herangehen. Zunächst fiel mir auf, daß ich
mich als Philanthrop ähnlich verhielt wie im Geschäftsleben. Dort
hatte ich keine Bedenken, die Gefühle meiner Mitarbeiter zu verletzen, wenn die Ergebnisse meines Fonds zu wünschen übrigließen.
Ganz ähnlich verfuhr ich bei der Stiftung: Ich ordnete ihre Interessen denjenigen des Personals und der Antragsteller über, und hin
und wieder scherzte ich sogar, unsere Stiftung sei die einzige mis-
anthropische Stiftung der Welt.

Ich muß gestehen, im Lauf der Zeit bin ich einsichtiger geworden.
Zwischen der Verwaltung eines Hedgefonds und einer Stiftung besteht nun einmal ein Unterschied. Bei einer Stiftung fehlt weitgehend der äußere Druck, allein interne Disziplin kann die Umsicht
der Mitarbeiter lebendig erhalten. Außerdem erfordert die Leitung
einer großen Stiftung ein gewisses Talent zur Menschenführung:
Niemand liebt kritische Bemerkungen, jeder wünscht sich Lob und
Ermutigung. Kaum jemand teilt meinen Hang, Irrtümer zu entdecken, und erst recht nicht meine Freude daran. Um effektiv führen zu können, muß man die Menschen zufriedenstellen. Das, was
Politikern und Konzernleitern zuzufliegen scheint, lernte ich nur
mühsam.

Es gibt noch einen Punkt, den ich erwähnen möchte. Seitdem ich
Stiftungen ins Leben gerufen habe, muß ich öffentliche Auftritte
absolvieren, und sooft ich das tue, erwartet man von mir, daß ich
Selbstvertrauen ausstrahle. Tatsächlich aber bin ich von Selbstzwei-
feln erfüllt, und ich genieße dieses Gefühl. Zwischen mir als öffentlicher Person und dem, was ich als mein wahres Selbst betrachte,
besteht aus diesem Grund eine tiefe Kluft; und doch ist mir klar, daß
sich beide Rollen wechselseitig beeinflussen. Ich bin eine »charis-
matische« Persönlichkeit geworden – auch wenn ich, Gott sei Dank,
nicht ganz so fest an mich glaube, wie andere das tun –, und mich interessiert die Frage, wie sich diese zu meinem früheren Selbst als

Fondsverwalter verhält. Als Fondsverwalter scheute ich die Öffentlichkeit, damals wäre mir ein Bild von mir auf dem Cover eines Finanzmagazins wie eine Art Todeskuß vorgekommen, und wenn sich darin letzten Endes auch so etwas wie Aberglauben ausdrückte, hatte ich doch gute, einleuchtende Gründe dafür. Öffentlich anerkannter Erfolg, so dachte ich, würde ein Gefühl der Euphorie auslösen, die mich, selbst wenn ich gegen sie ankämpfte, unweigerlich aus dem Tritt bringen würde. Und hätte ich eine Ansicht – sei es über den Markt, sei es über andere Dinge – erst einmal öffentlich geäußert, würde es mir schwerfallen, diese Ansicht zu ändern. In meinem neuen Leben spielt die öffentliche Meinung eine wichtigere Rolle. Meine Äußerungen können Märkte in Bewegung bringen, obwohl ich mir alle Mühe gebe, diese Macht nicht zu mißbrauchen. Gleichzeitig kann ich kein erfolgreicher Fondsmanager mehr sein; ich habe den von Sorgen und Ängsten angetriebenen Mechanismus, der mich in der Vergangenheit geleitet hat, abgebaut, und außerdem macht die Tatsache, daß ich inzwischen zu einer öffentlichen Person geworden bin, es mir praktisch unmöglich, mich mehr oder weniger anonym am Markt zu beteiligen.

Man sieht: Es erfordert eine andere Geisteshaltung, auf den Finanzmärkten zu operieren, als man sie für politische oder soziale Tätigkeiten braucht – oder auch einfach als menschliches Wesen. Für einen Geldverwalter zählt nur eines: Leistung. Alle sonstigen Erwägungen müssen dahinter zurücktreten. Was die anderen von einem denken, ist vielleicht nicht gleichgültig, aber die Ergebnisse – gemessen mit dem objektiven Maßstab Geld – zählen mehr. Weil sie über ein objektives Kriterium verfügen, sind die Finanzmärkte so effizient: Sie verwandeln Menschen in profitmachende Maschinen. Das hat seine guten Seiten, doch eine Gesellschaft, die sich allein von den Finanzmärkten regieren läßt, kann leicht unmenschlich werden. Und das ist kein Gedankenspiel, sondern eine akute Gefahr.

Kapitel 2   Eine Kritik der ökonomischen Theorie

Fehlbarkeit und Reflexivität stellen die Sozialwissenschaften im allgemeinen und die ökonomische Theorie im besonderen vor ernste Probleme. Ich möchte die Schwierigkeiten etwas genauer untersuchen, obwohl uns das zwingt, ein wenig länger die dünne Luft der Abstraktionen zu atmen. Wenn ich behaupte, die Tragweite reflexiver Mechanismen werde nicht richtig eingeschätzt, habe ich vor allem diese Probleme im Sinn. Wir müssen sie besser verstehen, um die theoretischen Grundlagen für das zu legen, was ich als offene Weltgesellschaft bezeichne. Die strittigen Punkte lassen sich in zwei Rubriken einteilen: Die eine betrifft den Gegenstand, die andere den Beobachter. Ich werde sie in dieser Reihenfolge diskutieren, auch wenn beide eng miteinander zusammenhängen.

Reflexivität in sozialen Phänomenen

Zunächst müssen wir uns in Grundzügen klarmachen, wie die Wissenschaft vorgeht. Dafür möchte ich mich auf Karl Poppers Theorie der wissenschaftlichen Methode berufen. Sein ebenso einfaches wie elegantes Modell zeigt, wie sich aus Einzelphänomenen universell gültige Verallgemeinerungen gewinnen lassen, die dann ihrerseits verwendet werden können, um andere spezielle Ereignisse zu erklären und vorherzusagen. Dieses Modell enthält drei Komponenten und drei Schritte. Die Komponenten sind: spezifische Ausgangs- und spezifische Endbedingungen in einem wissenschaftlichen Experiment sowie Verallgemeinerungen von hypothetischem

Charakter. Die Ausgangs- und Endbedingungen können durch Beobachtung verifiziert werden, Hypothesen dagegen lassen sich nicht verifizieren, sondern nur falsifizieren. Die grundlegenden wissenschaftlichen Schritte sind Vorhersage, Erklärung und Überprüfung. Man kann eine hypothetische Verallgemeinerung mit Ausgangsbedingungen kombinieren, um so eine bestimmte Vorhersage zu konstruieren, und man kann sie mit spezifischen Endbedingungen verknüpfen, wenn man eine Erklärung formulieren möchte. Da die Hypothese zeitlos gültig sein soll, sind Vorhersage und Erklärung umkehrbar. Das erlaubt die wissenschaftliche Überprüfung. Zur Überprüfung gehört zudem der Vergleich der spezifischen Ausgangs- und Endbedingungen, um festzustellen, ob sie der Hypothese entsprechen. Eine Hypothese läßt sich auch durch noch so viele Überprüfungen nicht verifizieren; solange sie jedoch nicht falsifiziert wurde, bleibt sie einstweilen gültig.

Das Modell erhebt nicht den Anspruch, die wissenschaftliche Praxis zu beschreiben, sondern es zeigt, wie in der Theorie Verallgemeinerungen gefunden werden können, mit denen sich Einzeltatsachen voraussagen und erklären lassen. Eine so gewonnene Verallgemeinerung muß nicht verifiziert werden; es reicht, wenn sie nicht falsifiziert worden ist – sie muß allerdings falsifizierbar sein. Der große Vorteil dieser Konstruktion liegt darin, daß sie die Klippen der induktiven Argumentation umschifft. Wir brauchen nicht darauf zu beharren, daß die Sonne stets im Osten aufgehen wird, nur weil sie das bislang Tag für Tag getan hat, es genügt, wenn wir diese Hypothese vorläufig – solange sie nicht falsifiziert worden ist – akzeptieren. Das ist eine elegante Lösung für ein ansonsten unüberwindliches logisches Problem. Der Trick besteht in der Umstellung von der Verifikation auf die Falsifikation. Damit können Hypothesen Voraussagen und Erklärungen liefern, auch ohne verifiziert werden zu müssen, und diese können, je nach Beschaffenheit der Hypothese, deterministischer oder probabilistischer Natur sein.

Die Asymmetrie zwischen Verifikation und Falsifikation erkannt zu haben ist meiner Meinung nach Poppers größter Beitrag nicht nur zur Wissenschaftsphilosophie, sondern zu unserem Weltverständnis überhaupt. Dadurch werden die wissenschaftlichen Ergebnisse mit der Idee in Einklang gebracht, daß wir endgültige Wahrheit nicht erreichen können.

Vielleicht habe ich noch nicht deutlich genug hervorgehoben, daß Hypothesen zeitlos gültig sein müssen, um eine Überprüfung zu ermöglichen. Ist ein bestimmtes Ergebnis im Experiment nicht wiederholbar, dann hat die Überprüfung keinerlei Beweischarakter. Aus reflexiven gesellschaftlichen Prozessen ergeben sich jedoch irreversible historische Prozesse, und deshalb läßt die Hypothese der Reflexivität zeitlos gültige Verallgemeinerungen nicht zu. Genauer: Generalisierungen, die sich über reflexive Ereignisse treffen lassen, können nicht überprüft werden, da deren Ausgangs- und Endbedingungen nicht wiederherstellbar sind. Sie mögen durchaus zu extrem wahrscheinlichen Voraussagen und Erklärungen führen, doch der Grad dieser Wahrscheinlichkeit läßt sich nicht in derselben Weise messen wie im Falle einer überprüfbaren Hypothese. Aus der Tatsache, daß bestimmte Ereignisse sich in der Vergangenheit in bestimmten Abständen wiederholt haben, folgt nicht, daß die Wahrscheinlichkeit hierfür in der Zukunft dieselbe sein wird. Im Gegenteil, durch das Bekanntwerden einer Wahrscheinlichkeitsverteilung wird sich diese nicht selten verändern. Hier besteht eine gewisse Ähnlichkeit zur Heisenbergschen Unschärferelation, wenn auch mit einem bedeutenden Unterschied: In der Quantenmechanik ist es eine Handlung, die Messung nämlich, die störend eingreift; auf den Finanzmärkten und in anderen reflexiven Situationen dagegen sind es Gedanken oder Überzeugungen, die den Gegenstand, auf den sie sich beziehen, beeinflussen.

Doch damit ist Poppers Modell der wissenschaftlichen Methode keinesfalls entwertet. Es bleibt ebenso subtil und überzeugend wie zuvor, nur läßt es sich nicht auf reflexive Phänomene anwenden. Diese Einschränkung erklärt auch die Kluft zwischen Natur- und Sozialwissenschaften, findet sich Reflexivität doch lediglich in Situationen, an denen denkende Individuen beteiligt sind. Popper selbst weigerte sich, einen solchen Unterschied anzuerkennen. Er propagierte die Doktrin von der Einheit der Wissenschaft, der zufolge in Natur- und Sozialwissenschaften dieselben Methoden und Kriterien anwendbar sind. Mit Hilfe dieser Auffassung konnte er nachweisen, daß Theorien wie der Marxismus nicht als wissenschaftlich gelten können, weil sie sich nicht falsifizieren lassen. Ich vertrete einen etwas anderen Standpunkt. Meiner Ansicht nach passen reflexive Phänomene ganz allgemein nicht in Poppers Modell der wissenschaftlichen Methode, und nicht nur dem Marxismus ist die Wissenschaftlichkeit abzusprechen. Der Marktfundamentalismus, der seine wissenschaftliche Rechtfertigung aus den aktuellen Strömungen der Wirtschaftswissenschaften bezieht, ist eine nicht minder illegitime Ideologie. Um den grundsätzlichen Unterschied zwischen Natur- und Sozialwissenschaften besser zu verstehen, müssen wir uns mit dem zweiten Problem auseinandersetzen, mit der Beziehung des wissenschaftlichen Beobachters zu seinem Gegenstand.

Reflexivität und Sozialwissenschaftler

Die Wissenschaft ist ein soziales Phänomen und als solches potentiell reflexiv, denn Forscher sind mit ihrem Gegenstand sowohl als Beteiligte wie als Beobachter eng verbunden. Der hervorstechende Zug der wissenschaftlichen Methode, wie anhand Poppers Modell erläutert, liegt nun aber darin, daß die partizipative Funktion mit der kognitiven Funktion nicht vermischt werden darf. Die Wissenschaft ist dem Verstehen der Wirklichkeit gewidmet, und um diesem Ziel zu entsprechen, werden Tatsachen streng von den wissenschaftlichen Aussagen über diese getrennt. So können Tatsachen als unabhängiges Kriterium dienen, anhand dessen sich die Wahrheit oder die Gültigkeit von Aussagen beurteilen läßt. Wissenschaftler machen Experimente, aber sie tun alles, um ihre Ergebnisse nicht zu beeinflussen. Damit Experimente als wissenschaftlich fundiert gelten können, müssen sie von anderen wiederholbar sein.

In der Praxis herrschen diese Idealbedingungen nirgends, nicht einmal in den Naturwissenschaften. Auch beeinflußt die Auswahl der Theorien die Auswahl der Tatsachen, die zu ihrer Überprüfung herangezogen werden, und infolgedessen entspricht das Universum, in dem sich die Wissenschaft bewegt, nicht notwendigerweise demjenigen, das sie zu beschreiben vorgibt. Die Trennung zwischen dem Bereich der Tatsachen und dem der Aussagen bleibt davon jedoch unberührt, und die Tatsachen liefern weiterhin ein unabhängiges Kriterium, an dem sich der Wahrheitsgehalt von Aussagen bemißt. Wenn sich die Wissenschaft auf eine begrenzte Reihe von Tatsachen beschränkt, steht lediglich das von ihren Aussagen geschaffene Universum nicht mehr im Einklang mit der Welt, in der wir leben. Sobald die Abweichung zwischen beiden zu augenfällig wird, erhöht sich der Druck auf die herrschende Theorie, bis es zu einem Paradigmenwechsel kommt. Dies ist ein wichtiges Phänomen in der Wissenschaftsgeschichte.

Die Wissenschaft hat durchaus eine Geschichte, und diese Geschichte ist reflexiv. Hypothesen, die zu wertvollen Entdeckungen und Erfindungen führen, erhalten Auftrieb; ist ihr Potential erschöpft, sinkt das Interesse an ihnen, und die Menschen sind offen für eine andere Art, die Dinge zu sehen. So kommt es zu Paradigmenwechseln. Popper selbst war sich dessen völlig bewußt: Er riet mir, Thomas Kuhn – der bekanntlich den Begriff »Paradigmenwechsel« geprägt hat – und Paul Feyerabend zu lesen.

Die Sozialwissenschaften sind noch weiter von den Idealbedingungen des Popperschen Modells entfernt als die Naturwissenschaften, und zwar deshalb, weil zu den Tatsachen, mit denen die Sozial-wissenschaften es zu tun haben, auch Überzeugungen und Ideen gehören. Die eingebaute Trennung zwischen Aussagen und Tatsa-chen, die für die Naturwissenschaften charakteristisch ist, fehlt hier. Eine Unterscheidung zwischen wissenschaftlichen Aussagen und solchen, die zum Gegenstandsbereich gehören, ist zwar trotzdem möglich, erfordert aber eine bewußte Anstrengung. Damit stellt sich eine Frage, die in den Naturwissenschaften weniger dringlich ist: Welchem Zweck dient diese Forschung? Soll die Wirklichkeit verstanden oder soll sie zu unserem Vorteil nutzbar gemacht wer-den?

In den Naturwissenschaften können die Tatsachen nicht dadurch verändert werden, daß man Aussagen über sie macht. Die Realität läßt sich nicht zu unseren Gunsten wenden, ohne daß wir sie zuvor verstanden hätten. Natürlich können Experimente gefälscht wer-den, aber eine Fälschung wird leicht entdeckt, da das Experiment durch andere wiederholbar sein muß. Daher hat es keinen Sinn, zu betrügen. Es ist freilich möglich, die Tatsachen auszuwählen, die man wissenschaftlich untersucht, doch selbst in dieser Hinsicht zahlt es sich aus, so nahe wie möglich an der Wirklichkeit zu blei-ben, weil wir von unseren Erkenntnissen weit mehr profitieren können, wenn sie sich auf die Realität beziehen statt auf ein künst-liches Universum.

Anders in den Sozialwissenschaften. Wenn das Reich der Tatsachen auch Aussagen enthält, können beide in reflexive Wechselwirkung miteinander treten, das heißt, die Aussagen können – durch die Entscheidungen der Beteiligten – die Tatsachen verändern. Unter diesen Umständen müssen Wissenschaftler besondere Anstren-gungen unternehmen, um zu verhindern, daß ihre Aussagen auf ih-ren Untersuchungsgegenstand einwirken. Und genau hier kommt die Frage nach dem Ziel von Wissenschaft ins Spiel. Solange es eine klare Trennung von Aussagen und Tatsachen gibt, kann kein Zweifel am Ziel der Wissenschaft bestehen: nämlich Wissen zu erlangen. Die Ziele der jeweiligen Forscher mögen dabei ganz andere sein. Stets aber folgt die Natur ihrem Lauf unabhängig von den Theorien, die sich auf sie beziehen, und so können wir sie nur dann für unsere Zwecke nutzen, wenn wir die Gesetze verstehen, die ihren Gang bestimmen. Einen einfacheren Weg gibt es nicht.

Dieses klare Verhältnis kommt durcheinander, wo immer der Sachverhalt reflexiv ist. Zum einen fällt es schwer, positive Resultate zu erzielen, sperrt sich der Gegenstand doch gegen die Entdeckung zeitlos gültiger und daher überprüfbarer Hypothesen, die gerade die Autorität naturwissenschaftlicher Gesetze begründen. Zum anderen hat das objektive Kriterium, nämlich die Tatsachen selbst, seine Unabhängigkeit eingebüßt, was es abermals schwerer macht, die Maßstäbe der Naturwissenschaften anzuwenden. Tatsachen können durch Überzeugungen und Theorien beeinflußt werden. Das gilt nicht nur für die jeweils Beteiligten, sondern auch für die Wissenschaftler. Die Reflexivität ist ein Kurzschluß von Aussagen und Tatsachen, und dieser Kurzschluß betrifft eben Wissenschaftler und Beteiligte gleichermaßen.

Wir sind nun an einem wichtigen Punkt angelangt, den ich dadurch verdeutlichen möchte, daß ich die in der Reflexivität enthaltene Unbestimmtheit mit jener Unbestimmtheit vergleiche, die sich im Verhalten von Quantenteilchen beobachten läßt. Die Unbestimmtheit ist ähnlich, aber die Beziehung des Beobachters zu seinem Gegenstand ist eine andere: Das Verhalten der Quantenteilchen bleibt dasselbe, ob man nun Heisenbergs Unschärferelation anerkennt oder nicht. Demgegenüber kann das Verhalten von Menschen sehr wohl durch wissenschaftliche Theorien ebenso wie von anderen Überzeugungen beeinflußt werden. So hat sich die Einflußsphäre der Marktwirtschaft nicht zuletzt deshalb erweitert, weil die Menschen an die Kraft des Marktes nun einmal glauben. Dies läßt ein zusätzliches Element der Ungewißheit entstehen, das in Heisenbergs Unschärferelation fehlt und das die Position des Beobachters sowie die Rückwirkung wissenschaftlicher Theorien betrifft.

Ich gebe zu: Wissenschaftler könnten Vorsichtsmaßnahmen ergreifen, um ihre Aussagen von deren Gegenstand zu isolieren, etwa durch Geheimhaltung ihrer Prognosen. Aber warum sollten sie das tun? Liegt der Zweck der Wissenschaft darin, Wissen um des Wissens willen zu akkumulieren, oder dient sie anderen Zwecken? In den Naturwissenschaften stellt sich die Frage nicht, weil Zwecke nur realisiert werden können, wenn zunächst Wissen gesammelt wird. Das gilt nicht für die Sozialwissenschaften, denn die Reflexivität ermöglicht eine Abkürzung. Eine Theorie muß nicht wahr sein, um das Verhalten von Menschen zu verändern. Gleichzeitig kann man sich nicht darauf verlassen, daß die Tatsachen unabhängig von ihr bestehen, und dadurch ist es möglich, sich selbst erfüllende Prophezeiungen in Gang zu setzen.

In Anbetracht des Ansehens, das die Wissenschaft genießt, kann es eine wirksame Beeinflussung der Realität bedeuten, wenn man eine Theorie vertritt, die Anspruch auf Wissenschaftlichkeit erhebt. Karl Marx verfuhr bewußt so, und seine Interpretation der Geschichte war schwer zu widerlegen. Karl Popper mußte eine komplizierte Argumentation entwickeln, um die marxistische Theorie zurückzuweisen: Er zeigte ihre Unwissenschaftlichkeit. Ich stimme seiner Argumentation voll und ganz zu, möchte sie aber noch einen Schritt weiter treiben: Meiner Meinung nach ist der Mißbrauch wissenschaftlicher Theorien für politische Zwecke keineswegs auf totalitäre Ideologien beschränkt; im Falle des Marktfundamentalismus geschieht etwas ganz Ähnliches: Die klassische ökonomische Theorie wird ebenso leicht für politische Zwecke mißbraucht wie (einst) die marxistische.

Besonders skeptisch stehe ich dem Begriff des Gleichgewichts gegenüber. Er gaukelt einen wünschenswerten Stand der Dinge vor, einen ruhenden Punkt, der einen optimalen Zustand kennzeichnet.

Marktfundamentalisten behaupten, Märkte strebten von sich aus einem Gleichgewicht zu und jegliche politische Einmischung sei von Übel. Es hat sich jedoch gezeigt, daß es in vielen Fällen keinen solchen eindeutig festgelegten Zielpunkt gibt. John Meynard Keynes hat nachgewiesen, daß die Wirtschaft durchaus ein Gleichgewicht ohne Vollbeschäftigung erreichen kann, und die moderne Wirtschaftstheorie akzeptiert mehr oder minder einhellig die Möglichkeit multipler Gleichgewichte. Dennoch ist die Vorstellung, Märkte tendierten zu einem ausgewogenen Normalzustand, nicht aus der Welt zu schaffen, und der Marktfundamentalismus dient ihr als angeblich wissenschaftliche Basis.[6]

Das klassische Beispiel dafür, wie Pseudowissenschaftler ihren Gegenstand ihrem Willen zu unterwerfen versuchten, waren die untauglichen Bemühungen der Alchemisten, unedle Metalle in Gold zu verwandeln. Sie mußten scheitern, denn das Verhalten unedler Metalle wird von Gesetzen allgemeiner Gültigkeit beherrscht, die sich durch keinerlei Aussagen, Beschwörungen oder Rituale beeinflussen lassen. Das Ansehen, welches die modernen Wirtschaftswissenschaftler insbesondere in der Politik und auf den Finanzmärkten genießen, zeigt, daß die mittelalterlichen Alchemisten aufs falsche Pferd gesetzt haben. Unedle Metalle sind zwar nicht durch Beschwörungen in Gold zu verwandeln, aber Menschen können durchaus auf Finanzmärkten reich und in der Politik mächtig werden, indem sie falsche Theorien vertreten oder sich selbst erfüllende Prophezeiungen machen. Mehr noch: Ihre Erfolgschancen vergrößern sich, sobald sie sich den Mantel der Wissenschaft umhängen. Es ist bemerkenswert, daß sowohl Marx wie Freud mit Nachdruck den wissenschaftlichen Status ihrer Theorien beanspruchten und viele ihrer Schlußfolgerungen auf ihre Autorität als »Forscher« gründeten. Sobald man sich diesen Punkt klargemacht hat, wird schon der bloße Ausdruck »Sozialwissenschaften« suspekt. Er ist häufig nicht mehr als eine magische Phrase, der sich soziale Alchemisten bedienen, um ihres Gegenstands durch Beschwörungsrituale Herr zu werden.

Sozialwissenschaftler haben tatsächlich nichts unversucht gelassen, um die Naturwissenschaften nachzuahmen – mit bemerkenswert geringem Erfolg. Ihre Bemühungen glichen oft einer Parodie der Naturwissenschaften. Nur wenn sie auf falsche Analogien verzichteten und ihrem Gegenstand folgten, wohin er sie auch führen mochte, erzielten sie wertvolle Ergebnisse. Einige der besten Arbeiten bedienen sich einer historischen Perspektive, statt sich um universale Gültigkeit zu bemühen, doch sie erfüllen trotzdem nicht die Kriterien des Popperschen Modells. Gültige Theorien, die in diese Gußform passen, sind rar.

Die sklavische Nachahmung der Naturwissenschaften paßt wunderbar zu meinem Konzept der radikalen Fehlbarkeit. Es beruht auf der zugegebenermaßen übertriebenen Behauptung, daß sämtliche menschlichen Konstrukte Mängel aufweisen. Die wissenschaftliche Methode untergräbt diese Annahme, weil sie Verallgemeinerungen trifft, die natürliche Phänomene voraussagen und erklären können. Und da die Naturwissenschaft so erstaunlich erfolgreich gewesen ist, wird von der Sozialwissenschaft erwartet, daß sie für die Gesellschaft Gleiches zu leisten vermag. So wird eine Methode, die auf einem Gebiet funktioniert, auf ein anderes ausgeweitet, für das sie ungeeignet ist. Es gibt hier eine Parallele zu den übertriebenen Erwartungen an die Marktmechanismen. Nur weil Märkte bei der Lösung wirtschaftlicher Probleme so überaus nützlich gewesen sind, erwartet man von ihnen nun die Antwort auf sämtliche gesellschaftlichen Probleme.

Zwischen dem Scheitern der Sozialwissenschaftler und dem der Alchemisten besteht jedoch ein gravierender Unterschied: Der Mißerfolg der Alchemisten war nahezu total, den Sozialforschern hingegen, die sich der Autorität der Naturwissenschaften bemächtigten, ist es gelungen, Politik und Gesellschaft ihren Stempel aufzudrükken. So ist die Alchemie als Wissenschaft gescheitert, die Sozialwissenschaft dagegen als Alchemie erfolgreich.

Karl Popper erkannte, daß politische Ideologien das Prestige der Wissenschaft ausnutzen, um den Verlauf der Geschichte zu beeinflussen, eine Gefahr, die ihm im Fall des Marxismus besonders akut erschien. Um die wissenschaftliche Methode gegen solchen Mißbrauch zu schützen, stellte er die These auf, daß Theorien, die nicht falsifiziert werden können, unwissenschaftlich sind. Wenn wir Poppers Wissenschaftsmodell als Maßstab nehmen, werden nur sehr wenige soziologische Theorien dem gerecht. Die Reflexivität läßt eine Fülle von einzigartigen, nicht wiederholbaren Situationen entstehen, die für eine Überprüfung in Poppers Sinne denkbar ungeeignet sind. Deshalb hat man in den Wirtschaftswissenschaften aufwendige Versuche unternommen, die Reflexivität auszuschalten und wissenschaftlichen Standards zu genügen, aber darüber hat man den Kontakt zur Realität verloren. Dennoch wurde die Wirtschaftstheorie für politische Zwecke genutzt. So haben sich die Ökonomen alle Mühe gegeben, die Einführung von Werturteilen zu vermeiden, und doch konnten ihre Theorien gerade deshalb von den Verfechtern des *laissez faire* übernommen und verwendet werden – als Grundlage für das umfassendste Werturteil, das man sich nur denken kann: die Behauptung, daß sich nirgendwo bessere Ergebnisse erzielen lassen als unter den Bedingungen der Marktkonkurrenz.

Meiner Meinung nach gibt es einen besseren Weg, die wissenschaftliche Methode zu schützen, als den von Popper vorgeschlagenen. Wir müssen nur erklären, daß die Sozialwissenschaften keinen Anspruch auf jenen Status erheben können, den wir den Naturwissenschaften einräumen. Dadurch würde verhindert, daß sich pseudowissenschaftliche Gesellschaftstheorien mit fremden Federn schmücken, ganz abgesehen davon, daß die sklavische Nachahmung der Naturwissenschaften auf Gebieten, auf denen sie völlig fehl am Platze ist, endlich Vergangenheit wäre. Mein Vorschlag würde allerdings den betroffenen Bereichen einen gewaltigen Prestigeverlust bescheren, und deshalb dürfte er dort kaum Anhänger finden. Er hätte allerdings den weiteren Vorteil, daß wir lernen könnten, uns mit den Grenzen unseres Wissens abzufinden. Und wir könnten die Sozialwissenschaften aus jener Zwangsjacke befreien, die ihr durch den Ehrgeiz ihrer Protagonisten, sich wissenschaftlichen Status zu verschaffen, verpaßt wurde. Kurz, Poppers Modell funktioniert nur mit zeitlos gültigen Verallgemeinerungen. Die Reflexivität jedoch ist ein zeitgebundener, irreversibler Prozeß und paßt demzufolge nicht in das von ihm entworfene Schema.

Vielleicht gibt es bessere Wege zum Verständnis sozialer Phänomene als die Suche nach allgemeingültigen Theorien. In den letzten Jahren ist ein besonders vielversprechender Ansatz entstanden: die Untersuchung irreversibler evolutionärer Prozesse und deren Darstellung durch nichtlineare Modelle. Sie passen nicht in Poppers Wissenschaftsauffassung, denn mit ihnen lassen sich keine allgemeingültigen Gesetze überprüfen; aber sie können nützliche Algorithmen liefern.

Wenn wir die Grenzen der Sozialwissenschaften anerkennen, heißt das indessen nicht, daß wir bei der Erforschung gesellschaftlicher Phänomene von nun an nicht mehr nach der Wahrheit suchen. Unsere Suche muß allerdings mit der Erkenntnis einhergehen, daß in einigen Aspekten des menschlichen Verhaltens keine zeitlos gültigen Gesetze herrschen und daß gesellschaftliche Phänomene von den Theorien beeinflußt werden können, die sie eigentlich erklären sollen. Entsprechend ist die Untersuchung gesellschaftlicher Vorgänge mitunter von Zielen bestimmt, die mit der Suche nach Wahrheit nichts zu tun haben, und der beste Weg, einen Mißbrauch der wissenschaftlichen Methode zu verhindern, liegt in der Erkenntnis, daß die Gesellschaftstheorien nicht an den Wissenschaftsstandard der Naturwissenschaften heranreichen. Nach wie vor könnten einzelne Theorien versuchen, diesem Standard zu entsprechen, aber Ideologien würde es nicht mehr so leichtgemacht, sich als wissenschaftliche Systeme zu verkleiden.

Ein Blick auf die Geschichte bestätigt nur die Vermutung, daß zwischen Natur- und Sozialwissenschaften ein fundamentaler Unterschied bestehen muß. Die Menschheit hat ihre Macht über die Natur in aberwitzigem Tempo ausgebaut, bei der Lösung politischer Probleme hingegen hat nichts Vergleichbares stattgefunden. Auch im sozialen Bereich sind die meisten Fortschritte – Verbesserungen des Lebensstandards oder der Lebenserwartung etwa – den Naturwissenschaften zuzuschreiben, nicht den Sozialwissenschaften, ja, die sozialen Konflikte sind aufgrund unserer größeren Naturbeherrschung nur noch brisanter geworden. Unser Potential, einander umzubringen, hat sich um ein Vielfaches erhöht. Es ist höchste Zeit, das zu erkennen und nach neuen Wegen zur Lösung und Eingrenzung von Konflikten zu suchen.

Eine Kritik der ökonomischen Theorie

Die ökonomische Theorie ist der ambitionierteste Versuch, die Naturwissenschaften nachzuahmen, und der bei weitem erfolgreichste. Die klassischen Ökonomen ließen sich von Newton inspirieren, sie suchten zeitlos gültige Gesetze aufzustellen, die sowohl bei der Erklärung als auch bei der Voraussage wirtschaftlichen Handelns Verwendung finden konnten, und stützten sich dabei namentlich auf den Begriff des Gleichgewichts. Im Gleichgewichtszustand entsprechen Angebot und Nachfrage einander genau. Für einen Markt, auf dem An- und Verkäufer in einem freien Austausch miteinander stehen, liefert diese Vorstellung ein überaus vernünftiges Modell, das es erlaubt, sich im Zuge der ökonomischen Analyse voll und ganz auf das Endresultat zu konzentrieren und vorübergehende

Störungen zu ignorieren. Dadurch sahen sich die Wirtschaftswissenschaftler in den Stand gesetzt, zeitlos gültige Regeln über das Gleichgewicht der Märkte zu formulieren.

Der Begriff des Gleichgewichts kann leicht in die Irre führen. Zu Unrecht umgibt ihn die Aura des Empirischen. Im realen Leben nämlich läßt sich Gleichgewicht nur selten beobachten, und insbesondere Marktpreise zeigen einen notorischen Hang zur Fluktuation, zum Wechsel. Der Prozeß, der sich dabei beobachten läßt, tendiert angeblich zum Gleichgewicht. Allerdings wird dieses vielleicht niemals erreicht, und wenn es auch wahr ist, daß sich die Marktteilnehmer den Marktpreisen anpassen, kann die Anpassung doch einem äußerst beweglichen Ziel gelten. Deshalb ist die Bezeichnung Anpassungsprozeß für das Verhalten der Teilnehmer wohl das falsche Wort.

Gleichgewicht ist das Produkt eines axiomatischen Systems. Die ökonomische Theorie ist im Grunde so konstruiert wie die Logik oder die Mathematik: Sie beruht auf bestimmten Postulaten, und sämtliche Schlußfolgerungen werden durch logische Schritte aus diesen abgeleitet. Dabei bietet das Konzept des Gleichgewichts den großen Vorteil, daß es sich mit mathematischen Methoden beschreiben und durch Gleichungen ausdrücken läßt. Die Möglichkeit, daß das Gleichgewicht niemals erreicht wird, muß der Konstruktion keinen Abbruch tun, doch wenn man ein hypothetisches Gleichgewicht als ein Modell darstellt, das der Realität entspricht, dann ist das eine signifikante Verzerrung. Die euklidische Geometrie und die Astronomie waren und bleiben vollkommen gültige axiomatische Systeme, gleichwohl lieferten sie völlig falsche Interpretationen der Realität, wie etwa die Annahme, die Erde sei flach – wir wissen, was mit denen geschah, die daran zweifelten.

Die ökonomische Theorie geht davon aus, daß die Entwicklung von Angebot und Nachfrage zwei unabhängig voneinander verlaufende Kurven beschreibt, deren Schnittpunkt dem Gleichgewichtszustand entspricht. Dem liegt die Annahme zugrunde, daß Nachfrage und Angebot wohldefinierte, getrennt meßbare Größen darstellen, die durch einen Regulierungsprozeß ins Gleichgewicht gebracht werden. Wenn Verkäufer wissen, wieviel sie zu einem Preis anzubieten, und Käufer wissen, wieviel sie zu kaufen bereit sind, muß der Markt nur noch den genauen Preis finden, der Angebot und Nachfrage gerecht wird, damit das Gleichgewicht sich einstellt. Was aber, wenn die Preisbewegungen ihrerseits bei Käufern und Verkäufern die Bereitschaft verändern, ihre Waren zu den gegebenen Bedingungen auszutauschen, etwa weil ein sinkendes Preisniveau die Vermutung nahelegt, daß die Preise in naher Zukunft weiter fallen werden? Diese Möglichkeit ist auf Finanzmärkten und in Industriezweigen mit sich rasch entwickelnden Technologien ein entscheidender Faktor, der schlicht übergangen wird.

Die klassische ökonomische Theorie ist ein Kind der Aufklärung. Diese hat versucht, die Autorität der Vernunft zu sichern, indem sie die Wirklichkeit als etwas behandelte, das passiv darauf wartet, verstanden zu werden. Die herausragende wissenschaftliche Leistung der Aufklärung bestand in der Newtonschen Physik, und die ökonomische Theorie versuchte, diese zu imitieren. Überaus bereitwillig übernahm sie aus ihr das Konzept des Gleichgewichts. Wenn das Denken sich von der Wirklichkeit trennen ließ, müßte es auch möglich sein, die Nachfrage, einen überwiegend subjektiven Faktor, vom Angebot, einem eher objektiven Moment, zu isolieren. Zwar bereitete es einige Schwierigkeiten, das Verhalten der verschiedenen Marktteilnehmer unter einen Hut zu bringen, aber das Problem ließ sich überwinden, indem man absolutes Wissen postulierte, und von diesem Postulat ging die Theorie der vollständigen Konkurrenz aus. Das paßte ausgezeichnet zur aufklärerischen Sicht der Welt, hielt jedoch einer kritischen Prüfung nicht stand. Man erkannte, daß vollkommenes Wissen eine allzu ehrgeizige Annahme war, und ersetzte es deshalb durch vollkommene Information.

Diese für sich genommen aber reichte nicht hin, die Theorie der vollständigen Konkurrenz zu stützen, und daher mußte sie durch das ergänzt werden, was der Ökonom Lionel Robbins eine »methodologische Konvention« nannte: Die Bedingungen von Angebot und Nachfrage wurden behandelt, als würden sie von außen bestimmt.[7] Nach Robbins besteht die Aufgabe der Wirtschaftstheorie nicht darin, die Bedingungen von Angebot und Nachfrage zu untersuchen, sondern darin, der Beziehung zwischen beiden nachzugehen. Deshalb konnte die ökonomische Theorie Angebot und Nachfrage als gegeben hinnehmen und mit Hilfe von Gleichungen zeigen, wie der Markt begrenzte Ressourcen zuzuordnen und Angebot und Nachfrage ins Gleichgewicht zu bringen vermag.

Robbins' Argumentation – vor fünfzig Jahren, als ich bei ihm Wirtschaftswissenschaften studierte, von großem Einfluß – ist heute so gut wie vergessen, die unüberbrückbare Trennung von Angebot und Nachfrage aber blieb in der ökonomischen Analyse fest verwurzelt. Als Student hielt ich Robbins' Lösung für fragwürdig, weil sie durch einen methodologischen Trick die reflexive Rückkopplung ausschaltete. Sie ermöglichte es den Ökonomen, Märkte weiterhin als rein passive Mechanismen zu behandeln, deren einzige Rolle darin bestand, die Kräfte von Angebot und Nachfrage widerzuspiegeln. Die Möglichkeit, daß die Bewegungen der Marktpreise den Verlauf der Nachfrage- und Angebotskurven ändern könnten, wurde schlicht ignoriert. Motiviert war dieser Ansatz durch das Bestreben, Ergebnisse zu erzielen, die sich mit der Newtonschen Physik vergleichen ließen. Das lenkte die Aufmerksamkeit davon ab, daß die Märkte – der radikalen Fehlbarkeit zufolge – mehr oder weniger unzulängliche Einrichtungen sind, und hielt die Illusion vollkommener Märkte aufrecht.

Die Annahme, Nachfrage- und Angebotskurven seien unabhängig voneinander gegeben, ist Voraussetzung für die Bestimmung von Marktpreisen. Denn anderenfalls wären die Preise nicht eindeutig festgelegt. Die Ökonomen wären dann nicht mehr in der Lage, im Sinne der Naturwissenschaften zu verallgemeinern. Der Gedanke, die Bedingungen von Angebot und Nachfrage könnten voneinander oder zumindest vom Verhalten des Marktes abhängig sein, wird all jenen unsinnig erscheinen, die von der gängigen ökonomischen Theorie geprägt sind; aber genau diese Abhängigkeit legt das Konzept der Reflexivität nahe, und genau dies demonstrieren auch die Finanzmärkte in ihren Bewegungen.

Setzt man unabhängig voneinander gegebene Bedingungen von Nachfrage und Angebot voraus, dann schaltet man die Möglichkeit jeder reflexiven Interaktion von vornherein aus. Was hat das zur Folge? Wie wichtig ist die Reflexivität im Verhalten der Märkte und Ökonomien? In mikroökonomischen Analysen kann man sie ohne weiteres vernachlässigen, wenn es jedoch um größere wirtschaftliche Zusammenhänge geht, sieht die Sache schon anders aus. Hier verhält es sich ähnlich wie bei der Unterscheidung zwischen alltäglichen und historischen Ereignissen, die wir schon kennengelernt haben. Im nächsten Kapitel werde ich dieses Problem am Beispiel der Finanzmärkte näher beleuchten.

Kapitel 3 Reflexivität auf den Finanzmärkten

Ich habe die kühne Behauptung aufgestellt, die Wirtschaftstheorie habe die Funktionsweise der Märkte grundsätzlich falsch dargestellt. Wie jeder fruchtbare Irrtum, so ist auch diese Behauptung überzeichnet. Vielfach steht die Annahme, Angebot und Nachfrage entwickelten sich unabhängig voneinander, nicht im Widerspruch zur Realität. In diesen Fällen liefert uns die klassische Wirtschaftstheorie wertvolle Einsichten. Doch es gibt zumindest ein wichtiges Gebiet, auf dem die ökonomische Analyse völlig irreführende Ergebnisse hervorgebracht hat. Ich meine die Finanzmärkte. Finanzmärkte unterscheiden sich von anderen Märkten dadurch, daß ihre Teilnehmer nicht mit bekannten Größen umgehen, sondern versuchen, eine Zukunft zu diskontieren, die davon abhängt, wie der Markt diese Zukunft momentan bewertet. Deshalb liegen die Bedingungen von Angebot und Nachfrage hier nicht nur im dunkeln, sondern sie sind prinzipiell undurchschaubar. Ohne entsprechendes Wissen aber müssen die Marktteilnehmer sich auf ihr Urteilsvermögen oder ihr Vorurteil verlassen, was dem Gegenstand, auf den sich ihre Entscheidungen beziehen, ein Element der Ungewißheit verleiht. Auf diesem Gebiet lassen sich die Dinge nur verstehen, wenn man das Phänomen der Reflexivität in seine Überlegungen einbezieht. Dennoch haben die Wirtschaftswissenschaftler in der Vergangenheit alle Anstrengungen unternommen, um das zu vermeiden, und für eine derart heroische Leistung haben sie sich der Theorie der rationalen Erwartungen bedient.

Rationale Erwartungen

Meine Kritik an der Lehre der rationalen Erwartungen steht auf etwas wackligen Füßen, denn ich habe diese Theorie nie gründlich studiert. Soweit ich sie jedoch verstehe, geht sie davon aus, daß die Preise eines Finanzinstruments die »Fundamentaldaten« widerspiegeln: den zu erwartenden Strom von Gewinnen und Dividenden sowie die künftigen Kapitalbewegungen im Falle von Aktien, die voraussichtlichen Zinszahlungen im Falle von Wertpapieren und, so nehme ich an, das künftige Verhältnis von Angebot und Nachfrage im Falle von Waren. Worauf sich allerdings die rationalen Erwartungen auf den Devisenmärkten beziehen sollen, ist mir nicht ganz klar. Ein effizienter Markt soll nun sämtliche gegenwärtig bekannten Informationen über die Fundamentaldaten enthalten, weshalb es für den Marktteilnehmer vernünftig ist, sich danach zu richten. Wenn ein Investor glaubt, den Markt ohne Insiderinformationen überlisten zu können, handelt er somit irrational. Der Markt befindet sich in einem permanenten Gleichgewicht, und jede zeitweilige Abweichung davon ist – nach der sogenannten Random-Walk-Hypothese – rein zufällig.

Ob ich diese Theorie richtig dargestellt habe, weiß ich nicht genau, denn ich habe mich, wie gesagt, nie wirklich eingehend damit befaßt. Ich weise sie vielmehr ohne langes Federlesen zurück, weil sie in eklatantem Widerspruch zum Phänomen der Reflexivität steht. Sie behandelt Märkte, als spiegelten sie passiv die Fundamentaldaten wider, und Entscheidungen, als seien sie allein auf Informationen gegründet. Ich dagegen behaupte, daß die Teilnehmer der Finanzmärkte ihre Entscheidungen nicht allein auf rationale Erwartungen gründen, sondern daß sie nicht umhinkönnen, Vorurteile – unvermeidliche Urteilselemente mit Einfluß auf das Handlungsresultat – in ihren Entscheidungsprozeß einfließen zu lassen. Jeder Marktteilnehmer muß einem künftigen Ereignisverlauf einen gegenwärtigen Wert beimessen, wobei jener gleichzeitig von diesem abhängt. Entscheidend dabei ist, daß die voreingenommene Haltung des Teilnehmers nicht rein passiv wirkt: Sie beeinflußt den Ereignisverlauf, den sie zu reflektieren vorgibt – sie wirkt reflexiv.

Die Tatsache, daß ich als Marktteilnehmer zurechtkommen konnte, ohne der Theorie der rationalen Erwartungen auch nur die geringste Beachtung zu schenken, ist bereits ein vernichtendes Urteil, allerdings keine wohlbegründete Zurückweisung. Statt mich jedoch mit einer Theorie herumzuschlagen, die ich für völlig nutzlos halte, will ich eine radikal andere Interpretation vorstellen. Der Leser mag dann selbst entscheiden.

Eine andere Sicht der Dinge

Ich stelle mir eine wechselseitige Verknüpfung von Denken und Realität vor: Die Fundamentaldaten beeinflussen den Wert, den die Marktteilnehmer einem Finanzinstrument zuschreiben, und diese Bewertung beeinflußt dann unter Umständen ihrerseits die Fundamentaldaten. Diese wechselseitige Beziehung hält einen niemals endenden Prozeß in Gang, der nicht unbedingt zu einem Gleichgewichtszustand tendieren muß. Preisbewegungen mögen die Entwicklung zeitweilig auf eine theoretische Balance hintreiben, zu anderer Zeit führen sie jedoch davon weg, und das Gleichgewicht selbst ist nie zu fassen, denn es wird seinerseits – zumindest zum Teil – von den Preisbewegungen beeinflußt.

Daneben gibt es eine weitere Komplikation: Wenn Marktteilnehmer Finanzinstrumente kaufen und verkaufen, versuchen sie nämlich gar nicht, deren Fundamentaldaten zu bewerten, sondern sie wollen die künftigen Preise für ebendiese Instrumente antizipieren. Die Beziehung von Fundamentaldaten und Marktpreisen steht auf wackligeren Beinen, als meist angenommen wird. Meine Sicht darauf konzentriert sich mehr auf die Vorurteile der Marktteilnehmer als auf die Fundamentaldaten, aber freilich darf man das eine ebensowenig ignorieren wie das andere. Was das Vorurteil so interessant macht, ist die Tatsache, daß es die Fundamentaldaten beeinflussen kann. Anderenfalls ließe es sich vernachlässigen, ohne daß der Realität allzusehr Gewalt angetan würde – und genau davon geht die Theorie der rationalen Erwartungen aus.

Das Vorurteil der Marktteilnehmer

Es ist nicht leicht, den Begriff Vorurteil angemessen anzuwenden. Er läßt sich nicht richtig bestimmen, weil wir nicht wissen, wie eine Welt ohne Vorurteile aussehen würde. Unterschiedliche Menschen haben unterschiedliche Vorurteile, aber niemand vermag ohne sie zu leben und zu arbeiten. Das gilt sogar für den Fall, daß jemand die Zukunft genau antizipiert. Glücklicherweise gibt es in der äußeren Welt eine Richtschnur, an der sich das Vorurteil der Teilnehmer ablesen läßt, und zwar den tatsächlichen Ereignisverlauf. Diese Richtschnur jedoch liefert nur einen Anhaltspunkt, kein genaues Maß für das Vorurteil, denn die Realität, mit der wir es hier zu tun haben, hängt sehr von der Einschätzung der Beteiligten ab. Kurz, im tatsächlichen Ereignisverlauf ist der Einfluß des Vorurteils bereits enthalten.

Märkte scheinen die Zukunft in vielen Fällen korrekt vorwegzunehmen. Das aber ist nicht darauf zurückzuführen, daß das Geschehen mit den rationalen Erwartungen übereinstimmt, sondern darauf, daß die Erwartungen die sogenannten Fundamentaldaten, die sie bewerten sollen, gleichzeitig beeinflussen. Meist jedoch weicht der tatsächliche Ereignisverlauf von den Erwartungen der Teilnehmer ab, und zwar sogar dann, wenn sich deren Vorurteil anfänglich selbst bestätigt. Jene Abweichung läßt sich, wie gesagt, nur als Hinweis auf das Wirken des Vorurteils deuten, nicht als genaues Maß, denn was tatsächlich geschieht, ist bereits durch das Vorurteil geprägt. Gleichwohl können wir zumindest unterscheiden, ob das Vorurteil mit einem Aufwärts- oder einem Abwärtstrend rechnet.

Das Vorurteil der Marktteilnehmer läßt sich als Phänomen nur zum Teil beobachten, es ist nämlich vom Ereignisverlauf nicht zu trennen und daher als Objekt wissenschaftlicher Untersuchungen nur von begrenztem Wert. Darin liegt wohl der Grund, warum die Wirtschaftswissenschaftler so darauf erpicht waren, es aus ihrem Reich zu verbannen. Dessenungeachtet halte ich es für den Schlüssel zum Verständnis der Finanzmärkte, auch wenn es sich wissenschaftlichen Theorien nicht fügt. Nicht jedes Phänomen läßt sich durch universell gültige Verallgemeinerungen erklären und voraussagen – sonst müßten wir uns bei unseren Entscheidungen nicht so oft auf unseren Riecher verlassen.

Der Einfachheit halber wollen wir uns auf den Aktienmarkt beschränken. Dem traditionellen Verständnis nach spiegelt der Kurs einer Aktie die Fundamentaldaten eines Unternehmens wider, dessen Anteil sie repräsentiert. Wie ich bereits erläutert habe, ist diese Ansicht falsch, denn Marktpreise bewerten nicht die Höhe der zu erwartenden Erträge und Dividenden, sondern versuchen, künftige Marktpreise zu antizipieren. Dennoch spielen die Fundamentaldaten eine wichtige Rolle. Marktpreise sind leicht zu beobachten, aber ohne daß wir eine weitere Variable kennen, sagen sie nichts über die Vorurteile der Marktteilnehmer aus. Die Fundamentaldaten sind eine solche Variable, auch wenn sie durch das Vorurteil verzerrt werden.

Für den Zweck, den ich hier verfolge, genügt es, wenn ich Gleichgewicht als Übereinstimmung zwischen den Ansichten der Beteiligten und den Fundamentaldaten definiere. Das unterscheidet sich von der Art und Weise, wie das Wort in der Finanz- und Wirtschaftstheorie verwendet wird, aber ich glaube, es läßt sich mit dem Begriff des langfristigen Gleichgewichts vereinbaren. Ökonomen unterscheiden zwischen einem kurzfristigen Gleichgewicht, das erreicht ist, bevor es zu irgendeiner Neuverteilung von produktiven Ressourcen kommt, und dem langfristigen Gleichgewicht, in das solche Veränderungen eingehen. Für das kurzfristige Gleichgewicht genügt es, daß der Markt ein Preisniveau findet, auf dem die Bedürfnisse aller Käufer und Verkäufer befriedigt werden. Im Sinne dieser Minimalforderung könnte man behaupten, Finanzmärkte befänden sich in einem konstanten Gleichgewichtszustand – wenngleich ich hier meine Zweifel habe. Das aber sagt nicht viel über die Rolle der Finanzmärkte bei der Allokation von Gütern und Ressourcen aus. Die wirklich interessante Frage ist, ob es so etwas wie ein langfristiges Gleichgewicht gibt, und diese Frage will ich hier untersuchen.

Entscheidend für ein solches Gleichgewicht sind die zukünftigen Fundamentaldaten. Nicht die Gewinne, Bilanzen und Dividenden des letzten Jahres spiegeln sich in den Aktienpreisen, sondern der künftige, erwartete Strom von Gewinnen, Dividenden und Anlagewerten schlägt sich darin nieder. Dieser Strom existiert noch nicht, ist also kein Objekt des Wissens, sondern des Abschätzens. Dabei ergänzen sich Informationen und Vorurteile gegenseitig, und deswegen schlagen sich Vorurteile in Aktienpreisen nieder, die ihrerseits wiederum die Fundamentaldaten beeinflussen. Eine Firma kann beispielsweise Kapital aufnehmen, indem sie Aktien verkauft; der Preis, zu dem sie verkauft, wird den Gewinn pro Aktie bestimmen. Er ist außerdem von Bedeutung für die Bedingungen, zu denen die Firma Kredit aufnehmen kann. Das Bild der Firma, das in ihrem Aktienkurs zum Ausdruck kommt, kann die Fundamentaldaten noch auf anderem Wege beeinflussen, beispielsweise indem dadurch Kunden gewonnen werden.

Wann immer die Aktienkurse auf die Fundamentaldaten einwirken, entsteht die Möglichkeit einer reflexiven Interaktion – und genau dann wird das Gleichgewicht zu einem trügerischen Begriff, weil die Fundamentaldaten nicht länger als unabhängige Variable dienen, mit denen der Aktienkurs übereinstimmt. Das Gleichgewicht wird zu einem beweglichen Ziel – wenn in einer solchen Situation überhaupt noch die Rede davon sein kann, denn die Kursbewegung kann die Fundamentaldaten in die gleiche Richtung drängen, in die sich auch die Aktien bewegen. Der jüngste Run auf Internetaktien ist ein gutes Beispiel dafür.

Boom/Bust-Folgen

Durch die gegenseitige Abhängigkeit von Aktienpreisen und Fundamentaldaten kann mitunter ein sich selbst verstärkender Prozeß in Gang gesetzt werden, der beide Faktoren recht weit vom Gleichgewichtszustand abdrängt. In einer solchen Situation wäre dann ein trendfolgendes Verhalten gerechtfertigt, das die Finanzmärkte in einen Bereich führen kann, den ich als fernab vom Gleichgewicht liegend bezeichnen möchte. Schließlich wird die Kluft zwischen Anspruch und Wirklichkeit, Erwartung und Ergebnis so groß, daß der Prozeß sich umkehrt. All das heißt jedoch nicht, daß trendfolgendes Verhalten notwendigerweise irrational ist. So wie bestimmte Tiere gute Gründe haben, Herden zu bilden, gilt das auch für Investoren. Nur an Wendepunkten kommen Trendfolger zu Schaden; und sind sie intelligent genug, werden sie wahrscheinlich überleben. Anders gesagt: Investoren, die sich aus Prinzip absondern und ihr Glück strikt an die Fundamentaldaten binden, werden nicht selten von der Herde niedergetrampelt. Nach solchen Wendepunkten habe ich stets Ausschau gehalten.

Nur gelegentlich kann der Aktienkurs einer einzelnen Firma ihre Fundamentaldaten beeinflussen. Erst im größeren Rahmen finden wir reflexive Interaktionen, die mit einer gewissen Regelmäßigkeit auftreten. So tendieren Devisenbewegungen zur Selbstbestätigung, Kreditausweitung und Kreditverknappung zu einem zyklischen

Muster. Sich selbst verstärkende und letzten Endes selbstzerstörerische Prozesse sind auf Finanzmärkten gang und gäbe.

In meinem Buch ›Die Alchemie der Finanzen‹ habe ich mehrere Fälle von Reflexivität analysiert, in denen die Gleichgewichtstheorie keine hinreichende Erklärung liefert. Bei der Untersuchung der Devisenmärkte etwa bemerkte ich das Auftreten von Teufelskreisen und günstigen Spiralbewegungen, in denen Wechselkurse und die Fundamentaldaten, die sie angeblich spiegeln, in einer sich selbst verstärkenden Weise miteinander verbunden waren. Dadurch entstanden Trends, die über längere Zeiträume anhielten, bis sie sich schließlich umkehrten. Für den Dollar machte ich einen Teufelskreis mit dem Kulminationspunkt im Jahr 1980 aus und analysierte eine günstige Spiralbewegung zwischen 1980 und 1985. Ich nannte sie Reagans imperiale Spirale. Hätte ich das Buch später geschrieben, hätte ich auf eine ähnliche Entwicklung in Deutschland hinweisen können, ausgelöst durch die deutsche Wiedervereinigung von 1990. Wegen ihrer Auswirkungen auf den europäischen Wechselkursmechanismus vollzog sich diese Spiralbewegung auf andere Art: 1992 führte sie zur Abwertung des Pfundes. Während der Krise von 1997 bis 1999 entstand in den Peripherieländern ein ähnlicher Teufelskreis, wogegen sich in den Vereinigten Staaten die positiven Effekte gegenseitig hochschaukelten. Solch lang andauernde, gut zu erkennende Trends ermutigen zur Trendspekulation und führen damit zu größerer Instabilität. Dies wird einmal mehr an dem sich selbst verstärkenden Niedergang des Euro deutlich, den dieser seit seiner Einführung erlebt hat. Die Behörden zögern einzugreifen, aber ich bin überzeugt davon, daß die Märkte sie früher oder später dazu zwingen werden, es sei denn, die Konjunktur der Vereinigten Staaten ließe Zeichen einer Schwächung erkennen. Wenn sie mehr von den Finanzmärkten verstünden, könnten die Behörden sich eine Menge Kummer ersparen. Märkte richten sich nicht allein an Fundamentaldaten aus, sondern sie schaffen ihre eigene Realität, und die Behörden können Exzesse verhindern, falls sie zur rechten Zeit eingreifen. Allerdings verstößt diese Ansicht gegen die derzeit herrschende Lehre.

Bei der Untersuchung des Bankensystems beobachtete ich einen reflexiven Zusammenhang zwischen dem Akt der Kreditaufnahme und den Sicherheiten. Deren Wert hängt von der Höhe des Kreditrahmens ab, den die Bank dem jeweiligen Unternehmen einräumt. So entsteht ein asymmetrisches Boom/Bust-Muster, in dem Kreditausweitung und ökonomische Aktivität allmählich an Tempo gewinnen und schließlich ein abruptes Ende finden. Deutlich sichtbar waren der reflexive Zusammenhang und das asymmetrische Muster in dem großen internationalen Kreditaufnahmeboom der siebziger Jahre, der in der mexikanischen Krise von 1982 gipfelte. Ein ähnlicher Prozeß entfaltete sich 1998, während ich ›Die Krise des globalen Kapitalismus‹ schrieb.

Zur Illustration möchte ich einen besonderen Fall aus ›Die Alchemie der Finanzen‹ heranziehen: den sogenannten Boom der Mischkonzerne, der Ende der sechziger Jahre seinen Höhepunkt erreichte. Zu jener Zeit waren Investoren bereit, für Firmen, die ein schnelles Wachstum des Gewinns pro Aktie erzielen konnten, ein hohes Kurs-Gewinn-Verhältnis (KGV) zu zahlen. Dieser Aspekt – Ertragswachstum – spielte bei ihren Überlegungen eine größere Rolle als die anderen Fundamentaldaten, wie Dividenden oder Bilanzen. Wie das Ertragswachstum pro Aktie zustande kam, interessierte die Investoren kaum, und einige Unternehmen verstanden das zu nutzen. Im Normalfall waren Mischkonzerne High-Tech-Rüstungsfirmen, die in der jüngeren Vergangenheit ein schnelles Wachstum der Erträge erzielt hatten und ein entsprechend hohes KGV. Sie waren in der Lage, ihre hochbewerteten Aktien für den Kauf anderer Firmen zu verwenden, deren Aktien zu einem niedrigeren KGV veräußert wurden, was zu höheren Erträgen pro Aktie führte. Die Investoren konzentrierten sich auf das Wachstum der Erträge und gewährten den Aktien hohe KGVs, was den Firmen wiederum die Möglichkeit eröffnete, auf diese Weise fortzufahren. Bald gab es viele Nachahmer. Selbst Unternehmen, deren Aktien mit einem niedrigen KGV begannen, konnten allein dadurch, daß sie ihre Absicht verkündeten, zu einem Mischkonzern zu werden, ein höheres KGV erreichen. Der Boom hatte begonnen.

Schnell lernten die Mischkonzerne, ihre Aktienkurse ebenso gut zu managen wie ihre Erträge. Die Aktien stiegen, aber irgendwann konnte die Realität die Erwartungen nicht länger stützen. Die Erwerbungen mußten immer größer werden, um das eingeschlagene Tempo beizubehalten, und schließlich war der Bogen überspannt. Der Versuch Saul Steinbergs, die Chemical Bank zu übernehmen, markierte den eigentlichen Wendepunkt: Das Unterfangen wurde vom Establishment bekämpft und abgewehrt. Obwohl die Investoren den Wendepunkt vernünftigerweise hätten vorhersehen müssen, ließen sie sich vom Trend mitreißen, und als der Umschwung schließlich eintrat, war der Markt nicht darauf vorbereitet.

Danach ging es Schlag auf Schlag. Sämtliche internen Probleme der Mischkonzerne, die während der Zeit des schnellen Wachstums unter den Teppich gekehrt worden waren, traten nun ans Licht. Die Ertragsberichte brachten eine unangenehme Überraschung nach der anderen. Die Investoren waren all ihrer Illusionen beraubt, und die Manager wollten sich nach den berauschenden Tagen des auf Zukauf gegründeten Erfolgs kaum mehr herablassen, die mühevolle Pflicht des Tagesgeschäfts zu übernehmen. Das erledigten andere, und sie hatten schockierende Bilanzen zu vermelden. Eine Rezession verschärfte diese ohnehin schon angespannte Situation, und etliche der ursprünglich so verheißungsvollen Mischkonzerne lösten sich ebenso schnell auf, wie sie entstanden waren. Die Investoren rechneten inzwischen mit dem Schlimmsten, doch in manchen Fällen stellte sich heraus, daß der Zustand nicht so hoffnungslos war wie befürchtet. Nach und nach stabilisierte sich die Lage, und

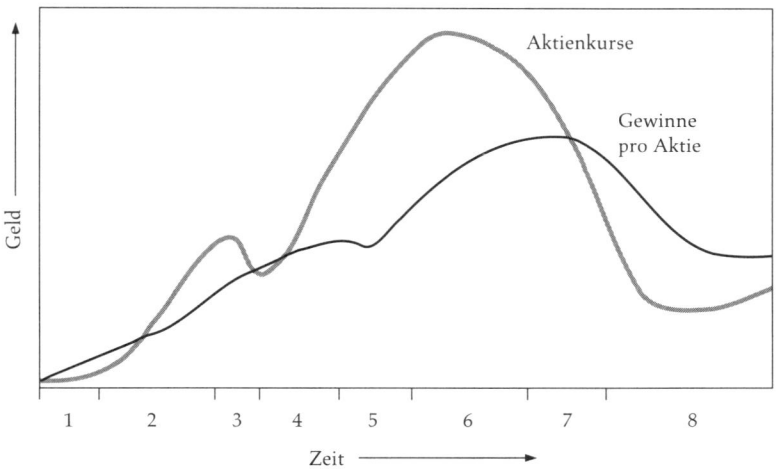

die überlebenden Firmen, meist mit neuem Management, befreiten sich langsam, aber sicher aus den Trümmern der Vergangenheit.[8] Es war der Boom der Mischkonzerne, der mich veranlaßte, einen Prototyp meines Boom/Bust-Modells zu entwickeln: Am Anfang stehen immer ein herrschendes Vorurteil und ein bestimmter Trend. Im Falle der Mischkonzerne war das Vorurteil die Präferenz für schnelles Ertragswachstum pro Aktie und der Trend die Fähigkeit der Firmen, ein hohes Ertragswachstum pro Aktie zu erzielen, indem sie ihre Aktien zum Erwerb anderer Firmen verwendeten, die zu einem niedrigeren KGV gehandelt wurden. In der Anfangsphase (1) ist der Trend kaum wahrnehmbar. Erst in der Periode der Beschleunigung (2) wird er erkannt und durch das herrschende Vorurteil verstärkt. Erleiden die Preise einen Rückschlag, setzt eine Phase der Überprüfung (3) ein; bleibt es dennoch bei Vorurteil und Trend, treten beide zusehends stärker hervor (4). Kann die Realität den überzogenen Erwartungen nicht mehr gerecht werden, kommt der Augenblick der Wahrheit (5), gefolgt von einer Zwielichtperiode (6), in der die Menschen das Spiel immer noch weitertreiben, obwohl sie schon nicht mehr daran glauben. Schließlich erreicht die

Entwicklung einen Wendepunkt (7), an dem sich der Trend bricht; das Vorurteil kehrt sich um, was zu einer katastrophalen Beschleunigung in die entgegengesetzte Richtung führt (8), gemeinhin als Crash bekannt.

Wie man der Skizze auf Seite 91 entnehmen kann, hat die Boom/Bust-Folge eine asymmetrische Gestalt, bei der eine ausgedehntere Boom-Phase durch einen rascheren Bust abgelöst wird. Die dargestellte Ereignisfolge ist natürlich idealtypisch, doch die Aktienkurven verschiedener Mischkonzerne entsprachen ihr ziemlich genau. Freilich nimmt nicht jeder Boom/Bust-Prozeß denselben Verlauf, und nichts ist in dem oben beschriebenen Modell endgültig festgelegt. Die verschiedenen Phasen können von verschiedener Intensität und Dauer sein. Ihrer Folge scheint jedoch eine gewisse Logik zugrunde zu liegen: Es wäre eigenartig, stieße man nach dem Moment der Wahrheit auf eine Beschleunigungsperiode oder auf einen Wendepunkt vor dem Augenblick der Wahrheit. Doch nur rückblickend läßt sich erkennen, an welchem Punkt man sich gegenwärtig befindet; die Zwielichtperiode (6) etwa kann sich als erneute Phase der Überprüfung (3) erweisen, es sei denn, ihr folgt der Wendepunkt (7). In der Mehrzahl der Fälle wirkt der reflexive Rückkopplungsmechanismus eher selbstkorrigierend als selbstverstärkend, und eine ausgewachsene Boom/Bust-Folge entfaltet sich daher selten; gleichwohl ist die Reflexivität – ob sich selbst verstärkend oder korrigierend – in Finanzmärkten stets greifbar.

Der Internetboom

Unlängst haben wir eine ausgewachsene Boom/Bust-Folge bei den Internetaktien erlebt. Sie begann kaum wahrnehmbar damit, daß einige am Internethandel beteiligte Firmen an die Börse gingen. Diese Firmen boten wertvolle Leistungen an, die allgemein auf großes Interesse stießen. Auch die Aktien wurden stürmisch begrüßt, und das wiederum trug dazu bei, die angebotenen Dienste entsprechend populär zu machen. Der aktuelle Trend und das herrschende Vorurteil verstärkten einander, der Boom gewann an Fahrt. Mit der Ausbreitung des Internets stieg die Zahl der potentiellen Anleger exponentiell an; das Aktienangebot konnte nicht Schritt halten. Durch Online-Broker wurde die Nachfrage weiter angeheizt, während das Angebot durch verschiedene gesetzliche Restriktionen des Insiderhandels mit Aktien niedrig gehalten wurde. Die Kurse erreichten utopische Höhen. Wenige der Firmen warfen Profit ab, doch das störte die Anleger nicht: Sie schauten bei der Bewertung einer Aktie nur noch auf die Zahl der Kunden oder Abonnenten, und die Firmen gingen dazu über, ihre Leistungen zu verschenken, weil sie merkten, daß sie ihr Kapital leichter aufstocken konnten, wenn sie die Zahl ihrer Kunden erhöhten. Es ging nicht mehr um Profiterwirtschaftung, sondern nur noch um Kapitalerhöhung. Man mußte freilich kein Finanzgenie sein, um zu erkennen, daß ein solches Geschäftsmodell nicht auf Dauer funktionieren konnte und daß dem Boom ein Bust folgen mußte – es war nur eine Frage der Zeit.

Der Internetboom folgte jedoch nicht dem Muster des Mischkonzernbooms. Eigentlich hätte der Augenblick der Wahrheit am 28. Juli 1999 kommen müssen, als das ›Wall Street Journal‹ einen Artikel veröffentlichte, der den Haken an diesem Geschäftsmodell erläuterte.[9] Zufällig gab es gleichzeitig eine Flut von Neuemissionen, und die Holding Period für Stammaktionäre bei einigen der Marktführer wie America Online lief aus. Die Insider konnten es kaum erwarten, ihre Anteile abzustoßen – die Internetaktien fielen um mehr als 50 Prozent. Ich war überzeugt davon, daß der Wendepunkt erreicht sei und daß ein Crash drohte. Doch die Aktien erholten sich; manche von ihnen stiegen sogar in ungeahnte Höhen, so daß Institutionen, deren Leben und Sterben von ihrem relativen Erfolg abhängt, sich gezwungen sahen, ihren Bestand zum Jahresende aufzustocken. Als Yahoo! in den Standard and Poors (S&P) Index aufgenommen wurde, legten seine Aktien an einem einzigen Tag um 30 Prozent zu. Weihnachten stand vor der Tür, und die Internetfirmen setzten alle Hebel in Bewegung, um den Handel anzukurbeln. Gratisangebote, Werbekampagnen und die Aufregung um die Internetaktien sorgten dafür, daß das sogenannte Online-Shopping alle Erwartungen übertraf, zumal der Wohlstandseffekt der Aktienmarktblase ohnehin ein starkes Weihnachtsgeschäft begünstigte. Da die Internetaktien auf der Basis des Ertragswachstums bewertet werden, erhielt der Boom ein zweites Standbein. Was eigentlich die Zwielichtperiode (6) hätte sein müssen, erwies sich als erfolgreiche Überprüfung (3). Leute wie ich, die Internetaktien leer verkauft hatten, sahen sich gezwungen, mit gewaltigen Verlusten wieder einzusteigen. Ich war nach wie vor davon überzeugt, daß es zu einem Bust kommen mußte, konnte es mir allerdings nicht leisten, danach zu handeln. Wie es an der Wallstreet so schön heißt: Nur wer rechtzeitig aussteigt, erlebt den nächsten Tag. Am Ende des ersten Quartals 2000 erfolgte schließlich der Einbruch, den ich erwartet hatte, aber zu jenem Zeitpunkt hätte ich nicht mehr darauf gewettet.

Inzwischen ist die Blase geplatzt, und die meisten Internetaktien sind unter ihren Emissionspreis gefallen. Das Internet wird bleiben, doch viele Firmen, die ihr Wachstum nun nicht mehr dadurch finanzieren können, daß sie ihre Aktien zu unaufhaltsam steigenden Preisen verkaufen, werden vermutlich scheitern. Letzten Endes werden nur Firmen überleben, die imstande sind, Gewinne zu erwirtschaften.

Es bleibt abzuwarten, wie das Platzen der Internetblase den übrigen Markt beeinflussen wird. Bislang waren die Auswirkungen bemerkenswert gering: Der Nasdaq-Index zeigt beträchtliche Elastizität, und der weiter gefaßte S&P-Index hat sich in der Nähe seines Rekordhochs eingependelt. Man hat gelernt, daß es sich rechnet, fallende Aktien zu kaufen, und man wird an dieser Gewohnheit so

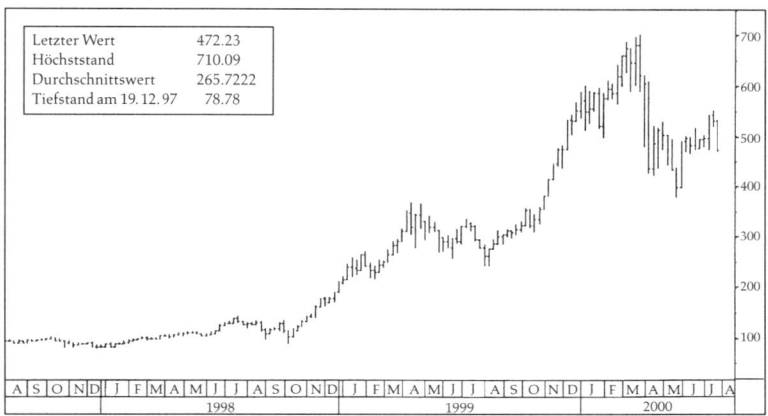

Letzter Wert	472.23
Höchstand	710.09
Durchschnittswert	265.7222
Tiefstand am 19.12.97	78.78

Interactive Internet Index

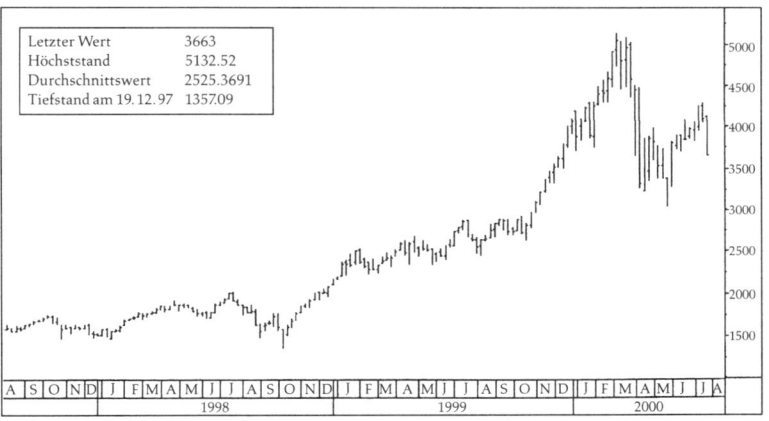

Letzter Wert	3663
Höchstand	5132.52
Durchschnittswert	2525.3691
Tiefstand am 19.12.97	1357.09

Nasdaq Index

lange festhalten, bis sie sich nicht mehr auszahlt. Ich vermute, das wird bald geschehen, denn die Wirtschaft ist bereits überhitzt und die Federal Reserve Bank erhöht die Zinssätze so aggressiv wie nie. Zuerst werden die Anleger vielleicht auf Firmen mit starkem Wachstum setzen, weil sie glauben, diese seien steigenden Zinssätzen gegenüber immun, doch letzten Endes werden auch diese Aktien in den Abwärtstrend geraten. So wie der Boom einen positiven Effekt auf die Fundamentaldaten hatte, wird vom Bust eine negative Wirkung ausgehen.

Steigende Aktienpreise stimulierten durch den sogenannten Wohlstandseffekt den Konsum und erst recht den Kapitaleinsatz im Technologiebereich. Der Boom wirkte als eine Art Zeitraffer. In ihrer Sorge, durch den Aktienmarkt abgestraft zu werden, konnten Firmen es sich nicht mehr leisten, abzuwarten, und mußten jede verfügbare Neuheit sofort aufnehmen. In der ›Financial Times‹ vom 1. Mai 2000 berichtete John Kay beispielsweise, daß Vodafone Höchstpreise für die größte britische Mobilfunklizenz der dritten Generation bieten mußte, um seinen damaligen Aktienwert zu rechtfertigen. Die Beschleunigung kippte das Gleichgewicht zwischen Angebot und Nachfrage zugunsten der Technologiefirmen und vergrößerte deren Profitmargen; sie ließ frisch gegründete Firmen mit den neuesten Technologien einen Marktanteil erobern, der in normalen Zeiten undenkbar gewesen wäre. All das wird sich vermutlich umkehren, wenn der Markt sich abkühlt, doch diese reflexive Rückkopplung geht nicht in die gegenwärtigen Aktienpreise ein. Meiner Ansicht nach hat die Musik längst aufgehört zu spielen, aber die meisten Leute tanzen immer noch. Ich nicht. Ich habe am 30. April 2000 die Umwandlung meines Quantum Fonds in eine konservativere Anlageform namens ›Quantum Endowment Fund‹ bekanntgegeben.

Dieses Beispiel zeigt, daß meine Boom/Bust-Theorie keineswegs narrensicher ist, wenn es darum geht, den Ereignisverlauf vorherzusagen. Die Krise der Jahre 1997 bis 1999, mit der ich mich im zweiten Teil ausführlicher beschäftigen werde, war eine weitere Ausnahme. In beiden Fällen habe ich eine Menge Geld verloren. Was also nützt einem eine Theorie, wenn sie keine verläßlichen Vorhersagen zu liefern imstande ist? Die Antwort lautet: Wenn Märkte ihrem Wesen nach unberechenbar sind, ist es besser, eine

Theorie zu haben, die das berücksichtigt; der Versuch, eine wissenschaftlich fundierte Erklärung – wie etwa die Random-Walk-Hypothese – zu formulieren, muß zwangsläufig scheitern.

Von Wirtschaftswissenschaftlern wie Robert Solow ist meine Theorie als nutzlos verworfen worden.[10] Ich gebe gerne zu, daß meine Theorie keinen Anspruch auf Wissenschaftlichkeit erheben kann, aber ich würde trotzdem behaupten, daß das Konzept der Reflexivität zum Verständnis der Finanzmärkte mehr beiträgt als der Begriff des Gleichgewichts. Auf jeden Fall habe ich damit im Laufe der Jahre bessere Ergebnisse erzielt, als man sie auf der Basis der Random-Walk-Hypothese hätte erwarten können. Der Quantum Fonds bot seinen Anteilseignern über mehr als 31 Jahre hinweg eine durchschnittliche jährliche Rendite von über 30 Prozent (ohne Verwaltungskosten). Sogar nach dem 20prozentigen Einbruch in der ersten Hälfte des Jahres 2000 wären 100.000 Dollar, im Jahre 1969 investiert, heute 420 Millionen Dollar wert.

Reflexivität auf den Finanzmärkten

Nicht jede Entwicklung auf dem Aktienmarkt läßt sich als anfänglich selbstverstärkender und letzten Endes selbstzerstörerischer Prozeß interpretieren, doch man kann Finanzmärkte nicht richtig verstehen, ohne diese Möglichkeit in Betracht zu ziehen. Wie die vorangegangenen Beispiele andeuten, lassen sich Boom/Bust-Folgen nicht mit Sicherheit vorhersagen, und dies wäre auch ein Widerspruch in sich, denn die Entdeckung einer Theorie von präziser Vorhersagekraft würde den Ereignisverlauf verändern. Trotzdem können manche Teilnehmer mit ihren Vermutungen besser liegen als andere. Ich selbst war alles in allem recht erfolgreich, denn ich bin immer darauf eingestellt, meinen Irrtum zu erkennen. Meine Arbeitshypothese von der radikalen Fehlbarkeit ist mir hierbei sehr zustatten gekommen.

Eine Theorie der Reflexivität kann unmöglich deterministische Erklärungen und Voraussagen liefern; von einer Theorie des Gleichgewichts dagegen wird das erwartet, doch genau besehen hat sie wenig Bezug zur Wirklichkeit. Gleichwohl hat das Konzept des Gleichgewichts seine Vorteile, denn ohne es ließe sich weder der beschriebene Rückkopplungsmechanismus verständlich machen, noch könnten wir sagen, ob ein Prozeß sich vom Gleichgewicht weg- oder darauf hinbewegt. Kurz, das Gleichgewicht ist ein ebenso fruchtbarer Irrtum wie die Fundamentaldaten, die uns eine Aussage über das Vorurteil der Beteiligten ermöglichen, auch wenn sie selbst von diesem beeinflußt werden können.

Gleichgewicht meint den Zustand, in dem Erwartungen und Ergebnisse übereinstimmen. Das ist auf Finanzmärkten nicht zu erreichen, doch immerhin läßt sich feststellen, ob ein herrschender Trend zum Gleichgewicht hinstrebt oder in die entgegengesetzte Richtung. Das ist ein wichtiger Fortschritt, denn erkennen wir einen herrschenden Trend und eine Divergenz zwischen Erwartungen und Ergebnissen, ermöglicht uns das ein Urteil über zukünftige Entwicklungen. Wissenschaftlich läßt sich dieser Weg nicht gehen, gleichwohl kann man auf einer solchen Grundlage Investitionsentscheidungen treffen.

Poppers Theorie der wissenschaftlichen Methode ist hier sehr nützlich. Darum habe ich es auch stets so gehalten, eine Hypothese als Grundlage meiner Erwartungen aufzustellen, um sie dann am tatsächlichen Ereignisverlauf zu überprüfen. Erweist sie sich als falsch, verkaufe ich. So habe ich zum Beispiel während einer Krise der kalifornischen Baubranche Anteile der Mortgage Guarantee Insurance Corporation (»Magic«) erworben, weil ich darauf setzte, daß diese Firma die Krise überleben und danach an Wert zulegen würde, und genau das passierte. In meiner aktiven Zeit als Geldverwalter geriet ich in ganz besondere Erregung, wenn ich die Spur eines anfänglich selbstverstärkenden, aber am Ende selbstzerstörerischen Prozesses aufnahm. Mir lief das Wasser im Mund zusammen, als wäre ich einer von Pawlows Hunden. Oft nahm ich eine falsche Fährte auf, und so, wie man Wirtschaftswissenschaftlern nachsagte, zehn der letzten drei Rezessionen vorausgesagt zu haben, ging es mir mit Boom/Bust-Sequenzen. Oft irrte ich mich, denn in den meisten Fällen stabilisierten sich die reflexiven Situationen wieder. Doch die wenigen Gelegenheiten, bei denen ich recht hatte, lohnten den Aufwand, weil das Profitpotential um einiges höher lag als in Situationen annähernden Gleichgewichts.

Selbst da, wo sich meine These eindeutig als falsch erwies, konnte ich häufig noch Profit erzielen. Meine selbstkritische Haltung trug dazu bei, daß ich meinen Fehler korrigieren konnte, bevor andere ihn bemerkten. Ich folgte der Regel, erst zu investieren und dann zu prüfen. War meine These plausibel, konnte ich mich gewöhnlich mit Profit zurückziehen. Sogar in den Fällen, in denen ich unrecht hatte – zwei davon habe ich bereits genannt: die Krise der Jahre 1997 bis 1999 und den Internetboom –, war es von Vorteil, eine These zu haben, denn so konnte ich ihren schwachen Punkt erkennen. Es beruhigte mich, einen Fehler entdeckt zu haben, ging ich doch davon aus, daß jede Ausgangsbehauptung an irgendeiner Stelle unzulänglich sein muß.

Nach einer Weile nahm ich aufgrund meiner Erfahrungen an, daß sich der Aktienmarkt, ähnlich wie ich selbst auch, an eine Form von Poppers Theorie der wissenschaftlichen Methode hält – natürlich unbewußt. Mit anderen Worten: Er übernimmt eine These und überprüft sie; erweist sie sich als falsch, wie das gewöhnlich der Fall ist, versucht er es mit einer anderen. Auf diesen Prozeß sind die Fluktuationen des Marktes zurückzuführen. Er vollzieht sich auf verschiedenen Bedeutungsebenen, und die herausgebildeten Muster sind rekursiv, so ähnlich wie Mandelbrotmengen, die selbstähnliche Strukturen aufweisen, deren Unregelmäßigkeiten sich auf allen Stufen wiederholen.

Das hat mich zu der Arbeitshypothese geführt, daß Märkte sich in einem permanenten Ungleichgewicht befinden. Ich schließe ein Gleichgewicht nicht aus, betrachte es jedoch als Grenzfall und gehe sogar noch weiter: Ich glaube, daß Preise den Markt nicht zu räumen vermögen. Irgendwo gibt es immer unbefriedigte Käufer und Verkäufer, deren Bedarf entweder bei Marktschluß noch nicht gedeckt wurde oder die sich einfach nicht entscheiden konnten. Wie auch immer, wir werden zwangsläufig von den Marktaktivitäten beeinflußt. Die Wirtschaftstheorie lehrt uns, daß ein Preisanstieg die Nachfrage drosselt und das Angebot erhöht. Nicht so im Falle des Aktienmarktes. Hier macht ein Preisanstieg womöglich die Käufer nervös und umgekehrt, wodurch ein trendfolgendes Verhalten ausgelöst wird. Dieses Phänomen wurde etwa von den professionellen Zwischenhändlern der alten Londoner Börse, über die damals alle Makler ihre Geschäfte abwickeln mußten, systematisch ausgenutzt: Wenn sie ihre Shortpositionen decken wollten, erhöhten sie ihre Gebote nicht, sondern senkten im Gegenteil die Preise. Sie nannten das »Bäumchen, schüttel dich!«. Das hat wichtige theoretische Konsequenzen, denn es rechtfertigt den Ansatz einer technischen Analyse.[11] Upticks und Downticks beispielsweise werden zu wichtigen Propheten der Preisentwicklung. Unnötig zu sagen, daß diese Betrachtungsweise in unmittelbarem Gegensatz zur herrschenden Sicht steht, der zufolge der Markt sich in einem permanenten kurzfristigen Gleichgewicht befindet.

Die vom Markt übernommene These ist häufig trivial. Manchmal erschöpft sie sich in der Aussage, daß sich Preise gewisser Firmen und Gruppen zu einem bestimmten Zeitpunkt nach oben oder unten bewegen. In solchen Fällen ist es aber oft schon zu spät, wenn ein Teilnehmer herausfindet, warum der Markt eine These übernommen hat – sie ist bereits entwertet. Lohnender ist es, die Fluktuationen durch eine Untersuchung der Marktmuster zu antizipieren. Das ist die Aufgabe der Analysten, an der ich nie sonderlich interessiert war, obwohl ich ihre Bedeutung anerkenne. Ich zog es dagegen vor, auf eine, wie ich es genannt habe, historische These – eine Boom/Bust-Situation – zu warten. Natürlich hatte der Markt sie schon zu überprüfen begonnen, bevor ich eine solche Behauptung formulieren konnte, aber beim Ausnutzen der Vermutung konnte ich den meisten anderen Investoren einen Schritt voraus sein. Solche historischen, reflexiven Thesen sind nur selten greifbar; dazwischen gibt es lange seichte Perioden, in denen es sich empfiehlt, überhaupt nichts zu tun.

Ich bezweifle, daß ich heute bei alldem noch mithalten könnte. Inzwischen sind sich doch viele Marktteilnehmer des in der Reflexivität liegenden Potentials bewußt. So hat es einen bemerkenswerten Wandel fort von den Fundamentaldaten hin zu technischen Überlegungen gegeben. Im selben Maße, in dem der Glaube der Marktteilnehmer an die Fundamentaldaten abnimmt, gewinnt der an die Kraft der technischen Analyse hinzu. Für die Stabilität der Märkte ist das nicht unwichtig, doch bevor ich darauf zu sprechen komme, möchte ich an eine Unterscheidung erinnern, die in meinem begrifflichen Rahmen eine Schlüsselrolle spielt.

Dynamisches Ungleichgewicht

Ich unterscheide Zustände annähernden Gleichgewichts und solche, die weitab vom Gleichgewicht liegen. Diese Begriffe habe ich der Chaostheorie entliehen, zu der mein Ansatz eine gewisse Nähe aufweist. Unter Bedingungen des annähernden Gleichgewichts operiert der Markt mit trivialen Thesen. In einer solchen Situation bleiben die Fundamentaldaten weithin unbeeinflußt, und eine Bewegung, die von der Balance wegführt, löst normalerweise eine Gegenbewegung aus, welche die Preise in die ursprüngliche Position zurücktreibt. Diese Fluktuationen ähneln dem Wellengekräusel in einem Schwimmbecken.

Im Gegensatz dazu beeinflußt eine reflexive These, sofern sie sich zu behaupten vermag, nicht nur die Preise, sondern auch die Fundamentaldaten. Und statt einer ruhigen Rückkehr zum Ausgangspunkt ist eher eine Flutwelle zu erwarten. Bei ausgeprägten Boom/Bust-Folgen läßt sich von Gleichgewicht nicht mehr sprechen. Das verleiht ihnen historische Bedeutung. Flutwellen konnte ich recht gut erkennen, aber mit der ruhigen See hatte ich Schwierigkeiten. Doch wo liegt die Grenze zum Ungleichgewicht? Die Schwelle des dynamischen Ungleichgewichts wird überschritten, wenn ein real herrschender Trend und ein Vorurteil der Marktteilnehmer voneinander abhängen. Trend wie Vorurteil entwickeln sich dann weiter, als es ohne eine solche reflexive Verbindung möglich gewesen wäre. Ein herrschendes Vorurteil allein reicht nicht aus, um ein dynamisches Ungleichgewicht zu erzeugen; es muß einen Weg finden, einen realen Trend in Gang zu setzen oder zu verstärken. Ich weiß, daß mein Argument in gewisser Hinsicht tautologisch ist: Bei einer doppelten Rückkopplung können wir von einem dynamischen Ungleichgewicht sprechen. Vielleicht lohnt es sich, auf diesem Argument zu beharren: Das Denken der Marktteilnehmer ist immer vorurteilsbehaftet, aber das führt nicht notwendigerweise zu einer Boom/Bust-Folge. So hätte der Boom der Mischkonzerne vereitelt werden können, wenn die Investoren rechtzeitig erkannt hätten, daß ihr Begriff vom Ertragswachstum pro Aktie einen Fehler aufwies – spätestens dann, als die Mischkonzerne begannen, diesen Fehler auszunutzen.

Im folgenden Kapitel werde ich die Grenze zwischen Gleichgewichts- und Ungleichgewichtszuständen näher untersuchen, die für meine Geschichtstheorie eine wesentliche Rolle spielt. Zunächst aber möchte ich auf einen weiteren Aspekt der Wechselwirkung zwischen meiner Interpretation der Finanzmärkte und diesen selbst eingehen, nämlich auf die Frage, was passiert, wenn die reflexive Verbindung von Fundamentaldaten und Bewertungen von Marktteilnehmern erkannt wird. Auch hieraus entsteht womöglich eine Quelle der Instabilität. Es kann zu einer Betonung der sogenannten technischen Faktoren führen, unter Vernachlässigung der Fundamentaldaten, und eine trendverstärkende Spekulation auslösen. Wie also läßt sich Stabilität bewahren? Eine Möglichkeit liegt darin, sich weiterhin auf die Fundamentaldaten zu verlassen, trotz der Tatsache, daß sie von unseren Bewertungen abhängen. Beständigkeit kann mitunter durch Unkenntnis gestützt werden. Sind sich Marktteilnehmer der Reflexivität nicht bewußt, vermag der Glaube an die Fundamentaldaten den Markt zu stabilisieren. Andererseits macht Unwissenheit ihn anfällig für Umschwünge, weil so die Fehler der vorherrschenden Auffassung aus dem Blick geraten. Doch wie kann Stabilität gewährleistet werden, wenn die Marktteilnehmer die mögliche Reflexivität aller Beziehungen erst einmal erkannt haben? Sie können dies nicht allein erreichen; vielmehr muß die Bewahrung der Stabilität, und das ist mir sehr wichtig, Ziel der Politik werden. Das Wissen um die Reflexivität trägt nämlich so lange zur Erhöhung der Instabilität bei, wie die Behörden nicht ebenfalls darum wissen und, sobald die Entwicklung zu eskalieren droht, angemessen intervenieren.

Das Problem der Instabilität stellt sich schärfer als je zuvor. Der Glaube an die Fundamentaldaten schwindet zusehends, und trendfolgendes Verhalten läßt sich immer häufiger beobachten – genährt durch den wachsenden Einfluß institutioneller Investoren, deren Leistung eher an relativen als an absoluten Erfolgen gemessen wird, und durch die großen Banken, die als Market maker im Devisen- und Derivatenhandel agieren. Und da Reflexivität ein historischer Prozeß ist, kann es gut sein, daß die Märkte sehr viel instabiler geworden sind, als uns bewußt ist (wenngleich ich eine Wiederholung des Schwarzen Freitags von 1929 ausschließen würde). Ich werde auf dieses Thema im zweiten Teil noch einmal zurückkommen, wenn ich die Krise von 1997 bis 1999 untersuche.

Reflexivität und Gleichgewicht – ein Vergleich

Meiner Ansicht nach erlaubt der Begriff der Reflexivität eine bessere Interpretation dessen, was auf den Finanzmärkten geschieht, als der Begriff des Gleichgewichts. Finanzmärkte befinden sich stets im Ungleichgewicht; manchmal entfernen sie sich von einem Zustand, den man als Gleichgewicht bezeichnen könnte – einem Zustand also, in dem eine Übereinstimmung besteht zwischen Erwartungen und Resultaten –; manchmal nähern sie sich ihm an. Das Gleichgewicht selbst ist offenbar lediglich ein Grenzfall.

Ich glaube, daß ich genügend Beispiele gegeben habe, die die Gültigkeit meines Ansatzes unterstreichen. Immerhin reichte ein einziges Experiment über die Lichtablenkung im Schwerefeld der Sonne aus, um die Mängel der Newtonschen Physik nachzuweisen und die Evidenz von Einsteins Relativitätstheorie vor Augen zu führen. Zwischen Einsteins und meiner Theorie besteht jedoch ein großer Unterschied. Einstein konnte ein spezifisches Ereignis voraussagen, ich hingegen kann gar nichts voraussagen: außer der Unvorhersagbarkeit – und das reicht nicht aus, um meiner Theorie einen wissenschaftlichen Anstrich zu geben.

Wirtschaftswissenschaftler wie Robert Solow lehnen meine Interpretation mit der Begründung ab, sie ermögliche keine schlüssige Erklärung oder Prognose des Marktverhaltens. Das stimmt natürlich. Allerdings führt Reflexivität meines Erachtens ja gerade ein Moment der Ungewißheit ein, das die Finanzmärkte prinzipiell unberechenbar macht. Ich bin überzeugt, daß die Anerkennung dieser Tatsache uns letztlich, was die Vorwegnahme von Marktbewegungen und die Reaktion darauf betrifft, in eine günstigere Position bringt als eine vermeintlich wissenschaftliche Theorie; und eine solche habe ich auch gar nicht entwerfen wollen.

Die Wirtschaftswissenschaftler werden dieses Argument wahrscheinlich zurückweisen und als Gegenbeispiel Heisenbergs Unschärferelation anführen, die ebenfalls von Unbestimmtheit handelt und dennoch – auf der Basis statistischer Wahrscheinlichkeiten – überprüfbare Vorhersagen liefert. Das ist es, was man von einer wissenschaftlichen Theorie erwartet, sagen sie, und sie haben nicht unrecht. Meine Deutung liefert keine statistischen Wahrscheinlichkeiten, sondern behandelt jedes Ereignis als einzigartig und historisch.

Wenn wir die Wirkung der Finanzmärkte auf die zugrundeliegenden Fundamentaldaten ignorieren, können wir mit statistischen Verallgemeinerungen aufwarten. So geht die technische Analyse vor. Sie behandelt den Aktienmarkt als geschlossenes System, in dem nur relevant ist, was innerhalb des Marktes passiert. Damit wird das Element, das jeden Vorfall einzigartig macht, ausgeklammert, und aus der bereinigten Menge von Ereignissen lassen sich statistische Wahrscheinlichkeiten errechnen. Angenommen, der Markt befindet sich in einem Tief, erholt sich wieder und sinkt erneut ab, wobei Volumen und Anzahl der Aktien, die beim zweiten Mal Verluste machen, geringer ausfallen als beim ersten Mal, dann besteht eine reelle Chance, daß der Markt einen soliden Boden ausgebildet hat, vom dem aus er sich wieder erholen wird. Es gibt eine Menge ausgeklügelter Indikatoren für solche statistischen Berechnungen, und viele Leute leben davon, sie zu untersuchen. Dennoch hat dieser Ansatz einen entscheidenden Fehler: Der Markt ist nämlich kein geschlossenes System, sondern er interagiert mit der Realität, so daß die Wahrscheinlichkeiten, mit denen wir es heute zu tun haben, nicht dieselben sind wie in der Vergangenheit. Manchmal spielt das eine Rolle, manchmal nicht. Selbst wenn die Märkte stets denselben Regeln gehorchen würden – die Wirklichkeit tut das bestimmt nicht; zu verschiedenen Zeiten sind je andere ihrer Bereiche wichtig. Internetfirmen an der Schwelle zum 21. Jahrhundert etwa unterscheiden sich von den Mischkonzernen der späten sechziger Jahre. Ich habe Intensität und Dauer des Internetbooms vor allem deshalb falsch eingeschätzt, weil ich mich zu sehr an früheren Ereignissen orientiert habe. Jede Blase hat ihren Ursprung in der Realität, und mit dem Internet gingen wesentlich tiefgreifendere Veränderungen der Wirklichkeit einher als mit dem Boom der Mischkonzerne. Wenn also wissenschaftliche Theorien deterministische oder statistisch wahrscheinliche Erklärungen und Voraussagen liefern müssen, sind Finanzmärkte womöglich einem wissenschaftlichen Verfahren nicht zugänglich.

Wieder sind meine Kritiker anderer Ansicht. Sie verweisen darauf, daß die Wirtschaftstheorie bei der wissenschaftlichen Analyse reflexiver Phänomene seit dem Erscheinen von ›Die Alchemie der Finanzen‹ eine Menge Fortschritte zu verzeichnen hatte. Unter dem Eindruck dieser Kritik fühlte ich mich verpflichtet, den Einwänden nachzugehen, und ich muß gestehen, daß sie zum Teil berechtigt sind: Ich bin nicht der einzige, der sich der Unzulänglichkeiten von Finanzmärkten bewußt ist. Viele der Punkte, die ich deutlich zu machen versucht habe, wurden mittlerweile auch von anderen, die sich mit der modernen Ökonomie beschäftigen, sorgfältig durchdacht. Die Idee der multiplen Gleichgewichte beispielsweise wird inzwischen weithin akzeptiert, und die sogenannten Theorien der zweiten Generation zur Entstehung von Währungskrisen räumen reflexiven Rückkopplungen jeden erdenklichen Raum ein.[12] Eine völlig neue Disziplin – *behavioral economics* (Verhaltensökonomie) – ist entstanden, die sich mit der Diskrepanz zwischen tatsächlichem und rationalem Verhalten befaßt.

Vielleicht renne ich bei meinem Angriff auf die rationalen Erwartungen – ähnlich wie bei meinem Versuch, gegen den Logischen Positivismus anzugehen – offene Türen ein. Es ist der Punkt erreicht, wo die Theorien der vollständigen Konkurrenz, der rationalen Erwartungen sowie der Markteffizienz mehr Löcher als Substanz aufweisen. Die Situation verlangt nach einem Paradigmenwechsel, doch der läßt auf sich warten. Selbst die Argumente, die

die Annahmen der Markteffizienz langsam zersetzen, beruhen immer noch zum größten Teil auf Gleichgewichtsvorstellungen. Auch der Begriff »multiple Gleichgewichte« ist in meinen Augen falsch gewählt – »dynamisches Ungleichgewicht« käme der Sache näher. Meines Erachtens besteht der Hauptmangel der Diskussion darin, daß sie überwiegend vom Standpunkt der Information aus geführt wird, weniger aus der Perspektive der Vorurteile, und daher wird mehr über die Ungleichverteilung von Information gestritten als über die Veränderung herrschender Vorurteile. Wenn diese überhaupt zugestanden wird, so haftet ihr doch stets der Ruch von Willkür an. In Wirklichkeit handelt es sich hierbei jedoch um einen reflexiven Rückkopplungsmechanismus.

Ich glaube nicht, daß man mir vorwerfen kann, keine wissenschaftliche Theorie parat zu haben, mit der sich ein einzigartiger historischer Ereignisverlauf vorhersagen läßt. Schließlich halte ich eine solche Theorie für unmöglich. Dennoch muß es eine bessere Methode geben, um solche ihrem Wesen nach unvorhersehbaren Phänomene zu untersuchen. Ich halte die Zeit für gekommen, ein neues Paradigma zu entwerfen. Mir selbst fehlen allerdings die notwendigen mathematischen Fähigkeiten dazu. Gleichwohl habe ich die Umrisse dieses neuen Paradigmas recht klar vor Augen, und ich will versuchen, sie zu beschreiben.

Ein neues Paradigma

Wir müssen uns im Zusammenhang mit den Finanzmärkten von zwei liebgewordenen Vorstellungen trennen: von den rationalen Erwartungen und vom Konzept des Gleichgewichts, mit dem die Annahme zusammenhängt, daß Preise den Markt räumen. Rationale Erwartungen eignen sich für eine Welt, in der die Einschätzungen der Beteiligten keinerlei Einfluß auf die Ereignisse haben, auf die sie sich beziehen. Der Teilnehmer befindet sich dort in der Position eines Beobachters, der die verfügbaren Informationen zusammentragen und auf dieser Basis – mit Blick auf das feststehende künftige Gleichgewicht – seine Entscheidungen fällen kann. Natürlich ist kein einzelner Teilnehmer im Besitz sämtlicher verfügbarer Informationen, aber diejenigen, die ihm fehlen, muß irgendein anderer kennen, denn sonst wären sie ja nicht verfügbar. Somit weiß der Markt mehr als jeder einzelne Teilnehmer – er weiß alles, was zu wissen ist, und deshalb hat er immer recht. Die Beteiligten werden ihrerseits für rational genug gehalten, diese Tatsache anzuerkennen und entsprechend zu handeln. Weicht die Realität vom Gleichgewicht ab, wird der Grund dafür meist in einer asymmetrischen Wissensverteilung gesucht. So lassen sich beispielsweise die mit Kreditkrisen verbundenen multiplen Gleichgewichte auf das Informationsgefälle zurückführen, das zwischen verschiedenen Gläubigerklassen herrscht.

So funktioniert die Welt jedoch nicht. Teilnehmer sind keine passiven Beobachter. Sie beeinflussen die Zukunft mit ihren Entscheidungen und gründen diese nicht auf Informationen, sondern auf ihr Gespür. Über die Konsequenzen solcher Entscheidungen kann man erst im nachhinein etwas sagen. Unter solchen Umständen ist es irrational, auf der Basis rationaler Erwartungen zu handeln. Manche Menschen mögen das tun, andere hingegen nicht; verschiedene Leute folgen unterschiedlichen Entscheidungsregeln und modifizieren sie im Lichte ihrer Erfahrungen. Deshalb wäre es angemessener und einleuchtender, von adaptivem statt von rationalem Verhalten zu sprechen.

Damit verfügen wir über das neue Paradigma, das wir brauchen. Adaptives Verhalten läßt sich sowohl in seiner zeitlichen Entwicklung als auch durch einen Vergleich ähnlicher Erscheinungsformen an verschiedenen Orten untersuchen. Zu beiden Ansätzen hat sich eine beachtliche Menge Literatur angesammelt. Die evolutionäre Herangehensweise ist in anderen Wissenschaftsbereichen – na-

mentlich in der Evolutionsbiologie oder der evolutionären Systemtheorie – bereits fest etabliert. Vermittelt durch die Spieltheorie,
greift sie allmählich auch auf die Wirtschaftswissenschaften über.
Die Spieltheorie ging ursprünglich ebenfalls vom Konzept rationalen Verhaltens aus, doch seit sie diese Annahme verworfen hat,
kann sie weit interessantere Ergebnisse vorweisen. Man denke etwa
an die Untersuchungen zum Gefangenendilemma, worauf ich in
Kapitel vier genauer eingehen werde.

Die Grundidee besteht darin, Strategien zu finden, deren sich die
Teilnehmer bedienen, und nicht darin, eine bestimmte Verhaltens-
weise als rational zu definieren. Mit Hilfe von Computersimulatio-
nen oder empirischen Beobachtungen kann man dann untersuchen,
wie sich diese Strategien herausgebildet haben. Für ein solches Vorgehen existiert eine ausgereifte Methodik, die zur Untersuchung von
Populationsdynamiken entwickelt wurde. Sie eignet sich besonders
gut für die Analyse der Interaktion zwischen Räuber und Beute,
läßt sich aber auch auf allgemeinere Zusammenhänge übertragen.[13] Nahegebracht wurde mir dieser Ansatz durch Peter Allens
Arbeit über die kanadische Fischerei. Er ging davon aus, daß Fischer
sich in zwei Gruppen einteilen lassen: Cartesianer, die sich auf die
Regionen beschränken, in denen man bereits Fische gefunden hat,
und Pragmatiker, die ihre Netze in anderen Gebieten auswerfen.
Jeffrey Frankel und Kenneth Froot haben sich bei ihrer Unterscheidung zwischen chartorientierten und fundamentaldatenorientierten
Anlegern eines ganz ähnlichen Ansatzes bedient.[14] Dieses Verfahren spiegelt die Dynamik der reflexiven Interaktion zwischen Denken und Realität, Erwartungen und Ergebnissen wider. Es schließt
ein Gleichgewicht als Endzustand nicht aus, arbeitet aber nicht
notwendigerweise darauf hin. Schlußfolgerungen, die sich auf die
Annahme eines Gleichgewichtszustandes gründen, sind damit vom
Tisch.

Will man diesen Ansatz auf die Finanzmärkte anwenden, muß man sich darüber im klaren sein, daß die aktuellen Preise eben nicht notwendigerweise den Markt räumen. Stets gibt es auf den Finanzmärkten potentielle Käufer und Verkäufer, die durch die Marktbewegung zu einer Entscheidung veranlaßt werden können. Manche bleiben unbefriedigt: Sie würden zu einem bestimmten Preis gerne mehr kaufen oder verkaufen, als ihnen möglich ist. Andere sind unschlüssig, und eine winzige Marktbewegung kann eine Entscheidung in die eine oder andere Richtung auslösen. Es gibt keine festen Regeln, auf deren Grundlage sich sagen ließe, welche Gruppe die stärkere ist. Mit Sicherheit aber kann man nicht davon ausgehen, daß ein Sinken des Preises die Nachfrage notwendig erhöhen und das Angebot verkleinern werde oder umgekehrt. Trendmitläufer können möglicherweise mehr Gewicht bekommen als die sogenannten Value-Investors, die sich an den Fundamentaldaten einer Firma orientieren. Außerdem übt der zunehmende Einsatz von Optionsscheinen und Derivaten Druck auf Angebot und Nachfrage aus, wodurch in der Regel der herrschende Trend verstärkt wird. Unter gewissen Umständen können Derivate freilich auch den Anstoß für einen plötzlichen Umschwung liefern.

Einer der Vorteile dieser Perspektive liegt darin, daß sie eine technische Analyse rechtfertigt, die sinnlos wäre, wenn Marktpreise lediglich passiv die Fundamentaldaten widerspiegeln würden. Sobald sich die Märkte jedoch in einem kontinuierlichen Ungleichgewicht befinden, liefern Upticks und Downticks wertvolle Informationen über die Intensität von Angebot und Nachfrage, und hier kann die technische Analyse eine wichtige Rolle spielen – wie wichtig, das hängt davon ab, welche Taktiken die einzelnen Teilnehmer verfolgen. Entscheidend ist, daß es Raum für verschiedene Strategien gibt, und somit lohnt es sich, adaptives Verhalten zu untersuchen. Die evolutionäre Spieltheorie, die sich etwa mit dem wiederholten Durchspielen des Gefangenendilemmas beschäftigt, scheint mir in diesem Zusammenhang besonders vielversprechend.

Auch wenn ich nicht in der Lage bin, das neue Paradigma in seinen Details auszuformulieren, so kann ich zumindest seine Umrisse erkennen. Es müßte die Rechenmethoden der Gleichgewichtstheorie durch die nichtlinearen Programmstrukturen der Evolutionstheorie ersetzen, und so entzöge es dem Marktfundamentalismus sein wissenschaftliches Fundament. Daß Märkte einem Gleichgewicht zustreben, ließe sich dann nicht länger voraussetzen – die nichtlinearen Modelle könnten sogar zeigen, daß das oft tatsächlich nicht der Fall ist.

Es gibt viele Gründe, die für freie Märkte sprechen, aber sie beruhen nicht auf deren Tendenz zum Gleichgewicht, sondern auf der liberalisierenden Wirkung, die es hat, wenn Menschen ihren eigenen Zielen nachstreben können. Freie Märkte entfesseln die schöpferischen Energien des menschlichen Geistes. In dieser Hinsicht ähneln sie der Rede- und Gedankenfreiheit oder der Freiheit der politischen Vereinigung. Freiheit ist nicht nur ein hoher Wert an sich, sondern darüber hinaus auch noch eine Quelle des Wohlstands. Allerdings läßt sich ein dynamischer Prozeß wie die Schaffung von Wohlstand nicht mit einem statischen Modell beschreiben, und deshalb entgeht der Gleichgewichtstheorie das Hauptverdienst des kapitalistischen Systems. Kurz, Marktmechanismen sind ein unverzichtbarer Bestandteil einer offenen Gesellschaft, nicht weil Märkte dem Gleichgewicht zustreben, sondern weil sie ihren Teilnehmern die Freiheit der Wahl lassen.

Die technische Analyse, wie sie gegenwärtig praktiziert wird, stützt sich auf den anderen von mir genannten Ansatz und vergleicht verschiedene Fälle von ähnlichen Verhaltensmustern, wobei sie die Wahrscheinlichkeiten auf der Basis vergangener Erfahrungen abzuschätzen versucht. Sie belastet sich zwar nicht mit den Grundsätzen der Theorie rationaler Erwartungen, dafür aber wird ihr Horizont durch etwas anderes eingeschränkt: durch die Tatsache, daß

Finanzmärkte kein geschlossenes System darstellen. Sie erhalten unablässig neue Impulse aus der Außenwelt, die dafür sorgen, daß die Zukunft keinesfalls eine mechanische Wiederholung der Vergangenheit sein wird. Die technische Analyse selbst ist ein solcher Impuls, und deshalb kommt sie eher der Alchemie gleich als einer Wissenschaft. Da sich die Methoden der Naturwissenschaften zur Untersuchung sozialer Phänomene kaum eignen, kann die technische Analyse nicht mit der Begründung abgelehnt werden, sie sei unwissenschaftlich. Man muß sich allerdings vor ihren alchemistischen Zügen in acht nehmen.

Wirtschaftswissenschaftler haben begonnen, verschiedene Phänomene außerhalb der Finanzmärkte einer vergleichenden Analyse zu unterziehen. Die Ökonomen der Weltbank beispielsweise versuchen Phänomene wie Korruption und bewaffnete Aufstände mit ebenjenen Methoden zu analysieren, mit denen sie auch an Wirtschaftsaktivitäten herangehen.[15] Ihr Ansatz unterliegt denselben Einschränkungen wie die technische Analyse: Bei dem Versuch, Wahrscheinlichkeiten zu errechnen, vernachlässigen sie den Zusammenhang, in dem jedes einzelne Ereignis steht. Und sie haben noch mit einem weiteren Nachteil zu kämpfen, denn sie müssen einen Weg finden, ihre Daten zu quantifizieren, während die Beobachter der Finanzmärkte bereits vorgefertigte Daten zur Verfügung haben. Dennoch finde ich solche Pionierbestrebungen faszinierend. Ich betrachte sie als fruchtbare Irrtümer: Sie verhelfen uns zu Einsichten, die dazu beitragen, Probleme zu verstehen, aber sie bieten keine funktionierenden Rezepte, mit denen sich die Schwierigkeiten aus der Welt schaffen ließen. Verallgemeinerungen müssen mit dem Wissen vor Ort kombiniert werden, erst das verspricht eine verbesserte Leistung im politischen Bereich.[16] Doch auch dann wird die Sozialtechnik niemals so verläßlich werden wie die Ingenieurtechnik – eine Parallele zur radikalen Unbestimmtheit, mit der es die Teilnehmer an den Finanzmärkten zu tun haben.

Kapitel 4   Reflexivität in der Geschichte

Ich habe das Geschehen auf den Finanzmärkten als irreversiblen historischen Prozeß interpretiert, und damit hat meine Deutung in gewisser Weise auch die Geschichte insgesamt im Auge. Die Unterscheidung zwischen gleichförmigen Alltagsereignissen, die keinen Wandel in der Wahrnehmung auslösen, und einzigartigen historischen Ereignissen, die das Urteil der Teilnehmer entscheidend beeinflussen und so zu fundamentalen Veränderungen führen, ist tautologisch, aber nützlich. Die erste Kategorie von Ereignissen ist für die Gleichgewichtsanalyse geeignet, die zweite nicht: Sie läßt sich nur als Teil eines historischen Prozesses verstehen.

Dialektik

Bei alltäglichen Geschehnissen tritt weder in der partizipativen noch in der kognitiven Funktion eine erwähnenswerte Veränderung ein. Im Falle einzigartiger, historischer Entwicklungen hingegen operieren beide Funktionen parallel, und weder die Perspektiven der Beteiligten noch die Situationen bleiben gleich. Ebendieser Umstand rechtfertigt es, solche Vorgänge als historisch zu bezeichnen. Der historische Prozeß, wie ich ihn sehe, ist offen. In einer Situation mit denkenden Subjekten sind Ereignisse nicht so zu verstehen, daß sich eine Tatsache unmittelbar an die nächste reiht; vielmehr verschränken sich Tatsachen mit Wahrnehmungen und Wahrnehmungen mit Tatsachen – ineinander verflochten wie bei einem Schnürsenkel. Die Geschichte ist jedoch eine ganz besondere Art von Schnürsenkel: Teils tatsächlich real, teils lediglich aus den Gedanken der Akteure bestehend, ist er nicht aus ein und derselben Machart. Die beiden Materialien passen nicht zueinander, und die Unterschiede zwischen ihnen bestimmen die Form der Ereignisse, die sie verbinden. Der Knoten ist bereits fest geschnürt, aber die Zukunft ist offen.

Das ist etwas völlig anderes als ein Mechanismus, dessen Funktionieren durch universell gültige Gesetze erklärt und vorhergesagt werden kann. Bei historischen Entwicklungen sind Vergangenheit und Zukunft unwiederholbar, und das unterscheidet sie von Phänomenen, die sich nach dem Modell der wissenschaftlichen Methode untersuchen lassen. Zukunft und Vergangenheit divergieren aufgrund der Entscheidungen, die die Teilnehmer auf der Basis ihres unvollkommenen Wissens haben fällen müssen (und dürfen). Die Entscheidungen fügen dem Ereignisverlauf ein Element der Ungewißheit hinzu, und Versuche, dieses durch eine wissenschaftliche Beschreibung menschlichen Verhaltens auszuschalten, sind zum Scheitern verurteilt.

Die skizzierte Geschichtsauffassung beruht auf dem dialektischen Verhältnis von Denken und Realität. Sie läßt sich interpretieren als eine Synthese von Hegels Dialektik der Ideen und Marxens dialektischem Materialismus. Hegel vertrat die Ansicht, daß Ideen sich dialektisch entwickeln und schließlich auf das Ende der Geschichte zuführen: Freiheit. Marx, oder genauer Engels, lieferte die Antithese, indem er behauptete, daß die Produktionsverhältnisse die Ideenentwicklung bestimmen und daß der ideologische Überbau lediglich den Zustand der materiellen Basis widerspiegelt. Die Schnürsenkeltheorie könnte nun als eine Synthese dieser beiden Stränge begriffen werden. Nicht Gedanken oder materielle Verhältnisse entwickeln sich in dialektischer Manier, sondern erst das Wechselspiel zwischen beiden bringt einen dialektischen Prozeß hervor. Ich verwende das Wort Dialektik nur deshalb nicht häufiger, weil ich mir die damit verbundene Last nicht auch noch aufbürden will. Schließlich legte Marx eine deterministische Geschichtstheorie vor, die meiner eigenen Position vollkommen zuwiderläuft. Das Wechselspiel zwischen dem Materiellen und dem Ideellen ist gerade deshalb so interessant, weil sie einander nicht entsprechen oder determinieren – ein Mangel an Übereinstimmung, der die Vorurteile der reflektierenden Individuen zu einer kausalen Kraft in der Geschichte macht. Kurzum, die Fehlbarkeit, die sich in Irrtümern, Fehlinterpretationen und Mißverständnissen der Beteiligten zeigt, spielt im historischen Prozeß die gleiche Rolle wie genetische Mutationen im biologischen: Sie macht Geschichte.

Das egoistische Gen

Die Evolutionsbiologie hat sich zu einem aufregenden Forschungszweig entwickelt. Sie verwendet dynamische Modelle, die die Evolution einer Art in der Auseinandersetzung mit ihrem jeweiligen Umfeld beschreiben, wobei jede Art ihrerseits zum Umfeld anderer Arten gehört. Die verschiedenen historischen Entwicklungen – auf den Finanzmärkten ebenso wie in Familien und Institutionen – ließen sich theoretisch mit denselben Methoden untersuchen. Unter gewissen Umständen könnten wir erwarten, daß der Prozeß an einem bestimmten Gleichgewichtspunkt stehenbleibt, bei dem ohne äußere Störfaktoren keine weiteren Veränderungen mehr eintreten. Das aber wäre ein Sonderfall; in anderen Fällen könnte der Prozeß ewig fortlaufen. Die Wirtschaftstheorie ist von dem Gedanken beseelt, jenen Gleichgewichtspunkt zu finden, historische Untersuchungen dagegen müssen sich mit immerwährenden Prozessen auseinandersetzen. Es gibt keinen Grund anzunehmen, daß die Geschichte je zu einem Ende kommen wird, solange die Menschheit existiert.

Bei historischen Untersuchungen wäre es ein Fehler, Menschen genauso zu behandeln wie andere Arten von Lebewesen. Es gibt ein gewisses, nur schwer zu fassendes Merkmal, das dem Menschen eine Sonderstellung einräumt. Von anderen Tieren unterscheidet er sich weniger durch die Fähigkeit, Entscheidungen zu fällen – jede Ratte tut das, wenn man sie durch ein Labyrinth schickt –, als vielmehr dadurch, daß er über seine Motive selbst bestimmen kann. Über die Motivation einer Ratte, die ihren Weg durch einen Irrgang findet, besteht kein Zweifel: Sie will den Käse. In bezug auf menschliche Motive gibt es keine vergleichbare Gewißheit, und nur allzu häufig wird der Fehler begangen, diesen Unterschied zu ignorieren.

Die moderne Evolutionsbiologie hat Darwins Idee von der natürlichen Auslese mit neuem Leben erfüllt. Dieselben Strategien, die auf der Artebene greifen, funktionieren auch auf Genebene: Erfolgreiche Strategien sorgen für die Verbreitung der Gene, aus denen solche Strategien hervorgegangen sind. Dieser Umstand hat zum Postulat des »egoistischen Gens« geführt. Das ist freilich nur eine übertragene Redeweise, denn es wäre unsinnig, einem Gen eine Motivation zuschreiben zu wollen, und moderne Darwinisten sind bemüht, das zu betonen: Die Vervielfältigung von Genen hat nichts mit Intentionen zu tun; sie ist natürliche Folge des Überlebens der Stärksten, einer erfolgreichen Strategie also. Anscheinend liegt darin eine allgemeingültige Regel, die auf den Menschen ebenso zutrifft wie auf andere Arten von Lebewesen.

Dennoch gibt es einen grundlegenden Unterschied: Menschliche Handlungen sind von Intentionen gelenkt, und die Verknüpfung zwischen einer erfolgreichen Strategie und der Verbreitung von Genen ist beim Menschen weniger unmittelbar als bei anderen Arten. Sie fehlt allerdings auch nicht völlig – Menschen haben ihre tierischen Wurzeln nicht ganz verloren. Aber Menschen haben auf ihr tierhaftes Fundament eine weitere Verhaltensschicht aufgetragen, und diese Schicht wird nicht in demselben Maße von ihrer genetischen Beschaffenheit determiniert wie ihre instinktiveren Verhaltensweisen. Eine solche willkürbestimmte Schicht ist für einen Großteil des Einflusses verantwortlich, den Menschen auf ihre Umgebung ausüben. Es fügt ihrem Verhalten ein Element der Ungewißheit – nämlich im Hinblick auf die Entscheidungen, die sie treffen werden – hinzu, das sich bei anderen beseelten Geschöpfen nicht findet. Auch wenn die Gentechnologie inzwischen rasende Fortschritte macht und wir mehr und mehr Einfluß auf unsere Hirnfunktionen nehmen können, werden wir Menschen wohl kaum in Roboter verwandeln, sondern vermutlich nicht einmal imstande sein, die menschlichem Verhalten stets innewohnende Unwägbarkeit zu beseitigen. Ich bin der Ansicht, daß der Begriff der Reflexivität und die »Schnürsenkeltheorie« der Geschichte dieser Unwägbarkeit besser Rechnung tragen als die Theorie der egoistischen Gene.

Zwischen Intentionen und Ergebnissen besteht eine Diskrepanz, die Ergebnisse verändern die Intentionen, die ihrerseits die Ergebnisse verändern – ein niemals endender Prozeß, in gewisser Weise der biologischen Evolution vergleichbar, in vieler Hinsicht allerdings auch von ihr unterschieden. Genau das meine ich, wenn ich sage, daß biologische Veränderung auf der Mutation von Genen fußt und als Verbreitung von Genen meßbar wird, während historische Veränderungen auf Fehleinschätzungen beruhen und an der Kluft zwischen Intentionen und Ergebnissen ablesbar sind. Kurz, das menschliche Verhalten und die Geschichte lassen sich nicht einfach auf die Gesetze der egoistischen Gene zurückführen.

Boom/Bust

Die interessante Frage lautet demnach: Mit welchen Modellen lassen sich historische Veränderungen beschreiben? Mir scheint der Weg, den die evolutionäre Spieltheorie weist, am vielversprechendsten. Allerdings bin ich, wie gesagt, nicht in der Lage, ein neues Paradigma zu entwickeln. Sowohl die Evolutionstheorie als auch die evolutionäre Spieltheorie verfolgen die Entwicklung von Populationen oder allgemeiner von Klassen von Handelnden, die bestimmte Strategien anwenden – von Cartesianern und Pragmatikern unter den kanadischen Fischern, die von Value-Investors (Anlegern, die sich an den Fundamentaldaten einer Firma orientieren) und Momentum-Traders (Spekulanten, die auf einen kurzfristigen Kursgewinn aus sind) im Falle des Aktienmarktes. Ich halte diesen Ansatz für allemal sinnvoller als die Theorie der rationalen Erwartungen; leider fehlen mir die Fähigkeiten, ihn auszubauen: Das Boom/Bust-Modell, das ich im Falle der Finanzmärkte propagiere, kommt eher einer Illustration des Wirkens von Reflexivität gleich als einer wissenschaftlichen Theorie. Bei meinen Investmententscheidungen war es mir ein nützlicher Stützpfeiler, aber wenn man zuviel Gewicht darauf lädt, könnte er zusammenbrechen. Ich möchte dieses Modell auf die Geschichte insgesamt ausweiten und Aufstieg und Fall des sowjetischen Systems damit beschreiben. Damit erhebe ich noch weniger Anspruch auf Wissenschaftlichkeit; es ist mehr ein Gedankenspiel, hat jedoch den Vorteil, daß ich meinen Begriffsrahmen durch ein konkretes Beispiel illustrieren kann – vermutlich eine willkommene Abwechslung nach der langen abstrakten Diskussion. Im Prinzip folge ich damit nur meinem Postulat der radikalen Fehlbarkeit und treibe einen fruchtbaren Irrtum auf die Spitze.

Aufstieg und Niedergang des Sowjetsystems

In den Zerfall des Sowjetsystems war ich selbst aktiv verwickelt. Als Gegner einer geschlossenen Gesellschaft war es mir ein Anliegen, seinen Niedergang zu beschleunigen, und bei meinen Handlungen ließ ich mich von meiner Boom/Bust-Interpretation der Situation leiten, die ich 1990 in meinem Buch ›Opening the Soviet System‹ näher erörtert habe. Wie stellte sich damals die Lage dar? Die ursprüngliche Voreinstellung (die kommunistische Ideologie) und der ursprüngliche Trend (Unterdrückung) führten zu einer geschlossenen Gesellschaft. Seinen Zenit erreichte das System in den letzten Jahren der stalinistischen Herrschaft, es war allumfassend, von der Außenwelt isoliert und starr. Doch die Lücke zwischen dem tatsächlichen Zustand und seiner offiziellen Interpretation war groß genug, um das System heute als einen Fall statischen Ungleichgewichts präsentieren zu können.

Nach Stalins Tod, als Chruschtschow die stalinistische Herrschaft anprangerte, gab es einen kurzen Augenblick der Wahrheit, aber schließlich vermochte sich die Hierarchie wieder zu festigen. Es begann eine Periode des Zwielichts, in der sich das Dogma zwar noch auf administrative Methoden, jedoch nicht mehr auf den Glauben an seine Geltung stützen konnte. Erstaunlicherweise nahm die Rigidität des Systems in dieser Phase sogar noch zu. Solange ein Diktator das Steuer in der Hand hatte, konnte der Kurs der Kommunistischen Partei nach Lust und Laune verändert werden, aber nun, als das Regime von Bürokraten beherrscht wurde, ging diese wie auch immer zu bewertende Flexibilität verloren. Gleichzeitig nahm auch der Terror ab, mit dem die Menschen gezwungen wurden, das kommunistische Dogma zu akzeptieren, und es setzte ein erster Auflösungsprozeß ein. Diese Periode des Zwielichts ist jener Zeitraum, der heute als Stagnationsphase bezeichnet wird; die Unzulänglichkeit des Systems ließ sich nicht länger verbergen, und der Reformdruck stieg.

Die Reformen beschleunigten den spürbaren Verfall, weil sie Alternativen ins Spiel brachten oder legitimierten, während das System, wenn es überleben wollte, gerade auf das Fehlen von Alternativen angewiesen war. Das wirtschaftliche Umdenken zeitigte in allen kommunistischen Ländern Erfolge – mit der bemerkenswerten

Ausnahme der Sowjetunion selbst. Doch jede kommunistische Reformbewegung gründet sich auf ein Mißverständnis: Das System kann nicht reformiert werden, weil die wirtschaftliche Zuweisung von Kapital ohne grundsätzlichere Änderungen nicht möglich ist. Sobald die vorhandenen Kapazitäten neu ausgerichtet sind, geht dem Reformprozeß die Luft aus.

Das ist durchaus verständlich. Der Kommunismus verstand sich als ein Gegengift gegen den Kapitalismus, der den Arbeiter vom Produkt seiner Arbeit entfremdet hatte. Alles Eigentum hatte der Staat übernommen, und der Staat, definiert durch die Partei, verkörperte das kollektive Interesse. Somit hatte die Partei den Auftrag, das Kapital zuzuweisen. Das wiederum bedeutete, daß Kapital nicht nach ökonomischen, sondern nach politischen, quasireligiösen Maßstäben zugewiesen wurde. Die beste Analogie hierzu ist vermutlich der Pyramidenbau der Pharaonen: Der Anteil der Ressourcen, der in die Investitionen floß, wurde maximiert, während der daraus resultierende ökonomische Nutzen gleich Null war.

Unter den weit vom Gleichgewicht entfernten Bedingungen einer geschlossenen Gesellschaft müssen Verzerrungen auftreten, die in einer offenen Gesellschaft unvorstellbar wären. Könnte es dafür ein besseres Beispiel geben als die sowjetische Wirtschaft? Das kommunistische System schrieb dem Kapital keinen Wert zu, genauer: Es erkannte nicht einmal den Begriff des Eigentums an. Kein Wunder, daß die Wirtschaftstätigkeit im sowjetischen System einfach nicht effizient war, denn dafür hätte die Partei ihre Rolle als Wächter und Verteiler des Kapitals aufgeben müssen. An diesem Punkt mußte alles Öffnungsstreben unweigerlich scheitern. Das Fehlschlagen der ökonomischen Reformversuche beschleunigte den Auflösungsprozeß, weil es die Notwendigkeit politischer Neuerungen deutlich machte. Mit der Perestroika in der Sowjetunion gelangte dieser Prozeß dann in seine Endphase, denn der ökonomische Durchbruch blieb, wie gesagt, aus, und der wirtschaftliche Nutzen war gering. Als der Lebensstandard mehr und mehr sank, wandte sich die öffentliche Meinung endgültig gegen das System; es kam zu einer unkontrollierbaren Entwicklung, die schließlich in den totalen Zusammenbruch der Sowjetunion mündete.

Dies entspricht ziemlich genau dem Muster, das wir auch auf Finanzmärkten beobachten können, allerdings mit einem wichtigen Unterschied: Auf Finanzmärkten scheint sich die Boom/Bust-Folge als Prozeß der Beschleunigung zu manifestieren, während der Kreislauf im Falle des Sowjetsystems zwei Phasen umfaßte: einen Prozeß der Verlangsamung, ablesbar am Stillstand des Stalin-Regimes, *und* einen Prozeß der Beschleunigung, der schließlich zum Kollaps führte.[17]

Ich behauptete dann, daß sich ein solcher zweiphasiger Boom/Bust-Prozeß auch auf Finanzmärkten finde, und hier wurde aus der Illustration in der Tat ein bloßes Gedankenspiel. Ich verwies auf das amerikanische Bankensystem, das nach seinem Zusammenbruch 1933 streng reglementiert wurde. Beinahe 35 Jahre hindurch verharrte es in seinem Dornröschenschlaf. Im Jahre 1972 schrieb ich ein Investmentmemorandum mit dem Titel »The Case for Growth Banks«, in dem ich behauptete, daß eine todgeweihte Industrie im Begriff sei, zu neuem Leben zu erwachen. Die Industrie war streng reglementiert, das Management schwerfällig und risikoscheu geworden, und die Aktienpreise reflektierten keine Erträge mehr. All das aber änderte sich langsam. Bei der Citibank war eine neue Sorte von Bankfachleuten herangewachsen, und diese breiteten sich allmählich über das ganze Land aus. Unter ihren Händen begannen die Banken, ihr Kapital aggressiver zu vermarkten. Bald schon würden sie ihre Aktienpreise anheben müssen, um zusätzliches Kapital erwerben und Neuanschaffungen tätigen zu können. Mit einer Analystenkonferenz – einem bislang nie dagewesenen Ereignis – gab die Citibank das Signal, und das von mir verwaltete Aktienpaket legte innerhalb eines Jahres um 50 Prozent zu. Kurz darauf kam es

im Gefolge der Ölkrise von 1973 zu einem internationalen Kreditaufnahmeboom, in dem die Banken den Überschuß der ölproduzie-
renden Länder in Umlauf brachten. Das Bankensystem schwenkte
auf ein dynamisches Ungleichgewicht um, das sich schließlich zur
internationalen Bankenkrise des Jahres 1982 auswuchs.

Die Pointe dieses ungewöhnlichen Vergleichs zwischen dem Aufstieg und Fall des Sowjetsystems und dem Aufstieg und Fall des amerikanischen Bankensystems liegt darin, zu zeigen, daß Ungleich-
gewichtszustände sowohl bei extremem Stillstand wie bei rapidem
Wandel auftreten können. Die geschlossene Gesellschaft ist das eine,
Revolution und Chaos das andere Extrem; in beiden Fällen ist ein
reflexiver Prozeß am Werk, der sich allerdings durch die zeitliche
Dimension unterscheidet. In einer geschlossenen Gesellschaft geschieht über lange Zeiträume hinweg nur wenig; in einer Revolution passiert binnen kurzem viel. In jedem Fall sind die Wahrnehmungen weit von der Realität entfernt.

Dies war eine wichtige Einsicht, denn bei der Diskussion über
Boom/Bust-Prozesse auf Finanzmärkten neigt man normalerweise
dazu, in Begriffen der Beschleunigung zu denken. Doch der Trend
kann seinen Ausdruck auch in Form von Verlangsamung oder Stagnation finden. In der Geschichte sind die Fälle von Unveränder-
lichkeit oder des statischen Ungleichgewichts sogar häufiger anzu-
treffen.

Ein Begriffsrahmen

Die Einsichten sprechen für einen Begriffsrahmen, der historische
Situationen in drei Kategorien aufzuteilen vermag: annäherndes
Gleichgewicht, statisches Ungleichgewicht und dynamisches Ungleichgewicht. Die Möglichkeit eines statischen Gleichgewichts wird
durch die Tatsache ausgeschlossen, daß die Beteiligten ihre Entscheidungen immer auf eine voreingenommene Interpretation der

Realität stützen. Es ist schwierig, Erwartungen und Ergebnisse in Übereinstimmung zu bringen. Sollte das gelingen, liegt es wahrscheinlich eher daran, daß das herrschende Vorurteil den gegenwärtigen Zustand beeinflußt, als daran, daß die Marktteilnehmer über ein vollkommenes Wissen verfügen. Dies läßt drei Möglichkeiten übrig:

1. Das reflexive Wechselspiel zwischen der kognitiven und der partizipativen Funktion verhindert, daß Denken und Realität sich allzuweit voneinander entfernen. Die Menschen lernen aus der Erfahrung – sie handeln auf der Grundlage vorurteilsbehafteter Sichtweisen, aber es gibt einen kritischen Prozeß, der zur Korrektur dieser Vorurteile tendiert. Vollkommenes Wissen bleibt zwar unerreichbar, doch es besteht zumindest die Tendenz zur Annäherung von Denken und Wirklichkeit. Die partizipative Funktion sorgt dafür, daß die reale Welt, wie sie von den Teilnehmern erlebt wird, sich ständig ändert; zugleich sind die Menschen jedoch durch ein Ensemble grundlegender Werte so eingebunden, daß ihre Vorurteile nicht allzusehr von den realen Ereignissen abweichen können. Dieser Zustand, den ich annäherndes Gleichgewicht nenne, ist charakteristisch für eine offene Gesellschaft wie die moderne westliche Welt. Eine solche Gesellschaft hängt eng mit einer kritischen Denkweise zusammen. Wir können dies als die »normale« Beziehung von Denken und Realität bezeichnen, weil wir aus unserer eigenen Erfahrung mit ihr vertraut sind.

2. Es gibt auch Situationen, in denen die Sichtweisen der Teilnehmer von der realen Existenz der Dinge recht weit entfernt sind und beide keine Tendenz zur Annäherung zeigen – in einigen Fällen können sie sogar noch weiter auseinandertreiben. Systeme, die mit einem ideologischen Vorurteil operieren, sind nicht bereit, sich an wechselnde Umstände anzupassen. Sie versuchen, die Realität in ihren Begriffsrahmen zu pressen, selbst wenn sie damit keinen Erfolg haben können. Unter dem Druck des herrschenden Dogmas

werden mitunter auch die gesellschaftlichen Bedingungen ziemlich starr, aber die Realität dürfte von ihrer autorisierten Interpretation relativ weit abweichen. Tatsächlich ist es möglich, daß sich die beiden mangels eines korrigierenden Mechanismus noch weiter voneinander entfernen, weil auch der stärkste Zwang keine Veränderungen in der realen Welt bewirken kann und am Dogma nicht so leicht gerüttelt wird. Dieser Zustand ist charakteristisch für eine geschlossene Gesellschaft wie die Sowjetunion oder die religiöse Diktatur im Iran. Er kann als statisches Ungleichgewicht beschrieben werden.

3. Es ist aber auch möglich, daß sich die Dinge so schnell entwickeln, daß das Verständnis der Teilnehmer nicht Schritt halten kann und die Situation außer Kontrolle gerät. Die Kluft, die zwischen herrschenden Sichtweisen und tatsächlichen Bedingungen besteht, vermag unerträglich zu werden, was auf eine Revolution oder eine andere Art Zusammenbruch hindeutet. Wieder gibt es eine Divergenz zwischen Denken und Realität, aber sie muß vorübergehend sein. Das weggefegte Ancien régime wurde schließlich durch ein neues Herrschaftssystem ersetzt. Dies läßt sich als Regimewechsel oder dynamisches Ungleichgewicht beschreiben. Das klassische Beispiel hierfür ist die Französische Revolution, aber Entsprechendes gilt auch für die industrielle Revolution oder die gegenwärtigen Umwälzungen im Bereich der Kommunikationstechnologie.

Die hier eingeführte Aufteilung läßt sich mit den drei Aggregatzuständen des Wassers vergleichen: flüssig, fest, gasförmig. Die Analogie mag weit hergeholt sein, aber sie ist reizvoll. Um ihr einen Sinn zu verleihen, müssen wir die Grenzlinien finden, die das annähernde Gleichgewicht vom Ungleichgewicht trennen. Im Falle des Wassers sind die Grenzlinien eine Frage der Temperatur. Im Falle der Geschichte hingegen lassen sie sich nicht so präzise ziehen. Gleichwohl müssen sie auch hier einen wahrnehmbaren Unterschied liefern, wenn der ganze Rahmen nicht zu einem bloßen Gedankenspiel werden soll. Um ein geeignetes Abgrenzungskriterium (wie Popper gesagt hätte) festzumachen, möchte ich auf die Begriffe geschlossene und offene Gesellschaft zurückkommen. Beides sind Idealtypen, denen einmal die Bedingungen im statischen Ungleichgewicht und einmal die im annähernden Gleichgewicht entsprechen.[18] Diese Beziehung ging mir vor etwa vierzig Jahren unter dem Einfluß von Karl Poppers ›Die offene Gesellschaft und ihre Feinde‹ auf.[19]

Offene Gesellschaft versus geschlossene Gesellschaft

Die von mir eingeführten Modelle basieren auf verschiedenen Einstellungen zum historischen Wandel, und ich habe argumentiert, daß ihnen bestimmte gesellschaftliche Organisationsformen entsprechen: Für die organische Gesellschaft ist eine traditionelle Denkweise charakteristisch, die die Möglichkeit von Veränderung ignoriert und den herrschenden Zustand als den einzig möglichen akzeptiert; in der offenen Gesellschaft herrscht eine kritische Denkweise vor, die die Möglichkeit von Veränderung vollständig auslotet; und in der geschlossenen Gesellschaft dominiert eine dogmatische Denkweise, die keinerlei Ungewißheit ertragen kann. Ich empfinde es als notwendig, zwischen einer organischen und einer geschlossenen Gesellschaft zu unterscheiden, denn der Unterschied zwischen der traditionellen Art zu denken, bei der mögliche Alternativen ignoriert, und einer dogmatischen Art, bei der Alternativen mit aller Gewalt eliminiert werden, könnte größer nicht sein. Die organische Gesellschaft liegt in mythischer Vergangenheit wie der Garten Eden: Einmal verlorene Unschuld läßt sich nicht wiedererlangen. In der Praxis haben wir die Wahl zwischen einer offenen und einer geschlossenen Gesellschaft.

Natürlich ist die Übereinstimmung von Denkweisen und gesellschaftlichen Strukturen alles andere als absolut. Sowohl in der offenen als auch in der geschlossenen Gesellschaft fehlen Momente, die jeweils nur in der anderen Gesellschaftsform zu finden sind. Dennoch: Die geschlossene Gesellschaft verspricht Sicherheit und Kontinuität, die offene hingegen Freiheit und individuellen Entfaltungsspielraum; entsprechend stehen diese beiden Prinzipien gesellschaftlicher Organisation in Opposition zueinander. Die offene Gesellschaft erkennt unsere Fehlbarkeit an, die geschlossene leugnet sie. Als ich diesen begrifflichen Rahmen zu Beginn der sechziger Jahre etablierte,[20] fehlte mir noch der Mut, die Überlegenheit einer offenen Gesellschaft zu propagieren, denn ich konnte sie nicht beweisen, und die Sachlage sprach nicht eben dafür: Der Kommunismus gewann noch immer an Boden. Ich war zu Recht davon überzeugt, daß es eine echte Alternative gab, und stand fest auf der Seite der offenen Gesellschaft. Mein Glaube daran war immerhin so stark, daß ich meine Überzeugung in die Tat umsetzte, sobald sich die Möglichkeit dazu bot. Ich möchte an dieser Stelle auf meine philanthropischen Aktivitäten eingehen, denn sie sind für den hier behandelten Punkt von einiger Relevanz.

1979 gründete ich den Open Society Fund. Seine Aufgabe bestand, wie ich damals formulierte, darin, geschlossene Gesellschaften zu öffnen, offene Gesellschaften zu stärken und eine kritische Denkweise zu fördern. Nach einem mißglückten Start in Südafrika konzentrierte ich mich auf die Länder unter kommunistischer Herrschaft, insbesondere auf mein Heimatland Ungarn. Die einfache Formel lautete: Jede Aktivität oder Assoziation, die nicht unter Aufsicht der Behörden steht, schafft politische und gesellschaftliche Alternativen und schwächt damit das Machtzentrum. Meine Stiftung in Ungarn, 1985 in Zusammenarbeit mit der ungarischen Akademie der Wissenschaften gegründet, trat offen als Förderer der Zivilgesellschaft auf. Doch nicht nur wir unterstützten die Zivilgesellschaft, die Zivilgesellschaft unterstützte auch uns. Letztlich blieben uns dadurch viele der Stolpersteine erspart, die Stiftungen gewöhnlich im Weg liegen. Wohltätigkeit macht die Empfänger leicht zu Opfern ihres Wirkens; die Bewerber erzählen der Stiftung, was diese zu hören wünscht, und wenn ihr Antrag genehmigt wird, fahren sie fort zu tun, was sie eigentlich vorhatten. In Ungarn galt nichts von alledem. Die Stiftung versetzte die Zivilgesellschaft in die Lage, das tun zu können, was sie ohnehin tun wollte, und Kontrollen waren unnötig: Die Zivilgesellschaft schützte die Stiftung von sich aus und informierte uns, sobald unsere Mittel an irgendeiner Stelle mißbraucht wurden.

Ermutigt durch den Erfolg der ungarischen Stiftung, wurde ich Philanthrop, trotz meiner Skepsis gegenüber aller Philanthropie. Als das sowjetische Imperium zu bröckeln begann, warf ich mich ins Getümmel, und ich merkte, daß man in einer revolutionären Zeit Dinge tun kann, die zu anderen Zeiten undenkbar wären. Innerhalb weniger Jahre vergrößerte ich den Etat meiner Stiftungen um das Hundertfache, von jährlich 3 Millionen Dollar auf 300 Millionen Dollar. Allerdings entdeckte ich im Zuge des sowjetischen Zusammenbruchs einen Fehler in meinem Begriffsrahmen, der offene und geschlossene Gesellschaften als Alternativen behandelte. Während des kalten Krieges, zu einer Zeit, als zwei entgegengesetzte Prinzipien gesellschaftlicher Organisation einander in tödlichem Konflikt gegenüberstanden, mochte die Dichotomie zureichend gewesen sein, doch der Konstellation nach 1989 wurde sie nicht mehr gerecht. Ich sah, daß der Kollaps einer geschlossenen Gesellschaft nicht automatisch zur Herausbildung einer offenen Gesellschaft führen muß; im Gegenteil, er kann zum Schwinden jeglicher Autorität und zu sozialer Desintegration führen. Ein schwacher Staat stellt für die offene Gesellschaft ebenso eine Bedrohung dar wie ein autoritärer Staat.[21]

Und ich machte noch eine andere Entdeckung: Menschen, die in offenen Gesellschaften leben, glauben zumeist nicht an eine offene Gesellschaft als allgemeingültige Idee. Sie mögen bereit sein, demokratische Institutionen im eigenen Land zu verteidigen, aber sie sind nicht geneigt, nennenswerte Opfer dafür zu bringen, daß in anderen Ländern demokratische Institutionen etabliert werden. Das war eine bittere Pille. Als ich in großer Eile in den verschiedensten Ländern eine Open Society Foundation nach der anderen gründete, glaubte ich einen Weg zu ebnen, auf dem mir andere folgen würden, doch als ich mich umsah, stellte ich fest, daß hinter mir niemand nachrückte. Das war nicht nur eine Enttäuschung, sondern es zeugte außerdem von einem schweren Fehler in meinem Begriffsrahmen, wohl dem schwersten in meiner gesamten Analyse. Ich mußte das Konzept einer offenen Gesellschaft einer mühsamen Überprüfung unterziehen, und deren Ergebnisse lege ich hier vor.

Heute sehe ich die offene Gesellschaft in einer gefährlichen Zwischenposition, in der sie nicht nur von einer Seite, sondern durch dogmatische Überzeugungen aller Art bedroht ist: Einige wollen eine geschlossene Gesellschaft erzwingen, andere treiben die Desintegration unseres Gemeinwesens voran. Die offene Gesellschaft ist an die Bedingungen des annähernden Gleichgewichts geknüpft; eine mögliche Alternative zu ihr ist nicht nur das statische Ungleichgewicht der geschlossenen Gesellschaft, sondern auch ein dynamisches Ungleichgewicht von Chaos und Orientierungslosigkeit.

Daß manche Mängel offener Gesellschaften auch zu ihrem Zusammenbruch führen können, war mir immer bewußt, doch nahm ich an, ein solcher Zusammenbruch werde unweigerlich die Herausbildung einer geschlossenen Gesellschaft nach sich ziehen. Das war die logische Folge der Dichotomie, die ich aufgestellt hatte; ich hielt die offene und die geschlossene Gesellschaftsform für die einzig möglichen Alternativen und war überzeugt, nur das eine dieser Systeme könne die Fehler des jeweils anderen ausgleichen. Was ich nicht erkannte, war, daß Zustände dynamischen Ungleichgewichts auf unbestimmte Zeit andauern können oder, mit anderen Worten, daß sich eine Gesellschaft am Rande des Chaos zu halten vermag, ohne tatsächlich in den Abgrund zu stürzen. Das war ein eigenartiger Fehler, weil ich mit der Theorie der Evolution komplexer Systeme, der zufolge das Leben am Rande des Chaos existiert, vertraut bin. Der tatsächliche Lauf der Geschichte läßt sich nicht fassen, aber wir können versuchen, innerhalb des Raumes, in dem er sich abspielt, einige Abgrenzungen zu treffen. Mit meiner unter dem Einfluß von Karl Popper getroffenen Unterscheidung von offenen und geschlossenen Gesellschaften habe ich das getan. Heute muß ich den Raum, in dem Geschichte sich ereignet, im Lichte meiner Erfahrungen neu definieren und einer zusätzlichen Kategorie Rechnung tragen: dem dynamischen Ungleichgewicht. Damit ergibt sich eine Aufteilung in drei Zustände, ähnlich der in Wasser, Eis und Dampf: die offene Gesellschaft (annäherndes Gleichgewicht), die geschlossene Gesellschaft (statisches Ungleichgewicht) und Chaos oder Revolution (dynamisches Ungleichgewicht). Somit wird die offene Gesellschaft in ihrer prekären Mittelstellung von zwei Seiten zugleich bedroht: vom dynamischen und vom statischen Ungleichgewicht. Dieser Rahmen unterscheidet sich deutlich von der einfachen Dichotomie offene Gesellschaft versus geschlossene Gesellschaft, von der ich zu Beginn ausgegangen war. Der Vergleich mit Wasser, Eis und Dampf ist noch aus anderen Gründen treffend, denn eine offene Gesellschaft ist fließend, eine geschlossene starr und eine Revolution chaotisch.

Diese drei Fälle bilden Idealtypen – oder »strange attractors«, um einen weiteren Begriff aus der Chaostheorie zu verwenden. Innerhalb ihres Wirkungskreises nimmt ein Ereignis einen jeweils anderen Charakter an. Selbst wenn wir über die Geschichte nicht mehr lernen können als ebendas, so haben wir bereits etwas Wertvolles gelernt. Finanzmärkte verhalten sich in der Nähe des Gleichgewichts auf eine bestimmte Art und Weise, in großer Entfernung vom Gleichgewicht hingegen anders. Dasselbe gilt für die Geschichte im Großen. In revolutionären Situationen beispielsweise sind viele Dinge möglich, die in normalen Zeiten unvorstellbar wären. Gelegenheiten rechtzeitig wahrzunehmen ist die höchste aller staatsmännischen Künste und der Schlüssel zum Erfolg auf den Finanzmärkten.

Ich hatte das Glück, ein sehr präzises Verständnis für den Unterschied zwischen einem Zustand annähernden Gleichgewichts und einem gleichgewichtsfernen Zustand zu besitzen; mein Vater hatte es mich gelehrt. Er war im Ersten Weltkrieg Kriegsgefangener gewesen und konnte während der russischen Revolution aus einem sibirischen Lager entkommen. Zu dieser Zeit hatte er die unglaublichsten Abenteuer durchlebt und seither den Unterschied zwischen normalen und revolutionären Bedingungen zutiefst verinnerlicht. Als ich klein war, unterhielt er mich mit seinen Geschichten aufs beste. Im Jahre 1944 – ich war damals 14 – besetzten die Deutschen Ungarn und begannen, den Massenmord an der jüdischen Bevölkerung systematisch zu organisieren. Ohne meinen Vater hätte ich vielleicht nicht überlebt. Ihm ging rasch auf, daß er es mit einer Situation fernab des Gleichgewichts zu tun hatte, in der die normalen Regeln nicht länger galten. Er traf seine Vorkehrungen und verhalf nicht nur seiner Familie, sondern auch vielen anderen aus seinem Umkreis zu falschen Papieren.[22] Die meisten von uns überlebten. Gleichzeitig sah ich, was mit denen geschah, die weniger gut auf solche Extrembedingungen vorbereitet waren: Sie wurden in Konzentrationslager gesteckt, nach Auschwitz deportiert oder an den Ufern der Donau erschossen. Es war dies die prägende Erfahrung meines Lebens, der Grund dafür, daß ich das Konzept einer offenen Gesellschaft so überaus ernst nehme.

Ich lernte, daß nicht zu jeder Zeit dieselben Regeln gelten, ja, in einer Situation dynamischen Ungleichgewichts verändern sich die Regeln sogar ständig: Das, was eben noch richtig war, kann im nächsten Augenblick falsch sein. Die ganze Tragweite dieser Feststellung läßt sich schwer ermessen, und noch schwieriger ist es, zur richtigen Zeit mit den richtigen Entscheidungen aufzuwarten. Insbesondere bürokratische Institutionen sind für eine solche Aufgabe notorisch schlecht geeignet. Deshalb brechen sie in der Regel zusammen, wenn das dynamische Ungleichgewicht zu sehr an Einfluß gewinnt und die Ereignisse außer Kontrolle geraten.

Ich bin mir völlig darüber im klaren, daß die historische Sichtweise, wie ich sie hier präsentiert habe, etwas zutiefst Persönliches und Eigensinniges an sich hat. Schon die Tatsache, daß ich auf meine Dichotomie verzichten und diese durch eine dreigliedrige Aufteilung ersetzen mußte, macht deutlich, wie problematisch jede derartige Schematisierung ist. Das soll den Wert der mit ihrer Hilfe gewonnen Einsichten keinesfalls schmälern, es erinnert uns jedoch daran, daß diese Kategorien von uns eingeführt wurden und in der Realität nicht vorkommen.

Sind die von mir ins Spiel gebrachten Kategorien – insbesondere der Begriff der offenen Gesellschaft – heutzutage überhaupt noch relevant? Zu Zeiten des kalten Krieges war die Opposition von offener und geschlossener Gesellschaft zweifellos wichtig, ja, sie vermittelte sogar einen besseren Einblick in das, worauf es ankam, als die Unterscheidung zwischen Kapitalismus und Kommunismus. Mir persönlich bedeutet das Konzept einer offenen Gesellschaft sehr viel, aber die entscheidende Frage lautet, ob es auch für die Gesellschaft als ganze bedeutsam ist. Nach der Lektüre dieses Buches sollte, so hoffe ich, klar sein, daß die Antwort nur »ja« heißen kann.

Grenzlinien

Wir können jetzt zu der Frage zurückkehren, die ich weiter oben gestellt habe: Was unterscheidet die Bedingungen des annähernden Gleichgewichts von denen des Ungleichgewichts? Wann zerstört eine Boom/Bust-Folge oder ein anderer Prozeß das annähernde Gleichgewicht der offenen Gesellschaft? Wir haben gesehen, daß die

Interaktion von Denken und Realität leicht zu Exzessen führt – sowohl der Rigidität als auch des Chaos. Damit die offene Gesellschaft Bestand haben kann, brauchen wir eine Art Anker, der verhindert, daß das Denken der Menschen sich allzuweit von der Realität entfernt. Doch worin besteht dieser Anker?

Wollen wir eine angemessene Antwort finden, müssen wir zunächst zwischen Erwartungen und Werten unterscheiden. Schließlich gründen sich Entscheidungen nicht nur auf Wahrnehmung, sondern auch auf Werte, denen die Menschen Geltung verschaffen wollen. Im Falle der Erwartungen ist der Anker leicht auszumachen: Es ist die Realität selbst. Solange die Menschen erkennen, daß es einen Unterschied zwischen Realität und Denken gibt, liefern die Tatsachen ein Kriterium, mit dem die Stichhaltigkeit der jeweiligen Erwartungen beurteilt werden kann. Reflexivität mag die Ereignisse unvorhersehbar machen, aber sobald sie eintreten, sind sie eindeutig – zumindest in dem Sinne, daß wir die Richtigkeit unserer Prognosen prüfen können. Wie wir gesehen haben, können Vorhersagen das Ergebnis beeinflussen, und damit liefert dieses Ergebnis kein unabhängiges Kriterium, um die Gültigkeit jener Theorien zu beurteilen, auf denen die Erwartungen basierten. Ebendeshalb ist unser Verständnis fehlbar, und so können wir lediglich von den Bedingungen eines annähernden Gleichgewichts sprechen. Gleichwohl ist und bleibt die Wirklichkeit ein nützliches Kriterium. Unter Bedingungen des statischen Ungleichgewichts sind Denken und Realität weit voneinander entfernt und zeigen keine Tendenz zur Annäherung. In einer organischen Gesellschaft wird einfach nicht zwischen Denken und Wirklichkeit unterschieden: Die Welt wird von Geistern beherrscht. In einer geschlossenen Gesellschaft sind die Erwartungen in Dogmen statt in der Realität verankert, und Ansichten, die von der offiziellen Lehre abweichen, dürfen gar nicht erst geäußert werden. Es besteht eine Kluft zwischen der offiziellen Sichtweise auf die Wirklichkeit und den Tatsachen selbst:

Wird sie geschlossen, löst das eine ungeheure Erleichterung und ein Gefühl der Befreiung aus.

Unter Bedingungen des dynamischen Ungleichgewichts finden wir den genau entgegengesetzten Zustand; die Situation verändert sich zu schnell für das Auffassungsvermögen der Menschen – ein Graben zwischen Denken und Realität ist die Folge. Die Interpretation der Ereignisse kann mit der Geschwindigkeit der Ereignisse nicht Schritt halten; die Menschen verlieren die Orientierung, und die Dinge geraten außer Kontrolle. Deshalb kann auch die Realität nicht mehr als Anker für die Erwartungen dienen, was sich während der Auflösung des Sowjetsystems beobachten ließ. Wie ich glaube, steht unsere Gesellschaft ebenfalls am Rande eines dynamischen Ungleichgewichts, zum Teil wegen der ungeheuren Geschwindigkeit, mit der sich die Änderungen vollziehen, zum Teil weil es an allgemein anerkannten Werten fehlt.

Das Problem der Werte

Welche Werte sind nötig, um den Zustand des annähernden Gleichgewichts aufrechtzuerhalten, den die offene Gesellschaft braucht? Hier befinde ich mich – aus subjektiven wie aus objektiven Gründen – auf unsicherem Terrain, und meine Argumentation ist daher auch eher vorläufiger Art. Die subjektive Komponente habe ich bereits erwähnt: Ich bin als Ökonom ausgebildet und habe mich stets zu verstehen bemüht, wie die Werte des Marktes sich zu jenen Werten verhalten, die die Entscheidungen in anderen Lebensbereichen leiten: gesellschaftlich, politisch oder persönlich. Dabei war ich immer wieder zutiefst irritiert und vermute, daß es nicht nur mir so ging. Über Werte im allgemeinen und die Beziehung von Marktwerten und sozialen Werten im besonderen scheint heutzutage in der westlichen Gesellschaft viel Verwirrung zu herrschen. Hier verschmilzt die subjektive mit der objektiven Schwierigkeit. Ich möchte das Problem zunächst auf der theoretischen und dann auf der praktischen Ebene darstellen.

Auf der theoretischen Ebene hat die Erkenntnis ein objektives Kriterium, nämlich die Realität, an der sie gemessen werden kann. Wie wir gesehen haben, ist das Kriterium nicht vollständig unabhängig, aber es ist unabhängig genug, um als objektiv gelten zu können: Kein Teilnehmer ist in einer Position, aus der heraus er dem Verlauf der Ereignisse seinen Willen aufzuzwingen vermag. Werte indes können nicht mit objektiven Kriterien beurteilt werden, weil man von ihnen gar nicht erwartet, daß sie mit der Realität übereinstimmen; die Kriterien, mit denen die Dinge zu beurteilen sind, werden von der Person oder Gruppe gewählt, die sich an solchen Kriterien orientiert. Mit anderen Worten: Werte sind gültig, weil wir an sie glauben. Damit sind sie in höherem Maße reflexiv bestimmt als Erwartungen. Nicht alle Erwartungen können sich selbst Gültigkeit verschaffen, denn sie haben einen Bezug zur Realität, und die Tatsachen legen – mit fortschreitender Entwicklung – unnachgiebig fest, ob diese Erwartungen sich erfüllen oder nicht. Werte aber sind nicht durch die Wirklichkeit eingeschränkt. Sie können in ganz andere Bereiche vordringen als unsere kognitiven Wahrnehmungen. Ja, sie dürfen sogar inkonsistent sein, solange die Menschen sich ihre Gültigkeit selbst einzureden vermögen, und sie müssen sich noch nicht einmal auf diese Welt beziehen. Viele Religionen messen einer anderen Welt eine größere Bedeutung bei als unserer irdischen. Das macht jede Diskussion über Werte so schwierig. Die Wirtschaftswissenschaften taten gut daran, sie als gegeben anzunehmen. Mit Hilfe dieses methodischen Schachzugs konnte die ökonomische Theorie den Begriff des Gleichgewichts aufstellen. Obwohl ich dem Begriff kritisch gegenüberstehe, ist er für meine Analyse unverzichtbar, denn nur so vermag ich zu zeigen, wie auf den Finanzmärkten Situationen entstehen konnten, die fernab des Gleichgewichts liegen. Für den Nichtmarktsektor der Gesellschaft steht erstaunlicherweise kein entsprechender Begriff zur Verfügung.

Ich habe »Gleichgewicht« als die Übereinstimmung zwischen Erwartungen und Resultaten definiert. Wie kann ich diese Definition auf die Werte anwenden, die die offene Gesellschaft zusammenhalten sollen? Ich möchte versuchen, den Glauben an die offene Gesellschaft als notwendige Bedingung für deren Existenz herauszustellen, aber das wird nicht einfach sein. Die offene Gesellschaft ist ein schwer faßbares Konzept; noch schwieriger ist es, sie als Ideal zu behandeln. Sie basiert auf der Einsicht in unsere Fehlbarkeit. Vollkommenheit bleibt uns versagt, deshalb müssen wir uns mit dem Zweitbesten zufriedengeben: einer unvollkommenen Gesellschaft, die sich selbst für Verbesserungen offenhält. Ist das ein Ideal, das die Phantasie der Menschen anzuregen vermag? Mit Sicherheit die meine. Doch wenn ich der einzige bliebe, wäre ich lediglich ein Fanatiker. Dieses Buch ist der Versuch, andere dazu zu bewegen, ihr Vertrauen in die offene Gesellschaft als eine erstrebenswerte Form sozialer Organisation zu setzen.

Auf der praktischen Ebene scheinen wir heute an einem akuten Mangel an sozialen Werten zu leiden. Natürlich haben die Menschen schon immer den Niedergang der Moral beklagt, aber hier ist eine Kraft am Werk, die die Gegenwart von vergangenen Zeiten unterscheidet: die Ausbreitung der Marktwerte, durch die der Eigennutz über den Gemeinnutzen gestellt wird. Der Unterschied zwischen beidem wird durch die Vorstellung einer »unsichtbaren Hand« aufgelöst, die angeblich dafür sorgt, daß der Eigennutz stets auch zum Besten der Allgemeinheit beiträgt; außerdem gilt der Gemeinnutzen als Quelle aller möglichen Formen von Korruption, Streitigkeiten und Ineffizienz – nicht ganz ohne Grund. Marktwerte sind mittlerweile in Bereiche der Gesellschaft vorgedrungen, in denen früher Profitüberlegungen nichts zu suchen hatten. Ich denke dabei an zwischenmenschliche Beziehungen, Politik, Recht und Medizin.

Mehr noch, es hat einen allmählichen, aber dennoch tiefen Wandel gegeben, was das Funktionieren des Marktmechanismus betrifft. Erstens sind an die Stelle dauerhafter Geschäftsbeziehungen vereinzelte Tauschakte getreten. Der Lebensmittelladen, in dem Eigentümer und Kunde einander kennen, wich dem Supermarkt und inzwischen sogar dem Internet. Zweitens wurden die nationalen Wirtschaftssysteme nach und nach von einer international tätigen Wirtschaft überlagert, ohne daß die Mitglieder der internationalen Gemeinschaft, sofern sie überhaupt existiert, mehr als nur einige wenige Werte gemein hätten.

Tauschgesellschaft

Die Ersetzung von persönlichen Beziehungen durch Tauschakte ist ein historischer Prozeß, der zwar niemals an ein wirkliches Ende gelangen wird, aber gleichwohl schon weit fortgeschritten ist – erheblich weiter zumindest als Anfang der sechziger Jahre, als ich in die Vereinigten Staaten übersiedelte und mir zum ersten Mal dessen bewußt wurde. Ich kam aus England, und die nationalen Unterschiede verblüfften mich: Beziehungen in den Vereinigten Staaten waren viel schneller anzuknüpfen oder zu beenden. Der Trend hat sich seitdem zweifellos verstärkt. Noch immer gibt es Ehen und Familien, doch im Investmentbanking etwa haben Tauschakte die Beziehungen fast vollständig überlagert – ein markantes Beispiel für die Veränderungen, die auch in vielen anderen Bereichen eingetreten sind.

Der Unterschied zwischen Tauschakten und Beziehungen ist durch die Spieltheorie in Form des sogenannten Gefangenendilemmas gut analysiert. Zwei mutmaßliche Gauner sind gefaßt worden und werden verhört. Wenn der eine gegen den anderen aussagt, kann der eine ein niedrigeres Strafmaß erwarten, während der andere mit größerer Sicherheit verurteilt wird. Beide zusammen werden besser abschneiden, wenn sie zueinander loyal bleiben, doch kann auch jeder für sich auf Kosten des anderen profitieren. Wie sich zeigt, ist es im Falle eines einzelnen Tauschakts vielleicht rational zu betrügen; in einer dauerhaften Beziehung hingegen zahlt sich Loyalität aus. Das kann als Modell dafür dienen, wie sich im Laufe der Zeit kooperatives Verhalten zu entwickeln vermag, verdeutlicht aber auch, daß Kooperation und Loyalität untergraben werden, wenn man Beziehungen durch Tauschakte ersetzt.[23] Die Globalisierung wirkt genau in diese Richtung, indem sie nämlich den Umfang der Tauschakte ausweitet und die Abhängigkeit von Beziehungen vermindert.

All dies hängt mit dem Mangel allgemeingültiger Werte in der heutigen Gesellschaft zusammen. Wir neigen dazu, soziale oder moralische Werte als gegeben hinzunehmen. Nichts könnte falscher sein. Wenn wir soziale Werte als gegeben hinnehmen könnten wie die Wirtschaftstheorie die Marktwerte, wäre es nicht schwierig, einen Zustand herbeizuführen, der sich dem Gleichgewicht immer mehr annähert. Doch das ist nicht möglich: Soziale Werte sind reflexiv, sie werden beeinflußt durch gesellschaftliche Bedingungen und tragen ihrerseits dazu bei, gesellschaftliche Bedingungen zu dem zu machen, was sie sind.

Eine auf Tauschakten beruhende Gesellschaft, so glaube ich, untergräbt gemeinsame Werte und lockert die moralischen Hemmungen. Kollektive Werte bringen die Sorge um andere zum Ausdruck. Sie implizieren, daß der einzelne einer Gemeinschaft angehört – sei es eine Familie, ein Stamm, eine Nation oder die Menschheit –, deren Interessen vor den Eigeninteressen des Individuums rangieren. Doch eine globale Wirtschaft ist alles andere als eine Gemeinschaft. Menschen der unterschiedlichsten Traditionen gehören ihr an, und für die meisten von ihnen repräsentieren die anderen das andere und nicht eine Gemeinschaft, zu der sie selbst gehören. Im rauhen Klima des Wettbewerbs ist es schwer genug, das Befinden anderer in Betracht zu ziehen; diese Teilnahme auf die gesamte Menschheit ausdehnen zu wollen hieße das Unmögliche fordern. Verschärft wird diese Situation durch das gegenwärtig alles beherrschende Credo des Marktfundamentalismus. Es beharrt auf dem Standpunkt, dem Gemeinwohl werde am besten Genüge getan, wenn jeder seinen persönlichen Interessen nachgehe. Damit wird dem Eigennutz so etwas wie eine moralische Rechtfertigung zuteil. Wer sich dieses Credo zu eigen macht, kommt in der Regel gut davon, denn ihn schränken in einer Welt des Jeder-gegen-jeden keinerlei moralische Skrupel ein – und ein solcher Erfolg bestärkt sich zwangsläufig selbst.

Wir sollten nicht übertreiben. Die äußeren, von der Gemeinschaft auferlegten Normen mögen durch die Entwicklung einer globalen Tauschwirtschaft untergraben, die Verfolgung des Eigennutzes mag moralisch verbrämt worden sein, aber es gibt nach wie vor gewisse innere Hemmungen. Auch wenn die Menschen sich in zielstrebige Konkurrenten verwandelt haben, so sind sie doch nicht als solche auf die Welt gekommen – dieser Wandel hat erst vor kurzem eingesetzt. Wir sind einer Tauschgesellschaft zwar näher denn je zuvor in unserer Geschichte, doch eine reine Tauschgesellschaft könnte niemals Bestand haben. Menschen ist das Bedürfnis nach sozialen Werten offenbar angeboren. Sogar wenn sie ihre eigenen Interessen verfolgen, scheint sie das Bedürfnis zu beseelen, ihr Verhalten durch Prinzipien zu rechtfertigen, die über ihre Person hinaus Gültigkeit besitzen. Wie Henri Bergson feststellte, kann Moral zwei Ursachen haben: Stammesinteressen oder die generelle Natur des Menschen. Die offene Gesellschaft muß in der letzteren verankert werden. Diesen Punkt möchte ich im nächsten Kapitel ausführen.

Kapitel 5   Die offene Gesellschaft als Ideal

Wenn meine Überzeugung stimmt, daß wir an einem Mangel allgemein anerkannter Werte leiden, dann besteht die größte Herausforderung unserer Zeit darin, Grundwerte zu etablieren, die in einer
globalen, weitgehend durch Geschäfte verbundenen Gesellschaft
gelten. Dieser Herausforderung will ich mich stellen, und zwar mit
einem Plädoyer für ein Ideal, das wir anstreben sollten: das Konzept
einer offenen Gesellschaft. Ich bin davon überzeugt, daß es im Interesse bereits bestehender offener Gesellschaften liegt, die Entwicklung einer solchen Form von sozialer Organisation auf der ganzen
Welt zu fördern und die einer offenen Weltgesellschaft angemessenen internationalen Institutionen zu schaffen. Ich möchte für diese
Idee werben, damit sie Wirklichkeit werden kann.

Das mag utopisch klingen. Die Menschen sind mit dem Konzept einer offenen Gesellschaft noch nicht einmal vertraut; wie weit sind
sie dann erst davon entfernt, sie als ein erstrebenswertes Ziel zu betrachten? Aber das Vorhaben ist nicht ganz so utopisch, wie es auf
den ersten Blick scheint. Man sollte nicht vergessen, daß es sich bei
der offenen Gesellschaft um ein höchst seltsames Ideal handelt. Es
basiert auf dem Wissen darum, daß unser Erkenntnisvermögen unzulänglich und eine vollkommene Gesellschaft unerreichbar ist; wir
müssen uns daher mit dem Zweitbesten zufriedengeben, einer unvollkommenen Gesellschaft, die sich selbst stets für Verbesserungen offenhält und aktiv nach ihnen strebt. Nach dieser Definition
kommen die Vereinigten Staaten, die EU und viele andere Teile der
Welt dem Konzept der offenen Gesellschaft recht nahe – zumindest

was ihre Unvollkommenheit betrifft. Was fehlt, ist das Verständnis für ein solches Konzept und die Bereitschaft, die offene Gesellschaft als Ideal anzunehmen. Doch selbst in dieser Hinsicht ist die Wirklichkeit vom angestrebten Ziel nicht allzuweit entfernt. Die repräsentative Demokratie gehört – ebenso wie die Marktwirtschaft – untrennbar zu einer offenen Gesellschaft. Sie ist bereits in vielen Ländern etabliert, und die Förderung demokratischer Entwicklungen auf der ganzen Welt ist erklärtes politisches Ziel der westlichen Staaten. Gleichzeitig hat die Marktwirtschaft in den vergangenen zehn Jahren globale Ausmaße erreicht, und ihre Prinzipien werden mit wahrhaft missionarischem Eifer vertreten.

Was also stimmt nicht? Ich glaube, die Durchsetzung marktwirtschaftlicher Prinzipien ist zu weit gegangen und zu einseitig geworden. Marktfundamentalisten sind davon überzeugt, daß dem Gemeinwohl am besten durch die ungehinderte Entfaltung von Eigeninteressen gedient wird. Obwohl diese Ansicht falsch ist, hat sie ungeheuren Einfluß erlangt, und sie steht einer offenen Weltgesellschaft im Wege. Wir sind dem Ziel sehr nahe, aber wir können es nicht erreichen, wenn wir die Fehler des Marktfundamentalismus nicht ausräumen und die Diskrepanz zwischen der ökonomischen und der politischen Organisation der Welt nicht korrigieren.

Der Marktfundamentalismus läuft dem Konzept einer offenen Gesellschaft nicht ebenso diametral zuwider wie der Kommunismus oder ein religiöser Fundamentalismus. Er stellt lediglich eine Verzerrung dar. Friedrich Hayek, dessen Ideen von den neuesten Jüngern des Marktfundamentalismus verflacht worden sind, war ein treuer Befürworter der offenen Gesellschaft. Er und Karl Popper teilten das Ziel, die Freiheit des einzelnen gegen kollektivistische Ideologien wie den Kommunismus und den Nationalsozialismus zu schützen; ihre Ansichten gingen lediglich in der Frage auseinander, mit welchen Mitteln das zu erreichen sei. Popper forderte eine schrittweise vorgehende Sozialtechnik; Hayek setzte sein Vertrauen in die Mechanismen des Marktes, denn ihn beunruhigten vor allem die unbeabsichtigten Folgen staatlicher Kontrollen. Seine Jünger aus der Chicagoer Wirtschaftsschule trieben seine Vorbehalte auf die Spitze und erhoben die Verfolgung eigennütziger Interessen zu einem allgemeingültigen Prinzip, das alle Aspekte unserer Existenz durchdringt: nicht nur individuelle Entschlüsse, wie sie im Marktgeschehen ihren Ausdruck finden, sondern auch soziale Entscheidungen, die sich in Politik niederschlagen. Der Eigennutz sollte die Vertragsgesetzgebung und das Verhalten des einzelnen ebenso beherrschen wie das Verhalten von Staaten – von egoistischen Genen ganz zu schweigen. Zwischen dem Marktfundamentalismus und dem Kommunismus besteht eine beunruhigende Parallele: Beider Fundament liegt in den Sozialwissenschaften – in den Theorien der Marktwirtschaft im einen Falle, im Marxismus (eigentlich einer umfassenden Theorie sozialer Systeme unter Einschluß der Wirtschaft) im anderen.

Wie auch immer, ich halte den Marktfundamentalismus für eine größere Bedrohung der offenen Gesellschaft als den Kommunismus. Der Kommunismus und sogar der Sozialismus sind in Mißkredit geraten, der Marktfundamentalismus aber befindet sich im Aufwind. Wenn es in der heutigen Welt überhaupt gemeinsame Werte gibt, so basieren diese auf der Überzeugung, daß es jedem Menschen gestattet sein müsse, seine persönlichen Interessen zu verfolgen, und daß die Erwartung, Menschen könnten sich durch das Gemeinwohl motivieren lassen, ebenso vergeblich wie kontraproduktiv sei. Natürlich besteht hier keine ausdrückliche Übereinkunft, aber die skizzierte Ansicht ist sicher populärer als der Glaube an eine offene Gesellschaft. Außerdem wird der Marktfundamentalismus von den positiven Ergebnissen einer marktorientierten Politik massiv bestärkt, vor allem durch jene, die davon profitieren. Und wo Politik durch Geld beeinflußt wird, zählen solche Leute zu den einflußreichsten. Meine Aufgabe ist also eine doppelte: Ich

möchte zum einen die Fehler des Markfundamentalismus offen-
legen und zum anderen die Prinzipien einer offenen Gesellschaft
erläutern.

Der erste Teil ist recht schnell erledigt. Ich habe bereits gezeigt, daß
Märkte nicht zwangsläufig einem Gleichgewicht zustreben, und
damit bleibt mir nur noch zu erläutern, warum soziale Werte im
Marktgeschehen keinen Ausdruck finden. Märkte spiegeln die aktuelle Vermögensverteilung; sie neigen keineswegs dazu, dieses Vermögen nach den Prinzipien sozialer Gerechtigkeit umzuverteilen.
Folglich liegt die soziale Gerechtigkeit außerhalb der Kompetenzen
der Marktwirtschaft. Die ökonomische Theorie nimmt die Verteilung des Wohlstands als gegeben und stellt sich auf den Standpunkt,
daß jede Politik, die es den Gewinnern ermöglicht, die Verlierer abzufinden und dennoch etwas übrigzubehalten, zum allgemeinen
Wohlergehen beitrage. Sie sagt nichts darüber, ob die Gewinner auch
die *Pflicht* haben, die Verlierer abzufinden, denn das wäre eine Frage
der sozialen Werte, und die Wirtschaftstheorie ist bemüht, wertfrei
zu bleiben. Mit diesem Argument im Rücken vertreten Marktfundamentalisten die Ansicht, die beste Politik bestehe darin, die Märkte
frei walten zu lassen. Sie hätten durchaus recht, wenn Märkte tatsächlich einem allgemeinen Gleichgewicht zustrebten und die Belange der sozialen Gerechtigkeit berücksichtigt wären, aber weder
das eine noch das andere trifft zu: Politische Interventionen in die
Wirtschaft sind unvermeidlich, wenn die Stabilität erhalten und
Ungleichheiten egalisiert werden sollen.

Leider sind politische Entscheidungen noch unvollkommener als
Märkte. Das ist ein zugkräftiges Argument zugunsten der Markt-
freiheit, und es liefert den Marktfundamentalisten die stärkste Munition, nur wird es leider allzugern mißbraucht. Aus der Tatsache,
daß politische Entscheidungen mit der Effizienz des Marktes kollidieren können, folgt eben nicht zwangsläufig, daß man die Politik
aus der Wirtschaft heraushalten müsse. Die Politik mag korrupt

und ineffizient sein, doch ohne sie kämen wir überhaupt nicht zurecht. Vielleicht gilt das Argument der Fundamentalisten in einer perfekten Welt, aber auf die zweitbeste läßt es sich nicht anwenden, und die offene Gesellschaft sucht nach dem Zweitbesten.

Der andere Teil meiner Aufgabe ist schon schwieriger. Das Konzept der offenen Gesellschaft läßt sich nur schwer durchschauen, und mir ist es bislang kaum gelungen, klarzumachen, worum es sich dabei handelt. Im Gegenteil, scheinbar habe ich mein Bestes getan, den Leser zu verwirren. Ich habe den Begriff auf mindestens drei verschiedene Weisen verwendet. Einmal habe ich ihn im Zusammenhang mit den Bedingungen eines annähernden Gleichgewichts gebraucht; dann habe ich erklärt, die offene Gesellschaft sei ein Ideal, dem man in der Realität nahekommen, das man jedoch nie erreichen könne. Zwischen diesen beiden Aussagen scheint bereits ein Widerspruch zu bestehen, denn ein gleichgewichtsnaher Zustand läßt sich durchaus in der Realität erreichen. Und nun will ich die offene Gesellschaft auch noch als erstrebenswertes Ziel darstellen. All das ist sehr verwirrend. Ist die offene Gesellschaft ein Ideal, oder ist sie eine Beschreibung bestehender Bedingungen? Oder genauer gefragt: Sind westliche Demokratien offene Gesellschaften oder nicht? Die Antwort lautet, daß die offene Gesellschaft Ideal und Beschreibung der Realität in einem ist, denn sie repräsentiert ein ungewöhnliches Ideal: eine unvollkommene Gesellschaft, die sich selbst für Verbesserungen offenhält.

Dem entsprechen die westlichen Gesellschaften in fast jeder Hinsicht, mit Ausnahme eines Punktes: Sie erkennen die offene Gesellschaft nicht als erstrebenswertes Ziel an. Selbst wenn sie es für ihr eigenes Land akzeptieren, so erachten sie es doch nicht als universales Prinzip, auf dessen Erfüllung die Politik hinarbeiten sollte. Internationale Beziehungen basieren noch immer auf dem Prinzip der nationalen Souveränität. Könnte die offene Gesellschaft als allgemeingültiges Prinzip dienen? Und läßt dieses sich mit dem Prinzip der nationalen Souveränität in Einklang bringen? Das ist das entscheidende Problem, vor dem wir heute stehen. Ich werde mich damit im zweiten Teil dieses Buches ausführlicher beschäftigen. Zuvor jedoch will ich einige der konzeptuellen Probleme beleuchten, mit denen es die offene Gesellschaft als allgemeingültiges Prinzip zu tun bekommt.

Die Bedeutung allgemeingültiger Ideen

Das Konzept der offenen Gesellschaft steht für Freiheit, Demokratie, ein funktionierendes Rechtssystem, die Wahrung der Menschenrechte, soziale Gerechtigkeit und generell für das Prinzip sozialer Verantwortung. Eines der Hindernisse dafür, daß die offene Gesellschaft als gemeinsames Ziel akzeptiert wird, liegt darin, daß viele Menschen allgemeingültige Ideen ablehnen. Diese überraschende Erfahrung konnte ich machen, als ich das Netzwerk meiner Stiftungen aufbaute. Ich hatte keine Mühe, in den entsprechenden Ländern Menschen zu finden, die sich von den Prinzipien einer offenen Gesellschaft begeistern ließen, selbst wenn sie in anderen Kategorien dachten. Es war leicht, ihnen zu erklären, was ich mir unter einer offenen Gesellschaft vorstellte: Sie verstanden, daß es sich um ein Gegenbild zur geschlossenen Gesellschaft handelte, in der sie lebten. Doch die Haltung des Westens enttäuschte und verunsicherte mich zunehmend. Zuerst glaubte ich, die Menschen in den offenen Gesellschaften des Westens würden einfach zu langsam erkennen, welche historische Chance sich abzeichnete. Schließlich mußte ich mir eingestehen, daß sie sich einfach nicht genug um eine offene Gesellschaft im Sinn einer allgemeingültigen Idee kümmerten, weswegen sie den ehemaligen Ostblockländern eben auch nicht mit entsprechendem Eifer halfen. Ich hatte mich von der Rhetorik des kalten Krieges täuschen lassen: Das Gerede von Freiheit und Demokratie war nichts als – Propaganda.

Nach dem Zusammenbruch des Sowjetsystems welkte die Idealvor-
stellung der offenen Gesellschaft allmählich dahin und verlor an
Reiz – sogar in den einst kommunistischen Ländern. Die Menschen
wurden plötzlich in einen Überlebenskampf verwickelt, und alle, die
sich weiterhin um das Gemeinwohl sorgten, mußten sich fragen,
ob sie sich nicht an die Werte eines vergangenen Zeitalters klammerten. Dies war auch so, denn allgemeingültige Ideen wurden
den Menschen immer verdächtiger. Der Kommunismus war eine
solche Idee gewesen, und wir wußten doch alle, wohin er geführt
hatte!

Ich mußte einsehen, daß es gute Gründe für die Aversion gegen allgemeingültige Ideen gibt. Sie können ungemein gefährlich sein,
vor allem, wenn man sie konsequent zu Ende denkt. Es ist ein Merkmal unserer Fehlbarkeit, daß Ideen ein Eigenleben entwickeln können, doch wir sind trotzdem auf sie angewiesen. Die Welt, in der wir
leben, ist viel zu kompliziert, als daß wir sie ohne leitende Prinzipien verstehen könnten. Diese Überlegungen brachten mich auf
den Begriff der Fehlbarkeit, die das Fundament einer jeden offenen
Gesellschaft bildet.

Die Aufklärung

Hier geriet ich in unüberwindliche Schwierigkeiten. Die Einsicht in
unsere Fehlbarkeit macht unsere Gesellschaft offen, doch reicht sie
für sich genommen nicht hin, ein Gemeinwesen zusammenzuhalten. Es fehlt noch etwas anderes, eine gewisse Anteilnahme am
Schicksal anderer, gewisse gemeinsame Werte. Diese Werte müssen
von der Einsicht in unsere Fehlbarkeit durchdrungen sein, aber sie
lassen sich nicht logisch aus ihr herleiten – das widerspräche gerade
der Idee der Fehlbarkeit. Das heißt, eine offene Gesellschaft als allgemeine Idee ist nicht präzise definierbar; jedes Gemeinwesen hat
seine eigene Definition zu finden, die allerdings einige universelle

Prinzipien umfassen muß, unter anderem das der Fehlbarkeit und der Anteilnahme am Schicksal anderer.

Karl Popper hatte etwas gegen Definitionen nach dem Schema »Eine offene Gesellschaft ist ...«. Er ging lieber umgekehrt vor: Man beschreibe ein Phänomen und gebe ihm dann einen Namen, und deshalb waren seine Schriften gespickt mit »Ismen«. Dennoch versuche ich Poppers Rat zu folgen. Im Rahmen meiner Stiftungen wurde der Begriff der offenen Gesellschaft nie definiert. Hätten wir das getan, wäre die Organisation sehr viel starrer geworden; so ist Flexibilität ihr Kennzeichen geblieben. Doch wenn ich das Konzept einer offenen Gesellschaft weithin akzeptiert sehen will, muß ich es genauer erklären. Ich muß zeigen, wie sich aus der Einsicht in unsere Fehlbarkeit die Prinzipien einer offenen Gesellschaft ergeben. Das wird, wie gesagt, keine leichte Aufgabe sein, denn jedes philosophische Argument wirft leicht endlos viele neue Fragen auf. Wenn ich ganz vorne anfangen wollte, käme ich nicht sehr weit, weil ich mich in meinen eigenen Stricken verfangen würde. Ich spreche aus Erfahrung: Ich habe einmal drei Jahre meines Lebens damit zugebracht, mir eine Philosophie zurechtzulegen, und am Ende war ich wieder dort, wo ich angefangen hatte.

Zum Glück muß ich auch gar nicht bei Punkt Null anfangen. Die Philosophen der Aufklärung, vor allem Kant, haben den Versuch unternommen, allgemeingültige Gesetze aus der Vernunft abzuleiten. Damit hatten sie zwar nur begrenzt Erfolg, aber die Aufklärung war, was die bis dahin in Moral und Politik geltenden Prinzipien anbelangt, ein Riesenschritt nach vorn. Es stellte eine unerhörte Neuerung dar, die Vernunft darüber entscheiden zu lassen, ob etwas richtig oder falsch, gut oder schlecht sei. Das war der Anfang der Moderne. Ob wir wollen oder nicht, die Ideen der Aufklärung sind fester Bestandteil unseres Denkens.

Die Aufklärung kam nicht aus dem Nichts. Ihre Wurzeln hatte sie in der griechischen Philosophie und im Christentum, das wiederum auf dem Monotheismus des Alten Testaments aufbaute. Doch sie unterwarf die Tradition einer kritischen Überprüfung – mit atemberaubenden Ergebnissen. Man ersetzte überkommene Bindungen durch vertragliche Regelungen, und die Kreativität des menschlichen Geistes wurde entfacht. Wen kann es da wundern, daß man dieser neuen Denkmethode bis zur letzten Konsequenz folgte? In der Französischen Revolution wurde jegliche traditionelle Autorität eliminiert, die Vernunft in allen Fragen zur Letztinstanz erklärt. Die Vernunft aber war einer solchen Aufgabe nicht gewachsen, und der Eifer von 1789 verkam zur Schreckensherrschaft von 1793. Doch die Grundsätze der Aufklärung wurden dadurch nicht entwertet; im Gegenteil, Napoleons Armeen verbreiteten die modernen Ideen in ganz Europa.

Trotz der unvergleichlichen Leistungen der Moderne – Produktions- und Lebensstandard erreichten ein Niveau, das in früheren Zeiten unvorstellbar war – konnte die Vernunft die in sie gesetzten Erwartungen nicht erfüllen, insbesondere in den Bereichen Gesellschaft und Politik. In der Kultur bereitete die Auflösung der Tradition den geistigen Nährboden für große Kunst und Literatur. Aber nach einer langen Zeit aufregender Experimente, in deren Verlauf jegliche Autorität in Frage gestellt wurde, verflüchtigte sich in der zweiten Hälfte des 20. Jahrhunderts ein Großteil der Inspiration. Das Spektrum der Möglichkeiten hat sich derart erweitert, daß die für künstlerisches Schaffen notwendige Disziplin darin keinen Halt mehr findet; die gemeinsame Grundlage scheint irgendwie verloren. Und die Gesellschaft ist offenbar von einer ähnlichen Krankheit befallen.

In der Aufklärung versuchte man, allgemeingültige Grundsätze der Moral aufzustellen, die in den universalistischen Attributen der Vernunft ihre Begründung finden sollten. Aber in unserer modernen Tauschgesellschaft wird jede Moralität in Frage gestellt. Am Wert des Geldes dagegen zweifelt niemand. Deshalb hat das Geld die Rolle der wirklichen, inneren Werte usurpiert. Die Ideen der Aufklärung, die unser Weltbild und dessen edle Aspirationen noch prägen, bestimmen weiterhin unsere Erwartungen, aber das vorherrschende Klima ist durch das Streben geprägt, soviel Geld wie möglich zusammenzuraffen.

Es ist höchste Zeit, daß wir die Vernunft, wie sie von der Aufklärung verstanden wurde, genau jener kritischen Überprüfung unterwerfen, der die Aufklärung die damals herrschenden externen religiösen und säkularen Mächte unterzogen hat. Wir leben bereits seit zweihundert Jahren im Zeitalter der Vernunft: lange genug, daß wir die Grenzen der Vernunft hätten entdecken können. Heute stehen wir an der Schwelle zum Zeitalter der Fehlbarkeit. Dessen Ergebnisse werden möglicherweise nicht minder atemberaubend sein. Und wenn wir aus früheren Erfahrungen lernen, werden wir vielleicht manche jener Exzesse vermeiden können, die für gewöhnlich das Heraufkommen einer neuen Epoche begleiten.

Moralphilosophie

Beginnen müssen wir mit einer Erneuerung der Moral und der gesellschaftlichen Grundwerte, indem wir deren reflexiven Charakter akzeptieren. Das ist in der Sache begründet und läßt uns reichlich Raum, Dinge auszuprobieren. So werden wir eine sichere Grundlage für die benötigte Weltgesellschaft erhalten.

Kant leitete seinen kategorischen Imperativ von einem moralisch Handelnden her, der von jeglichen Eigeninteressen und Begierden absieht und sich nur von der Vernunft bestimmen läßt. Ein derart Handelnder zeichnet sich durch transzendentale Freiheit und Autonomie des Willens aus, im Gegensatz zur »Heteronomie« desjenigen Menschen, dessen Willen äußeren Bedingungen unterliegt. Dieses autonom und rational handelnde Subjekt kann moralische Imperative erkennen, die insofern objektiv sind, als sie für alle vernünftigen Wesen gelten. Handle nur nach Maximen, die als allgemeine Gesetze dienen könnten – das ist der Kern des kategorischen Imperativs. Seine absolute Gültigkeit wird abgeleitet aus der Idee des Menschen als rational handelndes Wesen.

Nun besteht das Problem darin, daß der von Kant beschriebene rational Handelnde schlichtweg nicht existiert. Er ist eine durch Abstraktion geschaffene Illusion. Die Philosophen der Aufklärung neigten dazu, sich als vollkommen unabhängig und vorurteilsfrei zu betrachten, tatsächlich aber waren sie in ihrer Gesellschaft tief verhaftet, und diese war geprägt von der christlichen Moral und einem ausgesprochenen Sinn für soziale Verpflichtungen. Sie konnten sich eine Tauschgesellschaft, in der alle Beziehungen eigennütziger Berechnung folgen, gar nicht vorstellen. Das heute geläufige Argument, daß es sich lohnen könnte, einen Vertrag zu brechen, war ihnen völlig fremd.

Die Philosophen der Aufklärung wollten ihre Gesellschaft ändern. Zu diesem Zweck erfanden sie das interesselose Individuum, das, nur der Vernunft verpflichtet, allein dem Gebot seines Gewissens und keiner externen Instanz folgt. Dabei übersahen sie, daß ein tatsächlich interesseloses Individuum ohne Gewissen sein kann; es ist möglicherweise vollkommen egozentrisch oder orientierungslos. Pflichtbewußtsein entsteht im gesellschaftlichen Kontext, nicht im interesselosen Individuum; mögen soziale Werte auch verinnerlicht sein, so wurzeln sie doch in der Familie oder Gemeinschaft, im kulturellen Hintergrund und in der Tradition, zu der jeder einzelne gehört, und sie entwickeln sich auf reflexive Weise.

Eine Marktwirtschaft begründet keine Gemeinschaft, besonders dann nicht, wenn sie sich global ausbreitet. Auch ist jemand, der in einer Firma arbeitet, damit noch lange kein Mitglied einer Gemeinschaft, und das um so weniger, je mehr die Unternehmensführung einerseits den Profit zum obersten Ziel erkoren hat und auch danach handelt, andererseits jedem einzelnen tagtäglich kündigen kann. Menschen in der heutigen Tauschgesellschaft verhalten sich nicht so, als gehorchten sie kategorischen Imperativen. Ihr Verhalten ist eher mit Hilfe des Gefangenendilemmas zu beschreiben. Kants Metaphysik der Moral war einem Zeitalter angemessen, in dem sich die Vernunft mit externen Machtinstanzen auseinandersetzen mußte, aber für unsere Gegenwart scheint sie befremdlich irrelevant, da es keine solche äußere Instanz mehr gibt. Es wäre jedoch ein grober Fehler, wenn wir Moralphilosophie und politische Philosophie der Aufklärung völlig verwerfen würden – nur weil sie ihre grandiosen Ambitionen nicht einlösen konnten. Im Geist der Fehlbarkeit sollten wir die Exzesse des Denkens korrigieren, anstatt einfach ins andere Extrem zu verfallen. Eine Gesellschaft ohne jegliche Werte wird und kann nicht überleben, und eine Weltgesellschaft braucht allgemeingültige Wertprinzipien als Kitt. Die Aufklärung bot eine Reihe universalistischer Werte, und selbst wenn sie insgesamt verblichen sind, eine Erinnerung an sie ist geblieben. Anstatt sie über Bord zu werfen, müssen wir sie neu formulieren.

Das eingebundene Individuum[24]

Die Werte der Aufklärung können heute noch von Bedeutung sein – wenn man nur die Vernunft durch Fehlbarkeit ersetzt und »das eingebundene Individuum« an die Stelle des freischwebenden, autonomen Individuums rückt. Mit dem Terminus »eingebundenes Individuum« meine ich Menschen, die auf die Gesellschaft angewiesen sind und in *splendid isolation* niemals überleben könnten, aber dennoch kein Gefühl der Zugehörigkeit haben, das zur Zeit der Aufklärung so sehr Teil des Lebens war, daß man es kaum wahrnahm. Das Denken der eingebundenen Individuen wird von ihrer gesellschaftlichen Umgebung geprägt, von der Familie und anderen persönlichen Bindungen, von der Kultur, in der sie aufgewachsen sind. Sie nehmen keine Position ein, die von zeithistorischen Umständen unabhängig ist, sie verfügen nicht über vollkommenes Wissen und sind nicht völlig interesselos. Sie sind bereit, um das Überleben zu kämpfen – doch autark sind sie nicht. Sie haben das Bedürfnis, einem größeren, über ihr Leben hinaus währenden Zusammenhang anzugehören. Es kann aber durchaus sein, daß sie, weil sie ja fehlbare Wesen sind, dieses Bedürfnis bei sich selbst gar nicht wahrnehmen. Das heißt, sie sind wirkliche Menschen, Denkende und Handelnde, fehlbar und ganz sicher keine Personifizierungen einer abstrakten Vernunft.

Entscheidend ist, daß eine Weltgesellschaft nie die Bedürfnisse der Individuen nach Gemeinschaft wird erfüllen können, denn sie wird nie eine sein. Dafür ist sie zu groß und zu differenziert, es gibt in ihr zu viele unterschiedliche Kulturen und Traditionen. Wer also Mitglied einer Gemeinschaft sein will, muß anderswo danach suchen. Eine Weltgesellschaft wird immer etwas Abstraktes bleiben – im Grunde eine universelle Idee. Sie muß die Bedürfnisse der eingebundenen Individuen achten, darf aber nicht in Versuchung geraten, all diese Bedürfnisse befriedigen zu wollen, denn es gibt keine Form gesellschaftlicher Organisation, die das könnte.

Eine Weltgesellschaft muß sich ihrer eigenen Grenzen bewußt sein. Sie ist eine allgemeingültige Idee, und solche Ideen können gefährlich werden, wenn man sie allzu konsequent verfolgt. Vor allem die Idee eines Weltstaats würde den Gedanken der Weltgesellschaft zu weit treiben. Die universelle Idee kann allerhöchstens als Grundlage für Regeln und Institutionen dienen, die für das Zusammenleben jener Vielzahl von Gemeinschaften notwendig sind, die die Weltgesellschaft bilden. Sie muß durch gewisse gemeinsame Interessen und gemeinsame Werte zusammengehalten werden, und diese Gemeinsamkeiten ergeben sich zum Teil aus den gemeinsamen Problemen, mit denen die Menschen sich auseinanderzusetzen haben, und zum Teil aus der Gemeinschaft der Menschen, die mit diesen Problemen zu tun haben.

Gemeinsame Probleme sind in unserer Welt der gegenseitigen Abhängigkeiten nicht schwer auszumachen. Die Vermeidung zerstörerischer bewaffneter Konflikte – insbesondere einer nuklearen Auseinandersetzung –, der Schutz der Umwelt, der Erhalt eines globalen Finanz- und Handelssystems: Es gibt kaum jemanden, der diesen Zielen nicht zustimmen würde. Doch die Schwierigkeit besteht darin, die Menschen, die sich mit diesen Problemen konfrontiert sehen, zu einer Gemeinschaft zu schmieden.

Die Aufklärung gründete ihr Prinzip der gleichberechtigten Bruderschaft aller Menschen auf das mündige Individuum als vernunftbegabtes Wesen. Diese Basis erwies sich als nicht allzu solide, denn vernunftbegabte Wesen sind fehlbar und werden eher von persönlichen Interessen gelenkt als von der allgemeingültigen Idee menschlicher Solidarität. Wir müssen einen festeren Grund finden. Ich schlage das fehlbare Wesen, das eingebundene Individuum vor. Es gibt einen Minimalkonsens des Menschlichen, der auf der uns allen eigenen Fehlbarkeit, unserer Sterblichkeit und – geben wir es zu – unserem Eigennutz basiert. Als Individuen sind wir unvollkommen und darauf angewiesen, einer Gesellschaft anzugehören. Nun, da die Wirtschaft global geworden ist, brauchen wir eine globale Gesellschaft, und um eine Gemeinschaft bilden zu können, müssen wir akzeptieren, daß es gewisse gemeinsame Interessen gibt, die Vorrang vor persönlichen Einzelinteressen haben. Unsere Fehlbarkeit hindert uns freilich daran, zu erkennen, welches diese gemeinsamen Interessen sind. Deshalb benötigen wir Regeln, mit deren Hilfe wir uns darauf einigen können, worin unsere gemeinsamen Interessen bestehen und wie wir ihnen am besten Rechnung tragen. Das führt uns zur Notwendigkeit einer internationalen Gesetzgebung und internationaler Institutionen – keineswegs jedoch eines Weltstaates –, denn wir müssen einsehen, daß die nationale Souveränität dem internationalen allgemeinen Wohl unterzuordnen ist. Gleichzeitig ergibt sich daraus das Grundprinzip der Subsidiarität: In Anbetracht der Schwierigkeiten, die damit verbunden sind, über Fragen des Gemeinwohls zu entscheiden, sollten diese Entscheidungen stets auf einer so niedrigen Ebene gefällt werden wie möglich. Je tiefer sie angesiedelt werden, um so wahrscheinlicher werden sie eine Gemeinschaft entstehen lassen, in der der einzelne bereit ist, persönliche Interessen zurückzustellen. Dennoch muß die Zugehörigkeit zu einer Gemeinschaft freiwillig sein – dieses allgemeingültige Prinzip ist auf jeder Ebene, auch der des Staates, zu berücksichtigen.

Die Prinzipien einer offenen Gesellschaft

Nach der langen Vorrede kann ich nun endlich erklären, was ich mit einer offenen Gesellschaft meine. Ich möchte mit zeitlosen, allgemeingültigen Prinzipien beginnen, um dann zu umschreiben, was eine offene Gesellschaft im gegenwärtigen Augenblick der Geschichte bedeutet. Natürlich würden verschiedene Epochen, Gesellschaften und Individuen je andere Definitionen der universalen Prinzipien liefern. Zu meiner eigenen gehören verschiedene Freiheiten und Menschenrechte, ein funktionierendes Rechtssystem sowie ein gewisser Sinn für soziale Verantwortung und Gerechtigkeit.

Die Rede- und Gedankenfreiheit sowie die Freiheit der Entscheidung ergeben sich unmittelbar aus unserer Fehlbarkeit. Da wir letzte Wahrheiten nicht erreichen können, müssen wir den Menschen gestatten, für sich selbst zu denken und eigene Entscheidungen zu fällen. Daß unser Wissen unzulänglich ist, bedeutet freilich nicht, daß keine absolute Wahrheit existiert; es macht im Gegenteil ein Element des Glaubens nötig. Daher vertragen sich die Grundsätze der offenen Gesellschaft durchaus mit Religion. Allerdings werden ihre Prinzipien verletzt, wenn eine Religion versucht, über Menschen zu bestimmen, die ihr nicht angehören.

Gedankenfreiheit ermöglicht Kritik, und ohne Entscheidungsfreiheit könnte der Marktmechanismus nicht in Gang kommen. Beide Freiheiten betreffen den zwischenmenschlichen Bereich; wenn wir ihnen die richtigen Bedingungen garantieren, profitiert jeder von uns. Die Versammlungsfreiheit bezieht sich auf uns als soziale Lebewesen. Allgemein ergeben sich die einzelnen Menschenrechte aus unserem Dasein als denkende, sich ihrer selbst bewußte Wesen, die imstande sind, autonome Entscheidungen zu treffen. Außerdem ist die Idee universaler Menschenrechte eng mit dem christlichen Konzept der menschlichen Seele verwoben.

Wir müssen uns jedoch darüber im klaren sein, daß verschiedene Menschenrechte miteinander in Konflikt geraten können. So stellt man die Rechte der Frau denen des Embryos gegenüber. Da ich die Rechte eines Menschen aus seinen Eigenschaften als denkendes Individuum herleite, gibt es für mich keinen Zweifel, wessen Rechte hier Vorrang genießen sollten; doch wenn man die Frage an der Existenz einer menschlichen Seele festmacht, kommt man womöglich zu einem anderen Ergebnis. In den Vereinigten Staaten ist das gegenwärtig ein kontrovers diskutiertes Thema.

Verschiedene Gemeinwesen befinden sich in jeweils anderen Entwicklungsstadien; ihre Entwicklung kann höchst unterschiedlich verlaufen, und auch der Schutz der Menschenrechte wird nicht in allen Ländern gleich ausgeprägt sein. Herrschende in den weniger entwickelten Staaten fordern mitunter, man solle an sie niedrigere Maßstäbe anlegen. Was die Lebensbedingungen angeht, so haben sie nicht ganz unrecht, aber das kann nicht in bezug auf die Rede- und Gedankenfreiheit gelten, die man in weniger entwickelten Ländern noch eifriger bewachen muß als in einer ausgereiften Demokratie. Schwieriger ist es bei den sogenannten sozialen und ökonomischen Freiheiten und den entsprechenden Menschenrechten: der Freiheit von Hunger oder dem Recht auf eine anständige Mahlzeit. Jedes Recht muß auch durchgesetzt werden, und wenn diese

Aufgabe bei ökonomischen Rechten dem Staat zufällt, erhält dieser im wirtschaftlichen Bereich ein zu großes Gewicht. Das wäre nicht weiter schlimm, wenn er die wirtschaftlichen Bedürfnisse tatsächlich am besten befriedigen könnte, aber diese Auffassung hat sich in der Praxis bereits als Irrtum erwiesen. Ich ziehe es vor, die Beseitigung von Armut sehr viel direkter zu einem gesellschaftlichen Anliegen zu machen, indem ich einen gewissen Sinn für Gerechtigkeit als eines der Kernprinzipien der offenen Gesellschaft einführe. Dieser Ansatz hat zudem den Vorteil, daß er über Landesgrenzen hinwegreicht. Wir müssen einsehen, daß im Rahmen eines globalen Kapitalismus einzelne Staaten das Wohlergehen ihrer Bürger nur begrenzt gewährleisten können, während es im Interesse der Reichen liegt, den Armen zur Hilfe zu kommen. Soziale Gerechtigkeit ist daher eine Frage von internationaler Bedeutung.

Mit sozialer Gerechtigkeit ist ausdrücklich nicht Gleichheit gemeint, denn das brächte uns geradewegs zurück zum Kommunismus. Ich ziehe die Vorstellung von sozialer Gerechtigkeit vor, wie sie der Philosoph John Rawls dargelegt hat und der zufolge eine Zunahme des Gesamtwohlstands auch den am meisten Benachteiligten einen gewissen Vorteil bringen muß. Was in diesem Zusammenhang ein »gewisser« Vorteil ist, hat jede Gesellschaft für sich selbst zu entscheiden, und es ist sehr wahrscheinlich, daß eine solche Definition sich im Laufe der Zeit verändern wird. Doch ein gerechteres Spielfeld zu schaffen muß eindeutig als Ziel internationaler Institutionen definiert werden. Ich führe diesen Gedanken später noch genauer aus.

Wie steht es mit Eigentums- und Verfügungsrechten? Sollten diese als ähnlich zentrale Prinzipien anerkannt werden wie die Menschenrechte? Ich könnte die Frage so oder so beantworten. Zweifellos ist Privatbesitz eine Grundbedingung individueller Freiheit und Autonomie und als solche unentbehrlicher Teil einer offenen Gesellschaft. Zugleich gibt es keine Rechte ohne Pflichten. Das gilt für

Menschenrechte ebenso wie für Eigentumsrechte. Beim Eigentum allerdings fallen Rechte und Pflichten ein und derselben Person zu, bei den Menschenrechten hingegen läßt sich klar zwischen dem einzelnen unterscheiden, der diese Rechte genießt, und der Machtinstanz, die sie zu respektieren hat. Wir können Eigentum zu den Freiheiten und Rechten zählen, aber wir dürfen die Kehrseite nicht vergessen: die soziale Verantwortung, die beispielsweise in der Erhebung von Steuern ihren Niederschlag findet.

Ganz allgemein schwelt zwischen Rechten und Pflichten ein permanenter Konflikt, welcher nach Kompromissen verlangt, die stets und ständig neu erarbeitet und überprüft werden müssen. Isaiah Berlin bezeichnete diesen latenten Konflikt zwischen verschiedenen sozialen Werten als »Wertepluralismus«. Wie ein Kompromiß jeweils auszusehen hat, läßt sich nicht einfach aus fixen Prinzipien herleiten, gleichwohl müssen, damit eine Gesellschaft als frei und offen gelten kann, gewisse Grundsätze respektiert werden. Da die Menschen durch Versuch und Irrtum lernen, ist es nur natürlich, daß ihre Ansichten sich mit der Zeit ändern, doch ohne einen gewissen Sinn für soziale Gerechtigkeit, der von den meisten ihrer Mitglieder geteilt wird, kann keine Gesellschaft lange überleben.

Mit einer derart relativistischen Definition ihrer Kernprinzipien kann sich eine offene Gesellschaft allerdings nicht zufriedengeben, denn eine Tyrannei der Mehrheit (oder einer Minderheit, wie im Falle Südafrikas während der Apartheid) ist noch keine offene Gesellschaft. Eine Abstimmungsdemokratie allein reicht nicht aus; ihr muß ein per Verfassung abgesicherter Schutz der Minderheitenrechte zur Seite gestellt werden, und auch diese Rechte werden sich von Fall zu Fall unterscheiden. Als eine weitere zentrale Anforderung an eine offene Gesellschaft habe ich noch ein funktionierendes Rechtssystem erwähnt. Meine Liste ist sicher nicht vollständig; sie soll lediglich das Ideengebäude umreißen, in dem die Prinzipien einer offenen Gesellschaft ihren Platz haben.

Wie lassen sich diese Prinzipien in die ganz speziellen Anforderungen übersetzen, die heute an eine offene Gesellschaft zu stellen sind? Der Präsident meiner Stiftung, Aryeh Neier, schlägt sieben Grundregeln vor:

1. routinemäßige, freie und faire Wahlen
2. freie Medien und Meinungsvielfalt
3. eine unabhängige Justiz, die über die Einhaltung der Gesetze wacht
4. verfassungsmäßig garantierter Schutz der Minderheiten
5. eine Marktwirtschaft, die Eigentumsrechte respektiert und den Benachteiligten Chancen und ein funktionierendes Sicherungsnetz garantiert
6. die Verpflichtung zur friedlichen Lösung von Konflikten
7. Gesetze zur Eindämmung von Korruption.

Es mag andere Vorschläge für eine solche Liste geben, interessant ist jedenfalls, daß wir einzelne Länder finden können, die solche Kriterien mehr oder weniger erfüllen, unsere Weltgesellschaft hingegen tut es nicht. Am augenfälligsten ist das Fehlen einer internationalen Gesetzgebung und selbst der grundlegendsten Vorkehrungen zum Erhalt des Weltfriedens. Wie solche Vorkehrungen genau aussehen müßten, kann man nicht aus Grundsätzen ein für allemal ableiten. Damit würde man versuchen, die Wirklichkeit von oben herab neu zu gestalten, und gegen die Prinzipien der offenen Gesellschaft verstoßen. An dieser Stelle unterscheidet sich Fehlbarkeit von Rationalität als Prinzip der Vernunft, denn sie bedeutet, daß wir das allgemeine Beste einfach nicht kennen.

Die reine Vernunft und ein sich überwiegend am Individuum orientierender Moralkodex sind Erfindungen der abendländischen Kultur. Sie stoßen in anderen Kulturen auf wenig Resonanz. Die konfuzianische Ethik etwa beruht auf der Familie und auf Verwandtschaftsbeziehungen und paßt schlecht zu den universellen Begriffen, die man aus dem Westen importiert. Fehlbarkeit dagegen toleriert ein breites Spektrum kultureller Divergenzen. Die Denktradition und Geistesgeschichte des Abendlands darf man dem Rest der Welt nicht im Namen allgemeingültiger Werte wahllos aufoktroyieren. Und im übrigen ist die abendländische Form der repräsentativen Demokratie vielleicht gar nicht die einzige Regierungsform, die mit einer offenen Gesellschaft kompatibel ist.

Dennoch, manche universellen Ideen müssen allgemein akzeptiert werden. Eine offene Gesellschaft muß zwar pluralistisch aufgebaut sein, doch darf sie im Streben nach Pluralismus nicht so weit gehen, daß sie zwischen richtig und ralsch nicht mehr unterscheidet. Auch Toleranz kann bis ins Extrem getrieben werden. Nur in einem fortlaufenden Prozeß von Versuch und Irrtum läßt sich herausfinden, was richtig ist. Je nach Zeit und Ort wird sich die Definition möglicherweise ändern, aber zu jeder Zeit und an jedem Ort muß es eine Definition geben.

Während uns die Aufklärung die Aussicht auf ewige Wahrheiten vorgaukelte, erkennt die offene Gesellschaft die Tatsache an, daß Grundwerte reflexiv sind und sich im Laufe der Geschichte zu ändern vermögen. Auch wenn kollektive Entscheidungen nicht auf den Geboten der Vernunft beruhen können, kommen wir doch ohne sie nicht aus. Wir brauchen eine auf Gesetzen basierende Grundordnung, gerade weil wir uns nicht sicher sein können, was richtig und was falsch ist, und es folglich selbst festlegen müssen. Wir brauchen Institutionen, die um ihre eigene Fehlbarkeit wissen und einen Mechanismus zur Verfügung stellen, mit dem sich ihre Fehler korrigieren lassen.

Eine offene Weltgesellschaft kann nicht entstehen ohne Menschen, die sich deren Grundprinzipien verpflichtet fühlen, und damit sie gedeihen kann, müssen die Menschen sie als wünschenswerte Form der sozialen Organisation betrachten. Dies aber ist heute nicht der Fall. Wenn allerdings Fehlbarkeit und Reflexivität als universale Prinzipien mit der Anerkennung weltweit geteilter Interessen kombiniert wären, würde das eine gemeinsame Basis für alle Völker der Welt liefern. Eine offene Weltgesellschaft könnte eine solche gemeinsame Basis sein – und das Bewußtsein unserer Fehlbarkeit sollte uns helfen, einige der Fallstricke zu meiden, die mit allgemeingültigen Konzepten verbunden sind.

Natürlich hat auch eine offene Gesellschaft ihre Mängel, aber eher weil sie zuwenig zu bieten hat als zuviel. Genauer gesagt: Die Vorstellung ist zu weit gefaßt, um ein Rezept für spezielle Entscheidungen zu liefern; Regeln lassen sich daraus nicht deduktiv ableiten. Schließlich widerspräche es dem Prinzip der Fehlbarkeit, wenn alle Probleme eine Lösung hätten, und wer behauptet, sämtliche Antworten zu kennen, schafft eine geschlossene Gesellschaft. Umgekehrt rechtfertigt die Tatsache, daß wir nicht wissen, worin unser gemeinsames Interesse besteht, nicht unbedingt, daß wir dessen Existenz leugnen. Vor allem die Idee, die Verfolgung des Eigennutzes komme automatisch dem Gemeinnutzen zugute, ist ebenso verlockend wie falsch. Statt dessen müssen wir eigene Institutionen zur Wahrnehmung unserer gemeinsamen Interessen schaffen. Freilich können diese Einrichtungen nie vollkommen sein, und deshalb müssen wir ihnen die Fähigkeit verleihen, auf unsere ständig sich ändernden gemeinsamen Interessen zu reagieren und sich entsprechend anzupassen – bedenkt man die Trägheit von Institutionen, ist das keine leichte Aufgabe. Solche Ansprüche lassen sich nur durch einen kontinuierlichen Prozeß von Versuch und Irrtum erfüllen.

Läßt sich über die Grundsätze einer offenen Gesellschaft eine Einigung herbeiführen? Es handelt sich um abstrakte philosophische Prinzipien, und aus unserer Fehlbarkeit ergibt sich, daß unsere Überzeugungen nicht von Vernunft diktiert sind. Man kann jenen Prinzipien also nicht zu allgemeiner Anerkennung verhelfen, indem man sie einfach erläutert – von meiner eigenen Unzulänglichkeit in dieser Hinsicht einmal ganz zu schweigen. Die Menschen müssen vielmehr aufgerüttelt und angespornt werden, über einem gemeinsamen Anlaß zusammenwachsen, damit das Gemeinwohl Vorrang vor speziellen Interessen bekommt.

In einer geschlossenen Gesellschaft, in der die Sehnsucht nach Freiheit Menschen mit unterschiedlichen Interessen zusammenführt, ist so etwas möglich. Könnte etwas Ähnliches in einer offenen Gesellschaft zustande kommen? Ich mußte mir selbst die Frage stellen, ob ich mich dem Ideal einer offenen Gesellschaft ebenso verpflichtet fühlen würde, wenn ich nicht in jungen Jahren gelernt hätte, welch unmittelbare körperliche Bedrohung von einer geschlossenen Gesellschaft ausgehen kann. Später habe ich erlebt, wie die Idee der offenen Gesellschaft in meinem Heimatland Ungarn ihren Siegeszug antrat. Unter dem Dach meiner Stiftung kamen die unterschiedlichsten oppositionellen Kräfte zusammen, doch sobald das Regime gestürzt war, richteten sie sich gegeneinander. Das sollte in einer Demokratie auch so sein, nur ließen sich die verschiedenen Parteien, die einst in ihrer Ablehnung der geschlossenen Gesellschaft vereint gewesen waren, in ihrer Opposition gegeneinander nicht mehr von den Prinzipien einer offenen Gesellschaft leiten. Dieser Denkzettel machte mich auf einen Schwachpunkt im Konzept der offenen Gesellschaft aufmerksam, der mir zuvor nur vage bewußt gewesen war. Natürlich wußte ich, daß das Konzept, wie jedes menschliche Konstrukt, mit Mängeln behaftet war; jetzt erlebte ich, was das konkret bedeutet.

Es bereitet mir gewisse Schwierigkeiten, das Problem zu formulieren. Man könnte etwa sagen, daß die offene Gesellschaft Feinde braucht – Karl Popper nannte sein Buch ›Die offene Gesellschaft und ihre Feinde‹, und indem ich den Marktfundamentalismus attackiere, erfinde ich genaugenommen einen neuen Feind. Feinde erzeugen Gemeinschaft; sie haben nicht weniger zur Errichtung von Stadtmauern beigetragen als die Menschen, die in einer so geschützten Stadt lebten. Anders gesagt: Eine offene Gesellschaft ist keine Gemeinschaft, und nur Gemeinschaften können gemeinsame Überzeugungen entwickeln, die den persönlichen Interessen ihrer Mitglieder etwas entgegenzusetzen haben.

Das führt uns die verzwickte Situation vor Augen, mit der wir es zu tun haben, wenn wir eine offene Weltgesellschaft errichten wollen. Gemeinschaften gründen sich auf der Abgrenzung zu den jeweils anderen, die offene Gesellschaft hingegen versucht, grenzenlos integrativ zu sein. Ist es möglich, die offene Gesellschaft mit einem positiven Inhalt zu füllen, oder muß sie sich stets gegen etwas richten? Glücklicherweise gibt es immer etwas zu bekämpfen: Armut, Krankheit, Umweltgefahren – der Feind muß nicht unbedingt ein rivalisierender Staat sein, doch solange wir keinen Feind benennen, gegen den wir uns vereinen können, werden wir wohl eine geteilte Welt behalten, in der einzelne Nationalstaaten gegeneinander kämpfen. Es ist uns gelungen, uns auf der Ebene des souveränen Staates zu einigen und demokratische Staaten zu errichten, in denen Gesetze und gegenseitiger Respekt voreinander herrschen. Nun müssen wir uns dieser Frage auf globaler Ebene stellen.

Die Lösung kann auf keinen Fall auf staatlicher Ebene liegen – ein Weltstaat würde die Freiheit des einzelnen noch mehr bedrohen als die Nationalstaaten. Auch können wir keinen theoretischen Plan entwerfen – das widerspräche den Prinzipien einer offenen Gesellschaft. Wir müssen deshalb die Situation betrachten, wie sie sich heute darstellt. Genau das werde ich in der zweiten Hälfte dieses Buches tun, wo es auch darum gehen wird, ein Programm zur Schaffung einer offenen Weltgesellschaft zu entwickeln. Der Ordnung halber möchte ich schon hier darauf hinweisen, daß ich den Begriff »offene Gesellschaft« später noch in einem anderen, mehr praktisch orientierten Sinne verwenden werde. Nachdem ich das Konzept der offenen Gesellschaft hier als allgemeingültige Idee darzustellen versucht habe, möchte ich dort zeigen, wie es sich zum gegenwärtigen Zeitpunkt der Geschichte konkret umsetzen ließe.

Kapitel 6   Das Problem der sozialen Werte

In diesem Kapitel möchte ich das Problem der sozialen Werte untersuchen – als Basis für eine kritische Analyse des heute herrschenden kapitalistischen Weltsystems.

Marktwerte und soziale Werte

Das Verhältnis von Marktwerten und sozialen Werten läßt sich nur
schwer bestimmen. Das Problem liegt nicht so sehr im Nachweis,
daß sie sich unterscheiden, als vielmehr in der Frage, wann wir dem
einen und wann dem anderen folgen sollten. Marktfundamentalisten versuchen, soziale Werte mit der Begründung zu ignorieren,
daß diese Werte sich ohnehin im Marktverhalten niederschlügen.
Wenn sich Menschen beispielsweise um andere kümmern oder die
Umwelt schützen wollten, dann könnten sie ihrem Empfinden Ausdruck geben und dafür Geld einsetzen. Ihr Altruismus würde dann
ebenso zum Element des Bruttosozialprodukts wie ihr Luxusgüter-
konsum. Natürlich gebe es Dinge, die kollektive Entscheidungen
erforderten, aber in wirtschaftlicher Hinsicht folgten soziale und
individuelle Entscheidungen eben denselben Prinzipien. Um zu zeigen, daß diese Argumentation falsch ist, brauche ich nun nicht auf
abstrakte Begründungsstrukturen zurückzugreifen. Hier soll meine
persönliche Erfahrung reichen.
Als anonymer Teilnehmer an Finanzmärkten mußte ich die gesellschaftlichen Konsequenzen meiner Handlungen nie abwägen. Ich
war mir bewußt, daß mein Tun unter manchen Umständen schäd-

liche Folgen haben mochte, doch das ignorierte ich mit der Rechtfertigung, mich an die geltenden Spielregeln zu halten. Das Spiel war von einem äußerst ehrgeizigen Wettbewerb geprägt, und hätte ich mir zusätzliche Beschränkungen auferlegt, hätte ich als Verlierer dagestanden. Darüber hinaus war ich der Meinung, daß meine moralischen Skrupel nichts bewirken würden: Verzichtete ich, nähme ein anderer meinen Platz ein. Wenn ich entschied, welche Aktien oder Devisen ich kaufen oder verkaufen sollte, leitete mich nur eine Überlegung: Ich wollte meinen Gewinn maximieren, indem ich die Risiken gegen das, was sie mir eintragen mochten, abwog. Und meine Entscheidungen hatten nicht selten soziale Konsequenzen. Als ich etwa, nachdem die Führungsspitzen wegen Bestechung angeklagt worden waren, Lockheed- und Northrop-Anteile erwarb, half ich, den Wert der Aktien zu stützen. Als ich 1992 das Pfund leer verkaufte, war die Bank of England mein Gegenspieler, und ich zog das Geld den britischen Steuerzahlern aus der Tasche. Eine Berücksichtigung dieser gesellschaftlichen Konsequenzen hätte meine Kalkulation von Risiko und Ertrag zweifellos verfälscht und meine Erfolgschancen verringert. Glücklicherweise brauchte ich mich um die Folgen nicht zu kümmern, denn sie wären auf jeden Fall eingetreten: Hätte ich keine Lockheed- und Northrop-Aktien erworben, dann hätte es jemand anders getan; und das Pfund wäre abgewertet worden, ob ich auf der Welt war oder nicht. Der Ausspruch »Wenn ich es nicht getan hätte, hätte es jemand anders getan« ist zwar meistens eine Ausrede, aber in diesem Fall trifft er zu. Denn Finanzmärkte haben so viele Teilnehmer, daß kein einzelner das Ergebnis vorhersehbar beeinflussen kann. Hätte ich mein soziales Gewissen befragt, so hätte das in der Realität letztlich keinen Unterschied gemacht; meine eigenen Resultate hingegen wären wahrscheinlich negativ beeinflußt worden.

Dieses Argument gilt allerdings nur für Finanzmärkte. Hätte ich es mit Menschen anstatt mit Märkten zu tun gehabt, wären moralische Erwägungen unvermeidbar gewesen, und ich hätte nicht so erfolgreich Geld verdienen können. Ich dankte meinem Schicksal, daß es mich zu den Finanzmärkten geführt und mir erlaubt hatte, ein reines Gewissen zu behalten. *Pecunia non olet* (Geld stinkt nicht). Anonyme Marktteilnehmer bleiben, wie gesagt, von moralischen Fragen weitgehend verschont, solange sie den Spielregeln folgen. Finanzmärkte sind also nicht unmoralisch, sondern amoralisch. Vollkommen respektable Menschen, die Aktien oder Waren kaufen oder verkaufen, können dadurch das Schicksal von Menschen in weit entfernten Regionen beeinflussen: Afrikanische Kupferbergleute oder indonesische Bauarbeiter können durch Veränderungen der Weltmarktpreise oder Wechselkurse ihre Existenz verlieren. Allerdings werden diese Ergebnisse nicht durch die Entscheidungen einzelner Marktteilnehmer beeinflußt; darum müssen sie bei deren Kalkulationen auch nicht berücksichtigt werden. Die durch Marktschwankungen hervorgerufenen Probleme lassen sich nur durch politische Maßnahmen beheben.

Doch mir ist klar, daß diese Argumente für mich nicht mehr gelten, nachdem ich zu einer öffentlichen Person geworden bin, deren Handlungen und Äußerungen Märkte beeinflussen können. Seither stellen sich für mich auch moralische Fragen, um die ich mich früher nicht zu kümmern brauchte, und dadurch wird meine Stellung als Marktteilnehmer wesentlich komplizierter. Um ein Beispiel zu nennen: Ich unterstütze aktiv das Abkommen zum Verbot von Landminen, während meine Aktienfonds auch Anteile einer Firma besaßen, die solche Minen produziert. Also fühlte ich mich verpflichtet, diese Anteile abzustoßen, obwohl ich sie für eine attraktive Investition hielt. In der Tat stiegen die Aktien später beträchtlich im Wert. Natürlich hatte der Verkauf meiner Anteile keine Auswirkungen auf die Produktion von Landminen, aber ich konnte diesen Aktienbesitz nicht länger damit rechtfertigen, nur ein anonymer Marktteilnehmer zu sein.

Nun, da ich nicht länger anonym bin, muß ich mit meinen Äußerungen sehr vorsichtig sein. Prinzipiell bemühe ich mich, nichts zu sagen, was mir als Investor Vorteile verschaffen würde. Trotzdem gerate ich oft in Schwierigkeiten. Und das Dilemma wird sogar noch größer, wenn ich zu entscheiden habe, ob ich etwas sage, was mir als Investor schaden könnte. Daß ich etwa für die Tobin-Steuer eintrete, läuft meinen eigenen Geschäftsinteressen direkt zuwider. Meistens berufe ich mich auf den Rechtsgrundsatz, daß niemand gezwungen werden darf, sich selbst zu belasten, und versuche, meine eigenen Interessen nicht zu verletzen. Doch manchmal kann ich nicht umhin, meine Meinung zu sagen. In der Tat macht der Status einer öffentlichen Person es praktisch unmöglich, sich gleichzeitig aktiv als Investor zu betätigen. Zum Glück habe ich mich aus dem Management meiner Fonds zurückgezogen, und die aktiven Fondsmanager habe ich angewiesen, meine Stellung als öffentliche Person bei ihren Investitionsentscheidungen zu ignorieren – ein etwas unglücklicher Kompromiß; allerdings weiß ich jetzt die Vorteile der Anonymität zu schätzen.

Die Unterscheidung zwischen unmoralisch und amoralisch ist wichtig, denn wenn man Finanzmärkte als unmoralisch ansieht, kann man ihr normales Funktionieren beeinträchtigen und sie eines ihrer nützlichsten Attribute berauben: ihrer Amoralität. Diese trägt dazu bei, die Finanzmärkte effizienter zu machen, und die Marktteilnehmer können die schwierigen moralischen Fragen getrost ausblenden, indem sie sich auf das vorgebrachte Argument berufen. Es ist stichhaltig, unabhängig davon, ob sich die Anleger um ethische Erwägungen kümmern oder nicht. Noch vor nicht allzu langer Zeit haben es viele Investoren vermieden, Anteile von Alkoholdestillerien zu erwerben, doch das hat auf den Alkoholkonsum so gut wie keinen Einfluß gehabt. Gleiches gilt für den Umweltschutzbereich: Natürlich hat es hier in der Einstellung der Firmen und Konzerne wichtige Veränderungen gegeben, aber nicht wegen der Entscheidungen von Investoren, sondern als Ergebnis sozialen, politischen und gesetzlichen Drucks. Und die Aktien der Tabakkonzerne sind wegen Gerichtsentscheidungen ins Abseits geraten, die sich in den Marktbewertungen niederschlugen.

Ich muß allerdings zugeben, daß Finanzmärkte nicht nur Fundamentaldaten reflektieren; sie können auch die Realität aktiv beeinflussen. Wir müssen dabei jedoch zwischen kollektivem und individuellem Verhalten unterscheiden. Das Kollektivverhalten der Märkte hat weitreichende, das Individualverhalten der Marktteilnehmer hingegen nur minimale Konsequenzen, weil sich immer ein anderer Mitspieler finden wird, der bereit ist, zu einem nur geringfügig anderen Preis einzuspringen. Ein effizienter Markt definiert sich ja gerade dadurch, daß kein einzelner Teilnehmer den Preis nachhaltig beeinflussen kann.

Finanzmärkte können aber auch als Arena für kollektives Handeln benutzt werden. Der Boykott südafrikanischer Investitionen erwies sich zum Beispiel als erfolgreicher Faktor bei der Herbeiführung eines Regimewechsels in Südafrika. Allerdings ist kollektives Handeln eher die Ausnahme, und so sollte es auch sein, weil das Hauptverdienst der Märkte darin besteht, daß sie individuellen Präferenzen Ausdruck verleihen können. Kollektivinteressen müssen dagegen durch politische Aktionen und Bürgerinitiativen gesichert werden. Wenn wir indes zugestehen, daß Märkte im wesentlichen amoralisch sind, so sollten wir auch die Folgerung anerkennen, daß wir ohne einen Nichtmarktsektor nicht auskommen. Die Amoralität der Märkte läßt es um so wichtiger erscheinen, daß soziale Werte sich in den Regeln niederschlagen, an die sich die Märkte – ebenso wie andere gesellschaftliche Bereiche – zu halten haben. Der anonyme Teilnehmer mag moralische, politische und soziale Erwägungen übergehen; betrachten wir die Finanzmärkte jedoch vom Standpunkt der Gesellschaft aus, können wir solche Überlegungen nicht beiseite lassen. Wie wir in der Krise der Jahre 1997 bis 1999

gesehen haben, übernehmen Märkte mitunter die Rolle von Abriß-
birnen und zertrümmern ganze Volkswirtschaften. Daß wir nach
den Regeln spielen, mag uns als Rechtfertigung genügen. Doch wenn
wir uns schon darauf berufen, sollten wir uns auch mit den Spielregeln selbst befassen. Regeln gehen auf die Staatsgewalt zurück, und
diese wiederum wird in einer demokratischen Gesellschaft von den
Spielern gewählt und beeinflußt.

Eine zentrale Unterscheidung

Marktteilnahme und das Aufstellen von Regeln sind zwei unterschiedliche Funktionen. Es wäre ein Fehler, das Profitmotiv, das die
einzelnen Marktteilnehmer leitet, mit den sozialen Erwägungen
gleichzusetzen, die bei der Festlegung von Spielregeln maßgeblich
sein sollten. Genau diesen Fehler aber begehen manche Marktfundamentalisten, wenn sie versuchen, das wirtschaftliche Kalkül auf
andere Handlungsbereiche zu übertragen, etwa auf die Politik oder
das Vertragsrecht. Wie können sie damit durchkommen? Ihr erstes
Argument lautet, sie nähmen doch lediglich das tatsächliche Verhalten der Menschen als Maßstab: »Es wird viel von Recht und
Unrecht geredet, doch wenn es wirklich darauf ankommt, handeln
alle nach ihren eigenen Interessen.« Leider steckt darin mehr als
nur ein Körnchen Wahrheit. Die kollektive Entscheidungsfindung
in Demokratien ist heute weitgehend ein Machtspiel zwischen kon-
kurrierenden Interessen, und die Menschen versuchen, die Regeln
zu ihrem eigenen Vorteil auszulegen. Trotzdem hinkt das Argument der Marktfundamentalisten. Denn erstens dient nicht das
tatsächliche Verhalten der Menschen als Maßstab, sondern die Annahme einer bestimmten Form von Rationalität. Zweitens sind
Werte reflexiv, und so hat der Marktfundamentalismus die Tendenz, eigennütziges Verhalten in der Politik zu verstärken: Je mehr
sein Einfluß zunimmt, desto realistischer werden die von den Markt-

fundamentalisten entworfenen Modelle menschlichen Verhaltens. Und drittens wäre das vorgebrachte Argument auch dann nicht stichhaltig, wenn diese Verhaltensmodelle der Realität tatsächlich entsprächen: Wirtschaftliches Handeln hat nun einmal soziale Folgen, die sich nicht mit dem Hinweis abtun lassen, die Menschen seien nur auf ihren eigenen Vorteil bedacht.

An dieser Stelle kommt das zweite Argument der Marktfundamentalisten zum Zuge: »Die Märkte tendieren zum Gleichgewicht, und darum dient die Verfolgung von Eigeninteressen dem öffentlichen Interesse.« Marktfundamentalisten behaupten, es gehe ihnen genauso wie allen anderen ums Gemeinwohl, und die Theorie des allgemeinen Gleichgewichts sei eine Entdeckung, die das Wohl der Allgemeinheit betreffe. Diese Theorie behauptet von sich, wertfrei zu sein, und doch erhalten freie Märkte darin einen stark moralischen Unterton, weil das allgemeine Gleichgewicht der Märkte angeblich das Gemeinwohl maximiert. Ich meine bereits einige Unzulänglichkeiten der Gleichgewichtstheorie aufgezeigt zu haben. Darum möchte ich mich an dieser Stelle auf den Hinweis beschränken, daß diese Theorie dem Konzept einer offenen Gesellschaft direkt widerspricht: Sie gilt nur in einer vollkommenen Welt, während die offene Gesellschaft auf der Grundannahme beruht, daß Perfektion nicht erreichbar ist. Folglich bricht dieses zweite Argument in sich zusammen; es greift in der realen Welt nicht. Wenn es kein perfektes allgemeines Gleichgewicht gibt, kann die Verfolgung des Eigeninteresses eben auch negative Konsequenzen für die Gesellschaft haben.

Marktfundamentalisten könnten meine Einwände außerdem mit dem Argument zu entkräften versuchen, daß die Vorteile freier Märkte doch für jeden sichtbar seien. Ich würde sofort zugeben, daß freie Märkte die Schaffung von Wohlstand fördern, und sie sind ebenfalls ein wesentlicher Bestandteil einer offenen Gesellschaft, da sie den Menschen Entscheidungen ihrer Wahl gestatten. Wenn sich Marktfundamentalisten jedoch auf das Konzept des Gleichgewichts berufen, verstehen sie diesen Vorgang falsch. Denn nicht die Tendenz zu einem Gleichgewicht schafft Wohlstand, sondern die Freisetzung schöpferischer Energien. Wohlstand wird in einem dynamischen Prozeß erzeugt, der sich weder selbst regelt noch soziale Gerechtigkeit sicherstellt.

Die eigentlichen Schwierigkeiten fangen an, wenn die Unterscheidung von Marktwerten und sozialen Werten erst einmal anerkannt worden ist. Wie verhalten sich beide zueinander? Offensichtlich spiegeln Marktwerte die Interessen der individuellen Marktteilnehmer, soziale Werte hingegen die Interessen des Gemeinwesens und seiner Mitglieder. Im Vergleich zu den leicht berechenbaren Marktwerten sind soziale Werte einer genauen Einschätzung oder Messung nur schwer zugänglich. Um den Profit zu bestimmen, müssen wir lediglich die Summe unter dem Strich betrachten. Doch woran können wir die sozialen Folgen einer Handlungsweise festmachen? Handlungen haben beabsichtigte und unbeabsichtigte Konsequenzen. Sie können nicht auf einen gemeinsamen Nenner gebracht und ihre Resultate nur schwierig bewertet werden, da sie die Menschen auf unterschiedliche Weise betreffen. Kurz, das Gemeinwohl ist viel schwerer zu fassen als das individuelle Eigeninteresse, und deshalb läßt es sich leicht manipulieren. Politiker tun dies laufend, und weil das Konzept so unscharf ist, kommen sie damit auch immer wieder durch.

Als Philanthrop versuche ich dem zu dienen, was ich für das Gemeinwohl halte, aber ich bin mir der Tatsache, daß mein Tun unbeabsichtigte Folgen haben kann, nur allzu bewußt. Ich versuche, das bei meinen Entscheidungen zu berücksichtigen und die möglichen Folgen genau abzuwägen. Zwar unterlaufen mir viele Fehler, doch habe ich wenigstens den Vorteil, mein eigener Herr zu sein, so daß ich sie ungestraft korrigieren kann. Diesen Luxus genießen Politiker nicht: Wenn sie einen Irrtum zugeben, werden sie dafür wahrscheinlich bei der nächsten Wahl bestraft. Deshalb versuchen sie stets, ihre Handlungen zu rechtfertigen, seien die Argumente auch noch so sehr an den Haaren herbeigezogen. Dabei gerät das Gemeinwohl aus dem Blick, und die politische Debatte verkommt zu gegenseitigen Schuldzuweisungen und Grabenkämpfen – bis die Wähler glauben, die ganze Politik sei ein schmutziges Geschäft.

Dies ist die Kehrseite des Bestehens auf Perfektion: Wir unterwerfen unsere Politiker utopischen Maßstäben und wundern uns dann, daß sie ihnen nicht gerecht werden. Jeder vernünftige Mensch wird zugeben, daß Perfektion unerreichbar ist, und doch hat es die marktfundamentalistische Ideologie geschafft, Perfektion als Maßstab zu etablieren. Sie behauptet einfach, Märkte seien in dem Sinne perfekt, daß sie nach einem Gleichgewicht strebten oder zumindest ihre eigenen Exzesse korrigierten, weshalb wir uns bei unseren politischen Entscheidungen soweit wie irgend möglich auf den Markt verlassen und die Leistungen der Politik an den Leistungen der Märkte messen sollten. Diese Argumentation stimmt hinten und vorne nicht, und doch hat sie sich im öffentlichen Diskurs durchgesetzt.

In Wirklichkeit können Entscheidungsprozesse in der Politik und im gesellschaftlichen Leben niemals so gut funktionieren wie in den Naturwissenschaften oder auf den Märkten. Die Wissenschaften können mit einem unabhängigen, externen Kriterium, den Tatsachen, arbeiten, und so setzt sich die Wahrheit auch dann durch, wenn sie dem »gesunden Menschenverstand« widerspricht. Die Märkte besitzen ein entsprechendes Korrektiv, den Profit, aber im gesellschaftlichen Leben gibt es nur subjektive Kriterien: die Meinungen und Ansichten der Menschen. Das ist aus zwei Gründen keine verläßliche Basis für eine kritische Bewertung:

Zum einen kann man nicht genau angeben, was Menschen denken, sie können sich nur zu leicht verstellen. Wie wir gesehen haben, tun sich die Sozialwissenschaften schwerer als die Naturwissenschaften, denn sie berücksichtigen die Frage von Motiven. Marxisten etwa pflegten jede Kritik an ihren Dogmen mit dem Vorwurf abzuwehren, ihre Gegner verträten die Interessen der feindlichen Klasse, und Psychoanalytiker erklärten, wer sich der Analyse widersetze, »sperre sich« gegen sie. Der kritische Prozeß ist also weniger effektiv, wenn er mit Motiven statt mit Tatsachen befaßt ist. Der zweite Grund besteht darin, daß die Tatsachen nicht als unabhängiges Kriterium dienen, anhand dessen beurteilt werden kann, ob Überzeugungen wahr oder gültig sind. Wir kennen die Erklärung dafür bereits: Reflexive Prozesse können sich selbst beglaubigen. Die Tatsache, daß eine Strategie oder eine Politik erfolgreich angewendet wird, beweist noch nicht, daß sie richtig ist; ihre Fehler kommen meist erst dann ans Licht, wenn sie nicht mehr funktioniert. Nehmen wir ein einfaches Beispiel wie die Anhäufung von staatlichen Haushalts- oder Handelsbilanzdefiziten: Solange man dadurch die Löcher stopfen kann, hat man ein gutes Gefühl; doch wehe, wenn die angehäuften Schulden tatsächlich einmal bezahlt werden müssen!

Ein direkter Vergleich zwischen demokratischer Politik und Marktmechanismen wird zeigen, daß die Politik immer dazu neigt, schlechter zu funktionieren als die Märkte. Weil dieser Vergleich normalerweise nicht angestellt wird, kann er interessante Einsichten vermitteln.

Repräsentative Demokratie

Die Demokratie stellt einen Mechanismus zur Verfügung, der kollektive, den Interessen der Gemeinschaft entsprechende Entscheidungen ermöglicht. Dieser Mechanismus soll für die kollektive Entscheidungsfindung den gleichen Zweck erfüllen wie der Marktmechanismus für die individuelle: In einer repräsentativen Demokratie treten die Kandidaten mit ihrem jeweiligen Programm vor die Bürger, und die wählen dann die Person, die sie am meisten respektieren und der sie am meisten vertrauen. Dieses System geht davon aus, daß die Kandidaten ehrlich zu den Wählern sind. Die Wirklichkeit sieht natürlich anders aus: Kandidaten haben längst entdeckt, daß sie eine bessere Chance haben, gewählt zu werden, wenn sie der Wählerschaft sagen, was diese hören will, und nicht das, was sie wirklich denken. Das System aber ist darauf eingestellt. Wenn Kandidaten ihre Versprechungen nicht erfüllen, sind sie in Gefahr, ihr Amt zu verlieren. Die Wähler bekommen zwar nicht immer die Repräsentanten, die sie sich wünschen, aber sie können ihre Fehler bei den nächsten Wahlen korrigieren.

Durch einen Rückkopplungsprozeß können sich die Bedingungen jedoch ziemlich weit von einem solchen Gleichgewichtszustand entfernen. Die Kandidaten geben Meinungsumfragen und Zielgruppenforschung in Auftrag, um zu ermitteln, was die Wählerschaft hören will, und sie modeln ihre Botschaften nach deren Wünschen um. So wird eine Entsprechung zwischen den Aussagen der Kandidaten und den Wünschen der Wähler produziert, aber die Übereinstimmung kommt zustande, indem die Parteien ihre Versprechungen an die Vorstellungen der Wähler anpassen, statt einen Kandidaten aufzustellen, dessen Ideen mit denen der Wähler in Einklang stehen; anstatt die dringend benötigte Führungsstärke zu zeigen, folgen die Politiker der öffentlichen Meinung. Schließlich sind die Wähler enttäuscht und verlieren den Glauben an den Prozeß selbst. Doch sie sind daran nicht ganz schuldlos. Ihre Aufgabe ist es, nach Vertretern zu suchen, denen die Interessen der Gemeinschaft am Herzen liegen, aber statt dessen haben sie nur ihr Eigeninteresse im Auge. Die Kandidaten ihrerseits versuchen, das Eigeninteresse der Wähler anzusprechen. Unter diesen Umständen bemißt sich Erfolg nicht an Integrität oder Intelligenz, sondern an der Fähigkeit, Wählerstimmen zu sammeln, und diese Verzerrung der Grundidee wird durch den Einfluß von Geld noch verstärkt.

Wahlspots wirken dabei auf doppelte Weise korrumpierend: An die Stelle ehrlicher Aussagen treten irreführende, negative Slogans, die auch noch durch Spendengelder, sprich: Partikularinteressen, finanziert werden. Zumindest in den Vereinigten Staaten können mit Sicherheit nur Kandidaten, die sich für die Durchsetzung von Partikularinteressen einspannen lassen, genug Geld für einen siegreichen Wahlkampf aufbringen. Ein solches System stabilisiert sich selbst, weil es die Amtsinhaber bevorzugt, und diese haben natürlich kein Interesse daran, es zu ändern. Man könnte diese Bedingungen mit dem Boom der Mischkonzerne vergleichen, den ich weiter oben beschrieben habe. Beides sind Beispiele für ein dynamisches Ungleichgewicht, aber es gibt einen gewaltigen Unterschied: Der Boom der Mischkonzerne wurde durch eine Bustperiode korrigiert. Märkte haben generell die Tendenz, ihre Exzesse auszugleichen, repräsentative Demokratien sind in dieser Hinsicht offensichtlich weniger erfolgreich. Zwar werden Regierungen und Gesetzgeber regelmäßig ausgetauscht, aber die Demokratie scheint nicht in der Lage zu sein, ihre strukturellen Fehler zu korrigieren. Im Gegenteil, die Wähler sind offenbar immer unzufriedener, was durch die zunehmende Politikverdrossenheit und den Aufstieg populistischer Kräfte bestätigt wird.

Was für die Politik zutrifft, gilt auch für die sozialen Werte. In mancherlei Hinsicht sind diese den Marktwerten unterlegen: Sie können weder identifiziert noch quantifiziert werden, und sie lassen sich erst recht nicht auf Geld als einen gemeinsamen Nenner ausrichten. Trotzdem verfügt eine gut entwickelte Gemeinschaft über gut entwickelte Werte. Doch leben wir nicht in einer solchen Gemeinschaft; die Amoralität der Märkte hat die Moral auch in jenen Bereichen ausgehöhlt, in denen die Gesellschaft ohne Moral gar nicht auskommt. Darüber hinaus gibt es hinsichtlich moralischer Normen keinen Konsens. Monetäre Werte sind demgegenüber viel weniger verwirrend. Nicht nur können sie gemessen werden, wir können zudem sicher sein, daß die Leute um uns herum sie ebenfalls wertschätzen. Sie bieten eine gewisse Sicherheit, die sozialen Werten fehlt. Auf diese Weise hat das Profitmotiv auch berufliche Werte überlagert, und die freien Berufe im Rechtswesen und in der Medizin – ganz zu schweigen von Politik und Forschung, ja sogar von gemeinnützigen und philanthropischen Organisationen – werden vor allem von Geschäftsinteressen bestimmt. Marktwerte können aber nicht den Platz von Gemeinsinn oder, etwas altmodisch ausgedrückt, bürgerlichen Tugenden einnehmen. Wann immer sich Politik und Geschäftsinteressen überschneiden, besteht die Gefahr, daß politischer Einfluß für geschäftliche Zwecke genutzt wird. Das gilt sowohl auf der nationalen wie auf der internationalen Bühne, denn die Außenpolitik von Demokratien wird – besonders in den USA mit ihren ethnischen Wählergruppen – in hohem Maße von innenpolitischen Erwägungen bestimmt, und es existiert eine Tendenz, wirtschaftliche Interessen mit politischen Mitteln zu befördern (von Waffengeschäften will ich gar nicht erst reden).

Korruption gibt es seit jeher, aber in der Vergangenheit haben die Leute sich ihrer geschämt und versucht, sie zu verbergen. Jetzt, wo das Profitmotiv zu einem quasimoralischen Prinzip geworden ist, schämen sich manche Politiker eher, wenn sie aus ihrer Position keine Vorteile schlagen können. Wollte man jedoch die kollektive Entscheidungsfindung abschaffen, weil sie ineffizient und korrupt ist, dann wäre das gleichbedeutend damit, den Marktmechanismus aufzugeben, weil er instabil und ungerecht ist. In beiden Fällen entspränge der Impuls aus der Unfähigkeit zu akzeptieren, daß alle menschlichen Konstrukte unvollkommen sind.

Wir neigen dazu, die Realität zu behandeln, als sei diese vom Denken der Beteiligten gänzlich getrennt; Finanzmärkte sollen eine Zukunft diskontieren, in die keinerlei gegenwärtige Bewertungen hineinspielen; gewählte Volksvertreter sollen für bestimmte Werte unabhängig von ihrem Wunsch einstehen, gewählt zu werden. So

jedoch funktioniert die Welt nicht. Werte sind reflexiv. Darum erfüllen weder der Marktmechanismus noch die repräsentative Demokratie die an sie gerichteten Erwartungen. Aber auch das ist kein
Grund, sie aufzugeben. Statt dessen müssen sowohl der politische
Prozeß als auch der Marktmechanismus verbessert werden.

Marktfundamentalisten schätzen die kollektive Entscheidungsfindung nicht, fehlt ihnen doch der automatische Fehlerkorrekturmechanismus eines Marktes. Dieses Vertrauen in die Märkte ist aus
drei Gründen fehl am Platz: Erstens sind Märkte von Natur aus
nicht geeignet, für Verteilungsgerechtigkeit zu sorgen, denn sie
nehmen die jeweils existierende Verteilung des Wohlstands als gegeben hin. Zweitens kommt das gemeinsame Interesse nicht im
Marktverhalten zum Ausdruck: Unternehmen richten ihre Tätigkeit darauf aus, Gewinne zu erzielen, und nicht darauf, das Gemeinwohl zu fördern. Das Profitmotiv kann zwar als Anreiz genutzt
werden, um erwünschte soziale Resultate wie Vollbeschäftigung,
eine bezahlbare medizinische Versorgung oder eine gesunde Umwelt herbeizuführen, doch wenn der Gewinn in Bereichen wie etwa
dem Gesundheitswesen zum Maß aller Dinge wird, sind unerwünschte soziale Folgen unvermeidlich. Und selbst den freien Wettbewerb kann man nicht allein dem Marktmechanismus überlassen,
denn dann gäbe es vielleicht schon bald keinen Wettbewerb mehr:
Firmen konkurrieren, um Gewinne zu erzielen, nicht um den Wettbewerb zu erhalten – wenn sie könnten, würden sie ihn ganz abschaffen. Das hat Karl Marx schon vor über 150 Jahren festgestellt.
Drittens schließlich sind Finanzmärkte ihrem Wesen nach instabil.
Bei ihren Versuchen, das zu leugnen, verweisen Marktfundamentalisten immer wieder auf die bemerkenswerte Widerstandskraft der
Finanzmärkte. »Seht doch, wie schnell sich die Märkte nach der Krise der Jahre 1997 bis 1999 erholt haben«, heißt es dann. Dabei wird
aber die stabilisierende Rolle der internationalen Finanzinstitutionen außer acht gelassen. Ja, die Marktfundamentalisten behaupten

sogar, die Krise sei überhaupt nur entstanden, weil der Internationale Währungsfonds durch seine Funktion als Kreditgeber letzter Instanz eine moralische Gefahr erzeugt und so die exzessive Kreditvergabe heraufbeschworen habe. Wie ich im zweiten Teil dieses Buches eingehender darstellen werde, wäre das globale Finanzsystem ohne das rechtzeitige Eingreifen der amerikanischen Zentralbank (Federal Reserve) zusammengebrochen. Und diese Institution hat die Wirtschaft seither stetig auf Kurs gehalten. Leider ist der IWF weniger erfolgreich gewesen, wofür die aufstrebenden Volkswirtschaften einen hohen Preis haben zahlen müssen.

Soziale Werte in einer offenen Gesellschaft

Wie ließe sich nun der Prozeß kollektiver Entscheidungsfindung in einer offenen Gesellschaft verbessern? Ich schlage eine ganz einfache Regel vor: Die Menschen sollten ihre Rolle als Marktteilnehmer von ihrer Rolle als Teilnehmer am politischen Prozeß trennen. Als Marktteilnehmer sollten sie ihre individuellen Interessen verfolgen, als Teilnehmer am politischen Prozeß sollten sie sich vom öffentlichen Interesse, vom Gemeinwohl, leiten lassen.

Die Rechtfertigung für diese Regel ist ebenfalls ziemlich einfach. Wie gesagt: Unter Bedingungen, die einem perfekten Wettbewerb nahe kommen, kann kein einzelner Teilnehmer das Resultat nachhaltig beeinflussen, und aus demselben Grund haben individuelle Marktentscheidungen keine Auswirkungen auf die sozialen Verhältnisse, ganz gleich ob sich der einzelne um das Gemeinwohl kümmert oder nicht. Politische Entscheidungen dagegen ziehen sehr wohl soziale Konsequenzen nach sich. Darum ist es entscheidend, ob sie dem öffentlichen Interesse dienen oder nicht.

Der aufmerksame Leser wird in diesem Argument eine potentielle Schwachstelle erkennen. Wenn Marktteilnehmer davon ausgenommen sind, die gesellschaftlichen Folgen ihrer Handlungen mit zu bedenken, weil ihr Einfluß auf das Gesamtresultat ohnehin nur marginal ist, gilt dann nicht dasselbe auch für den einzelnen Bürger bei der Festlegung von Regeln? Ist nicht der Einfluß des individuellen Wählers ebenfalls marginal? Das stimmt zwar, aber es besteht ein wichtiger Unterschied, denn die Marktteilnehmer verfolgen ihre individuellen Eigeninteressen durch den freien Austausch mit anderen, während die Wähler nur ihre Ansichten über die Kollektivinteressen zum Ausdruck bringen. Deshalb sollten auch unterschiedliche Maßstäbe gelten: Für Marktentscheidungen zählen die individuellen Folgen, für die Teilnahme am politischen Prozeß die sozialen Folgen.

In vielen Fällen berühren politische Entscheidungen die vitalen Interessen bestimmter Gruppen oder Individuen. Da wäre es zuviel verlangt, daß sich alle stets den öffentlichen Interessen unterordnen sollten. Es würde schon genügen, wenn sich die Menschen überall dort an die Rollentrennung hielten, wo ihre eigenen vitalen Interessen nicht betroffen sind. Die Öffentlichkeit würde dann die Rolle des Schiedsrichters übernehmen, der die Mitspieler auf beiden Seiten des Konflikts beurteilt. Solange der Schiedsrichter das letzte Wort hat, haben auch die öffentlichen Interessen eine gute Chance, zur Geltung zu kommen.

Die Aufgabe des Schiedsrichters wird allerdings dadurch erheblich erschwert, daß es heute bei politischen Entscheidungen meistens um Budgetfragen geht und nicht um das Aufstellen von Regeln. Beim Haushalt dreht sich alles ums Geld, und es ist schwer, in puncto Geld keine Eigeninteressen zu haben. Trotzdem würde ich auch hier auf der Unterscheidung zwischen dem Aufstellen und dem Befolgen von Spielregeln bestehen. Nehmen wir zum Beispiel die amerikanische Debatte über die Abschaffung der Erbschaftsteuer, die gerade stattfindet, während ich dieses Buch schreibe. Als Bürger habe ich mich gegen die Abschaffung ausgesprochen; als Marktteilnehmer nutze ich alle gesetzlichen Schlupflöcher aus.[25]

Ich sollte betonen, daß meine Maxime als moralische Verhaltensregel gemeint ist, nicht als vernunftgemäße Entscheidung, der alle Menschen als denkende Wesen folgen müßten. Es wäre eine Katastrophe, wenn wir in unserer Funktion als Regelgeber annähmen, daß wirklich alle Menschen bereit wären, sich an diese Vorschrift zu halten. Die Gründerväter der amerikanischen Republik haben diesen Fehler jedenfalls vermieden. Sie gingen von der Annahme aus, daß die Menschen selbstsüchtig seien, und etablierten ein System von Kontrollen und Gegengewichten, um den zerstörerischen Auswirkungen des Eigeninteresses zu steuern.

Trotzdem konnten die Gründerväter ein Mindestmaß an bürgerlichen Tugenden voraussetzen. Sie rechneten nicht mit dem Aufstieg äußerst wettbewerbsorientierter, von geschäftlichen Transaktionen bestimmter Märkte. Und der Sieg des Profitmotivs über die bürgerlichen Tugenden unterminiert auch den politischen Prozeß. Das wäre nicht weiter schlimm, wenn wir uns wirklich in dem Ausmaß auf die Marktmechanismen verlassen könnten, wie dies die Marktfundamentalisten behaupten. Doch Handlungen haben soziale Konsequenzen. Die Ausbreitung des Marktfundamentalismus und das Eindringen des Profitmotivs in Bereiche, wo es eigentlich nichts zu suchen hat, setzen die Institutionen der amerikanischen Demokratie Gefahren aus, die es in ihrer zweihundertjährigen Geschichte bisher so nicht gab.

In der Praxis wird die Unterscheidung zwischen dem Aufstellen und dem Befolgen von Regeln meist ignoriert, und die Versuche von Interessengruppen, Einfluß auf politische Entscheidungen zu nehmen, sind ebenso weit verbreitet wie generell akzeptiert. Wir sollten aber nicht einfach kapitulieren und uns in die Masse einreihen. Es wird immer Menschen geben, die ihre persönlichen Interessen über das Gemeinwohl stellen. Man kann hier von einem »Trittbrettfahrer-Problem« sprechen, das für die Zusammenarbeit der Menschen zur Plage werden kann. Allerdings ließe dieses Problem sich lösen, wenn nur der Unterschied zwischen Marktwerten und sozialen Werten ausreichend erkannt würde.

Marktwerte sind amoralisch, gesellschaftliche Werte dagegen durch und durch moralisch. Bei den Marktwerten geht es darum, zu gewinnen; bei den moralischen Werten darum, das Richtige zu tun, gleich ob man gewinnt oder verliert. Hier stellt sich das Problem der Trittbrettfahrer nicht, weil es gar nicht darum geht, im Wettbewerb die Nase vorn zu haben, sondern nur darum, das Richtige zu tun – auch wenn andere es nicht tun. Ich habe nie die Worte von Sergej Kowaljow vergessen, dem russischen Dissidenten und Menschenrechtsaktivisten, der mir stolz erzählte, daß er zeit seines Lebens auf der Verliererseite gekämpft habe. Diesem Standard kann ich natürlich nicht ganz gerecht werden, gleichwohl praktiziere ich, was ich predige. Als Marktteilnehmer versuche ich, auf der Gewinnerseite zu stehen, als Bürger und Mensch hingegen versuche ich, dem Gemeinwohl zu dienen. Manchmal ist es schwierig, die beiden Rollen zu trennen, aber das Prinzip ist klar. Wenigstens für mich. Wenn es auch genügend anderen Leuten klar wäre, würde sich das Problem der Trittbrettfahrer von selbst erledigen. Die Mehrheit würde das Richtige tun, obwohl es Trittbrettfahrer gäbe, und diese würden aufhören, die Szene zu beherrschen. Vielleicht würden sie ihr Verhalten sogar ändern. Eingebundenen Individuen, um diesen Ausdruck wieder aufzugreifen, ist es sehr wichtig, was andere von ihnen denken. Selbst wenn sie von dem Gedanken besessen sind, immer Erfolg haben zu müssen, so würden sie es doch nicht mehr als Erfolg ansehen, wenn sie infolgedessen allgemein verachtet würden. Falls sie sich nur von ihrem Eigeninteresse leiten ließen, müßten Trittbrettfahrer mehr im verborgenen handeln. Und das wäre gegenüber dem gegenwärtigen Zustand schon eine große Verbesserung, denn heute gilt Trittbrettfahren als korrekt und legitim.

Früher spielte die Moral im gesellschaftlichen Leben eine größere Rolle, doch damit gingen auch Heuchelei und die Vorspiegelung falscher Tatsachen einher. Ich spreche mich nicht für eine Rückkehr zu solchen Verhältnissen aus, denn ich halte es weder für möglich noch für weise, das Rad der Geschichte zurückzudrehen. Jede Generation muß ihren eigenen Ausgleich zwischen moralischen und pragmatischen Prinzipien finden. Im Mittelalter, als die Religion von alles beherrschender Bedeutung war, hielten Kirche und Staat – vertreten durch den Papst und den Kaiser des Heiligen Römischen Reiches – einander in Schach. Heute, im Zeichen des großen Einflusses der Märkte, brauchen wir einen anderen Ausgleich, einen, der auf der Unterscheidung zwischen dem Aufstellen von Regeln und dem Wettbewerb nach Regeln basiert.

Die Bürger sollten ihr Eigeninteresse verfolgen dürfen, solange sie sich an die Spielregeln halten – und sie brauchen das nicht scheinheilig zu vertuschen. Wenn es allerdings darum geht, Regeln aufzustellen, sollte das gemeinsame Interesse aller den Vorrang haben. Zwar würde sich auch hier ein Element der Heuchelei einschleichen, wenn Menschen beim Streit für ihre Ziele vorgäben, nur an das Wohl der Öffentlichkeit zu denken, aber das wäre auf jeden Fall der krassen, unverblümten Verfolgung von Eigeninteressen vorzuziehen, wie sie heute in der Politik gang und gäbe ist.

Die Kehrseite der Medaille besteht darin, daß es sich die Menschen heute gar nicht leisten können, auf das öffentliche Interesse Rücksicht zu nehmen. Das kapitalistische Weltsystem basiert auf Wettbewerb, und dieser ist so hart und intensiv geworden, daß selbst die Erfolgreichsten – und gerade sie, wie der Fall Microsoft zeigt – ständig ums Überleben kämpfen müssen.[26] Einst genossen die Vermögenden und Erfolgreichen sehr viel Freiheit und Muße. Der Landadel widmete sich den schöneren Dingen des Lebens, und selbst John D. Rockefeller konnte sich auf der Höhe seines Erfolges eine ausgedehnte Europareise leisten. Die heutigen Kapitalisten indes sind Sklaven der Finanzmärkte: Sie müssen jedes Quartal mit guten Ergebnissen abschließen. Früher waren etliche Menschen dem Diktat des Wettbewerbs entzogen – Freiberufler, Intellektuelle, Beamte, Rentiers, Bauern. Doch ihre Zahl hat abgenommen. Unsere Gesellschaft ist wohlhabender, aber ich glaube, wir sind dadurch alle ärmer geworden. Es sollte im Leben um mehr gehen als ums nackte Überleben, und doch ist das Überleben des Stärksten heute das Signum unserer Zivilisation. ·

Meiner Meinung nach hat all dies zur Verzerrung dessen beigetragen, was eine offene Gesellschaft sein sollte, aber ich muß genau darauf achten, wie ich mein Anliegen vorbringe. Ich kann mich nicht zum obersten Schiedsrichter aufschwingen, der über die Definition einer offenen Gesellschaft zu bestimmen hat; ich kann nur sagen, daß die Ersetzung sozialer Werte durch das Profitmotiv eine Verirrung ist. Die Menschen werden in ihrem Handeln von unterschiedlichen Arten von Werten geleitet, die einander oft widerstreiten. Isaiah Berlin nannte das »Wertepluralismus«. Im Wertepluralismus kann man einen Aspekt der Fehlbarkeit sehen, weil es unmöglich ist, den Konflikt zwischen verschiedenen Werten und Zielvorhaben zu vermeiden. So können zum Beispiel Freundschaften und andere menschliche Anliegen mit dem Profitmotiv in Konflikt geraten, wenn es um die Entlassung von Mitarbeitern geht. Der Marktfundamentalismus ordnet letztlich, indem er zweckrationales Verhalten mit der Verfolgung des Eigeninteresses gleichsetzt, alle anderen Erwägungen dem Profitmotiv unter. Insofern negiert er den Wertepluralismus und verstößt dadurch gegen ein Kernprinzip der offenen Gesellschaft. Unter diesen Bedingungen setzt ein negativer Ausleseprozeß ein: Wer sich nicht mit moralischen Skrupeln belastet, hat gute Chancen, zu den Gewinnern zu gehören. Wenn man dem Profitmotiv also gestattet, das politische Feld zu beherrschen, wird der Gesellschaft jegliche moralische Grundlage entzogen. Nun kann eine Gesellschaft zwar auch ohne ein solches Fundament existieren, aber sie wäre dann keine offene Gesellschaft mehr – und wer würde schon gern in ihr leben?

Die Reaktionen auf ›Die Krise des globalen Kapitalismus‹ haben mir gezeigt, wie schwer es nicht wenigen Menschen fällt, zu akzeptieren, daß Märkte amoralisch sind. Viele, denen die Moral am Herzen liegt (sowie einige Journalisten, die nach einem Ansatzpunkt für ihre Kritik suchen), halten die Finanzmärkte für unmoralisch. Und weil der Gedanke, Marktverhalten könnte amoralisch sein, jenseits ihres Horizonts liegt, hegen sie den Verdacht, daß ich nur meine unmoralischen Aktivitäten als Finanzspekulant rechtfertigen will. Da mir diese Reaktion so oft begegnet, vermute ich, daß ich mit meiner Unterscheidung etwas Neuartiges und Wichtiges angesprochen habe. Es könnte sein, daß ich als Finanzspekulant eine andere Perspektive habe als andere, die über solche Fragen nachdenken.

Zu diesem Thema liefere ich mir mit Frederik van Zyl Slabbert, dem Vorsitzenden der Open Society Initiative for Southern Africa (OSISA), fortlaufend heftige Debatten. Slabbert ist ein tiefreligiöser Mann, der den Gedanken einfach nicht akzeptieren will, daß irgendeine Handlung amoralisch sein könnte. Für ihn ist Amoralität noch verwerflicher als Unmoral. Daraus ergibt sich die Frage, ob es bei der Moral um Absichten oder Ergebnisse geht, denn beides ist – da man stets mit unbeabsichtigten Folgen rechnen muß – nicht identisch. Ich will gerne zugestehen, daß sich Moral auf die Absichten bezieht, denn das Ergebnis kann man nicht im voraus wissen. Gleichwohl beharre ich darauf, daß es sinnlos ist, moralische Kriterien auf Entscheidungen anzuwenden, die schlichtweg kein Ergebnis haben – und das ist ja bei den fehlenden sozialen Folgen einzelner Investitionsentscheidungen der Fall. Solche Entscheidungen beeinflussen nur die individuellen Profite, nicht die Marktpreise. Und ebendas meine ich, wenn ich sage, daß die Märkte amoralisch sind: Der anonyme Marktteilnehmer braucht sich um die sozialen Auswirkungen seines Tuns nicht zu sorgen. Dagegen haben politische Handlungen wie die Stimmabgabe, die Tätigkeit der Lobbyisten und sogar politische Debatten soziale Konsequenzen.

Mir wurden diese Zusammenhänge noch als anonymem Marktteilnehmer klar. Diese Anonymität ging mir im Jahre 1992 verloren, als ich zuließ, daß man mich als den »Mann, der die Bank von England in die Knie zwang«, identifizierte. Seither mache ich ganz andere Erfahrungen. Ich bin, wie gesagt, zu einer öffentlichen Person geworden, deren Äußerungen das Gesamtergebnis sehr wohl beeinflussen können, und ich kann dem Zwang, moralische Urteile und Entscheidungen zu fällen, nicht mehr entkommen. Das hat es mir praktisch unmöglich gemacht, noch weiter als Marktteilnehmer zu fungieren, aber durch diese Erfahrungen sind mir auch die Grenzen meiner Maxime klargeworden. Mit ihrer Hilfe lassen sich nämlich die Konfliktfälle all jener nicht lösen, die keine anonymen Marktteilnehmer sind – und dazu gehören praktisch alle, die sich im Wirtschaftsleben und in der Politik engagieren. Es gibt viele unterschiedliche Situationen, in denen hier die beiden Rollen miteinander im Konflikt geraten, etwa wenn ein Wirtschaftsmanager gebeten wird, sich einem politischen Aktionskomitee anzuschließen, oder wenn eine Politikerin sich zu einem Thema äußern soll, das einem ihrer Geldgeber auf den Nägeln brennt. Dann beschwört meine Maxime eher ein moralisches Dilemma herauf, als es zu lösen. Darüber hinaus bietet meine Maxime auch keinen zuverlässigen Wegweiser für eine normale Geschäftätigkeit. Es gibt keine allgemeinen Regeln, wie man Menschen behandeln sollte und wie man eine Balance findet zwischen der Rücksichtnahme auf andere und geschäftlichen Erfordernissen. Das muß jeder selbst für sich entscheiden und dann mit den Folgen leben.

Die kritischen Reaktionen, die ich erhielt, haben mir erst bewußtgemacht, welche Ausnahmeposition ich als anonymer Marktteilnehmer innehatte. Während des größten Teils meiner Karriere hatte ich nicht einmal eine geschäftliche Organisation, mit der ich mich auseinandersetzen mußte. Ich konnte mich als Einzelgänger ohne Ablenkung auf den Markt konzentrieren. In Geschäftskontakten mit Menschen – in Gestalt von Investoren, Partnern, Angestellten oder Börsenmaklern – sah ich nur eine Ablenkung. Wer auf den Finanzmärkten erfolgreich sein will, muß sich völlig darauf konzentrieren – und ich wollte erfolgreich sein. Gleichzeitig aber wollte ich bei der Jagd nach Erfolg meine eigene Identität nicht völlig aufgeben. Aus diesem Grund hielt ich mein Geschäfts- und mein Privatleben strikt getrennt, und aus demselben Grund errichtete ich, nachdem ich mehr Geld beisammen hatte, als ich für mich selbst benötigte, eine Stiftung. Dieses Rezept funktionierte glänzend. Mir fiel es leichter, Geld zu verdienen und es anschließend zu verschenken, als beim Geldverdienen moralische Erwägungen mit einzubeziehen. Ich habe dafür einmal das Bild eines gigantischen Verdauungstrakts gebraucht, der am einen Ende Geld einsog, um es am anderen Ende wieder auszustoßen.

Als ich mit meinen philanthropischen Aktivitäten begann, war ich entschlossen, meine Stiftungen von meinen geschäftlichen Transaktionen so streng abzugrenzen, wie ich mein Privatleben davon getrennt hatte. Ich bin sicher, daß dies zu ihrem Erfolg beigetragen hat, weil ich so meine philanthropischen Ziele genauso beharrlich verfolgen konnte wie meine geschäftlichen Aktivitäten. Doch diese Trennung war nicht aufrechtzuerhalten. Die Länder, in denen ich Stiftungen unterhalte, benötigen Investitionen genauso dringend wie philanthropische Hilfe, und nach reiflicher Überlegung beschloß ich schließlich, in Rußland zu investieren. Das brachte mir enorme Probleme ein, wie ich in Kapitel neun berichten werde. Gleichzeitig wurden die Stiftungen zunehmend in geschäftliche Aktivitäten hineingezogen, als sie Zeitungen, Verlage, Initiativen zur Unternehmensgründung, das Internet und die Vergabe von Kleinstkrediten unterstützten.

Diese Entwicklungen haben mich gezwungen, meinen Standpunkt neu zu überdenken. Ich bin immer noch argwöhnisch, wenn es darum geht, Geschäft und Philanthropie zu vermengen, aber mir ist klar, daß es sich nicht völlig vermeiden läßt, ja, inzwischen bin ich sogar der Auffassung, daß man es gar nicht vermeiden sollte. Ich habe erklärt, weshalb wir trotz Korruption und Ineffizienz nicht ohne die Politik auskommen können, und dasselbe Argument gilt auch für die soziale Verantwortung im Geschäftsleben: Wenn es sich – anders als für den anonymen Teilnehmer an einem effizienten Marktgeschehen – nicht vermeiden läßt, Geschäft und Moral zu vermischen, dann sollten wir uns bemühen, die Sache gleich richtig und gut zu machen. Mit den Resultaten werden wir sicher nicht völlig zufrieden sein, denn auch wirklich engagierte Wirtschaftsunternehmen müssen ihre sozialen Interessen ihrem Profitstreben unterordnen, und somit wird das Image leicht wichtiger als die Substanz. Trotzdem, kleine Resultate sind immer noch besser als gar keine. Wenn gesellschaftlicher Druck Firmen dazu bringen kann, die Belange der Umwelt oder andere soziale Anforderungen stärker zu beachten, um so besser – selbst wenn sich nicht ignorieren läßt, daß Umweltschutzgruppen oft unmäßige Forderungen stellen.

Es wäre jedoch ein Fehler, gesellschaftliche Anliegen allein der Sorge der Konzerne zu überlassen. Aktiengesellschaften haben nur einen Daseinszweck: Geld zu verdienen. Je härter der Wettbewerb, desto weniger können sie es sich leisten, von diesem Ziel abzuweichen. In der Führungsetage mögen wohlmeinende und aufrechte Bürger sitzen, doch ihr Handlungsspielraum wird strikt durch die Position beschränkt, die sie bekleiden – sie haben im Interesse des Unternehmens zu agieren. Wenn sie Zigaretten für ungesund halten oder glauben, sie könnten es nicht mit ihrem Gewissen vereinbaren, Bürgerkriege zu fördern, um dadurch Bergbaukonzessionen zu bekommen, dann müssen sie ihren Job aufgeben. An ihre Stelle werden andere treten, die bereit sind, im Interesse der Firma weiterzumachen.

Dasselbe gilt für regierungsunabhängige Organisationen. Auch sie haben nur einen einzigen Daseinszweck und können sich deshalb nicht von den Zielen und Anliegen lösen, für die sie stehen. In mancherlei Hinsicht sind ihre Vertreter sogar noch stärker für ihre Sache engagiert als die Wirtschaftsmanager für die Profite ihrer Firmen. Denn sie haben das Gefühl, das Recht gepachtet zu haben, während Geschäftsleute ihre Interessen meistens mit weniger Selbstgerechtigkeit verfolgen. Ich weiß, wovon ich spreche, denn ich bin der Gründer des weltweit wahrscheinlich größten Netzwerks solcher Organisationen. Ich glaube, daß diese Vereinigungen viel Gutes tun können, wenn es um den Schutz der Interessen schwacher Gruppen der Gesellschaft geht, doch man kann ihnen das Aufstellen gesellschaftlicher Spielregeln genausowenig allein überlassen wie der Wirtschaft. Sie können einen bestimmten Standpunkt vertreten, wie auch die Wirtschaft den ihrigen vertritt, während sich eine demokratische Regierung für alle Sichtweisen offenzuhalten hat. Letztlich aber muß die Entscheidung in den Händen der Bürger bleiben. Um ihre Funktion als Schiedsrichter auszufüllen, müssen diese in der Lage sein, sich von ihrer Rolle als Beteiligte, deren Interessen auf dem Spiel stehen, zu distanzieren. Das läßt sich leichter erreichen, als Aktiengesellschaften dazu zu bringen, ihr Profitmotiv dem öffentlichen Interesse unterzuordnen. Wie gesagt, es müssen sich nicht alle Bürger an diese Regel halten, solange nur einige sie befolgen – unabhängig davon, was andere tun. Ich persönlich werde jedenfalls nach wie vor so handeln, selbst wenn andere das nicht tun.

Geändert habe ich meinen Standpunkt allerdings hinsichtlich des sozialen Unternehmertums. Ursprünglich lehnte ich es ab, und zwar wegen meiner tiefsitzenden Aversion gegen die Vermischung von Geschäft und Philanthropie. Doch die Erfahrung hat mich eines Besseren belehrt: Als Philanthrop habe ich eine stattliche Reihe erfolgreicher sozialer Unternehmen gesehen und mich bei einigen von ihnen sogar selbst engagiert. Schließlich fand ich heraus, wo mein früherer Irrtum lag. Bei sozialen Unternehmen gibt es nämlich – anders als beim Versuch, soziale Verantwortung mit dem Profitmotiv zu versöhnen – keine Doppelbödigkeit, keinen Interessenkonflikt; bei ihnen ist der Profit kein eigenständiges Motiv, sondern nur ein Mittel zum Zweck. Deshalb haben sie freilich gegenüber profitorientierten Firmen den Nachteil, daß ihnen das eindeutige Kriterium fehlt, an dem sie ihren Erfolg ablesen können: Profit unter dem Strich. Aber das ist kein Grund, vor solchen Unternehmen zurückzuschrecken; im Gegenteil, sie stellen eine um so größere Herausforderung dar.

Philanthropie, Sozialarbeit und alle Formen offizieller Interventionen leiden an einem Übermaß an Bürokratie, und doch gibt es phantasievolle, kreative Menschen, denen die sozialen Verhältnisse wirklich am Herzen liegen. Ich bin letztlich zu dem Schluß gekommen, daß unternehmerische Kreativität erreichen kann, was bürokratische Prozesse nicht zu leisten vermögen. So habe ich etwa für eine südafrikanische Hypothekenbank eine Kreditbürgschaft über 50 Millionen Dollar übernommen, mit deren Hilfe mehr als 100.000 kostengünstige Wohneinheiten finanziert werden konnten. Bisher wurde noch kein einziger Cent meiner Bürgschaft abgerufen, weil dieses Kreditinstitut gut geführt wird. Ein anderes Beispiel ist die Vergabe von Kleinstkrediten, eine effiziente Methode, die Armut zu lindern. Auf diese Weise haben die Grameen Bank und ihre Gremien die soziale Landschaft von Bangladesch verändert. Das Problem dabei ist, daß für das Wachstum durch Kleinstkredite ein Kapitalzufluß von außen benötigt wird. Wenn man angemessene Erfolgskriterien entwickeln könnte, bin ich sicher, daß sich für diesen Bereich wesentlich mehr Kapital gewinnen ließe. Kurz, ich halte an meiner Unterscheidung zwischen dem Aufstellen und dem Einhalten von Regeln fest, habe jedoch meine frühere, negative Haltung zum sozialen Unternehmertum revidiert.

ZWEITER TEIL

Kapitel 7 Das kapitalistische Weltsystem

Jetzt kommen wir zur Crux der ganzen Angelegenheit: Kann der dargelegte theoretische Rahmen Licht auf unsere gegenwärtige Situation werfen? Nach meiner Überzeugung ist das heute vorherrschende kapitalistische Weltsystem eine verzerrte Form der offenen Gesellschaft. Es legt zuviel Gewicht auf Profitdenken und Konkurrenz, vernachlässigt aber den Schutz gemeinsamer Interessen durch kooperative Entscheidungen. Gleichzeitig verbleibt zuviel Macht in den Händen souveräner Staaten, die sich vielfach der Kontrolle durch die Bürger entziehen: Wirtschaftliche und politische Regelungen sind in eine Schieflage geraten, da die Entwicklung einer Weltgesellschaft mit der Entwicklung der Weltwirtschaft nicht Schritt halten konnte.

Nach wie vor stellen die Nationalstaaten die Grundeinheit des politischen und gesellschaftlichen Lebens dar. Ihre Fähigkeit aber, die Bürger mit bestimmten sozialen Leistungen zu versorgen, läßt wegen der Schwierigkeiten der Kapitalbesteuerung und des Konkurrenzdrucks auf den internationalen Märkten zusehends nach. Zwar ist der Staat als eigentliche Machtquelle nicht verschwunden, aber er bildet nicht mehr die wichtigste Säule des allgemeinen Wohlstands. Dieser Trend ist in vielerlei Hinsicht durchaus begrüßenswert: Die Steuerlast war in den Sozialstaaten eindeutig zu hoch, und offenere Handelswege sowie freiere Kapitalflüsse bringen gewaltige wirtschaftliche Vorteile mit sich; gleichzeitig jedoch bleiben heute so manche sozialen Bedürfnisse unbefriedigt, die zuvor von den Nationalstaaten abgedeckt wurden.

Auch die Beziehung zwischen dem Zentrum des kapitalistischen Systems und seiner Peripherie ist zutiefst unausgewogen. Die Länder im Zentrum erfreuen sich zu vieler Vorteile; sie sind nicht nur wohlhabender, sondern auch stabiler, weil sie selbst über ihr Schicksal entscheiden können. Im Gegensatz dazu beraubt ausländischer Kapitalbesitz die Länder der Peripherie ihrer Selbstbestimmung und behindert oft die Entwicklung demokratischer Institutionen. Da die internationalen Kapitalströme extremen Schwankungen unterliegen, ist es dort schwieriger als im Zentrum, Kapital zu binden, und oft wird Vermögen aus solchen Peripherieländern im Ausland angelegt. Die Ungleichheiten addieren sich, und manchmal erwächst den Ländern der Peripherie aus ihrer Einbindung ins kapitalistische System mehr Schaden als Nutzen.

Die Probleme reichen aber noch tiefer. Die internationalen Einrichtungen, die den Frieden zwischen den Staaten und die Einhaltung der Gesetze in den einzelnen Ländern gewährleisten sollen, werden ihrer Aufgabe nicht gerecht. Dieser Mangel an institutionellen Strukturen kann leicht dazu führen, daß das kapitalistische Weltsystem sich irgendwann auflöst. Sollte die Weltwirtschaft ins Schwanken geraten, könnte politischer Druck sie zusammenbrechen lassen. Das wäre nicht das erste Mal. Vor rund hundert Jahren wurde die damalige Version des kapitalistischen Weltsystems durch den Ersten Weltkrieg und die nachfolgenden Revolutionen zerstört. Ich prophezeie zwar keinen Weltkrieg; trotzdem sollte man nicht vergessen, daß die technischen Fortschritte seit jener Zeit unser Vernichtungspotential erhöht haben, ohne daß sich die Sicherheitsmechanismen entsprechend verbessert hätten.

In der gegenwärtigen historischen Situation ändern sich die Dinge ständig. Wir leben in einer Phase des dynamischen Ungleichgewichts, in der sich Wandlungen sehr schnell vollziehen. Als mein voriges Buch im November 1998 in Druck ging, sah es so aus, als werde das kapitalistische Weltsystem schon bald an den Rändern ausfransen. Zwei Jahre später wirkt die Krise der Jahre 1997 bis 1999 fast wie eine ferne Erinnerung. Deshalb ist es nicht unwichtig, wann die einzelnen Teile des Textes geschrieben wurden. Das vorliegende Kapitel geht auf einen Artikel zurück, der im Februar 1997, also noch vor Ausbruch der Krise, in ›The Atlantic Monthly‹ erschien. Seine letzten Abschnitte und das achte Kapitel wurden Anfang 1998 verfaßt und im Herbst 1998 aktualisiert, als die Krise sich ihrem Höhepunkt näherte. Ich versuchte, diese in den Zusammenhang meines Boom/Bust-Modells zu stellen, aber die Ereignisse machten meine Voraussagen gegenstandslos und widerlegten sie in vielen Fällen. Um jedoch die ursprüngliche Analyse nicht zu verfälschen, habe ich meine Voraussagen nicht revidiert, sondern mir nur gestattet, die Argumentation durch Umgestaltung zu klären und zu präzisieren. Wo ich meine Ansichten geändert habe, weise ich ausdrücklich darauf hin, damit der Leser die Entwicklung meiner Gedanken nachvollziehen kann. Im übrigen Teil des Buches fühle ich mich nicht auf ähnliche Weise eingeschränkt; die Kapitel neun bis zwölf wurden deshalb grundlegend umgearbeitet oder enthalten völlig neues Material.

Ein abstraktes Reich

Am Anfang drängt sich natürlich die Frage auf, ob es überhaupt ein kapitalistisches Weltsystem gibt. Ich sage: ja, füge aber hinzu, daß es kein wirkliches, greifbares Objekt ist. Wir neigen dazu, abstrakte Begriffe zu verdinglichen beziehungsweise zu personifizieren, was schon an unserer Sprache liegt. Diese Neigung kann jedoch unglückliche Folgen zeitigen. Dann nämlich, wenn abstrakte Begrifflichkeiten eine Eigendynamik entwickeln und uns auf viel zu weit von der Wirklichkeit entfernte Irrwege führen. Gleichwohl gibt es keine Möglichkeit, abstraktes Denken zu umgehen, da die Realität einfach zu komplex ist, als daß man sie als Ganzes verstehen könnte.

Nach dieser Warnung vor den Gefahren einer Vergegenständlichung abstrakter Begriffe werde ich mich ihrer nun selbst bedienen. Das kapitalistische System kann man nämlich mit einem Imperium vergleichen, das den gesamten Globus umspannt. Dieser Vergleich liegt schon deshalb nahe, weil es im wahrsten Sinne des Wortes über seine Mitglieder herrscht – und es ist nicht leicht, sich von dieser Herrschaft zu befreien. Hinzu kommt, daß das System wie jedes Reich ein Zentrum und eine Peripherie hat. Auch hier gilt: Wenn das Zentrum floriert, geht dies auf Kosten der Peripherie. Vor allem aber weist das kapitalistische System ausgeprägte imperialistische Tendenzen auf. Anstatt ein Gleichgewicht zu suchen, unternimmt es alles, um zu expandieren. Bevor es sich nicht sämtliche Märkte und Rohstoffquellen einverleibt hat, kommt es nicht zur Ruhe. Expansion meine ich allerdings nicht in einem geographisch-räumlichen Sinn. Vielmehr geht es um den ständig wachsenden Einfluß, den das System auf das Leben der Menschen ausübt. Mit anderen Worten: Die Marktwerte erweitern ihren Geltungsbereich auch auf jene Tätigkeitsfelder, in denen früher marktunabhängige Werte dominierten.

Der Vergleich mit einem Weltreich ist zwar stichhaltig, aber auch gefährlich. Mittlerweile hat sich aus ganz verschiedenen Richtungen – von nationalistischer, religiöser, kultureller und intellektueller Seite – eine erbitterte Opposition gegen die beherrschende Stellung der Marktwerte gebildet. Es ist von einer neuen Art des Imperialismus die Rede. Für amerikanische und europäische Ohren mag das aufrührerisch klingen, doch man muß sich klarmachen, welche Emotionen dahinterstehen: Der Weltkapitalismus hat an seiner Peripherie eine ganz andere Gestalt und eine ganz andere Wirkung auf die Menschen als in seinem Zentrum.

Im Gegensatz zum 19. Jahrhundert, in dem der Imperialismus seinen Ausdruck in der Kolonialherrschaft fand, ist das kapitalistische Weltsystem nichtterritorial, wenn nicht sogar extraterritorial. Territorien werden gemeinhin von Staaten regiert, und deshalb stehen diese der Expansion des Kapitalismus oft im Weg. Das gilt sogar für die Vereinigten Staaten, das kapitalistischste aller Länder. Daher neigt das Kapital dazu, ins Ausland abzuwandern. Trotz seines nichtterritorialen Charakters ist das System in Zentrum und Peripherie gegliedert. Obwohl es sich nicht genau lokalisieren läßt, kann man das Zentrum mit den USA und zum Teil mit Europa identifizieren; Japan befindet sich irgendwo zwischen Zentrum und Peripherie. Das Zentrum stellt das Kapital zur Verfügung, das die Peripherie braucht, liefert Trends und innovative Impulse und dient als Vermittlungsstelle für Informationen. Sein wichtigstes Merkmal allerdings ist, daß es selbst über seine Wirtschaftspolitik bestimmt und das wirtschaftliche Schicksal der Peripherieländer in der Hand hat. Das wäre selbst dann der Fall, wenn es hinsichtlich Reichtum und Entwicklungsstand keine großen Unterschiede zwischen Zentrum und Peripherie gäbe. Im Europäischen Währungssystem beispielsweise war Deutschland früher das Zentrum; nach der Wiedervereinigung hob die Bundesbank aus innenpolitischen Gründen die Zinssätze an und trieb damit die übrigen Länder in eine Rezession. Aber innerhalb des kapitalistischen Weltsystems sind jene Unterschiede natürlich gewaltig.

Das derzeitige Regime

Das internationale kapitalistische System ist nicht neu. In seiner Frühform geht es bis auf die Zeit der italienischen Stadtstaaten und des Hansebundes zurück, als verschiedene politische Körperschaften kommerziell und finanziell miteinander verknüpft waren. Im 19. Jahrhundert erlangte der Kapitalismus eine dominierende Stellung, die schließlich durch den Ersten Weltkrieg empfindlich gestört wurde. In seiner heute verbreiteten Form besitzt er einige neue Eigenschaften, die ihn von früheren Ausprägungen unterscheiden. Dazu gehört die Geschwindigkeit der Kommunikation, doch es ist fraglich, ob sie wirklich so neuartig ist: Eisenbahn, Telegraf und Telefon sorgten im 19. Jahrhundert für eine ähnlich starke Beschleunigung wie heute die Datenübertragungstechnik. Die Informationsrevolution mag zwar einzigartige Merkmale besitzen, aber das gleiche gilt auch für die Revolution des Verkehrs im 19. Jahrhundert. Insgesamt ähnelt das derzeitige Regime stark jenem, das vor hundert Jahren herrschte, dagegen unterscheidet es sich grundsätzlich von dem, das vor nur fünfzig Jahren die Oberhand hatte.

Das Hauptmerkmal des kapitalistischen Weltsystems ist die freie Bewegung von Kapital. Die Weltwirtschaft gründet nicht allein auf dem internationalen Güter- und Dienstleistungshandel, auch die Produktionsfaktoren müssen austauschbar sein. Boden und andere natürliche Ressourcen bewegen sich nicht, und auch Menschen sind für gewöhnlich nicht sonderlich mobil. Daher ist es die Beweglichkeit von Kapital, Informationen und Unternehmertum, welche die Wirtschaft auf internationaler Ebene integriert. Und da das Finanzkapital so mobil ist, verfügt es über eine ungemein günstige Position: Es kann all die Länder meiden, in denen es drückende Steuern oder lästige Auflagen gibt. Das Kapital wird von den Finanzzentren angezogen und durch die Märkte aufgeteilt. Deshalb spielt das Finanzkapital in der heutigen Welt eine derart entscheidende Rolle, und aus dem gleichen Grund ist der Einfluß der Finanzmärkte so enorm gewachsen.

Tatsächlich ist die freie Bewegung von Kapital ein relativ neues Phänomen. Am Ende des Zweiten Weltkriegs bestand die Welt hauptsächlich aus nationalen Volkswirtschaften, der internationale Handel war fast zum Erliegen gekommen, und sowohl Direktinvestitionen wie auch Finanztransaktionen wurden nur selten getätigt. Die mit dem Abkommen von Bretton Woods ins Leben gerufenen Institutionen – IWF und Weltbank – sollten in einer Situation, in

der es kaum Kapitalbewegungen gab, internationalen Handel ermöglichen. Der Weltbank war die Aufgabe zugedacht, den Mangel
an Direktinvestitionen auszugleichen. Der IWF sollte fehlende Fi-
nanzkredite aufwiegen, um Ungleichgewichte im Handel zu kom-
pensieren. In den weniger entwickelten Ländern konzentrierte sich
das internationale Kapital hauptsächlich auf die Ausbeutung natür-
licher Ressourcen, und die betroffenen Staaten förderten ihrerseits
kaum internationale Investitionen, sondern enteigneten dafür vor-
gesehene Anlagen eher; auch in Europa stand die Verstaatlichung
von Schlüsselindustrien auf der Tagesordnung. Der größte Teil der
Investitionen in den ärmeren Ländern erfolgte in Form von bilate-
ralen Regierungsabkommen.

Nach dem Zweiten Weltkrieg weitete sich zunächst der internationale Handelsverkehr aus, gefolgt von einer Zunahme der Direktinvestitionen. Viele Branchen, so die Automobil-, die chemi-
sche und die Computerindustrie, kamen nach und nach unter die
Herrschaft multinationaler Konzerne. Die internationalen Finanzmärkte hingegen entwickelten sich langsamer, denn manche Währungen waren nicht völlig konvertierbar, und nicht wenige Länder
hielten an der Kontrolle von Kapitaltransaktionen fest. Solche Kontrollen wurden nur langsam abgeschafft; in Großbritannien bestanden sie formell noch bis 1979 fort, und als ich 1953 als
Geschäftsmann in London anfing, waren sowohl die Finanzmärkte
wie die Banken strengen nationalen Reglements unterworfen. Es
herrschte ein rigides Wechselkurssystem, so daß der freie Verkehr
des Kapitals etlichen Einschränkungen unterlag. Ab 1956 wurde
der internationale Wertpapierhandel allmählich dereguliert. Und
als die Europäische Wirtschaftsgemeinschaft entstand, fingen amerikanische Investoren an, europäische Wertpapiere zu kaufen, wobei die Bilanzierungspraktiken der Unternehmen problematisch
und die Abwicklungssysteme bei weitem nicht zufriedenstellend
waren.

In den siebziger Jahren entwickelten sich die globalen Finanzmärkte. Die ölfördernden Länder vereinten ihre Kräfte in der OPEC
(Organization of Petroleum Exporting Countries) und hoben den
Preis des Rohöls an: das erste Mal 1973 von 1,90 Dollar pro Barrel
auf 9,76 Dollar und dann 1979, als Reaktion auf die politischen
Ereignisse in Iran und Irak, von 12,70 Dollar auf 28,76 Dollar pro
Barrel. Plötzlich verfügten die mineralölexportierenden Länder
über einen großen Überschuß, während die importierenden Staaten erhebliche Handelsdefizite zu verkraften hatten. Die Handelsbanken mußten – durch die westlichen Regierungen insgeheim
dazu ermuntert – die Finanzmittel wieder in Umlauf bringen. Man
erfand Eurodollars, und in den Steueroasen entstanden große Finanzmärkte. Die Regierungen machten dem internationalen Finanzkapital in Steuerfragen und anderen Angelegenheiten vorher un-
vorstellbare Konzessionen, um es wieder ins eigene Land zu locken.
Ironischerweise verschafften gerade diese Maßnahmen dem Kapital in den Steueroasen mehr Bewegungsfreiheit. 1982 endete der
Boom auf dem internationalen Kreditmarkt mit einer Pleite, doch
zu diesem Zeitpunkt war die Bewegungsfreiheit für das Finanzkapital längst verkündet und besiegelt.

Daß Margaret Thatcher und Ronald Reagan 1979/80 an die Macht
kamen, trieb die Entstehung internationaler Finanzmärkte entscheidend voran. Beide traten mit dem Programm an, den Staat aus der
Wirtschaft herauszuhalten und den Marktmechanismen freies Spiel
zu gewähren. Das bedeutete, daß die Regierungen strenge monetäre Disziplin üben mußten – was die Welt zuerst in eine Rezession
führte und dann die internationale Schuldenkrise von 1982 verur-
sachte. Die Weltwirtschaft brauchte einige Jahre, bis sie sich erholt
hatte. Doch seitdem hat sie eine lange Periode fast ununterbroche-
nen Wachstums durchlaufen. Trotz regelmäßiger Krisen beschleunigte sich die Entwicklung der internationalen Kapitalmärkte derart, daß man sie nun tatsächlich global nennen kann. Bewegungen

von Wechselkursen, Zinssätzen und Aktienkursen in verschiedenen Ländern hängen enger miteinander zusammen als je zuvor. So gesehen, hat sich der Charakter der Finanzmärkte während der 45 Jahre, in denen ich in diesem Bereich tätig bin, völlig verändert. Wann nahm das derzeitige kapitalistische Regime seinen Anfang? War es in den siebziger Jahren bei der Gründung des Off-shore-Marktes für Eurodollar? War es 1979/80, als Thatcher und Reagan an die Macht kamen? Oder war es 1989, als das Sowjetreich zerfiel und der Kapitalismus wirklich globale Dimensionen annahm? Ich halte 1980 für den entscheidenden Zeitpunkt, denn im Zentrum wurde damals der Marktfundamentalismus zum beherrschenden Glaubensbekenntnis.

Mittlerweile ist die Fähigkeit des Staates, für das Wohl seiner Bürger zu sorgen, durch die Mobilität des Kapitals erschüttert worden. Länder, die ihre Sozialversicherungs- und Arbeitsgesetzgebung stark reformierten – allen voran die Vereinigten Staaten und Großbritannien –, werden bevorzugt, während andere, die die bestehenden Regelungen aufrechtzuerhalten suchten – vor allem Frankreich und Deutschland –, das Nachsehen haben.[27]

Der Abbau des Sozialstaates hat erst vor relativ kurzer Zeit begonnen, weshalb die Auswirkungen noch nicht in vollem Umfang zu spüren sind. Seit Ende des Zweiten Weltkriegs ist der Anteil des Staates am Bruttosozialprodukt in den Industrienationen, faßt man sie als Gruppe zusammen, um fast 100 Prozent gestiegen.[28] Das änderte sich erst ab 1980. Interessanterweise ist der Anteil des Staates am Bruttosozialprodukt nur unwesentlich zurückgegangen. Statt dessen sanken die Steuersätze für Kapital und Arbeit, während gleichzeitig andere Steuern in die Höhe geschraubt wurden. Kurz, die Steuerlast hat sich vom Kapital auf die Verbraucher, von den Reichen auf die Armen und den Mittelstand verlagert. Das deckt sich nicht unbedingt mit dem, was man versprochen hatte. Gleichwohl kann man hier noch nicht einmal von unbeabsichtigten Folgen sprechen, denn dieses Ergebnis ist genau das, was die Verfechter eines freien Marktes immer schon wollten.

Ein unvollständiges Regime

Man kann den Weltkapitalismus zwar als Herrschaftssystem bezeichnen, aber er übt ein unvollständiges Regime aus: Er bestimmt nur über den wirtschaftlichen Bereich. Wenn dieser auch inzwischen dominierend geworden ist, so haben doch politische und soziale Funktionen ihre Grundlagen noch immer in den souveränen Staaten, die nach wie vor im Besitz ihrer Hoheitsrechte sind. Sie verfügen über mehr gesetzliche Macht und Exekutivgewalt, als irgendein Individuum oder Unternehmen je erlangen kann. Und doch ist die Souveränität bedroht, allerdings auf subtilere Weise. Obwohl sich Regierungen weiterhin in die Wirtschaft einmischen können, stehen sie zunehmend unter dem Druck globaler Konkurrenz. Schafft ein Staat Bedingungen, die dem Kapital ungünstig erscheinen, wird dieses so rasch wie möglich versuchen, das Land zu verlassen. Und umgekehrt kann eine Regierung, wenn sie die Lohnkosten niedrig hält und ausgewählte Firmen mit Anreizen lockt, die Akkumulation des Kapitals fördern. Das ist eines der Merkmale, die das System so kompliziert machen: Zwar können wir in Wirtschafts- und Finanzangelegenheiten von einem Weltregime sprechen, aber es gibt kein Weltregime in Angelegenheiten der Politik. Jeder Staat besitzt seine eigene Regierung. In reifen Demokratien steht deren Macht unter ziviler Kontrolle, in anderen Gebieten der Welt jedoch nicht.

Die Verknüpfung der Weltwirtschaft mit politischen Regelungen, die auf staatlicher Souveränität beruhen, ist natürlich nichts Neues. Es gab sie bereits vor hundert Jahren. Der Unterschied besteht darin, daß sich im Verlauf dieses Jahrhunderts sowohl die Staaten als auch die Märkte gewandelt haben. Damals existierten beispielsweise nur Ansätze staatlicher Sozialleistungen; erst nach dem Zweiten Weltkrieg setzte sich überall im Westen die Vorstellung vom Wohlfahrtsstaat durch, und manchen Ländern fällt es nicht leicht, sie aufzugeben. Früher blühten die Kolonien; heute ist Kolonialismus indiskutabel. Außerdem haben wir den Vorteil, daß wir auf die letzten hundert Jahre zurückblicken können: Wir können sehen, daß das frühere kapitalistische Weltregime im Weltkrieg endete, auf den Revolutionen, Diktatur und ein weiterer Weltkrieg folgten. Können wir es heute nicht besser machen?

Eine zentrale These dieses Buches lautet: Die derzeitige Version des Weltkapitalismus ist eine unvollständige, verzerrte Form einer offenen Weltgesellschaft. Ihre Schwachpunkte liegen mehr in den politischen und sozialen Einrichtungen als auf wirtschaftlichem Gebiet. Vor allem ist der Weltkapitalismus zu einseitig: Er fördert Profitstreben und ökonomischen Erfolg zu sehr, während soziale und politische Überlegungen in den Hintergrund treten. Das gilt insbesondere im internationalen Zusammenhang.

Die meisten Menschen glauben, daß Kapitalismus auf irgendeine Weise mit Demokratie einhergeht. In der Tat sind die Länder im Zentrum des kapitalistischen Weltsystems Demokratien – bei den kapitalistischen Ländern der Peripherie hingegen ist das nicht unbedingt der Fall. Dort ist die Meinung verbreitet, es sei eine Art Diktatur erforderlich, um die Wirtschaft anzukurbeln. Eine positive Wirtschaftsentwicklung beruht auf der Akkumulation von Kapital, und diese wiederum verlangt niedrige Lohnkosten und eine hohe Sparquote. Wenn eine Regierung autokratisch vorgeht und dem Volk ihren Willen aufzwingen kann, läßt sich das womöglich leichter erreichen als in einem demokratischen Staat, der sensibel auf die Wünsche der Wähler reagieren muß.

Nehmen wir Asien, die Region, in der die Wirtschaftsentwicklung in den letzten Jahren am erfolgreichsten war. Im asiatischen Modell stützt die Regierung die Interessen der einheimischen Geschäftsleute und hilft ihnen, Kapital zu akkumulieren. Für diese Strategie muß sie die Planung der Industrieentwicklung anführen, über finanzielle Hebelkraft verfügen und die inländische Wirtschaft bis zu einem gewissen Grad abschirmen – und natürlich Lohnforderungen im Zaum halten können. Es war Japan, das diese Strategie zuerst entwickelte und vorexerzierte, ein Land, das auf demokratische Institutionen zurückgreifen konnte, die zur Zeit der amerikanischen Besatzung aufgebaut wurden. Korea versuchte, Japan nachzuahmen, hatte aber keine demokratischen Institutionen. Die entsprechende Politik wurde von einer Militärdiktatur durchgesetzt, die eine kleine Gruppe industrieller Kombinate kontrollierte. Die Ausgleichsmöglichkeiten, die in Japan vorhanden waren, fehlten gänzlich. In Indonesien kam es zu einer ähnlichen Allianz zwischen dem Militär und einer hauptsächlich chinesischen Kaste von Geschäftsleuten. In Singapur wurde der Staat selbst kapitalistisch, indem er gut geführte und sehr erfolgreiche Investitionsfonds auflegte. In Malaysia begünstigt die herrschende Partei die Geschäftsinteressen der malaysischen Volksmehrheit. In Thailand sind die politischen Regelungen so kompliziert, daß ein Außenstehender sie nicht wird verstehen können. Ihr besonderer Schwachpunkt liegt darin, daß das Militär sich in die Geschäftswelt und die Geschäftswelt sich in die Wahlkämpfe einmischt. Allein in Hongkong konnte eine inzestuöse Verbindung von Politik und Wirtschaft vermieden werden, was nicht zuletzt das Ergebnis seiner Kolonialvergangenheit und deren strenger Gesetze ist. Taiwan stellt insofern eine Ausnahme dar, als es den Übergang von einem autokratischen zu einem demokratischen Regime erfolgreich gemeistert hat.

Für die These, daß ein erfolgreiches autokratisches Regime letztlich demokratische Institutionen hervorbringt, spricht, daß eine sich bildende Mittelklasse tatsächlich äußerst hilfreich für die Etablierung einer demokratischen Regierung ist. Doch die immer wiederkehrenden Finanzkrisen, von denen die Länder der Peripherie erschüttert werden, verhindern häufig die Festigung einer solchen Mittelschicht. Nach der Krise der Jahre 1997 bis 1999 hat sich das in Südostasien und Rußland erneut gezeigt. Außerdem gebiert wirtschaftlicher Wohlstand nicht notwendigerweise demokratische Freiheiten. Herrscher verzichten nur widerwillig auf ihre Macht; man muß sie meist dazu drängen.

Noch problematischer wird die Behauptung, Kapitalismus führe unweigerlich zu Demokratie, dadurch, daß die Kräfte innerhalb des kapitalistischen Weltsystems, die einzelne Länder zwingen könnten, einen demokratischen Weg einzuschlagen, sehr schwach sind. Internationale Banken und multinationale Konzerne fühlen sich mit einer starken, wenn nicht sogar autokratischen Regierung im Rücken oft wohler als in einem demokratischen, aber kraftlosen Staat. Nicht selten hat ausländisches Kapital die Korruption befördert und entscheidend zur Stärkung von Diktaturen beigetragen, besonders wo Rohstoffe wie Öl oder Diamanten im Spiel sind.

Wahrscheinlich ist es der freie Fluß von Informationen, der demokratische Reformen am wirksamsten anzukurbeln vermag, denn ein informiertes Volk läßt sich nicht so leicht in die Irre führen wie ein uninformiertes. Doch sollte man sich darüber im klaren sein, daß die freie Verfügbarkeit von Informationen längst nicht überall gewährleistet ist. In Malaysia etwa hat die Regierung die Medien so weit unter Kontrolle, daß Premier Mahathir Mohammed seine eigene verzerrte Deutung der Tatsachen immer noch unwidersprochen verkünden kann. Noch restriktiver wird die Informationspolitik in China gehandhabt; hier kontrolliert die Regierung sogar den Zugang zum Internet. Wie dem auch sei, selbst ein ungehinderter Informationsfluß muß die Menschen nicht unbedingt in Richtung Demokratie bewegen, besonders dann nicht, wenn diejenigen, die in Demokratien leben, diese nicht für ein allgemeingültiges Prinzip halten und nicht entsprechend dafür eintreten.

Auch wenn die Verbindung von Kapitalismus und Demokratie nur schwer zu durchschauen ist – der Kapitalismus braucht demokratische Institutionen, die seine Übertreibungen eindämmen und korrigieren: Im 19. Jahrhundert wurden die unheilvollen Prophezeiungen des ›Kommunistischen Manifests‹ durch die Erweiterung der politischen Bürgerrechte gegenstandslos; heute stellen sowohl autoritäre Regierungen als auch zerfallende Staaten eine ernste Bedrohung für Frieden und Wohlstand dar – nach innen ebenso wie nach außen.

Die Rolle des Geldes

Es ist kein leichtes Unterfangen, ein Weltwirtschaftssystem zu analysieren, für das es kein entsprechendes politisches System gibt – gerade aufgrund der quälend uneindeutigen Beziehung von Kapitalismus und Demokratie. Meine Aufgabe wird allerdings dadurch erleichtert, daß es hinter dem kapitalistischen Weltsystem doch ein Prinzip gibt, das man wohl tatsächlich als das Grundprinzip bezeichnen kann: Geld. Am Ende dreht sich alles um Profit und Reichtum. Wenn wir verstehen, welche Rolle das Geld im kapitalistischen Weltsystem spielt, begreifen wir zugleich die Funktionsweise des gesamten Systems.

Volkswirtschaftlichen Lehrbüchern zufolge übt Geld drei Funktionen aus: Es dient als Zahlungseinheit, als Tauschmittel und als Wertaufbewahrungsmittel. Die ersten beiden Funktionen sind wohlbekannt, über die dritte jedoch herrscht Uneinigkeit. Aus Sicht der klassischen Volkswirtschaftslehre ist Geld bloß ein Mittel zum Zweck und kein Zweck an sich; es stellt den Tauschwert dar, ohne selbst wertvoll zu sein. Anders gesagt, der Wert des Geldes hängt vom Wert der Güter und Dienstleistungen ab, gegen die es eingetauscht werden kann. Doch welchem wirklichen Wert sollen ökonomische Transaktionen entsprechen? Man einigte sich darauf, daß diese Frage gar nicht beantwortet werden muß, und nimmt einfach an, daß die ökonomisch Handelnden einen bestimmten Wert im Auge haben. Ihre Präferenzen, ganz gleich welche, kann man in Form von Indifferenzkurven beschreiben, und solche Kurven lassen sich zur Preisfeststellung nutzen.

Der Haken dabei ist, daß die Werte im realen Geschehen nicht einfach gesetzt sind. In einer Marktwirtschaft können die Menschen selbst auswählen, aber sie wissen nicht unbedingt, was sie wollen. Unter Bedingungen eines rapiden Wandels, dann nämlich, wenn Traditionen die Menschen nicht mehr in Bann ziehen und diese von allen Seiten mit Handlungsoptionen und Vorschlägen bombardiert werden, ist häufig der Tauschwert an die Stelle intrinsischer Werte getreten. Geld hat gewisse Eigenschaften, die inneren Werten fehlen: Geldwerte haben einen gemeinsamen Nenner, Geld kann quantifiziert werden, und es wird von praktisch jedermann in seinem Wert anerkannt. Dies sind Eigenschaften, die es zum Tauschmedium qualifizieren, aber nicht unbedingt als letztes Ziel.

Das kapitalistische System jedoch legt das Schwergewicht auf Konkurrenz und mißt Erfolg in Geldsummen. Monetäre Werte nehmen die Rolle intrinsischer Werte ein, und die Märkte beherrschen mittlerweile auch Lebensbereiche, in denen sie eigentlich nichts zu suchen haben. Man kann ohne weiteres behaupten, daß das Streben nach Geld der vorherrschende Wert im kapitalistischen Weltsystem ist. Diese Annahme beruht auf der Einsicht, daß es ökonomische Akteure gibt, die ihren einzigen Zweck darin sehen, Geld zu machen; solche Akteure sind im heutigen Wirtschaftsleben dominanter als je zuvor. Ich meine damit vor allem die Aktiengesellschaften. Diese Unternehmen werden von Profis geleitet, deren Managementgrundsätze nur ein Ziel haben: Profitmaximierung.

Nach der Theorie vom ungehinderten Wettbewerb ist jedes Unternehmen ein profitmaximierendes Gebilde, aber im Alltag werden Geschäfte nicht immer nur aus dem Grund getätigt, Gewinne zu erhöhen. Private Eigentümer haben oft andere Zielsetzungen: Sie

sind stolz auf das, was sie herstellen oder anbieten; wollen Arbeitsplätze für Familie und Freunde schaffen; folgen religiösen, moralischen oder unmoralischen Prinzipien oder streben nach Macht und
Ansehen. Doch im gegenwärtigen kapitalistischen Weltsystem hat
es zweifellos eine eindeutige Verschiebung zugunsten eines Verhaltens gegeben, das ausschließlich auf Gewinnmaximierung aus ist –
und entsprechend nimmt der Konkurrenzdruck zu. Noch immer
haben Privatgeschäftsleute einen größeren Handlungsspielraum
als Firmenmanager, aber sie sind im Kampf um neue Marktanteile
oder bei der Verteidigung einer bestehenden Position benachteiligt,
da die Märkte sich inzwischen weltweit ausdehnen. Unternehmen
müssen Kapital von externen Anteilseignern auftreiben, um die mit
der Globalisierung entstandenen Möglichkeiten zu nutzen. Eine
Folge davon ist, daß der Markt zunehmend von profitorientierten
Aktiengesellschaften dominiert wird.

In den Vereinigten Staaten sind die Aktionäre bereits lauter geworden und bestehen darauf, daß das Management ihre Interessen
ernst nimmt. Erfolg mißt man an kurzfristigen Leistungen, und
wer versagt, wird schneller denn je ersetzt. In Europa haben Unternehmen früher sowohl in ihrer Öffentlichkeitsarbeit als auch in
ihren Jahresabschlüssen die Gewinne ganz bewußt nicht herausge-
strichen. Denn je höher die Gewinne, desto höher auch die Lohnforderungen. Doch angesichts des weltweit entfachten Wettbewerbs fallen Lohnforderungen ohnehin eher moderat aus, und die
Möglichkeiten des Staates, Steuern zu erheben, sind stark eingeschränkt. Gleichzeitig ist es immer wichtiger geworden, genug
Kapital zur Verfügung zu haben, um expandieren zu können. Folglich haben sich die Managementeinstellungen grundlegend gewandelt; die multinationalen Konzerne Europas sind ihren amerikanischen Konkurrenten immer ähnlicher geworden.

Das Hauptmerkmal, das die aktuelle Form des globalen Kapitalismus von früheren Varianten unterscheidet, ist sein allgegenwärti-

ger Erfolg, und es ist wohl keine Übertreibung, wenn man sagt, daß Geld das Leben der Menschen noch nie so dominiert hat wie heute. Jedes Prinzip aber birgt Gefahren, wenn es durch keine anderen Überlegungen mehr relativiert wird.

Kredit als eine Ursache für Instabilität

Geld ist eng mit Kredit verbunden, nur herrscht über die Rolle des Kreditwesens noch größere Unklarheit als über die des Geldes. Kredit ist ein reflexives Phänomen, insofern er nämlich gegen Sicherheiten gewährt wird und der Wert der Sicherheiten seinerseits mit der Verfügbarkeit von Krediten zusammenhängt. Das gilt insbesondere für Immobilien, eine bevorzugte Form der Bürgschaft: Banken sind meist bereit, gegen die alleinige Sicherheit von Immobilien Kredite zu gewähren – und die Hauptvariable des Werts von Immobilien wiederum ist die Höhe der Kredite, die Banken zu gewähren bereit sind, wenn die Immobilien als Sicherheit dienen. Es mag einem merkwürdig vorkommen, doch dieser reflexive Konnex wird von den Theoretikern übersehen und in der Praxis oft vergessen. Die Baubranche ist berühmt-berüchtigt als eine Industrie der Booms und Busts, und nach jeder Pleite werden die Banker wieder sehr vorsichtig und verkünden, solche Risiken nie mehr eingehen zu wollen. Aber sobald sie erneut von Liquidität überflutet werden und verzweifelt Möglichkeiten suchen, das Geld für sich arbeiten zu lassen, beginnt ein weiterer Zyklus.

Man kann das gleiche Muster im internationalen Kreditwesen beobachten. Die Kreditwürdigkeit eines Staates als Kreditnehmer wird anhand verschiedener Kennzahlen bewertet: Schulden als Anteil des Bruttosozialprodukts, Schuldenlasten im Verhältnis zu Ausfuhren und so weiter. Das sind reflexive Maße, denn die Prosperität eines kreditnehmenden Landes hängt von seiner Fähigkeit ab, Kredite zu erhalten. Auch dieser Zusammenhang wird oft außer acht gelassen, so während des großen internationalen Kreditbooms in den siebziger Jahren. Nach der Krise von 1982 hätte man erwarten können, daß eine derart exzessive Kreditgewährung sich nie wiederholen würde. Doch in Mexiko geschah 1994 genau das gleiche noch einmal und 1997 erneut in Korea, Rußland und anderswo. Die meisten Wirtschaftstheoretiker erkennen die Rolle der Reflexivität nicht an. Sie versuchen, Gleichgewichtsbedingungen zu spezifizieren. Reflexivität ist aber eine Quelle der Instabilität. John Maynard Keynes dagegen sah die Bedeutung reflexiver Phänomene sehr wohl; er verglich die Finanzmärkte mit einem Schönheitswettbewerb, bei dem die Menschen raten müssen, wie andere Menschen raten werden, wie andere Menschen raten werden – und er verdiente selbst eine Menge Geld durch Spekulationen. Doch auch er mußte auf den Gleichgewichtsbegriff zurückgreifen, um seine Theorie für die Wissenschaft akzeptabel zu machen.

Eine bevorzugte Methode, die dem Kreditwesen immanente Reflexivität zu ignorieren, besteht darin, ausschließlich auf die Geldmenge zu achten. Diese läßt sich quantifizieren, so daß ihre Messung durchaus Kreditbedingungen widerspiegelt. Und schon kann man über die reflexiven Phänomene, die mit der Expansion und Kontraktion der Kredite zusammenhängen, hinwegsehen. Aber eine stabile Geldmenge schafft noch keine stabile Wirtschaft. Exzesse werden sich möglicherweise selbst korrigieren, doch zu welchem Preis? Im 19. Jahrhundert, als die Geldmenge vom internationalen Goldstandard abhing, gab es immer wieder verheerende Panikreaktionen, auf die dann Busts folgten.

In den dreißiger Jahren, zur Zeit der Weltwirtschaftskrise, brachte Keynes den Monetarismus in Mißkredit und ersetzte ihn durch eine Theorie, mit der die Bedeutung von Krediten erfaßt werden konnte. Seine Vorgaben zur Bekämpfung der Deflation zeitigten allerdings inflationäre Tendenzen, und nach seinem Tod fiel sein Ansatz in Ungnade. Statt dessen wurde das Erreichen und Aufrechterhalten monetärer Stabilität wiederum zum Hauptziel auserkoren. Das führte zur Neuerfindung des Monetarismus durch Milton Friedman. Auch Friedmans Theorie hat einen Fehler: Sie ignoriert das reflexive Element in Expansion und Kontraktion von Kreditgewährung.

In der Praxis hat die Geldpolitik seit Mitte der achtziger Jahre relativ gut funktioniert, aber vor allem deshalb, weil man die monetaristische Theorie ignorierte. Die Zentralbanken verlassen sich nicht allein (nicht einmal hauptsächlich) darauf, die Geldmenge zu messen, vielmehr achten sie auf eine ganze Bandbreite von Faktoren, unter anderem auch auf die irrationale Überschwenglichkeit des Marktes. Die Bundesbank hat sich lange bemüht, die Illusion aufrechtzuerhalten, sie orientiere sich ausschließlich an monetären Kennziffern; gleichzeitig hat sie durch ihr Verhalten selbst dazu beigetragen, diesen Mythos zu zerstören. Im Gegensatz dazu ist die Federal Reserve eher agnostisch und gesteht offen ein, daß Geldpolitik eine Sache des Urteilsvermögens sei. Die Äußerungen ihres Vorsitzenden, Alan Greenspan, sind Musterbeispiele für Reflexivität. Sie ähneln den Verkündungen des delphischen Orakels. Als man ihm einmal auf einem Kongreß dafür dankte, daß er die wirtschaftliche Lage so klar beschrieben habe, erwiderte er: »Ich fürchte, dann muß ich mißverstanden worden sein.«

Kredit spielt eine wichtige Rolle für das Wirtschaftswachstum. Die Fähigkeit, Kredite zu erhalten, erhöht die Rentabilität von Investitionen enorm. Je mehr Hebelwirkung bei einer Investition zum Zuge kommen kann, desto attraktiver wird sie – vorausgesetzt, der Preis des Geldes bleibt konstant. Kosten und Verfügbarkeit von Krediten sind damit bedeutsame Variablen, die den Grad der Wirtschaftätigkeit beeinflussen. Entsprechend ihrem reflexiven Charakter tendieren Kredite nicht zu einem Gleichgewichtszustand; sie sind wohl die wichtigsten Faktoren, die die asymmetrische Form der Boom/Bust-Zyklen bestimmen: Wenn es zu Notverkäufen kommt, um Schulden zurückzuzahlen, drückt der Verkauf der Sicherheiten deren Wert und entfacht so einen Teufelskreis, der zeitlich viel gedrängter verläuft als die Expansionsphase.

Das internationale Kreditwesen ist besonders labil, denn es ist keineswegs so gut geregelt wie Inlandskredite in den wirtschaftlich fortgeschrittenen Ländern. Seit der Geburt des Kapitalismus hat es periodisch wiederkehrende Finanzkrisen gegeben, oft mit verheerenden Auswirkungen. Um ihre Wiederholung zu vermeiden, sind Banken und Finanzmärkte Regeln unterworfen worden, doch die Regeln bezogen sich meistens auf die letzte und nicht auf die kommende Krise. Daher führte jede neue Krise zu einer neuen Finanzarchitektur, was erklärt, wie Zentralbanken, Bankenaufsicht und die Aufsicht über die Finanzmärkte ihre heutige Gestalt gewonnen haben.

Der Weg dorthin war freilich keineswegs gradlinig. Der Crash von 1929 und der anschließende Zusammenbruch des amerikanischen Bankensystems führten zu einem ausgesprochen restriktiven regulatorischen Rahmen in den Vereinigten Staaten – sowohl für die Börse als auch für die Banken. Nach dem Zweiten Weltkrieg entspannte sich die Situation zuerst langsam, dann aber immer schneller, und die Regulierungen wurden wesentlich gelockert.

Deregulierung und Globalisierung der Finanzmärkte gingen Hand in Hand. Die meisten Regeln galten für den nationalen Rahmen, so daß die Globalisierung der Märkte zu weniger Regulierung führte und umgekehrt. Gleichwohl handelt es sich nicht um eine Einbahnstraße. Während nationale Regeln an Bedeutung verloren, gab es erste schwache Versuche, internationale Regulierungen einzuführen. Die beiden durch das Abkommen von Bretton Woods ins Leben gerufenen Institutionen, IWF und Weltbank, paßten sich denn auch den veränderten Umständen an und wurden als globale Überwachungsinstanzen aktiv. Außerdem haben die Finanzbehörden der führenden Industrienationen Kommunikationskanäle zur Förderung der Zusammenarbeit eingerichtet. Dennoch: Die internationalen Regeln haben mit der Globalisierung der Finanzmärkte einfach nicht Schritt gehalten.

Das mangelnde Interesse an einem ausgefeilten internationalen Regelwerk hängt bis zu einem gewissen Grad damit zusammen, daß der reflexive Charakter des Kreditwesens bislang kaum begriffen wurde, hinzu kommt eine grundsätzlich antiregulatorische Stimmung. Über die nationalen Finanzsysteme wachen Zentralbanken und andere Behörden. Im großen und ganzen erfüllen sie ihre Aufgaben gut, immerhin ist seit mehreren Jahrzehnten in keinem der großen Industrieländer das Finanzsystem zusammengebrochen. Wer aber soll das internationale Finanzsystem steuern? Die internationalen Finanzinstitutionen und die nationalen Geldbehörden arbeiten in Krisenzeiten zusammen, doch es gibt keine mit den nationalen Institutionen vergleichbare internationale Zentralbank, keine länderübergreifend regulierende Instanz. Diese Lücke versuchten die Institutionen von Bretton Woods zu schließen, und zunächst gelang ihnen das auch. Aber dann tat sich zwischen ihren Mitteln und dem Volumen der internationalen Kapitalströme eine zu große Kluft auf, und in der Krise der Jahre 1997 bis 1999 versagten sie auf spektakuläre Weise. Als politische Reaktion darauf wurden Macht und Einfluß des IWF nicht ausgebaut, sondern vermindert. Wie ich in Kapitel zehn darlegen werde, führte das zu einer erheblichen Schwächung des internationalen Finanzgefüges.

Asymmetrie, Labilität und Zusammenhalt

Plötzliche Änderungen in der Bereitschaft des Zentrums, der Peripherie Kapital zur Verfügung zu stellen, können größere Störungen in den Empfängerländern bewirken. Die Art der Störung hängt davon ab, in welcher Weise Kapital bereitgestellt wurde. Schuldtitel oder Bankkredite können zu Pleiten oder zu einer Bankenkrise führen; falls die Investitionen in Form von Aktien zugeflossen sind, kann der Entzug einen Börsencrash auslösen. Direktinvestitionen stellen das geringste Risiko dar, denn sie können nicht ohne weiteres sofort abgezogen werden, so daß die Störung »nur« darin besteht, daß keine neuen Investitionen mehr erfolgen.

Was geschieht nun, wenn ein Land seinem Schuldendienst nicht nachkommt? Die Antwort darauf ist nicht leicht, denn in der Regel versuchen die Länder mit allen Mitteln, eine formelle Feststellung des Zahlungsverzugs zu vermeiden. In Wirklichkeit jedoch sind viele Staaten ihren Verpflichtungen nicht nachgekommen, und man hat Wege gefunden, auf ihre Probleme einzugehen. Nach der internationalen Schuldenkrise von 1982 hat man den Paris Club gegründet, in dem Fragen der staatlichen Schulden geklärt werden sollten, und den London Club, der sich dem Bereich der Unternehmensschulden widmet. Nachdem sich die Wogen geglättet hatten, wurden sogenannte Brady-Anleihen eingeführt, um die offenen Schuldverschreibungen zu ersetzen.

Bis vor kurzem schnitten die Kreditgeber bei einer internationalen Schuldenkrise besser ab als die Kreditnehmer. Sie mußten möglicherweise die Kredite umschulden, die Fälligkeitstermine prolongieren oder gar besonders günstige Zinssätze anbieten – aber ihre Ansprüche konnten sie aufrechterhalten. Zwar wurde vom IWF erwartet, daß er sich den Banken gegenüber nicht parteiisch verhält, doch bestand seine Hauptaufgabe darin, das internationale Bankensystem zu stützen, und er bemühte sich, plötzliche Einbrüche der Kreditwürdigkeit großer Banken zu vermeiden. Hinzu kommt, daß er nicht über die notwendigen Mittel verfügte, um als letzte Refinanzierungsstelle zu agieren. Er mußte daher Hilfe der Banken zusammentrommeln, und diese wußten, wie sie ihren Einfluß nutzen konnten. Außerdem konnten die Banken sich in der Regel darauf verlassen, daß staatliche Finanzinstitutionen ihnen bei der Einbringung verlorener Kredite zur Seite standen. Die US-Notenbank hielt die Zinssätze für kurzfristige Kredite in den Vereinigten Staaten von 1991 bis 1993 bewußt niedrig, um den schlingernden amerikanischen Banken beim Wiederaufbau der Profitabilität zu helfen; das gleiche tat die japanische Nationalbank seit 1995. Die Schuldnerländer dagegen erfreuen sich keiner vergleichbaren Erleichterungen. Hier dienen internationale Hilfen in der Regel dazu, ihnen die Erfüllung ihrer Verbindlichkeiten zu ermöglichen. Selbst wenn sie dazu nicht vollständig in der Lage sind, müssen sie dennoch soviel abzahlen wie irgend möglich. Diese Lasten drücken sie dann noch etliche Jahre.

Das ist ein erheblicher Unterschied zu inländischen Schuldenkrisen in den entwickelten Industrienationen; dort schützen die Abwicklungsregeln im Fall von Zahlungsunfähigkeit meist die Schuldner. So haben amerikanische Banken zwischen 1985 und 1989 bei der Bausparkassenkrise viel mehr Geld verloren als während der internationalen Schuldenkrise von 1982. Der IWF hat sich unter dem Strich überwiegend für die Interessen der Kreditgeber eingesetzt, wodurch eine ernste moralische Gefahr entstand. All das ändert sich mittlerweile, wie wir in Kapitel zehn noch sehen werden.

Die Asymmetrie in der Behandlung von Kreditgebern und -nehmern ist einer der Hauptgründe für Instabilität. Vor jeder Finanzkrise hat es eine Kreditexpansion gegeben, die so nicht aufrechtzuerhalten war. Werden freizügig Kredite gewährt, kann man von den Schuldnern nicht erwarten, daß sie dieser Verlockung widerstehen – das gilt nicht nur für die öffentliche Hand, sondern auch für den privaten Sektor, und hier erfahren die Finanzbehörden manchmal erst von der enormen Höhe der Schulden, wenn es zu spät ist. Das war in einigen asiatischen Ländern während der Krise von 1997 der Fall.

Doch die Asymmetrie ist auch ein Mittel, den Zusammenhalt zu fördern. Auf die Schuldnerländer wird allerhand finanzieller und politischer Druck ausgeübt, so daß es für sie sehr schwer wird, aus dem System auszusteigen, indem sie ihre Verpflichtungen verleugnen. Ein Beispiel dafür bieten die ersten demokratischen Wahlen in Ungarn von 1990 – sie wären eine sehr gute Möglichkeit gewesen, eine klare Trennlinie zwischen der bisherigen Politik der Verschuldung und den Verpflichtungen der neuen demokratischen Regierung zu ziehen. Ich habe versucht, einen solchen Plan aufzustellen, aber der zukünftige Premier Joseph Antall hielt sich nicht an sein diesbezügliches Versprechen, weil er Deutschland, Ungarns größtem Kreditgeber, viel zu sehr ausgeliefert war. Man könnte noch viele andere Beispiele anführen. Immer wieder denke ich an Chile im Jahr 1982. Unter dem Einfluß der Chicagoer Wirtschaftsschule wurde das dortige Bankensystem privatisiert, und die Käufer bezahlten mit Geld, das sie zuvor als Kredit von ebenjenen Banken aufgenommen hatten. 1982 konnten diese dann ihren internationalen Verpflichtungen nicht mehr nachkommen, und der Staat mußte die Verantwortung für ihre Schulden übernehmen, denn das Pinochet-Regime, dem es im Land an Legitimation mangelte, war eifrig darum bemüht, seine Kreditwürdigkeit im Ausland aufrechtzuerhalten. Letztlich mußten die Steuerzahler die Rechnung bezahlen.

Ich möchte noch einen weiteren Fall der Asymmetrie erwähnen. Geld zu drucken ist Aufgabe des Staates, und jene Länder, deren Währungen für internationale Finanztransaktionen allgemein anerkannt werden, sind in einer weitaus besseren Lage als solche, deren Währung nicht als Sicherheit für Kredite dienen kann. Das ist einer der Hauptvorteile, wenn man zum Zentrum gehört und nicht in der Peripherie angesiedelt ist. Der Nutzen des Münzgewinns (die Zinsen, die man spart, indem man Geldscheine anstelle von Schatzwechseln in Umlauf setzt) ist, verglichen mit dem Vorteil, über die eigene Währungspolitik zu bestimmen, relativ unbedeutend. Länder der Peripherie müssen sich nach dem Zentrum richten, vor allem nach den Vereinigten Staaten, und sie haben wenig Einfluß auf ihr eigenes Schicksal.

Für zusätzliche Instabilität sorgt die Tatsache, daß die Wechselkurse der wichtigsten Währungen auch gegeneinander schwanken können. Änderungen der Zinssätze oder Wechselkurse treffen die abhängigen Länder wie Schocks von außen, obwohl sie eigentlich im System selbst angelegt sind. Die internationale Schuldenkrise von 1982 wurde durch eine drastische Erhöhung der US-Zinssätze ausgelöst, und die Asienkrise von 1997 ging mit einem Kursanstieg des Dollar einher. Heute erzeugt der schwache Euro Spannungen.

Die Diskrepanz zwischen Zentrum und Peripherie beschränkt sich nicht auf das globale Finanzsystem; eine solche Struktur wies beispielsweise auch der Europäische Wechselkursmechanismus (EWS) auf. Die Bundesbank spielte dabei eine Doppelrolle: Laut Grundgesetz hatte sie den Auftrag, den Wert der Deutschen Mark zu erhalten, und gleichzeitig bestimmte sie de facto die Geldpolitik des Europäischen Währungssystems. Nach der deutschen Wiedervereinigung gerieten diese beiden Aufgaben in Konflikt. Innenpolitische Erwägungen verlangten eine strikte Geldpolitik, die wirtschaftlichen Bedingungen im übrigen Europa machten das Gegenteil notwendig. Wie nicht anders zu erwarten, gewannen die innenpolitischen Motive die Oberhand, und 1992 brach der Europäische Wechselkursmechanismus zusammen.

Die beiden Asymmetrien zwischen Kreditgeber und -nehmer einerseits, zwischen Zentrum und Peripherie andererseits sind wichtige, aber keineswegs die einzigen Gründe für die Labilität des internationalen Finanzsystems. Portfolio-Investitionen sind ebenfalls notorisch instabil. Historisch gesehen wurden grenzüberschreitende Investitionen meist in den fortgeschrittenen Stadien von Boomphasen getätigt, also bei einer Überbewertung der inländischen Aktien, die bei den Investoren stets Bereitschaft weckt, das eine oder andere Abenteuer einzugehen. Dieses plötzliche Interesse an einem ausländischen Markt läßt die dortigen Kurse binnen kurzer Zeit in die Höhe schnellen. Sobald jedoch die Hausse im inländischen

Markt abklingt und Investoren ihr Geld verängstigt wieder nach Hause bringen wollen, fallen sie ebenso schnell, wie sie gestiegen sind. Das ist ein Grund dafür, warum Störungen im kapitalistischen Weltsystem für die Peripherie meistens schlimmere Folgen haben als für das Zentrum. Üblicherweise zieht eine kleine Irritation im Kernbereich eine Erschütterung an den Rändern nach sich. Die Krise der Jahre 1997 bis 1999 war insofern ungewöhnlich, ja einzigartig, als dort der Impuls nicht vom Zentrum ausging.

Man muß sich immer wieder klarmachen, daß die materiellen Leistungen des kapitalistischen Weltsystems bemerkenswert sind. Schätzungen zufolge führt die Globalisierung weltweit zu einem zusätzlichen jährlichen Wachstum von einem Prozent. Obwohl die Karten zugunsten des Kapitals verteilt sind, konnten die Länder, die Kapital angelockt haben, durchaus auch profitieren. Von der Krise der Jahre 1997 bis 1999 wurde Asien nach einer Zeit explosiven Wachstums getroffen, und es hat sich schneller erholt als erwartet. Also zeigt das System nicht nur Zusammenhalt, sondern auch beträchtliche Widerstandsfähigkeit – dem stehen jedoch die negativen Einflüsse der immanenten Asymmetrie und Instabilität gegenüber.

Booms und Busts

Ich wende das Modell von Boom und Bust oder, wie die Europäer sagen, von Hausse und Baisse nur widerwillig auf das kapitalistische Weltsystem an, denn ich denke, dies System ist zu offen und unvollendet, um einem solchen Muster zu entsprechen. Dennoch sind in der gegenwärtigen Situation einige Elemente des Musters unübersehbar, nämlich ein dominierendes Vorurteil und ein dominierender Trend: der übertriebene Glaube an den Markt als einen sich selbst regulierenden Mechanismus und der internationale Wettlauf um Kapital; in einer Boomperiode stärken sich Vorurteil und Trend gegenseitig; in einer Bustperiode brechen beide auseinander.

Doch was könnte zum Bust führen? Meines Erachtens die Spannung zwischen der globalen Dimension der Finanzmärkte und der nationalstaatlich ausgerichteten Politik. Das kapitalistische Weltsystem ist ein riesiger Kreislauf, welcher im Zentrum Kapital aufsaugt, um es dann an die Peripherie zu pumpen. Als Ventile dieses Systems fungieren die souveränen Staaten. Während der Expansion der globalen Finanzmärkte bleiben die Ventile offen; doch wenn sich die Fließrichtung umkehrt, können sie sich schließen und Hindernisse bilden, die einen Systemzusammenbruch bewirken. Um die Tragfähigkeit dieser These zu überprüfen, werde ich mich zunächst der heute dominierenden Ideologie und dann dem vorherrschenden Trend zuwenden.

Marktfundamentalismus

Das kapitalistische Weltsystem wird von einer Ideologie gestützt, die in der Theorie des vollkommenen Wettbewerbs wurzelt. Dieser Theorie zufolge versuchen Märkte das Gleichgewicht zu erhalten – wobei Gleichgewicht die effizienteste Form der Allokation von Ressourcen bedeutet. Sobald man den freien Wettbewerb einschränkt, stört das die Wirksamkeit des Marktes; solche Einschränkungen sind daher zu ächten. Diese Ideologie wurde im 19. Jahrhundert als *laissez faire* bezeichnet, aber mir scheint der Begriff Marktfundamentalismus angemessener, weist das Wort Fundamentalismus doch auf einen Glauben hin, der ins Extrem getrieben wurde – einen Glauben an die Perfektion und daran, daß es für jedes Problem eine Lösung gibt. Er setzt eine Instanz voraus, die über unbeschränktes Wissen verfügt, obwohl ein solches Wissen uns Sterblichen immer verwehrt bleiben wird. Die Religion kann eine solche Instanz sein, und in der Moderne traten dann bis zu einem gewissen Punkt die

Naturwissenschaften an ihre Stelle. Nicht umsonst hat der Marxismus eine wissenschaftliche Basis beansprucht, und dasselbe tut der Marktfundamentalismus.

Zu meiner Studentenzeit Anfang der fünfziger Jahre war *laissez faire* noch verpönter, als es staatliche Eingriffe ins Wirtschaftsgeschehen heute sind. Die Vorstellung, ein solches Denken könne ein Comeback feiern, wäre damals allen nur abstrus erschienen. Meiner Ansicht nach läßt sich die Wiedergeburt des Marktfundamentalismus nur durch den Glauben an die Macht der Magie erklären. Nicht von ungefähr hat Präsident Reagan vom »Zauber des Marktes« gesprochen – Adam Smith' »unsichtbare Hand« besitzt tatsächlich eine mächtige Zauberkraft.

Das bezeichnende Merkmal fundamentalistischer Glaubenssätze ist, daß sie auf Entweder-oder-Urteilen basieren: Wenn sich eine These als falsch herausstellt, dann muß ihr Gegenteil richtig sein. Auf diesem Denkfehler beruht sowohl der Marxismus als auch der Marktfundamentalismus. Der Marxismus behauptet, Privatbesitz von Kapital sei ungerecht und dürfe nicht geduldet werden; der Marktfundamentalismus dagegen hält jegliche Art von staatlicher Intervention für nutzlos und schädlich. Nun ist kaum zu bestreiten, daß staatliche Interventionen in das Wirtschaftsgeschehen immer auch negative Auswirkungen gezeitigt haben – das gilt nicht nur für Zentralplanung, sondern auch für den Sozialstaat und die keynesianische Nachfragesteuerung –, doch die Marktfundamentalisten leiten aus dieser banalen Beobachtung unvermittelt die Vollkommenheit der freien Märkte ab.

Um fair zu bleiben: Die Argumente zugunsten unregulierter Märkte werden selten in so grober Form vorgetragen. Im Gegenteil, Wissenschaftler wie Milton Friedman haben voluminöse Statistiken vorgelegt, und die Vertreter der Theorie rationaler Erwartungen griffen zur Unterstützung ihrer Thesen sogar zu obskuren mathematischen Modellen, die für uns gewöhnliche Sterbliche nur schwer nachvollziehbar sind. Dabei werden Abweichungen vom optimalen Zustand – dem Gleichgewicht, in dem ein Maximum an Wohlstand erreicht werden kann – auf asymmetrische und unvollständige Informationen zurückgeführt. Die meisten der Modelle zielen darauf ab, Gleichgewichtszustände herzustellen. Diese Versuche erinnern mich an die angestrengten theologischen Debatten des Mittelalters, bei denen es etwa um die Frage ging, wie viele Engel auf einer Nadelspitze tanzen können.

Der Marktfundamentalismus spielt eine Schlüsselrolle im kapitalistischen Weltsystem. Er liefert die Ideologie, die nicht nur viele der erfolgreichsten Marktteilnehmer vorantreibt, sondern auch die Politiker. Ohne den Marktfundamentalismus hätte man gar keinen Grund, von einem kapitalistischen Weltsystem zu sprechen. Etwa seit der Zeit um 1980 – als Ronald Reagan und Margaret Thatcher an die Macht kamen – wird die Politik vom Marktfundamentalismus dominiert. Vorurteil und Trend haben einander seitdem ständig gestärkt.

Der Triumph des Kapitalismus[29]

Seit das Finanzkapital die Vorherrschaft übernommen hat, müssen die einzelnen Länder untereinander konkurrieren, um es anzuziehen und festzuhalten. Verstärkt wird dieser Trend durch die Vereinigten Staaten, die politischen Druck zur Öffnung der Kapitalmärkte ausüben. Im August 1998 habe ich diese Entwicklung folgendermaßen beschrieben:

»In den USA nehmen Aktiengesellschaften an Zahl und Größe zu, und die Interessen der Aktieninhaber, der vielzitierte Shareholdervalue, erhalten immer größere Bedeutung. Die Geschäftsführung der Unternehmen kümmert sich genauso intensiv um den Markt für ihre Aktien wie um den für ihre Produkte. Muß eine Wahl getroffen werden, zählen die Signale der Finanzmärkte mehr als die der Produktmärkte. Bereitwillig veräußern die Manager einen Unternehmensbereich, wenn dies den Shareholdervalue erhöht; sie maximieren den Gewinn anstelle des Marktanteils. In einem integrierten Weltmarkt müssen Firmen andere Firmen übernehmen, oder sie werden übernommen; so oder so muß das Management für einen guten Aktienkurs sorgen.

Fusions- und Übernahmetätigkeiten haben inzwischen ein ungeahntes Ausmaß erreicht, denn Industrien schließen sich zunehmend auf globaler Ebene zusammen. Grenzüberschreitende Geschäftstransaktionen sind immer selbstverständlicher an der Tagesordnung. Diese Neuausrichtung der Unternehmen geht schneller vor sich, als man sich je hätte vorstellen können. Allmählich kristallisieren sich weltweite Monopole und Oligopole (wie zum Beispiel Microsoft und Intel) heraus. So gibt es nur noch vier bedeutende Wirtschaftsprüfungsgesellschaften; eine ähnliche, wenn auch nicht derart deutliche Konzentration ist auch bei anderen Finanzdienstleistungen festzustellen.

Gleichzeitig steigt die Zahl der Aktieninhaber, wodurch sich die relative Bedeutung von Aktienbesitz für die Privatvermögen immer rascher erhöht. All das geschieht vor dem Hintergrund eines rapiden Anstiegs der Aktienkurse. Der letzte große Bust vor August 1998 hat 1987 in dem seit Anfang der achtziger Jahre boomenden Markt stattgefunden, und der Standard and Poors (S&P) Index ist seitdem um mehr als 350 Prozentpunkte angewachsen. In Deutschland sind die Kurse seit September 1992 um 300 Prozentpunkte gestiegen.[30] Das Wirtschaftswachstum ist bescheidener, dafür aber kontinuierlich gewesen. Die Konzentration auf Rentabilität hat zu einem Abbau der Arbeitsplätze und zu einer Steigerung der Leistung pro Arbeitskraft geführt, und immense technische Fortschritte bewirkten zugleich einen Produktivitätszuwachs. Die Globalisierung und die Heranziehung billiger Arbeitskräfte hielten die Produktionskosten niedrig, und seit den frühen achtziger Jahren sind die Zinssätze per

Saldo gesunken, was ebenfalls zum Anstieg der Aktienkurse beigetragen hat.

Die Verbreitung von Aktienbesitz durch Investmentfonds brachte, vor allem in den Vereinigten Staaten, zwei Quellen potentieller Instabilität mit sich. Die eine ist die sogenannte Vermögenswirkung. 38 Prozent des privaten Vermögens und 56 Prozent der Mittel von Pensionsfonds werden in Aktien angelegt. Aktienbesitzer buchen große Gewinne auf dem Papier, sie fühlen sich reich, und ihre Sparneigung ist auf Null gesunken. Die Ersparnisse privater Haushalte sind, gemessen am verfügbaren Einkommen, auf 0,1 Prozent abgesackt; der Höchststand lag 1975 bei 13 Prozent. Sollten die Börsenkurse langfristig fallen, würde die Haltung von Aktienbesitzern sich umkehren, was eine Rezession noch verschärfen und den Marktverfall beschleunigen würde.

Die zweite Quelle potentieller Instabilität sind die Investmentfonds. Ein Fondsmanager wird im Hinblick auf die Leistungen anderer Fondsmanager bewertet, nicht auf der Basis irgendeines absoluten Leistungsmaßstabes. Das klingt möglicherweise etwas mysteriös, hat aber weitreichende Implikationen, denn es zwingt Fondsmanager dazu, Trends zu folgen, also eher zu reagieren, als zu agieren. Solange sie sich in der Herde bewegen, erleiden sie persönlich keinen Schaden, selbst wenn die Investoren Geld verlieren. Aber sobald sie gegen den Trend handeln und ihre relative Leistung auch nur vorübergehend darunter leidet, stehen sie möglicherweise schon auf der Straße. Im Herbst 1998 waren die Investmentfonds so an den stetigen Zufluß von neuem Geld gewöhnt, daß sie die niedrigsten Geldreserven in der Geschichte der Fonds unterhielten. Sollte sich der Trend gegen sie wenden, werden sie gezwungen sein, Geld aufzutreiben, was den Druck auf die Kurse nur noch weiter verstärkt.

Das mag genug Grund zur Sorge bieten, gleichwohl liegen die Hauptfaktoren der Instabilität im internationalen Geschehen. Das kapitalistische Weltsystem erlebt gerade seine schärfste Bewährungsprobe: die Asienkrise und deren Nachbeben. Diese Bewährungsprobe ist die dritte Stufe in einem Boom/Bust-Zyklus. Man kann nicht präzis vorhersagen, ob ein Trend durchhalten wird oder ob er abrupt ins Gegenteil umschlägt. Welche möglichen Szenarien gibt es also?

Sollte das kapitalistische Weltsystem die gegenwärtige Probe bestehen, dann wird eine Periode weiterer Beschleunigung einsetzen, die das System in einen weit vom Gleichgewicht entfernten Zustand führt. Möglicherweise befinden wir uns aber auch schon längst in einer solchen Situation. Eines der Merkmale dieser neuen, extremeren Form des Weltkapitalismus wird sein, daß die plausible Alternative zur Ideologie des freien Marktes, die sich in letzter Zeit herauskristallisiert hat, verschwindet, nämlich das sogenannte asiatische oder konfuzianische Modell. Als Folge der gegenwärtigen Krise müssen die im Ausland lebenden chinesischen und koreanischen Unternehmer, deren Vermögen zum großen Teil aufgezehrt wurde, die Familienherrschaft über ihre Imperien aufgeben. Nur die, die zu diesem Schritt bereit sind, werden überleben; alle anderen dürften untergehen. In den einheimischen Unternehmen wird eine neue Generation von im Ausland ausgebildeten Familienmitgliedern oder professionellen Managern nachrücken. Das Profitmotiv wird wichtiger sein als die konfuzianische Ethik und der Nationalstolz, und einige Länder, so etwa Malaysia, bleiben vermutlich auf der Strecke, wenn sie ihre ausländer- und marktfeindliche Politik weiterverfolgen.

Geht das kapitalistische Weltsystem siegreich aus der gegenwärtigen Krise hervor, dann können wir annehmen, daß die Weltwirtschaft in einem noch stärkeren Grad von internationalen Aktiengesellschaften beherrscht sein wird, als dies ohnehin schon der Fall ist. Harte Konkurrenz wird sie daran hindern, sich sonderlich um soziale Belange zu kümmern. Selbstredend werden sie Lippenbekenntnisse zu Fragen wie Umweltschutz abgeben und anderen Bereichen, die der Öffentlichkeit am Herzen liegen. Doch sie werden keine Arbeitsplätze auf Kosten der Gewinne erhalten können.

Es ist aber genausogut vorstellbar, daß das kapitalistische Weltsystem die gegenwärtige Probe nicht besteht. Am politischen Horizont ziehen Sturmwolken auf, auch wenn die Krise zunächst die Demokratie gestärkt hat. In einigen Ländern sind korrupte und autoritäre Regime abgelöst worden. Korea konnte glücklicherweise mit Kim Dae Jung einen neuen Präsidenten wählen, der lange schon ein erklärter Gegner des inzestuösen Verhältnisses zwischen Regierung und Geschäftswelt gewesen ist. Der jetzige thailändische Premierminister wird ob seiner Ehrlichkeit allgemein bewundert, und er ist umgeben von Kabinettsmitgliedern, die im Westen studiert und eine ausgeprägte Marktorientierung haben. In Indonesien wurde Suharto von einer Revolution aus dem Amt gefegt. Nur in Malaysia ist es Mahathir gelungen, durch die Einführung von Kapitalkontrollen an der Macht zu bleiben. Aber der wirtschaftliche Niedergang ist noch nicht abgewendet, und die politischen Spannungen nehmen zu. In China sind zwar die Wirtschaftsreformer am Ruder, doch es besteht die Gefahr, daß sie ihre Macht, wenn sich die Bedingungen weiter verschlechtern, zugunsten von Hardlinern einbüßen. In Asien – Japan inbegriffen – stauen sich schon jetzt Ressentiments gegen die Vereinigten Staaten, gegen den IWF und das westliche Ausland auf. Und die Wahlkämpfe in Indonesien werden möglicherweise eine nationalistische islamische Regierung hervorbringen, die sich an den Ideen Mahathirs orientiert.[31]

Entscheidend wird sein, was im Zentrum geschieht. Bis vor kurzem haben ihm die Schwierigkeiten an der Peripherie genutzt. Sie wirkten dem entstehenden inflationären Druck entgegen, haben die Geldbehörden davon abgehalten, Zinssätze zu erhöhen, und dem Börsenhandel zu neuen Höhenflügen verholfen. Doch die positiven Auswirkungen der Asienkrise lassen allmählich nach, und die negativen Einflüsse sind immer deutlicher spürbar. Gewinnmargen geraten zunehmend unter Druck. Manche Unternehmen sind unmittelbar von der sinkenden Nachfrage oder von der stärkeren Konkurrenz aus dem Ausland betroffen; die Dienstleistungsbranche, die der internationalen Konkurrenz nicht direkt ausgeliefert ist, kämpft mit den steigenden Arbeitskosten.

Der Börsenboom in den USA ist nun vorüber,[32] und sollten die Aktienkurse jetzt zurückgehen, wird die Wirkung auf die Vermögen den Marktrückgang möglicherweise in eine Rezession der Wirtschaft verwandeln. Das wiederum könnte Widerstand gegen Importe auslösen, wodurch die Ressentiments an der Peripherie genährt würden.

Seit Ausbruch der Asienkrise ist Kapital aus der Peripherie geflohen. Wenn die Länder der Peripherie nicht mehr daran glauben, daß der Kapitalzufluß wieder zunehmen wird, werden sie möglicherweise nationale Gesetze erlassen, um die Kapitalflucht zu stoppen. Das aber würde den Kapitalabfluß nur verstärken, und damit bräche das System zusammen. Die Vereinigten Staaten kümmern sich fast ausschließlich um interne Angelegenheiten. Der Kongreß hat sich geweigert, zusätzliche Mittel für den IWF zu genehmigen, und dies wird womöglich ähnliche Folgen haben wie die Smoot-Hawley-Tarife während der Weltwirtschaftskrise von 1929.[33]

Welches der beiden Szenarien wird sich durchsetzen? Als Marktteilnehmer darf ich mir den Blick nicht verstellen. Ich zögere jedoch nicht zu behaupten, daß das kapitalistische Weltsystem seinen eigenen Defekten erliegen wird – wenn nicht dieses Mal, dann bei der nächsten Gelegenheit. Es gibt nur eine Rettung: Wir erkennen seine Mängel und handeln, solange wir sie noch korrigieren können.

Ich sehe schon die Umrisse der endgültigen Krise. Sie wird politischer Natur sein. In den einzelnen Ländern werden Bewegungen entstehen, die die multinationalen Konzerne enteignen und das

»nationale« Vermögen zurückerobern wollen. Manche von ihnen werden ihre Ziele erreichen, so wie früher der Boxer-Aufstand in China oder die Revolution der Zapatisten in Mexiko. Ihr Erfolg wird dann das Selbstbewußtsein der Finanzmärkte erschüttern und einen sich selbst verstärkenden Prozeß nach unten auslösen. Es ist noch offen, ob es dazu schon diesmal oder erst beim nächsten Mal kommen wird.

Wenn ein Boom/Bust-Prozeß seine Bewährungsprobe besteht, geht der Prozeß gestärkt daraus hervor. Je härter die Probe, desto kraftvoller der weitere Prozeß. Auf jede bestandene Probe folgt eine Zeit der Beschleunigung, und nach der Zeit der Beschleunigung kommt der Augenblick der Wahrheit. Wir werden erst im nachhinein feststellen können, an welchem Punkt wir uns gerade befinden.«

Eine kritische Schlußbemerkung

Wie gesagt: Diese Passage wurde im Herbst 1998 geschrieben. Mittlerweile hat die Weltwirtschaft das Gewitter weit besser überstanden, als ich erwartet hatte. Blickt man heute, im Jahr 2000, zurück, erscheint die Finanzkrise der Jahre 1997 bis 1999 als kleiner Ausrutscher auf dem triumphalen Vormarsch des Kapitalismus, oder im Rahmen meines Boom/Bust-Modells ausgedrückt: Das kapitalistische Weltsystem hat eine schwere Prüfung bestanden, und die Vorherrschaft des Marktfundamentalismus wurde gestärkt. Wie ich jedoch in Kapitel zehn darlegen werde, hat das hohe Vertrauen in die Marktdisziplin die weltweite Finanzarchitektur für die nächste Prüfung geschwächt.

Allerdings fühle ich mich verpflichtet, auf ein gravierendes Manko meiner eigenen Analyse hinzuweisen: Ich habe mich auf die Bedeutung des Kapitals, insbesondere des Finanzkapitals, konzentriert und dem Nutzen unternehmerischen Denkens nicht genügend Beachtung geschenkt. Der Wirtschaftstheorie habe ich vorgeworfen, daß sie zu sehr in der Vergangenheit verwurzelt ist – dabei bin ich in dieselbe Falle getappt wie sie.

Der Streit zwischen Kapitalismus und Sozialismus hat seine Ursprünge im 19. Jahrhundert; deshalb ist er von den wirtschaftlichen Vorstellungen jener Zeit beeinflußt. Schon der Begriff »Kapitalismus« entstammt der Einteilung der Produktionsfaktoren in Arbeit, Land und Kapital. Als man entdeckte, daß der Wert eines Produktes sich nicht allein aus den Faktoren ableiten läßt, die an seiner Erzeugung beteiligt sind, ergänzte man das Modell um das Konzept des Unternehmertums. Wenn wir also davon sprechen, daß wir dem Kapital »freie Hand« lassen, meinen wir damit in Wirklichkeit den Unternehmergeist: das Streben nach höherer Rendite für das Kapital – nach Profit. Profit wird eher durch unternehmerisches Denken erzeugt als durch den bloßen Einsatz von Kapital. Als Manager eines Hedgefonds investieren meine Mitarbeiter und ich beispielsweise das Geld anderer Menschen, und von den Gewinnen erhalten wir 20 Prozent. Ich konnte also ohne eigenes Startkapital zum Kapitalisten werden.

Unternehmerisches Denken kann die Produktivität des Kapitals steigern. Die Globalisierung, die Beseitigung staatlicher Beschränkungen und der Umstand, daß man dem Profitstreben freie Hand ließ, haben zu einer regelrechten Explosion der Produktivität geführt. Wie konnte ich das nur übersehen? Ich könnte behaupten, die Beschleunigung der technologischen Entwicklung sei reiner Zufall, doch dadurch läßt sie sich nicht wegdiskutieren. Als Anhänger der Reflexivitätstheorie würde ich mich damit ohnehin nicht herausreden wollen. Ein Zufallselement dürfte zwar in der Tat vorhanden sein, immerhin ist der Produktivitätszuwachs eng an die Entwicklung einer vernetzten Wirtschaft gebunden, und das Internet erreichte gerade in den letzten Jahren seine kritische Masse. Aber am explosiven Wachstum des Internets ist der Triumph des Profitstrebens ja gerade unmittelbar abzulesen. Seine Anfänge gehen auf ein staatlich finanziertes wissenschaftliches Computernetzwerk zurück, in das sich dann immer mehr Menschen einklinkten, ganz ähnlich wie Hausbesetzer, die Elektrizität abzapfen. Erst als man es für Handel und Werbung nutzte, verwandelte es sich in einen bedeutenden Faktor zur Steigerung von Produktivität und Wirtschaftswachstum, der einen Aktienboom auslöste.[34] Technologische Neuerungen – der Internet-Standard ist nur eine davon – sind zudem reflexiv mit der Abschaffung staatlich regulierter Monopole in der Telefonbranche verknüpft. Und nachdem das Profitstreben die biologische Forschung durchdrungen hatte, beschleunigte sich die Revolution der Biotechnologie ebenfalls. Man muß anerkennen, daß die Beseitigung von Vorschriften, die das Profitstreben einschränken, kreative Energie freisetzen kann – es ist, als ob man den Geist aus der Flasche ließe. Diesen Faktor hätte ich viel stärker in mein Boom/Bust-Modell integrieren müssen.

Ich habe behauptet, der finanzielle Zusammenbruch in den Ländern der Peripherie habe die im Zentrum einsetzende Inflation gedämpft. In diesem Argument steckte eine gewisse Wahrheit, und es hatte bei den Finanzinstitutionen beträchtliches Gewicht. Aber mittlerweile hat sich die Weltwirtschaft erholt, und dennoch hat die Inflation ihr häßliches Haupt noch immer nicht erhoben. Die US-Notenbank ist heute praktisch in der gleichen Lage wie vor der Finanzkrise der Jahre 1997 bis 1999: Sie fühlt sich verpflichtet, die Zinssätze anzuheben, zum Teil, um die Entstehung eines Inflationsdrucks zu verhindern, vor allem jedoch, um einem Bust der Aktienmärkte zuvorzukommen.

Wie ich bereits erläutert habe, sind die Finanzmärkte deshalb ihrem Wesen nach unberechenbar, weil der Boom/Bust-Prozeß sich auf etwas Reales gründet, wobei die Realität, die mit der Wahrnehmung der Beteiligten in Wechselwirkung tritt, bei jeder Gelegenheit eine andere Form annimmt. Wenn die Finanzmärkte ein geschlossenes System bildeten, könnte man ihre Entwicklung besser voraussagen.

Diesmal freilich hatten die technischen Neuerungen einen realen, bedeutsamen Einfluß, und mir ist der schwere Irrtum unterlaufen, sie bei meiner Analyse nicht zu berücksichtigen. Trotzdem bin ich nach wie vor der Ansicht, daß auf jeden Boom der Aktienmärkte ein Bust folgt, und die US-Notenbank tut gut daran, wenn sie ihm zuvorzukommen sucht. Es gehört inzwischen zu ihren Aufgaben, Kursübertreibungen in erträglichen Grenzen zu halten.

Doch was das endgültige Verschwinden des kapitalistischen Systems betrifft, so muß ich meine Prophezeiung ändern. Ich glaubte, nationalistische Kräfte würden eine Orgie der Enteignung veranstalten. Wenn ausländische Investitionen allerdings neueste Technologie mit sich bringen, wird so etwas wesentlich unwahrscheinlicher als zu den Zeiten, in denen Investitionen vorwiegend darauf abzielten, natürliche Ressourcen auszubeuten, und die technischen Produktionsmittel bereits etabliert waren. Unter den heutigen Umständen zahlt es sich schlicht und einfach nicht aus, sich gegen das System zu entscheiden. Manche Länder werden es vielleicht dennoch versuchen, aber die Tendenz dürfte schwerlich um sich greifen, und die wenigen abtrünnigen Staaten können das kapitalistische System kaum zu Fall bringen. Das Ende des Systems ist derzeit nicht in Sicht. Statt dessen lauern subtilere Gefahren; mit ihnen werde ich mich in den letzten drei Kapiteln eingehender befassen.

Kapitel 8   Die Finanzkrise von 1997 bis 1999

Die Asienkrise[35]

Die Finanzkrise, die 1997 von Thailand ausging, war vor allem wegen ihrer Reichweite und Heftigkeit nervenaufreibend. Wir im Soros Fund Management haben, so wie andere auch, eine Krise kommen sehen, aber das Ausmaß der Erschütterung hat alle überrascht. Eine ganze Reihe latenter und scheinbar voneinander unabhängiger Ungleichgewichte wurden wirksam, und ihre Wechselwirkung führte zu einem Prozeß, dessen Resultate in keinerlei Verhältnis zu den auslösenden Ursachen stehen. Statt sich, wie die ökonomische Theorie unterstellt, einem Gleichgewicht anzunähern, verhielten sich die Finanzmärkte jedoch mehr wie eine Abrißbirne, die von Land zu Land schwang, schwächere Märkte zusammenbrechen ließ und die Fundamentaldaten grundlegend änderte.

Die unmittelbarste Ursache für die Schwierigkeiten war die mangelnde Anpassung der Währungen. Die südostasiatischen Länder hielten an einer informellen Übereinkunft fest, ihre Währungen an den US-Dollar zu binden. Die scheinbare Stabilität ermutigte lokale Banken und Unternehmen, Anleihen in Dollar aufzunehmen und Dollars ohne Absicherung zu konvertieren. Dann vergaben die Banken Kredite oder investierten in Projekte vor Ort, zum Teil auch in Immobilien. Das erschien, solange die informelle Bindung hielt, als risikoloser Weg, um Geld zu verdienen. Doch die Übereinkunft geriet unter Druck, teils wegen des Kreditbooms, den sie beförderte, teils wegen der wirtschaftlichen Stagnation in Japan und teils wegen der Aufwertung des US-Dollar gegenüber dem japanischen Yen. Die Handelsbilanz der betroffenen Länder verschlechterte sich, obwohl die Handelsbilanzdefizite zunächst noch von weiterhin beträchtlichen Zuflüssen auf Wertpapierkonten ausgeglichen wurden.

Anfang 1997 erkannten wir im Soros Fund Management, daß die Situation unhaltbar war; auch andere müssen das gewußt haben. Bis Juli 1997 war die Krise noch latent, als nämlich die Verantwortlichen in Thailand die Dollarbindung verließen und die Währung in Umlauf brachten. Sie brach später aus, als wir erwartet hatten, weil die lokalen Finanzfachleute ihre Währungen zu lange stützten und internationale Banken weiterhin Kredite gewährten, obwohl sie das Menetekel erkannt haben mußten. Diese Verspätung hat zweifellos zum Ausmaß der Misere beigetragen: Als diese schließlich eintrat, waren die Reserven bereits erschöpft, und die Erschütterungen fielen heftiger aus als nötig. Schnell griff die Krise auf Malaysia, Indonesien, die Philippinen, Korea und andere Länder über, darunter auch solche ohne Dollarbindung. Was also hatten die betroffenen Volkswirtschaften gemeinsam? Manche meinen, das Problem habe in deren Abhängigkeit von einem verzerrten oder unreifen kapitalistischen System gelegen, das man heute abwertend »Kumpelkapitalismus« nennt, das zuvor jedoch als asiatisches Modell gelobt wurde. An dieser Behauptung ist sicher einiges dran. Dennoch läßt sich die Krise nicht ausschließlich auf asiatische Besonderheiten zurückführen, schließlich hat sie ja auch Lateinamerika, Rußland und Osteuropa, ja nahezu die gesamte Peripherie erfaßt. Allerdings kamen jene Länder, die über geschlossene Kapitalmärkte verfügten oder eine Abwertung ihrer Währung zuließen, besser mit der Situation zurecht.

Es sieht ganz so aus, als sei das internationale Finanzsystem im wesentlichen selbst für das Debakel verantwortlich gewesen. Jedenfalls spielte es in allen Ländern eine aktive Rolle, auch wenn die übrigen Elemente sich von Land zu Land unterschieden. Diese Erkenntnis läßt sich nur schwer mit der weithin anerkannten Vorstellung vereinbaren, daß Finanzmärkte im allgemeinen nach Gleichgewicht streben. Wenn ich recht habe, sollte man die Einstellung zu der Forderung, daß Finanzmärkte irgendeiner Kontrolle unterstehen müssen, grundlegend neu überdenken. Um meine These zu überprüfen, möchte ich zunächst die anderen beteiligten Elemente und dann den tatsächlichen Verlauf der Ereignisse betrachten.

Tod des asiatischen Modells

Die asiatischen Volkswirtschaften wiesen mehrere strukturelle Schwächen auf. Die meisten Unternehmen waren in Familienbesitz, und entsprechend der konfuzianischen Tradition wollten die Familien sie zu ihrem eigenen Nutzen leiten. Wenn sie Unternehmensanteile veräußerten, neigten sie dazu, die Rechte der Minderheitsaktionäre zu mißachten; wenn sie ihr Wachstum nicht aus Gewinnen finanzieren konnten, nahmen sie eher Kredite auf, als einen Kontrollverlust zu riskieren. Gleichzeitig haben Regierungsbeamte Bankkredite als Werkzeug für die Industriepolitik eingesetzt, sie nutzten sie aber auch, um ihre Familien und Freunde zu belohnen. Zwischen Geschäftswelt und Regierung herrschte ein inzestuöses Verhältnis. Das Zusammenwirken all dieser Faktoren führte zu einer hohen Verschuldungsrate und zu einem Finanzsektor, der weder transparent noch gesund war.

Die südkoreanische Wirtschaft etwa wurde von familienkontrollierten »Chaebol« (Konglomerate) dominiert, die unter sehr großem Druck standen. Die Schulden- und Eigenkapitalquote der 30 größten Chaebol, die indirekt für 35 Prozent der Industrieproduktion Koreas verantwortlich sind, lag 1996 bei durchschnittlich 388 Prozent, bei einzelnen Chaebol betrug sie bis zu 600 oder 700 Prozent.

Bis Ende März 1998 stieg der Durchschnitt auf 593 Prozent. Die Eigentümer nutzten ihren Einfluß, um gegenseitig für die Schulden anderer Gruppenmitglieder zu bürgen, wobei sie die Rechte der Minderheitsaktionäre verletzten. Und um die Sache noch zu verschlimmern, operierten koreanische Firmen mit sehr niedrigen Profitraten: Die Zinsdeckung der 30 größten Chaebol lag 1996 bei 1,3 und 1997 bei nur 0,94. Das heißt, die Zinsbelastungen waren nicht durch Gewinne abgedeckt. Koreanische Banken machten die einfache Kreditaufnahme immer mehr zum Element der Industriepolitik. Als die Regierung beschloß, bestimmte Industrien zu fördern, stürzten sich die Chaebol aus Angst, leer auszugehen, in entsprechende Angebote, was zu einer überstürzten Expansion führte, ohne Rücksicht auf Profite. In dieser Hinsicht orientierte sich Korea bewußt am bisherigen Verhalten der Japaner, konnte aber letztlich nicht mehr als eine grobe Imitation eines weit raffinierteren Vorbilds vorweisen. Während Japan über demokratische Institutionen verfügte, wurde Korea die längste Zeit seiner Nachkriegsgeschichte von einer Militärdiktatur regiert. Was hier fehlte, war die in Japan vorhandene Tradition der Konsensbildung und die Kontrollmechanismen einer gewachsenen Demokratie.

Als notleidende Kredite sich zu akkumulieren begannen, suchten koreanische Banken einen Ausweg aus der Misere, indem sie nun noch mehr Geld ins Ausland verliehen und in sehr gewinnträchtige, risikoreiche Wertpapiere in Ländern wie Indonesien, Rußland, der Ukraine und Brasilien investierten.

Nicht daß japanische Banken es in den Zeiten zuvor viel besser gemacht hätten. Japans Schwierigkeiten gehen auf den Wall-Street-Crash von 1987 zurück. Das japanische Finanzsystem wurde vom Finanzministerium streng kontrolliert. Dessen Beamte stellten eine intellektuelle Elite dar, vergleichbar den Inspecteurs de Finance in Frankreich. Sie verstanden mehr von der Reflexivität der Wirtschaftsphänomene als jede andere Gruppe, die ich untersucht habe, und sie entwickelten die grandiose Idee, daß Japan seine industrielle Macht in finanzielle Dominanz umsetzen könnte, indem sie die Welt mit Liquidität versorgten. Ich weiß noch, wie mir ein Finanzbeamter das Konzept nach dem Crash von 1987 erklärt hat. Er versicherte mir, daß sich die Ereignisse von 1929 nicht noch einmal wiederholen würden, denn Japan werde »die Welt mit Liquidität überfluten«. Unglücklicherweise ließen die Japaner einen wesentlichen Aspekt der Reflexivität unberücksichtigt – nämlich ihre eigene Fehlbarkeit –, was unbeabsichtigte Folgen hatte. Ihre Entscheidung, sich an die Spitze des internationalen Kreditmarktes zu stellen, half zwar der Welt, die Auswirkungen des Wall-Street-Crashs zu überwinden, aber den japanischen Finanzinstitutionen bescherte sie viele Verluste im Ausland. Im eigenen Land führte diese Politik zu einer finanziellen Seifenblase, die 1991 ihr größtes Volumen erreichen sollte. Wegen seiner strikten Kontrolle der Finanzinstitutionen konnte das Finanzministerium Luft aus dieser Blase lassen, ohne daß sie platzte – zum ersten Mal in der Geschichte wurde ein derartiges Kunststück fertiggebracht. Doch es ließ eine Menge unverdauter, schlechter Kredite in den Bilanzen der Finanzinstitutionen verfaulen. Der Rückgang zog sich länger hin als bei einem Crash, aber er war nicht weniger stark. Der Nikkei-Aktienindex sank nach einem Rekordhoch von 39.000 Punkten im Januar 1991 auf 14.000 im August 1992 ab und erreichte im Oktober 1998 ein zweites Tief von 12.800 Punkten. Der Rückgang der Immobilienwerte war noch stärker und hielt noch länger an.

Das Geld von Steuerzahlern konnte nicht zur Rettung der Banken genutzt werden, bis dieser Schritt schließlich unausweichlich war; der japanische Usus verlangte, daß im Finanzministerium die Köpfe rollten, und so kam es am Ende dann auch. Kein Wunder, daß das Finanzministerium diesem Vorschlag so lange wie möglich widerstand.

Beim Ausbruch der Asienkrise hat Japan dann versucht, das Budgetdefizit zu reduzieren. Das war genau die falsche Politik, und der Einbruch Asiens kam genau zur falschen Zeit. Die japanischen Banken, die in Thailand, Indonesien und Korea große offene Positionen hatten, verkürzten allmählich ihre Bilanzen und verursachten damit inmitten überfließender Liquidität eine Kreditklemme. Die Konsumenten, verängstigt durch die problematische Entwicklung und einige einheimische Bankrotte, verstärkten ihren Hang zum Sparen. Die niedrigen Zinssätze ließen es ratsam erscheinen, Kapital ins Ausland zu transferieren. Der Yen fiel, und die Wirtschaft rutschte in eine Rezession. Schließlich wurde die Regierung davon überzeugt, die Steuern zu senken und öffentliche Gelder dafür einzusetzen, die Banken zu rekapitalisieren, aber das kam nun schon zu spät. Die Rezession in Japan, der zweitgrößten Volkswirtschaft der Welt und eines wichtigen Handelspartners der anderen asiatischen Länder, trieb die ökonomische Talfahrt im übrigen Asien entscheidend voran.

Im asiatischen Modell der Wirtschaftsentwicklung können wir viele Unzulänglichkeiten ausmachen: strukturelle Schwäche im Bankensystem und im Unternehmensbesitz, das inzestuöse Verhältnis von Geschäftswelt und Politik, der Mangel an Transparenz und politischer Freiheit. Unzulänglichkeiten dieser Art gab es in vielen der betroffenen Länder, keine davon jedoch traf auf alle diese Länder zu. In Hongkong waren die wenigsten davon zu verzeichnen. In Japan und Taiwan gab es politische Freiheit und in Singapur ein starkes Bankensystem.

Außerdem galt das asiatische Modell als eine extrem erfolgreiche ökonomische Entwicklungsstrategie, die in Geschäftskreisen sehr bewundert wurde. Es hatte einen dramatischen Anstieg des Lebensstandards in den einzelnen Ländern herbeigeführt, immerhin verzeichneten diese über einen langen Zeitraum hinweg einen durchschnittlichen Pro-Kopf-Zuwachs von jährlich 5,5 Prozent – ein in der Wirtschaftsgeschichte beispielloses Wachstum. Nicht zuletzt deshalb verkündeten führende Politiker wie Lee Kwan Yu in Singapur, Suharto in Indonesien und Mahathir in Malaysia vor der Krise stolz ihren Glauben an die asiatischen Werte, die westlichen überlegen seien. Sie gingen sogar so weit, die Allgemeine Erklärung der Menschenrechte der UN anzuzweifeln. Lee Kwan Yu betrachtete westliche Demokratien als dekadent, Mahathir verdroß die Tradition des Kolonialismus, und Suharto rühmte die Tugend des Despotismus. Die Vereinigung Südostasiatischer Staaten (ASEAN) erkannte Myanmar (Birma) im Juni als Mitglied ihrer Organisation an, eine direkte Herausforderung der westlichen Demokratien, die Myanmars repressives Regime und seine Mißachtung der Menschenrechte für inakzeptabel hielten.

Wie konnte ein derart erfolgreiches Modell ökonomischer Entwicklung so schnell umkippen? Man wird keine Erklärung finden, ohne die Mängel des kapitalistischen Weltsystems in Rechnung zu stellen. Daß sich die Krise nicht auf Asien beschränkte, sondern auch Rußland, Südafrika und Brasilien erreichte und die Kraft hatte, alle aufstrebenden Märkte zu beeinflussen, untermauert nur die Annahme, daß die Hauptquelle der Instabilität im internationalen Finanzsystem selbst liegt.

Die Instabilität der internationalen Finanzen

Wenn wir auf das System schauen, müssen wir zwischen Direktinvestoren, Portfolio-Investoren, Geschäftsbanken und Finanzbehörden, etwa dem IWF, unterscheiden. Direktinvestoren wie etwa multinationale Konzerne spielten keine destabilisierende Rolle, es sei denn insofern, als sie ihre flüssigen Mittel auf dem Finanzmarkt einsetzten. Die Portfolio-Investoren gliedern sich auf in institutionelle Investoren, die anderer Leute Geld verwalten, Hedgefonds, die Druck ausüben, und individuelle Investoren.

Institutionelle Investoren bewerten ihre Leistungen im Vergleich miteinander, was sie zu einer dem Trend folgenden Herde macht. Sie verteilen ihre Einlagen auf verschiedene nationale Märkte; wenn ein Markt im Wert steigt, müssen sie ihr Kontingent vergrößern und umgekehrt. Zusätzlich können Investmentfonds Investoren anziehen, wenn sie hohe Wertsteigerungen vorzuweisen haben, verlieren sie aber wieder, wenn Verluste zu verzeichnen sind. Institutionelle Investoren trugen zur Beschleunigung des Crashs nicht wesentlich bei, sie verschärften ihn allerdings, indem sie zunächst, in der Hoffnung auf höhere Gewinne, zu lange im Markt blieben und sich dann überstürzt zurückzogen. Eine ähnliche Rolle spielen Manager von Hedgefonds und andere, die mit geliehenem Geld spekulieren. Während einer Gewinnsträhne können sie den Einsatz erhöhen; verlieren sie, müssen sie verkaufen, um ihre Verbindlichkeiten zu vermindern. Hier liegt eine wichtige Anstekkungsursache: Investoren und Spekulanten, die in einem Markt Verluste erleiden, sind häufig gezwungen, anderswo zu verkaufen. Eine ähnlich trendverstärkende Wirkung besitzen Optionen, Absicherungen und andere Wertpapierderivate.

Auf den Währungsmärkten sind Banken viel wichtiger als Hedgefonds, aber natürlich waren auch Hedgefonds wie mein eigener von Bedeutung für den asiatischen Währungstumult. Weil Hedgefonds tendenziell mehr an absoluter als an relativer Performance interessiert sind, können sie aktiv daran beteiligt sein, wenn in einem Trend ein Wechsel herbeigeführt wird. Selbstverständlich geraten sie ins Feuer der Kritik, falls der Wechsel nicht erwünscht ist. Aber einen unhaltbaren Trend sollte man so früh wie möglich umstoßen. Zum Beispiel hat der Quantum Fonds, der von meiner Investmentfirma gemanagt wird, durch den Verkauf des thailändischen Baht ein Signal dafür gesetzt, daß dieser überbewertet sein könnte. Hätte die Finanzpolitik reagiert, hätte die Anpassung früher stattgefunden und wäre weniger schmerzhaft gewesen.

Damit stellt sich die grundsätzliche Frage, ob Währungsspekulation wünschenswert ist oder nicht. Offensichtlich haben Staaten mit frei konvertierbaren Währungen in der jüngsten Krise schlimmere Erschütterungen erlitten als jene, welche halbwegs die Kontrolle über den Währungshandel behielten. Bedeutet das, daß man die Währungsspekulation verbieten sollte? Nicht unbedingt. Erstens ist durchaus nicht sicher, daß sie schädlich ist, denn sie kann auch nützliche Marktsignale setzen. Und zweitens ist der Devisenhandel – selbst wenn die Spekulation negative Wirkungen hat – unentbehrlich für internationale Handelsbeziehungen, internationale Investitionen und den Zugang zum internationalen Bankensystem. Wo man die Grenze zur Währungsspekulation ziehen sollte, hängt vom Entwicklungsstand der nationalen Bankensysteme und Finanzmärkte ab. Es gibt durchaus Möglichkeiten, die Spekulation einzudämmen, ohne den legitimen Devisenhandel über Gebühr zu beeinträchtigen. Jedenfalls kann über die richtige Mischung politischer Maßnahmen nur von Fall zu Fall entschieden werden. In den asiatischen Ländern übten die Vereinigten Staaten und der IWF vermutlich zuviel Druck aus, so daß die heimischen Finanzmärkte sich öffneten, bevor sie ausreichend darauf vorbereitet waren; dieser Faktor trug entscheidend zu der Krise bei.

Die Rolle des Internationalen Währungsfonds

Der IWF sah sich mit völlig neuen Problemen konfrontiert. Die Asienkrise erwies sich als überaus komplex, sie hatte eine Währungs- und eine Kreditkomponente. Letztere besaß einen internationalen und einen nationalen Aspekt, und zudem waren die verschiedenen Komponenten miteinander verknüpft. Was diese Krise von anderen Krisen, denen sich der IWF bisher gegenübersah, unterschied, war, daß sie im privaten Sektor entstand, während sich der öffentliche Bereich in relativ guter Verfassung befand. Dennoch verordnete der IWF die übliche Medizin, die verabreicht wird, wenn der öffentliche Sektor in Bedrängnis ist: Zinssteigerungen und die Reduzierung von Regierungsausgaben, um die Währung zu stabilisieren. Doch die Programme des IWF konnten das Vertrauen der internationalen Investoren nicht wiederherstellen, weil sie nur manche, nicht alle Aspekte der Krise erfaßten, die eng miteinander verknüpft waren. Speziell die Währungen konnten nicht stabilisiert werden, solange die Schuldenprobleme nicht gelöst waren.

Warum aber hat der IWF dies nicht erkannt? Vielleicht weil er keine Methode entwickelt hatte, um mit Gleichgewichtsstörungen im privaten Sektor fertig zu werden. Bei einigen Verantwortlichen des IWF jedenfalls ließ das Verständnis für die Finanzmärkte und ihre Funktionsweise zu wünschen übrig. Das zeigte sich in Indonesien, wo der IWF auf der Schließung von Banken bestand, ohne adäquate Vorkehrungen zum Schutz von Konteninhabern getroffen zu haben, und damit einen klassischen Run auf die Banken provozierte. Ähnliches wiederholte sich später in Rußland. In Indonesien schwächte die Finanzpanik wiederum Präsident Suhartos Entschlossenheit, die Bedingungen des IWF-Rettungsprogramms einzuhalten, das er schon deshalb katastrophal fand, weil es die Privilegien seiner Familie und seiner Freunde beschnitt. Die Kabbelei zwischen Suharto und dem IWF stieß die indonesische Rupie in den freien Fall.

Man hat den IWF dafür kritisiert, daß er zu viele Bedingungen gestellt und sich zu sehr in innere Angelegenheiten der Länder eingemischt habe, die ihn um Hilfe baten. Was geht es den IWF an, wurde gefragt, ob ein Regime korrupt ist oder die Banken- und Industriestruktur überschuldet? Von Bedeutung sei allein, ob es seinen Verpflichtungen nachkommen könne. Aufgabe des IWF sei es, eine Liquiditätskrise unter Kontrolle zu bringen, nicht die strukturellen Probleme der betroffenen Länder zu lösen. Ich vertrete genau den entgegengesetzten Standpunkt. Liquiditätskrisen sind unlösbar mit strukturellen Ungleichgewichten verbunden. Wenn sowohl Banken als auch Unternehmen überschuldet sind, kann deren Situation nicht durch neue Kredite verbessert werden; ein Zufluß von Eigenkapital ist notwendig. Die Schwierigkeit besteht aber gerade darin, daß in einer Krisensituation weder neues Kapital noch weitere Kredite zur Verfügung stehen.

Die einzige wirksame Lösung wäre ein Moratorium über die Schuldentilgung gewesen, dem ein Plan zur Umwandlung der Schulden in Eigenkapital hätte folgen müssen, aber das überstieg Macht und Zuständigkeit des IWF bei weitem. Dadurch wäre der Druck von den Wechselkursen genommen und die Notwendigkeit prohibitiver Zinssätze beseitigt worden; so hätte man die erforderlichen strukturellen Anpassungen zuwege bringen können, ohne die Länder in eine Depression zu stürzen. Das wäre freilich nur zu erreichen gewesen, wenn sowohl lokal als auch international der entsprechende politische Wille vorhanden gewesen wäre. Kim Dae Jung in Korea hätte sicher mitgezogen, doch Suharto in Indonesien wohl kaum. Und ohnehin ist es völlig unvorstellbar, daß die internationale Gemeinschaft, insbesondere die USA, mit einem vorübergehenden Moratorium einverstanden gewesen wäre. Es hätte das gesamte internationale Bankensystem erschüttert und ähnliche Verwerfungen ausgelöst, wie wir sie später im Zusammenhang mit der Zahlungseinstellung durch Rußland erlebt haben. Außerdem hätte es einen völligen Bruch mit der bisherigen Praxis bedeutet; der IWF ist ganz darauf ausgerichtet, die Interessen des internationalen Bankensystems zu schützen. Deshalb nahmen die Ereignisse ihren Lauf wie in einer griechischen Tragödie. Inzwischen wird die Doktrin des IWF zwar überdacht, und die unvermeidliche Umwandlung von Schulden in Eigenkapital hat begonnen, aber erst nachdem die Krise vorüber ist und die Länder verheerende Erfahrungen gemacht haben.

Wir haben es hier offensichtlich mit einer grundsätzlichen Schwierigkeit zu tun, und der IWF ist ein Teil des Problems und nicht der Lösung. Er steckt momentan in einer eigenen Krise. Ein unverzichtbarer Bestandteil seiner früheren Erfolge war das Vertrauen der Märkte, doch seine Glaubwürdigkeit hat Schaden genommen. Darüber hinaus stehen die internationalen Finanzinstitutionen unter dem politischen Druck des US-Kongresses. Und was am wichtigsten ist: Der IWF glaubt selbst nicht mehr an die Doktrin, von der er sich früher hat leiten lassen, und er sucht mittlerweile händeringend nach Wegen, um die Privatwirtschaft »in die Pflicht zu nehmen«. Mit diesem Thema werde ich mich in Kapitel zehn genauer befassen.

Der Verlauf der Krise

Im Frühjahr 1997 drängte das indonesische Debakel koreanische und japanische Banken in die Defensive und untergrub das Vertrauen internationaler Geldgeber in das koreanische Bankensystem. Von Korea aus schwang die Abrißbirne hinüber nach Rußland und Brasilien, streifte unterwegs Osteuropa und wirkte sich verheerend auf die Ukraine aus. Koreanische Banken hatten in Rußland und in Brasilien investiert; auch brasilianisches Kapital war nach Rußland geflossen. Koreaner wie Brasilianer mußten ihre Beteiligungen liquidieren, und sowohl Brasilien als auch Rußland mußten die Zinsraten hochsetzen, um ihre Währungen gegen Verkäufe zu schützen. Brasilien nutzte die Krise, um längst überfällige Strukturreformen durchzuführen, die die drohende Gefahr einzudämmen halfen, allerdings nur für ein paar Monate.

Im Dezember 1997, als sich ausländische Banken entgegen dem IWF-Programm weigerten, ihre Darlehen an koreanische Banken zu überweisen, gelangte die internationale Krise an ihren Höhepunkt. Die Zentralbanken mußten intervenieren und die Geschäftsbanken ihrer Jurisdiktion unterwerfen, damit sie ihre Darlehen erneuerten. Kurz nachdem die Krise sich zu beruhigen begann, wurde ein zweites Rettungspaket geschnürt. Alan Greenspan, der Vorsitzende der US-Notenbank, stellte klar, daß die asiatischen Probleme jede Möglichkeit einer Zinserhöhung ausschlossen – Wertpapier- und Aktienmärkte faßten wieder Mut. Die Abrißbirne schlug weniger kräftig aus; Lateinamerika hatte sie, bis auf Brasilien, nicht wirklich erreicht. Sowohl Korea als auch Thailand profitierten von der Wahl neuer, reformwilliger Regierungen. Nur in Indonesien spitzte sich die Lage weiter zu, bis Suharto schließlich die Macht entzogen wurde. Geschäftsleute kehrten zurück, Währungen erstarkten wieder, und Ende März 1998 erholten sich die asiatischen Aktienmärkte einschließlich des indonesischen in einem Bereich von einem Drittel bis zur Hälfte ihrer Verluste, gemessen in lokalen Währungen. Das ist eine typische Reaktion nach einem großen Marktzusammenbruch.

Doch es war eine trügerische Morgenröte. Auf den Kollaps der Finanzmärkte folgte der wirtschaftliche Zusammenbruch. Die Inlandsnachfrage kam zum Stillstand, und die Importe sanken, aber wegen des Währungsverfalls stieg der Dollarwert der Exporte nicht. Ein großer Teil davon ging zudem in ebenfalls betroffene Länder. Darüber hinaus waren die Ausfuhren auf eine begrenzte Anzahl von Waren beschränkt, deren Preise aufgrund eines verstärkten Verkaufsdrucks sanken. Der wirtschaftliche Niedergang dehnte sich rasch auf Länder aus, die ursprünglich gar nicht berührt waren. Japan rutschte in eine Rezession, und die wirtschaftliche Situation in China verschlechterte sich. Erneut geriet Hongkong unter Druck. Der Fall der Warenpreise, besonders des Ölpreises, traf vor allem Rußland, aber auch andere Produktionsländer.

Das Problem in Japan war ganz überwiegend ein nationales. Angesichts der riesigen Währungsreserven und eines großen und wachsenden Handelsüberschusses stand es in der Macht der japanischen Regierung, das Bankensystem zu rekapitalisieren und die Wirtschaft anzukurbeln. Unglücklicherweise ging diese Politik von falschen Voraussetzungen aus. Banken mußten erst scheitern, bevor sie öffentliche Gelder erhielten. Banker und der IWF taten alles, um den schwarzen Tag hinauszuschieben. Das Ergebnis war eine Kreditklemme, die die Wirtschaft in eine Rezession drängte und zugleich enormen Druck auf andere asiatische Länder ausübte.

Auch China sah sich einigen der Schwierigkeiten gegenüber, wie sie Korea zu bewältigen hatte. Chinas Bankensystem wird eher von politischen als von ökonomischen Erwägungen geleitet, und die Akkumulation von Außenständen war hier sogar schlimmer als in Korea. Es hatte einen enormen Boom bei der Entwicklung von Gewerbeimmobilien zu verzeichnen – bei Ausbruch der Krise arbeitete angeblich die Hälfte aller Kräne auf der Welt in Shanghai. Der Zufluß ausländischer Investitionen, insgesamt 70 Prozent davon stammten von Auslandschinesen, versiegte völlig.

Der ausschlaggebende Unterschied, der im Fall von China für schützenden Aufschub sorgte, war die nicht konvertible Währung; ohne sie hätte China trotz seiner enormen amtlichen Währungsreserven sicherlich die Abrißbirne zu spüren bekommen. Es gab ausstehende ausländische Währungsanleihen, deren Größe, wie in anderen asiatischen Ländern, nicht genau bekannt ist, und ausländische Investoren, insbesondere die Auslandschinesen, hätten wahrscheinlich die Flucht ergriffen oder zumindest ihre Investitionen auf dem Terminmarkt geschützt, hätten sie nur Gelegenheit dazu gehabt. Unter diesen Umständen verschaffte die Kapitalkontrolle der Regierung einen zeitlichen Spielraum.

Die chinesische Regierung versuchte diesen für die Ankurbelung der Inlandsnachfrage zu nutzen. Beim Massaker auf dem Tianmen-Platz hatte die Kommunistische Partei die »himmlische Vollmacht« verloren, also mußte sie für Reichtum auf der Erde sorgen, wenn sie toleriert werden wollte. Eine Wachstumsrate von knapp acht Prozent war da willkommen. Doch die Motoren des Wachstums, Exporte und der Zufluß ausländischer Investitionen, waren nun abgeschaltet. Deren Platz mußte die Inlandsnachfrage einnehmen. Die Regierung griff auf gute alte keynesianische Mittel zurück: Sie förderte große Infrastrukturprojekte und versuchte, den Wohnungsbau in Schwung zu bringen. China war entschlossen, die Abwertung seiner Währung zu vermeiden. Es wollte seine Bedeutung in der Welt steigern, eine engere Beziehung zu den Vereinigten Staaten aufbauen und die Mitgliedschaft in der Welthandelsorganisation erringen. Die chinesische Regierung befürchtete aber auch, im Falle einer Abwertung protektionistische Gegenmaßnahmen seitens der Vereinigten Staaten zu provozieren. Eine Abwertung hätte auch die Hongkonger Währungsbehörde erschüttert; die chinesische Regierung verfolgte jedoch mit aller Macht die Idee von »einem Land, zwei wirtschaftliche Systeme«, weil Festland-China Hongkong ähnlicher werden und ein günstiges Vorbild für eine künftige Wiedervereinigung mit Taiwan entstehen sollte.

Im Sommer 1998 war der Erfolg dieser Politik alles andere als sicher. Die chinesische Regierung hoffte den gleichen Effekt zu erreichen, den eine Abwertung gehabt hätte, indem sie Importbeschränkungen verhängte und Exportsubventionen bereitstellte, doch es gab einen bedeutenden Handel – besonders durch Unternehmen der Volksarmee – mit verdeckt getätigten Importen, die die Nachfrage nach inländischen Produkten unterliefen. Radikale Strukturreformen waren notwendig, aber sie mußten zurückgestellt werden, weil sie soziale Unruhe hätten provozieren können.

Ihren Höhepunkt erreichte die Weltfinanzkrise im Herbst 1998, als Rußland die Schuldentilgung einstellte und damit das internationale Bankensystem bis in seine Grundfesten erschütterte; dies führte dazu, daß Long Term Capital Management (LTCM), ein stark unter Druck geratener Hedgefonds, beinahe zusammengebrochen wäre. Ich werde die Erfahrungen mit Rußland im folgenden Kapitel genauer analysieren; hier interessiert zunächst die Frage, wie sich

Rußlands Schritt, die Zahlungen einzustellen, auf die Finanzmärkte ausgewirkt hat.

Die Märkte im Zentrum waren bis dahin mit der Krise an der Peripherie bemerkenswert gut zurechtgekommen. Aktien- und Wertpapierkurse profitierten sogar davon, daß der Inflationsdruck nachließ: Als die Asienkrise ausbrach, stand die US-Notenbank im Begriff, die Zinssätze zu erhöhen, und als diese Bedrohung wegfiel, waren die Märkte erleichtert. Durch die Krise öffnete sich die Schere zwischen risikoärmeren und risikoreicheren Finanzinstrumenten weiter, und Banken mit starkem Engagement in Ländern der Peripherie neigten dazu, dieses zurückzufahren; aber man konnte derartige Deflationstendenzen zunächst recht gut eindämmen.

Das alles änderte sich, als Rußland seine Zahlungen einstellte. Manche Geldinstitute hatten sich stark an der Finanzierung russischer Banken beteiligt, die durch Währungs- und Kredittransaktionen mit russischen Staatsanleihen spekulierten; außerdem agierten sie selbst zum Teil unmittelbar in diesem Bereich, und zwar sowohl auf eigene Rechnung als auch im Auftrag ihrer Kunden. Jetzt mußten sie Verluste abschreiben. Aber gemessen an den indirekten Auswirkungen, war dieser unmittelbare Effekt noch relativ harmlos – schließlich war der Markt für russische Staatsanleihen winzig im Vergleich zu den verschiedenen internationalen Swap- und Spread-Märkten: Staatsanleihen gegen hypothekengestützte Sicherheiten; kurzfristige Wechsel gegen Eurodollar; Eurodollar gegen Eurosterling; feste gegen variable Wechselkurse, und so weiter. Die eigenen Handelshäuser der Banken versuchten ebenso wie manche Hedgefonds (meiner allerdings nicht), diese Situation auszunutzen: In der Hoffnung, die Schere werde sich wieder bis auf ein normales Maß schließen, kauften sie Papiere, die ihnen unterbewertet erschienen. Die Diskrepanzen hatten wegen der Asienkrise ohnehin meist schon ein Rekordniveau erreicht; jetzt sprengten sie vollends den Rahmen.

Der bei weitem größte Mitspieler war der Hedgefonds LTCM, den John Merriweather und seine Mitarbeiter gegründet hatten, nachdem sie bei der heute zur Citigroup gehörenden großen Investmentbank Salomon Brothers ausgestiegen waren. Sie hatten ihren Investoren ausgezeichnete Renditen geliefert und erfreuten sich höchsten Ansehens. Zum Wertpapierhandel setzten sie raffinierte, auf der Theorie effizienter Märkte gegründete Modelle ein, und zu ihrem Aufsichtsrat gehörten zwei Wirtschafts-Nobelpreisträger. Ihre Partner handelten mit ihnen, ohne überhaupt nach Kapitaldeckung zu fragen. Anfang 1998 schütteten sie einen beträchtlichen Teil des Kapitals ihrer Investoren aus, um die Rendite des verbleibenden Kapitals zu steigern, und ihre Bilanzsumme erreichte über 100 Milliarden Dollar, die außerbilanzmäßigen Verpflichtungen beliefern sich auf mehr als eine Billion Dollar bei einem Eigenkapital von 5 Milliarden Dollar. Nun erlitten sie schwere Einbußen. Als das Eigenkapital auf rund 600 Millionen Dollar geschrumpft war, lud die Notenbank in New York die wichtigsten Geschäftspartner von LTCM, die bei der drohenden Zahlungsunfähigkeit am meisten zu verlieren hatten, zu einem Treffen ein und legte ihnen nahe, einen Fonds mit ausreichendem Volumen zu gründen, um so den Zusammenbruch zu verhindern. Wären sie darauf nicht eingegangen, hätten sie gravierende Verluste hinnehmen müssen. Bei einer Liquidation der Außenstände hätte man kaum Käufer finden können; außerdem wäre dann auch die Kreditwürdigkeit der Partner in Frage gestellt worden, und das hätte eine klassische Panik ausgelöst. Schließlich jedoch schritt die US-Notenbank ein. Die Aktienmärkte erlebten einen vorübergehenden Einbruch, aber die Federal Reserve senkte dreimal in schneller Folge die Zinssätze, und die Märkte erholten sich wieder. So dicht hat das internationale Finanzsystem noch nie vor der Auflösung gestanden, und es war das einzige Mal, daß die Aktienmärkte im Zentrum die Weltfinanzkrise nachteilig zu spüren bekamen.

Ich schloß mein Buch ›Die Krise des globalen Kapitalismus‹ kurz nach der Zahlungseinstellung Rußlands ab, unmittelbar vor dem Beinahe-Zusammenbruch von LTCM. Ich sah ihn kommen und war so tief davon beeindruckt, daß ich mich dazu hinreißen ließ, den bevorstehenden Tod des kapitalistischen Weltsystems zu verkünden. Im einzelnen schrieb ich:

»Während der mexikanischen Krise von 1994/95 wurde das kapitalistische Weltsystem ernsthaft auf die Probe gestellt, aber es überlebte und ging sogar gestärkt daraus hervor. Das ist der Punkt, an dem die Periode der Beschleunigung eintrat und der Boom zunehmend ungesund wurde. Daß die Inhaber mexikanischer Schatzwechsel aus der Krise unbeschadet hervorgingen, lieferte den Spekulanten mit russischen Schatzwechseln ein schlechtes Beispiel. Der Wendepunkt kam mit der thailändischen Krise vom Juli 1997. Sie kehrte die Richtung der Kapitalflüsse um. [...]

Zunächst kam der Umschwung den Finanzmärkten im Zentrum zugute, aus Gründen, die ich schon erklärt habe. Der Schwung des Zentrums brachte auch der Peripherie Hoffnung. Die asiatischen Aktienmärkte machten – in lokalen Währungseinheiten gerechnet – fast genau die Hälfte ihrer Verluste wieder wett, bevor sie erneut an Boden verloren. Dies könnte als Zwielichtperiode interpretiert werden. Schließlich brachen die Finanzmärkte im Zentrum unter dem Bust ebenfalls zusammen. Die Erosion begann langsam, und der Kapitalfluß in Investmentfonds blieb positiv, aber die Krise in Rußland führte rasch zu einem Verkaufshöhepunkt, der einige, wenngleich nicht alle Merkmale eines Tiefstands aufwies. Ich glaube, daß es ein irreführender Tiefstand war, wie der, den die asiatischen Aktienmärkte Anfang 1998 produzierten. Außerdem erwarte ich einen Wiederanstieg bis zu 50 Prozent, doch möchte ich nicht ausschließen, daß es bereits vor der Trendumkehr zu einer weiteren Verschlechterung kommt. Schließlich werden die Märkte noch viel tiefer fallen, und das wiederum wird zu einer globalen Rezession führen. Mehr noch: Der Zerfall des kapitalistischen Weltsystems erlaubt keine Erholung, die Rezession wird deshalb in eine Depression übergehen.

Drei Gründe lassen mich daran zweifeln, daß der Tiefstand schon erreicht ist. Erstens hat die Rußlandkrise bislang übersehene Mängel im internationalen Bankensystem offengelegt. Banken beteiligen sich im Geschäft untereinander und mit ihren Kunden an Swaps, Termingeschäften und am Derivatenhandel. Diese Transaktionen tauchen in den Bilanzen der Banken nicht auf.

Als die russischen Banken unter ihren Verpflichtungen zusammenbrachen, handelten westliche Banken weiter auf eigene Rechnung und auf die ihrer Kunden. Hedgefonds und andere spekulative Investoren erlitten ebenfalls große Verluste. Nun versuchen die Banken verzweifelt, ihre offenen Positionen zu begrenzen, Schulden abzubauen und das Risiko zu minimieren. Ihre eigenen Aktien sind gefallen, und eine globale Kreditklemme bahnt sich an.[36]

Zweitens wurde die Angst an der Peripherie so stark, daß einzelne Länder damit begonnen haben, aus dem kapitalistischen Weltsystem auszusteigen, wenn sie nicht ohnehin schon auf der Strecke geblieben sind. Zuerst erlitt Indonesien, dann Rußland einen nahezu vollständigen Zusammenbruch. Und was in Malaysia, in geringerem Maß auch in Hongkong geschah, ist in gewisser Weise sogar noch verhängnisvoller. Der Kollaps von Indonesien und Rußland war eine unbeabsichtigte Nebenfolge, Malaysia schloß sich bewußt von internationalen Kapitalmärkten aus. Diese Politik brachte der malaysischen Wirtschaft zeitweilige Erholung und erlaubte den politischen Führern dort, sich an der Macht zu halten; aber weil sie zugleich eine allgemeine Kapitalflucht aus der Peripherie vorantrieb, traf das Geschehen auch jene Länder, die versuchten, ihre Märkte offenzuhalten. Sollte dies Malaysia im Vergleich zu seinen Nachbarn relativ gut dastehen lassen, könnte eine solche Politik leicht Nachahmer finden.

Der dritte Hauptfaktor, der eine Selbstzerstörung des kapitalistischen Weltsystems nahelegt, ist die offensichtliche Unfähigkeit der internationalen Finanzfachleute, es zusammenzuhalten. Die IWF-Programme scheinen nicht zu funktionieren, und dem IWF ist ohnehin das Geld ausgegangen. Darüber hinaus sind die Finanzmärkte überaus seltsam: Sie wehren sich zwar gegen jegliche Regierungseinmischung, aber ganz im verborgenen hegen sie doch den Glauben, daß die Behörden einspringen, falls es wirklich hart auf hart kommt. Dieser Glaube ist nun erschüttert worden.[37]

Vor dem Hintergrund dieser drei Faktoren glaube ich, daß wir den Kreuzungspunkt hinter uns gelassen haben und die Trendwende durch eine Umkehrung des herrschenden Vorurteils verstärkt wird. Wie sich die Dinge weiterentwickeln, hängt zum großen Teil von der Antwort des Bankensystems, der investierenden Öffentlichkeit und der Fachleute im Zentrum ab. Das Spektrum der Möglichkeiten liegt zwischen einem wasserfallartigen Zusammenbruch der Aktienmärkte und einem eher schleichenden Prozeß des Niedergangs. Letzeres ist meiner Meinung nach wahrscheinlicher. Die Erschütterung der internationalen Finanzmärkte wird wohl nachlassen, die forcierte Liquidierung von Vermögen absorbiert. Eine der größten Spannungsquellen, die Stärke des Dollar und die Schwäche des Yen, ist schon korrigiert worden. Hongkong, eine andere Schwachstelle, scheint einen Weg gefunden zu haben, die Kontrolle über das eigene Schicksal wiederzugewinnen. Rußland ist abgeschrieben. Eine Senkung der Zinsraten steht in Aussicht. Die Aktien sind tief genug gefallen, so daß viele von ihnen wieder attraktiv erscheinen. Das Publikum hat gelernt, daß es sich auszahlt, niedrige Werte auf einem Boommarkt zu kaufen, und es dauert eine Weile, bis das Publikum spitzkriegt, daß Boommärkte nicht ewig Boommärkte bleiben. All das trägt meines Erachtens dazu bei, daß die drei wichtigsten negativen Kräfte erst mit zeitlicher Verzögerung spürbar werden. Auf die falsche Morgenröte wird ein ausgedehnter Baisse-Markt folgen, wie in den dreißiger Jahren oder gegenwärtig in Asien. Das Publikum wird aufhören, niedrige Werte zu kaufen, und sich von den Aktien weg hin zu Geldmarktfonds oder Schatzwechseln bewegen. Der Wohlstandseffekt wird seinen Tribut fordern, und die Konsumentennachfrage wird sinken. Auch der Bedarf an Investments wird aus einer Reihe von Gründen zurückgehen: Die Profite stehen unter Druck, die Importe steigen, die Exporte fallen, und die Kapitalversorgung für die weniger gut etablierten Unternehmen und für den Immobilienhandel ist ausgetrocknet. Die Senkung der Zinsraten wird den Verfall der Märkte abfedern, und die Wirtschaft könnte sich schließlich sogar erholen, wenn nur das kapitalistische Weltsystem zusammenhält. Doch sein Auseinanderfallen wird immer wahrscheinlicher. Falls und sobald das Wachstum der amerikanischen Binnenwirtschaft sich verlangsamt, wird auch die Bereitschaft abnehmen, ein großes Handelsdefizit zu tolerieren, und das könnte den freien Handel erheblich gefährden.

Früher dachte ich, die Asienkrise werde zu einem ultimativen Triumph des Kapitalismus führen: Multinationale Konzerne träten an die Stelle chinesischer Familienclans, und das asiatische Modell würde dem kapitalistischen Weltmodell angepaßt. Das kann natürlich immer noch passieren, aber naheliegender ist, daß die Länder an der Peripherie nach und nach aus dem System aussteigen, weil ihre Aussichten, Kapital aus dem Zentrum anzulocken, schwinden. Banken und Portfolio-Investoren haben ernsthafte Verluste erlitten, und es wird weitere geben. Rußland wird wahrscheinlich seinen Dollarverpflichtungen nicht nachkommen, und auch in Indonesien wird man Verluste anerkennen müssen. Anteilseigner bestrafen ihre Banken für deren offene Positionen in der Peripherie und erhöhen ihre Beteiligungen nicht. Nur durch gemeinsame Schritte der Regierungen ließe sich Geld in die Peripherie pumpen, aber für eine internationale Zusammenarbeit gibt es keine Anzeichen.«

Rückblickend betrachtet, war meine Prophezeiung klar falsch. Sie zeigt, wie gefährlich es ist, eindeutige Voraussagen zu machen, insbesondere da die Zukunft im Rahmen meiner Theorie der Reflexivität offen ist. Natürlich kann man sich nicht an den Finanzmärkten beteiligen, ohne irgendeine Hypothese über die künftige Entwicklung aufzustellen. Ich bin eine Wette eingegangen und habe verloren. Das war sowohl persönlich als auch beruflich eine schmerzliche Erfahrung.

Trotzdem hatte das Erlebnis für mich einen gewissen Wert, weil es einige Schwachpunkte meiner ursprünglichen Analyse aufdeckte; es ist wichtig zu verstehen, wo der Fehler liegt. Meine Annahme, daß die US-Notenbank darauf verzichten würde, zur Rettung von LTCM einzugreifen, war offensichtlich falsch. Schließlich besteht ihre Aufgabe darin, das Finanzsystem der Vereinigten Staaten zu schützen, und dieses Ziel wäre durch den Zusammenbruch von LTCM ernstlich gefährdet gewesen. Ich habe behauptet, das Spielfeld des Weltkapitalismus sei zugunsten des Zentrums geneigt. Welchen besseren Beweis könnte ich mir dafür wünschen als das Ungleichgewicht zwischen der Fähigkeit der US-Finanzbehörde, die amerikanische Wirtschaft zu schützen, und dem Unvermögen der internationalen Finanzinstitutionen, dasselbe für die Weltwirtschaft zu leisten?

Doch mir ist ein grundsätzlicherer Fehler unterlaufen. Ich hatte mich derart auf die Schwächen des internationalen Finanzsystems konzentriert, daß ich den gewaltigen Produktivitätssteigerungen, die durch technische Neuerungen und insbesondere durch die Kommunikations- und Informationstechnologie entstanden waren, nicht genügend Beachtung schenkte. Diese Entwicklungen erreichten zu dieser Zeit gerade einen kritischen Punkt und begannen, sowohl auf die Wirtschaft als auch auf die Aktienmärkte beträchtlichen Einfluß auszuüben. Das Internet hat inzwischen eine eigene Spekulationsblase geschaffen, die früheren Blasen ähnelt, sie aber in ihren Ausmaßen übertrifft. Dadurch sorgen das Internet und andere Neuerungen für einen grundlegenden Wandel im Wesen geschäftlicher Transaktionen, der weitreichende Auswirkungen auf das Schicksal einzelner Firmen und ganzer Branchen haben wird. Gleichzeitig verstärkt dieser Wandel auch den Konkurrenzvorteil der Vereinigten Staaten, und er verändert die Beziehung zwischen Zentrum und Peripherie: Es ist jetzt viel schwieriger geworden, sich gegen ein System zu entscheiden, das nicht nur Zugang zu Kapital verschafft, sondern auch zu technologischen Innovationen. Früher, als die Technologie zur Ausnutzung des Vermögens mehr oder weniger stabil und allgemein bekannt war, konnte die Verstaatlichung sich zumindest kurzfristig lohnen, wie das Beispiel der Ölgesellschaften zeigt. Wenn es aber nicht so sehr auf das Kapital, sondern auf unternehmerisches Denken ankommt, gibt es keine Alternative dazu, dieses zu fördern.

Im Rückblick wird deutlich, wie sehr meine Analyse vom Vorurteil geprägt war, daß es einen Bust geben würde. Ich malte mir den Niedergang in verschiedenen Formen und Dimensionen aus, und daß der Aktienmarkt sich zu neuen Höhen aufschwingen könnte, kam mir gar nicht in den Sinn. Es ist nicht leicht, ein solches Vorurteil aufzugeben, besonders wenn viele der zugrundeliegenden Annahmen nach wie vor zutreffen. Zwar wurde ein Zusammenbruch des weltweiten Kreditwesens vermieden, und der Druck, aus dem System auszusteigen, hat keine entsprechenden Folgen gehabt. Aber die Diskrepanz zwischen Zentrum und Peripherie ist noch größer geworden, und die Fähigkeit der internationalen Finanzinstitutionen, die Finanzmärkte zu lenken oder zu beeinflussen, hat weiter abgenommen – das System ist instabiler denn je. Darauf werde ich in Kapitel zehn zurückkommen.

Das Management des Soros Fund hatte einige Schwierigkeiten damit, das Vorurteil abzulegen, daß die Kurse weiter sinken würden. Mein Boom/Bust-Modell sieht nach einer bestandenen Prüfung

eine Phase der Beschleunigung vor, und es gelang uns, daran teilzu-
haben; allerdings nur halbherzig. Wir versuchten zu früh, kurzfristig in Internetaktien anzulegen, und dabei bekamen wir eins auf
die Nase: Der Quantum Fund war im Mai 1999 gegenüber dem Jah-
resbeginn um 20 Prozent gesunken. Wieder gelang es uns, die Situation zu retten: Wir erkannten die nächste Gruppe führender
Technologieunternehmen, und am Jahresende verzeichneten wir
ein Plus von 35 Prozent, was gegenüber dem Tiefpunkt von 1999
eine Steigerung von nahezu 70 Prozent bedeutete. Dieses Mal jedoch verpaßten wir den Absprung, und nun gerieten wir in den Abwärtstrend, der im März 2000 begann. Das dauernde Auf und Ab
war für den Mann am Steuer zuviel; Stan Druckenmiller, der leitende Investmentmanager des Fonds, nahm seinen Hut. Ich mei-
nerseits fühlte mich verpflichtet, der Sache ein Ende zu machen,
und wandelte den Quantum Fund in eine konservativere Anlageform mit stärkerer Risikostreuung um.

Heute, wo die Früchte langsam reif werden, ist die Versuchung groß,
am Markt zu bleiben und kurzfristige Kursschwankungen auszunutzen, aber das würde nicht gutgehen. Ich kann mich nicht mehr
aktiv am Management eines Hedgefonds beteiligen, denn das erfordert die ungeteilte Konzentration auf die Aufgabe, und ich habe zu
viele andere Interessen und Verpflichtungen.[38] Außerdem habe ich
nicht mehr die Ausdauer, die damit verbundenen Spannungen und
Schmerzen zu ertragen. Würde ich wieder in den Ring steigen,
hätte ich viel mehr zu verlieren als zu gewinnen – nichts ist so be-
mitleidenswert wie ein alternder Champion, der es noch einmal
wissen will. Selbst wenn es mir gelänge, bei einem bevorstehenden
Bust rechtzeitig Kasse zu machen, wäre mein eigentliches Problem
nicht gelöst: Wie stelle ich sicher, daß mein Vermögen richtig ver-
waltet wird? Ich genieße das seltene Privileg, daß ich mich selbst
darum kümmern könnte; will ich aber meine Pflichten richtig wahrnehmen, darf ich es nicht tun.

Wenn ich die Ereignisse der letzten Jahre Revue passieren lasse, muß ich den Nutzen des Boom/Bust-Modells in Frage stellen. Es sollte lediglich illustrieren, wie ein Zustand in der Nähe des Gleichgewichts in eine weit davon entfernte Situation umkippen kann, doch ich habe dieses Modell überstrapaziert. Schon die Analogie zwischen dem Sowjetsystem und dem Bankensystem der Vereinigten Staaten war recht weit hergeholt, und am Ende wurde mein Versuch, dieses Muster auf den Verlauf der jüngsten Krise anzuwenden, kontraproduktiv.

Ich glaube nicht, daß mein Denkansatz durch diese Selbstgeißelung entkräftet wird. Im Gegenteil: Mein Irrtum unterstreicht, wie wichtig es ist, daß wir unsere Fehlbarkeit erkennen. Ich habe mein Boom/Bust-Modell überfordert, aber die Grundidee ist nach wie vor richtig: Ein allgemeines Vorurteil und ein allgemeiner Trend können sich anfangs gegenseitig verstärken und am Ende gegenseitig zerstören. Auch daß eine bestandene Prüfung ein herrschendes Vorurteil in der Regel untermauert, während es bei einem Fehlschlag fallengelassen wird, trifft zu. Problematischer sind dagegen der »Augenblick der Wahrheit« und die »Zwielichtperiode«: Man kann sie, wenn überhaupt, nur im nachhinein erkennen.

Zugegeben: Es war methodisch nicht korrekt, eine solche bedingungslose Voraussage zu machen, denn die Theorie der Reflexivität erlaubt nur, Alternativszenarien aufzustellen. Doch die Marktteilnehmer können sich den Luxus nicht leisten, an wissenschaftlichen Methoden festzuhalten; sie müssen auf der Grundlage falscher Hypothesen handeln. Mit meiner unrichtigen Voraussage habe ich zumindest nachgewiesen, daß die Hypothesen, mit denen ich arbeite, falsifizierbar sind. So dient meine verkehrte Analyse in gewisser Weise der Rechtfertigung eines Denkansatzes, der sich auf die Erkenntnis der Fehlbarkeit und die Korrektur von Irrtümern gründet – und dazu ist das Management des Soros Fund schon seit dreißig Jahren in der Lage.

Kapitel 9 Wer hat Rußland verloren?

Als 1989 der sowjetische Einflußbereich und 1991 schließlich die Sowjetunion selbst zusammenbrach, eröffnete sich eine historische Gelegenheit, die Region im Sinne der offenen Gesellschaft zu verändern. Aber die westlichen Demokratien haben es versäumt, diese Gelegenheit beim Schopf zu packen, und an den Folgen leidet heute die ganze Welt. Die Sowjetunion und später Rußland brauchten Hilfe aus dem Ausland, weil die offene Gesellschaft eine kompliziertere Form der sozialen Organisation darstellt als eine geschlossene Gesellschaft. Für die Struktur einer geschlossenen Gesellschaft gibt es ein einziges Konzept: die autoritär vorgegebene Richtung, die mit Gewalt durchgesetzt wird. In der offenen Gesellschaft dagegen ist den Bürgern das selbständige Denken nicht nur erlaubt, sondern es wird sogar von ihnen gefordert, und entsprechend eingerichtete Institutionen machen es möglich, daß Menschen mit unterschiedlichem biographischem und kulturellem Hintergrund sowie verschiedenen Interessen und Meinungen friedlich nebeneinanderleben.

Das Sowjetsystem war vermutlich die umfassendste Form einer geschlossenen Gesellschaft in der ganzen Menschheitsgeschichte. Sein Einfluß erstreckte sich auf praktisch alle Lebensbereiche: den politischen und militärischen ebenso wie den wirtschaftlichen und intellektuellen. In seiner aggressivsten Form versuchte es sogar, in die Naturwissenschaft einzudringen – dies zeigt der Fall Trofim Lyssenko.[39] Der Übergang zur offenen Gesellschaft erforderte einen revolutionären Prinzipienwechsel, der ohne äußere Hilfe nicht zu bewerkstelligen war. Diese Erkenntnis veranlaßte mich, eilig einzugreifen und in einem Land des früheren Ostblocks nach dem anderen eine Open Society Foundation zu gründen.

Den offenen Gesellschaften des Westens fehlte diese Einsicht. Im Jahre 1947, nach den verheerenden Zerstörungen des Zweiten Weltkriegs, begannen die Vereinigten Staaten damit, Europa mit Hilfe des Marshallplanes wiederaufzubauen; nach dem Zusammenbruch des Sowjetsystems allerdings war eine solche Initiative undenkbar. Als ich im Frühjahr 1989 auf einer Konferenz in Potsdam etwas Ähnliches vorschlug, wurde ich geradezu ausgelacht. Angeführt wurde der Chor der Spötter von William Haldegrave, einem Mitarbeiter im Außenministerium von Margaret Thatcher. Die britische Premierministerin war eine eifrige Verfechterin der Freiheit – wenn sie kommunistische Länder besuchte, bestand sie immer darauf, sich mit Dissidenten zu treffen –, aber die Vorstellung, eine offene Gesellschaft müsse aufgebaut werden und dazu sei unsere Hilfe erforderlich, lag offenbar jenseits ihres Horizonts. Als Marktfundamentalistin lehnte sie staatliche Eingriffe grundsätzlich ab. Eigentlich überließ man die kommunistischen Länder weitgehend sich selbst; manche schafften den entscheidenden Schritt, andere nicht.

Im Zusammenhang mit Rußland wird viel Nabelschau betrieben, und man zeigt mit dem Finger auf andere. Zeitungsartikel stellen die Frage: Wer hat Rußland verloren? Nach meiner Überzeugung tragen vor allem wir – die westlichen Demokratien – die Verantwortung, und die Unterlassungssünden wurden von den Regierungen Bush und Thatcher begangen. Die Leistung Deutschlands unter Kanzler Helmut Kohl ist differenzierter zu betrachten. Sowohl mit der Erhöhung von Krediten als auch mit Bürgschaften hat Deutschland finanziell am meisten für die Sowjetunion und später für Rußland getan, doch Kohl wollte damit vor allem die russische Zustimmung zur deutschen Wiedervereinigung erkaufen und weniger den Wandel in Rußland fördern.

Ich bin überzeugt davon, daß Rußland ein für allemal auf den Weg zur Marktwirtschaft und zu einer offenen Gesellschaft hätte gebracht werden können, wenn die westlichen Demokratien sich wirklich darum bemüht hätten. Mir ist klar, daß eine solche Behauptung der gegenwärtig herrschenden Ansicht widerspricht. Sie ist rein hypothetisch, denn in Wirklichkeit waren die wirtschaftlichen Reformanstrengungen entsetzliche Fehlschläge. Um den Standpunkt zu vertreten, daß die Ergebnisse trotzdem anders hätten ausfallen können, muß man schon an die Wirksamkeit von Auslandshilfe glauben. Sie hat freilich keine allzu positive Bilanz vorzuweisen, und die Vorstellung, staatliche Eingriffe könnten einer Volkswirtschaft tatsächlich nützen, läuft dem gängigen marktfundamentalistischen Vorurteil zuwider. Deshalb konzentriert sich die Aufmerksamkeit darauf, Schuldige zu finden, die falsche Entscheidungen getroffen haben, während doch gerade jenes Vorurteil selbst für das Ergebnis verantwortlich ist. Es stand einem echten Engagement zur Unterstützung der Sowjetunion und später Rußlands entgegen.

Die Menschen in den offenen Gesellschaften des Westens empfanden vage Sympathie für die Entwicklungen, aber sie glaubten nicht daran, daß die offene Gesellschaft eine allgemeingültige Idee sei, deren Umsetzung nennenswerte Anstrengungen rechtfertigen würde. Das enttäuschte und verwunderte mich am meisten; ich hatte mich durch die Rhetorik des kalten Krieges in die Irre führen lassen. Der Westen war nur bereit, den Wandel mit Worten zu unterstützen, nicht mit Geld, und sämtliche Hinweise und Ratschläge waren durch marktfundamentalistische Vorurteile verfälscht. Dabei waren die Sowjets und später die Russen für Anregungen von außen durchaus aufgeschlossen und sogar begierig darauf. Sie erkannten, daß ihr System marode war, und sahen im Westen ein Vorbild. Allerdings machten sie leider den gleichen Fehler wie ich: Sie unterstellten, der Westen sei ernsthaft an ihnen interessiert.

Ich richtete in der Sowjetunion schon 1987 eine Stiftung ein. Als Michail Gorbatschow den Physiker Andrej Sacharow im Exil in Gorki anrief und ihn bat, »seine patriotischen Tätigkeiten in Moskau wiederaufzunehmen«, wurde mir klar, daß ein revolutionärer Wandel im Gange war. Meine Erfahrungen habe ich an anderer Stelle beschrieben.[40] Hier ist von Bedeutung, daß ich 1988 die Gründung einer internationalen Expertengruppe anregte, die untersuchen sollte, wie man in der sowjetischen Wirtschaft einen »offenen Sektor« einrichten könnte, und ein wenig zu meiner Überraschung – ich war damals ein recht unbekannter Fondsmanager – gingen die sowjetischen Behörden auf meinen Vorschlag ein.

Die Idee bestand darin, innerhalb der Planwirtschaft einen marktwirtschaftlichen Bereich zu schaffen, den man allmählich hätte erweitern können. Dazu sollte zunächst eine Branche wie die Lebensmittelverarbeitung ausgewählt werden, die ihre Produkte dann nicht mehr zu festgelegten Preisen, sondern zu Marktpreisen an die Verbraucher verkaufen würde, wobei es für den Übergang ein geeignetes System geben sollte. Wie sich jedoch schon bald herausstellte, ließ sich das Vorhaben nicht umsetzen, denn die Planwirtschaft war so krank, daß sie den Embryo einer Marktwirtschaft nicht ernähren konnte – das Problem der Übergangspreise war einfach nicht zu lösen. Aber selbst eine derart verrückte Idee aus unbedeutender Quelle fand Unterstützung auf höchster Ebene. Der Premierminister Nikolai Ryschkow befahl den Leitern der wichtigsten sowjetischen Institutionen – Gosplan, Gosnab und so weiter –, sich damit zu befassen, und mir gelang es, westliche Ökonomen wie Wassily Leontief und Romano Prodi für die Idee zu gewinnen.

Später stellte ich ein Team westlicher Fachleute zusammen, die verschiedene Gruppen russischer Kollegen bei der Ausarbeitung konkurrenzfähiger Wirtschaftsreformprogramme berieten. Dann sorgte ich dafür, daß die Urheber des wichtigsten russischen Reformvorschlags – des sogenannten Schatalin-Planes – unter Leitung von Grigori Jawlinski 1990 zur Tagung von IWF und Weltbank in Washington eingeladen wurden. Gorbatschow stand diesem Plan unschlüssig gegenüber und entschied sich letztlich dagegen. Seine Kritik betraf zwei Punkte: die Privatisierung von Grundbesitz und die Auflösung der Sowjetunion bei gleichzeitiger Bildung einer Wirtschaftsgemeinschaft. Ich bin nach wie vor der Meinung, daß der Schatalin-Plan für einen viel geordneteren Übergang gesorgt hätte.

Kurz danach verlor Gorbatschow die Macht, die Sowjetunion zerfiel, und Boris Jelzin wurde russischer Präsident. Die Kontrolle über die Ökonomie vertraute er Jegor Gaidar an, dem Leiter eines Wirtschaftsforschungsinstituts, der die Theorie der Makroökonomie nach dem Standardlehrbuch von Rudi Dornbusch und Stan Fischer gelernt hatte. Gaidar versuchte, die Geldpolitik auf eine Volkswirtschaft anzuwenden, die monetären Signalen nicht gehorchte: Die Staatsunternehmen produzierten weiterhin nach Plan, obwohl sie kein Geld dafür erhielten. Ich weiß noch, wie ich Gaidar im April 1992 anrief und ihn darauf hinwies, daß die offenen Schulden zwischen den Unternehmen mittlerweile eine Höhe erreicht hatten, die einem Drittel des Bruttosozialproduktes entsprach; er räumte das Problem ein und machte weiter wie zuvor.

Nach Gaidars Scheitern folgte ein heikler Balanceakt, und schließlich übernahm Anatoli Tschubais, der einem anderen Forschungsinstitut angehörte, als stellvertretender Premierminister die Verantwortung für die Wirtschaft. Er räumte der Privatisierung von Staatseigentum den Vorrang ein. Wenn sie erst einmal konsequent durchgeführt wäre, so glaubte er, würden die Eigentümer ihren Besitz schützen, und die Auflösungstendenzen würden zum Stillstand kommen.

Aber die Praxis sah anders aus. Ein System zur Verteilung von Vouchern, mit denen die Bürger dann Anteile an Staatsunternehmen erwerben konnten, wurde zum Freibrief für den Zugriff auf staatliches Vermögen. Manager übernahmen die Kontrolle über Firmen, indem sie den Arbeitern die Voucher abluchsten oder indem sie Anteile unter Wert kauften. Die Gewinne und häufig auch Vermögenswerte flossen in Holdinggesellschaften mit Sitz in Zypern ab – sei es, um sie nicht versteuern zu müssen, sei es, um die erworbenen Firmenanteile zu bezahlen oder um sich aus Mißtrauen gegenüber den Vorgängen in der Heimat ein Guthaben im Ausland aufzubauen. Viele wurden über Nacht reich, obwohl Geld und Kredite sowohl in Rubel als auch in Dollar äußerst knapp waren.

Aus diesen chaotischen Voraussetzungen entstanden die Rudimente einer neuen ökonomischen Ordnung. Es war schon eine Art Kapitalismus, aber eine sehr spezielle Form, und sie entwickelte sich in einer anderen Folge von Schritten, als unter normalen Bedingungen zu erwarten gewesen wäre. Die erste Privatisierung war die der öffentlichen Sicherheit. In gewisser Weise war sie erfolgreich: Verschiedene private Armeen und Mafiaorganisationen übernahmen die Verantwortung. Die Fabriken arbeiteten mit Verlust, zahlten keine Steuern und gerieten mit Lohnzahlungen und dem Schuldendienst gegenüber anderen Unternehmen in Rückstand. Neue Banken wurden gegründet, teilweise durch Staatsbetriebe und staatliche Banken, teilweise durch neu entstehende kapitalistische Gruppen. Manche davon verdienten durch die Verwaltung von Konten verschiedener staatlicher Behörden, einschließlich der russischen Staatskasse, ein Vermögen.

Dann entstand im Zusammenhang mit der Voucher-Privatisierung ein Markt für Aktien, bevor Aktienregistrierung und Verrechnungsmechanismus sauber installiert waren und lange bevor die Unternehmen, deren Aktien gehandelt wurden, begannen, sich wie Unternehmen zu verhalten. Eine Kultur der Gesetzesübertretungen machte sich breit, noch ehe überhaupt geeignete Gesetze und Vorschriften verabschiedet werden konnten. Der Erlös aus dem Privatisierungsprogramm kam weder dem Staat noch den Unternehmen

selbst zugute. Die Manager mußten zunächst ihre Führungsposi-
tionen festigen und die Schulden bedienen, die sie auf dem Weg an
die Macht aufgehäuft hatten; erst danach konnten sie versuchen,
die Unternehmen profitabel zu gestalten. Und auch dann noch war
es für sie vorteilhafter, die Gewinne zu verschweigen, statt sie zu
veröffentlichen, es sei denn, sie hatten die Hoffnung, sich durch den
Verkauf von Anteilen Kapital zu verschaffen. Aber dieses Stadium
erreichten nur wenige Firmen.

Ein solches System kann man mit Fug und Recht als »Raubkapitalismus« bezeichnen, weil der einfachste Weg, selbst ohne finanzielle Basis privates Kapital zu akkumulieren, darin bestand, sich
Staatsvermögen anzueignen. Natürlich gab es einige Ausnahmen.
So konnte man in einer Wirtschaft mit knappem Dienstleistungs-
angebot in diesem Bereich mehr oder weniger legal Geld verdienen,
beispielsweise indem man Reparaturarbeiten durchführte oder Ho-
tels und Restaurants betrieb.

Die Auslandshilfe überließ man weitgehend zwei internationalen
Finanzinstitutionen – dem IWF und der Weltbank –, denn die Staaten des Westens waren nicht bereit, eigene Mittel zur Verfügung zu
stellen. Ich wandte mich gegen diese Regelung, und zwar deshalb,
weil der IWF sich als Institution schlecht für die Aufgabe eignet. Er
verpflichtet die Regierungen dazu, bestimmte Bedingungen, insbesondere hinsichtlich Währungsstabilität und Staatshaushalt, einzuhalten, und wenn sie dazu nicht mehr imstande sind, werden die
Zahlungen ausgesetzt. In einem Land ohne handlungsfähige Regierung allerdings bietet diese Methode geradezu die Gewähr dafür,
daß das Programm fehlschlägt. Genau das geschah in Rußland. Die
Zentralregierung war nicht in der Lage, Steuern einzutreiben, und
so konnte sie das Geldmengenziel nur erreichen, indem sie sich
weigerte, ihren Haushaltsverpflichtungen nachzukommen. Lohn-
rückstände und Schulden zwischen den Unternehmen erreichten
schwindelerregende Höhen. Ich hielt direktere finanzielle Inter-

ventionen für erforderlich, und diese wären zu jener Zeit begeistert angenommen worden. Aber dazu hätte man tatsächlich Geld aufbringen müssen, und bei dieser Aussicht stellten sich die westlichen Demokratien quer.

Als der IWF einen 15-Milliarden-Dollar-Kredit an Rußland verlängerte, vertrat ich in einem Artikel im ›Wall Street Journal‹ vom 11. November 1992 die Ansicht, man solle das Geld zweckgebunden für Sozialleistungen gewähren und deren Auszahlung streng überwachen. Wegen der Unterbewertung des Rubel betrug die durchschnittliche Monatsrente nur acht Dollar, so daß das Geld ausgereicht hätte, um alle Pensionen zu bezahlen. Mein Vorschlag wurde jedoch nicht ernsthaft in Betracht gezogen, weil er nicht der Vorgehensweise des IWF entsprach. Deshalb versuchte ich selbst zu zeigen, daß Auslandshilfe durchaus funktionieren kann.

Mit 100 Millionen Dollar – die Auszahlungen erreichten am Ende sogar 140 Millionen Dollar – gründete ich die International Science Foundation. Unsere erste Maßnahme bestand darin, an rund 40.000 der besten russischen Naturwissenschaftler jeweils 500 Dollar zu verteilen, in der Hoffnung, sie würden daraufhin in Rußland bleiben und ihre wissenschaftliche Arbeit fortsetzen. Dazu brauchten wir nur 20 Millionen Dollar, und die Wissenschaftler konnten damit ein Jahr lang über die Runden kommen. Sie wurden nach offenen, durchschaubaren, objektiven Kriterien ausgewählt: Jeder von ihnen hatte mindestens drei Artikel in führenden Fachzeitschriften veröffentlicht. Nach wenigen Monaten war die Verteilung – bei einem Verwaltungsaufwand von weniger als zehn Prozent – abgeschlossen, und damit war bewiesen, daß mein Vorschlag, die Auszahlung der Mittel zu überwachen, praktikabel war. Das restliche Geld kam der Forschungsförderung zugute; über seinen Verwendungszweck entschied im einzelnen eine international besetzte Gutachterkommission, an der sich die berühmtesten Wissenschaftler der Welt beteiligten. Alle Mittel wurden in weniger als zwei Jahren zugewiesen. (Der einzige russische Beitrag stammte übrigens von Boris Beresowski, der später zu einem berüchtigten Oligarchen wurde. Er steuerte – weshalb auch immer – 1,5 Millionen Dollar für Reisestipendien bei.)

Daß ich Naturwissenschaftler unterstützte, hatte vielschichtige Gründe. Ich wollte nachweisen, daß Auslandshilfe Erfolg haben kann, und als Gebiet für diesen Nachweis wählte ich die Forschung, weil ich auf die Unterstützung der internationalen Wissenschaftlergemeinde rechnen konnte, deren Mitglieder bereit waren, Zeit und Energie für die Begutachtung der Forschungsprojekte aufzuwenden. Aber der Verteilungsmechanismus hätte für Pensionäre ebensogut funktioniert wie für Wissenschaftler. Daneben sprachen noch andere Argumente dafür, gerade den Wissenschaftlern zu helfen. Während des Sowjetregimes waren viele der besten Köpfe an Forschungsinstituten zu finden, wo selbständiges Denken stärker toleriert wurde als in der übrigen sowjetischen Gesellschaft, und ihre wissenschaftlichen Leistungen gehörten zur Weltspitze. Ihre Arbeit hatte einen etwas anderen Charakter als die im Westen: Sie war spekulativer und – von einigen bevorzugten Bereichen abgesehen – technisch weniger hoch entwickelt. Auch was die politische Reform anging, standen Naturwissenschaftler an vorderster Front. Besonders bekannt und bewundert war Andrej Sacharow, doch außer ihm gab es noch viele andere. Und darüber hinaus bestand die Gefahr, daß Nuklearforscher von verbrecherischen Regimen abgeworben würden.

Das ganze Unternehmen war ein glanzvoller Erfolg. Es trug meiner Stiftung einen untadeligen Ruf ein. Dennoch wurden wir vielfach angegriffen, weil wir umstrittene Programme durchführten. So veranstalteten wir beispielsweise einen Wettbewerb für neue Lehrbücher, die frei von marxistisch-leninistischer Ideologie sein sollten, und daraufhin warf man uns vor, wir vergifteten den Geist der Studenten. In der Duma gab es einmal eine Anhörung wegen der

Anschuldigung, wir verschafften uns auf billige Weise wissenschaftliche Geheimnisse, aber in Wirklichkeit mußten die gesamten von der Stiftung finanzierten Forschungsergebnisse veröffentlicht werden und gehörten der Allgemeinheit. Die Wissenschaftlergemeinde unterstützte uns einmütig, und schließlich verabschiedete die Duma eine Dankadresse.

Für meine Behauptung, die Geschichte hätte einen anderen Verlauf genommen, wenn die westlichen Demokratien Rußland nach dem Zusammenbruch des Sowjetsystems zu Hilfe gekommen wären, kann ich mich deshalb auf mein eigenes Experiment berufen. Man stelle sich nur vor, wie anders die Gefühle der Russen heute dem Westen gegenüber wären, wenn der IWF ihre Pensionen gezahlt hätte, als sie den Hungertod vor Augen hatten.

Ich verzichtete darauf, selbst in Rußland zu investieren, teilweise, um Interessenkonflikte erst gar nicht entstehen zu lassen, vor allem aber, weil mir die Zustände dort mißfielen. Wenn meine Fondsmanager investieren wollten, mischte ich mich nicht ein und genehmigte auch, daß sie, zu gleichen Bedingungen wie andere westliche Investoren, in einen russisch geführten Investmentfonds einstiegen.

Im Januar 1996 nahm ich am Weltwirtschaftsforum in Davos teil. Dort wurde Gennadi Sjuganow, der kommunistische Präsidentschaftskandidat, von der Gemeinde der Wirtschaftsfachleute freundlich aufgenommen. Als ich damals Boris Beresowski traf, sagte ich ihm, man werde ihn an einer Straßenlaterne aufknüpfen, falls Sjuganow gewählt würde. Ich wollte, daß er Jawlinski unterstützte, den ich für den einzigen ehrlichen Reformer unter den Kandidaten hielt, doch das war naiv von mir. Mir war nicht klar, wie tief Beresowski in schmutzige Geschäfte mit Jelzins Familie verstrickt war. Später äußerte er öffentlich, daß ihn meine Warnung zu besonderer Wachsamkeit veranlaßt habe. Er tat sich mit anderen russischen Geschäftsleuten zusammen, die ebenfalls an der Tagung in Davos teilnahmen, und bildete mit ihnen ein Syndikat, das sich für Jelzins Wiederwahl einsetzte.

So wurden sie zu Oligarchen. Es war ein bemerkenswertes Beispiel politischer Manipulation: Bei Meinungsumfragen erreichte Jelzin Werte von unter zehn Prozent, und trotzdem schafften sie es, daß er wiedergewählt wurde. Manager der Kampagne war Tschubais. Die Einzelheiten kenne ich nicht, aber ich kann sie mir vorstellen. Als einer von Tschubais' Helfern beim Verlassen des russischen Weißen Hauses – Sitz des Premierministers und seiner Regierung – mit rund 200.000 Dollar in einem Koffer geschnappt wurde, handelte es sich nicht um Spielgeld, da bin ich sicher.

Die Oligarchen ließen sich ihre Unterstützung für Jelzin gut entlohnen. Sie erhielten Anteile an den wertvollsten Staatsunternehmen als Sicherheit für Darlehen, die sie dem Staatshaushalt gewährten – das war das berüchtigte System »Kredite für Anteile«. Nachdem Jelzin die Wahl gewonnen hatte, wurden die Unternehmen versteigert, und die Oligarchen teilten sie unter sich auf.

Ich kenne Tschubais gut. Er ist nach meiner Überzeugung ein echter Reformer, der seine Seele an den Teufel verkauft hat, um das von ihm so genannte »rot-braune Übel« zu bekämpfen, eine Kombination aus Sozialismus und Nationalismus, die nach seiner Ansicht in Rußland die Oberhand gewinnen würde, wenn er nicht dagegen vorginge. Nach Jelzins Wiederwahl übernahm er erneut das Wirtschaftsressort, hatte jedoch Schwierigkeiten, die Oligarchen unter Kontrolle zu halten. Meine Zuversicht wuchs, als Jelzin den reformorientierten Gouverneur Boris Nemtsow in die Regierung holte und wie einen Adoptivsohn behandelte. Tschubais war durch die Wahlen belastet, aber Nemtsow hatte eine weiße Weste: Er konnte feste Standpunkte vertreten, wo Tschubais nicht dazu in der Lage war. Ich hielt das für ein Signal, daß die Jelzin-Regierung unter Tschubais' Leitung tatsächlich versuchen wollte, den Übergang vom Raubkapitalismus zu einem legitimen Kapitalismus zu vollziehen.

Haushaltsdefizit und Geldnachschub wurden in Grenzen gehalten, und man trieb rückständige Steuern ein. Inflations- und Zinsraten sanken. Die Rechte der Anteilseigner wurden einigermaßen respektiert, der Aktienmarkt boomte, ausländisches Geld strömte sowohl in Aktien als auch in Schuldpapiere, und russische Kreditnehmer konnten fünfjährige Darlehen zu nur 250 Basispunkten über dem Londoner Interbankensatz erhalten.

Vor diesem Hintergrund entschloß ich mich 1997, an der Versteigerung der staatlichen Telefon-Holdinggesellschaft Swjasinvest teilzunehmen. Mit der Entscheidung tat ich mich schwer, da mir die umfassende Korruption in Rußland nur allzugut bekannt war. Es wäre einfacher gewesen, saubere Hände zu behalten und bei der gemeinnützigen Arbeit zu bleiben, aber ich hatte den Eindruck, daß Rußland ausländische Investitionen noch dringender brauchte als humanitäre Maßnahmen. Wenn das Land den Übergang vom Raubkapitalismus zum legitimen Kapitalismus nicht schaffte, war meine ganze Philanthropie umsonst. Also beschloß ich, mich an einem Gebot für Swjasinvest zu beteiligen, und wie sich herausstellte, erhielt es den Zuschlag. Es war die erste echte Versteigerung, bei der der Staat nicht übers Ohr gehauen wurde. Wir zahlten zwar einen fairen Preis – knapp 2 Milliarden Dollar, fast die Hälfte davon aufgebracht von meinen Fonds –, doch nach meinen Berechnungen würde es sich als sehr lohnende Investition erweisen, sobald der Übergang zum legitimen Kapitalismus erst einmal vollzogen wäre. Aber leider geschah das nicht. Nach der Auktion brach ein erbitterter, zäher Kampf zwischen den Oligarchen aus, ein Streit unter Dieben. Manche von ihnen waren eifrig um einen Übergang zum legitimen Kapitalismus bemüht, andere sträubten sich dagegen, weil sie nicht in der Lage waren, auf anständige Weise zu arbeiten. Der wichtigste Gegner der Auktion und ihres Ergebnisses war Beresowski. Nachdem seine Verbündeten bei der Versteigerung unterlagen, schwor er, Tschubais zugrunde zu richten. Davon ließ er sich in einer Reihe freimütiger Gespräche, die ich mit ihm führte, nicht abbringen. Ich sagte ihm, er sei ein reicher, auf dem Papier milliardenschwerer Mann, dem eine der größten Ölfirmen der Welt, Sibneft, gehöre und der seine Position nur noch zu festigen brauche. Wenn er selbst dazu nicht in der Lage sei, könne er einen Investmentbanker einstellen. Er erklärte mir, daß ich das nicht verstünde: Die Frage sei nicht, wie reich er sei, sondern wie er im Vergleich zu Tschubais und den anderen Oligarchen abschneide. Sie hätten ein Abkommen getroffen und sich daran zu halten; er müsse zerstören, oder er werde zerstört.

So wurde ich aus nächster Nähe Zeuge eines erstaunlichen historischen Schauspiels: Mächtige Oligarchen versuchten nicht nur, das Ergebnis der Versteigerung rückgängig zu machen, sondern auch sämtliche Bemühungen der Regierung zur Kontrolle der Oligarchen zu hintertreiben. Mir war, als ob ich Menschen in einem Boot kämpfen sähe, das auf einen Wasserfall zutrieb. Im Rahmen einer Kampagne mit Beschuldigungen und Gegenbeschuldigungen enthüllte Beresowski, Tschubais habe 90.000 Dollar aus einem vorgeschobenen Autorenvertrag erhalten – in Wirklichkeit habe es sich um Zahlungen der anderen Oligarchen für seine Tätigkeit als Jelzins Wahlkampfmanager gehandelt. Tschubais war durch die Notwendigkeit, sich ständig zu verteidigen, geschwächt und abgelenkt. Er konnte sich nicht ausreichend um die Eintreibung der Steuern kümmern, folglich sanken die Einnahmen. Gerade zu dieser Zeit wurden die Auswirkungen der Asienkrise spürbar, und in der Wirtschaft hatte ein gefährlicher Abwärtstrend eingesetzt. Der Tiefpunkt war im August 1998 erreicht, als Rußland die Tilgung seiner inneren Schulden einstellte und damit die internationalen Finanzmärkte erschütterte.

An dieser Stelle möchte ich auf ein Realzeit-Experiment eingehen, das ich kurz vor der endgültigen Auflösung begonnen hatte. Ich orientiere mich an meinen Aufzeichnungen, die ich über einen Zeitraum von zwei Wochen machte, als die Krise sich ausbreitete.

Sonntag, 9. August 1998
Rubel (bar) = 6,29
Rubel Termin[41] = 45 %
GKO[42] = 94,25 %
Prins[43] = 12,97 %
Standard & Poors Index = 1.089,45
Durchschnittsrendite 30jähriger US-amerikanischer Schatzanweisungen = 5,63 %

Ich hatte die Entwicklung in Rußland einige Tage nicht genau verfolgt – die Arbeit an meinem Buch nahm mich zu sehr in Anspruch. Selbst nachdem der IWF einem Bürgschaftspaket in Höhe von 18 Milliarden zugestimmt hatte, war ich darauf gefaßt, daß die Situation verzweifelt bleiben würde. Die Zinsraten russischer Staatsverschuldungen blieben in astronomischen Höhen – zwischen 70 und 90 Prozent für Rubelanleihen mit einer Laufzeit von einem Jahr (GKOs). Das Syndikat, das 25,1 Prozent von Swjasinvest gekauft hatte und in dessen Reihen wir der größte ausländische Investor waren, wurde von der russischen Regierung darauf angesprochen, ob es nicht einen zeitlich begrenzten Überbrückungskredit bereitstellen könne, der zum Verkauf der nächsten Tranche von Swjasinvest, mit einem Umfang von 24,9 Prozent, führen sollte. Es lag in unserem Interesse, den Verkauf zu einem Erfolg zu machen, aber die Idee, gutes Geld dem schlechten hinterherzuwerfen, gefiel mir nicht – deshalb entschloß ich mich, mich mit der Situation in Rußland eingehender zu beschäftigen.
Es stellte sich rasch heraus, daß die Refinanzierung der Staatsschulden ein nahezu unüberwindliches Problem war. Dem IWF-Programm lag die Erwartung zugrunde, daß die einheimischen Halter der Schuldtitel ihre Gewinne reinvestieren würden; die einzige

Frage war der Preis. Wenn die Regierung die Steuern erfolgreich eintreiben würde, müßten die Zinsraten schließlich auf ein tolerierbares Niveau fallen, sagen wir auf 25 Prozent, und die Krise wäre vorüber. In dieser Überlegung blieb unberücksichtigt, daß viele der Schuldverschreibungen von einheimischen Inhabern gehalten wurden, die nicht in der Lage waren, ihre fälligen Staatsanleihen zu reinvestieren, unabhängig vom Preis. Die Unternehmen wurden gezwungen, Steuern zu zahlen, und was sie an Steuern zahlten, ließ sich nicht in GKOs reinvestieren. Noch wichtiger: Mit Ausnahme der Sberbank, der staatlichen Sparkasse, hatte der Bankensektor GKOs mit geliehenem Geld gekauft. Wegen des Zerfalls der russischen Aktien- und Wertpapiermärkte waren die meisten dieser Banken insolvent, und selbst die wenigen solventen unter ihnen waren unfähig, ihre Kreditlinien zu erneuern – mit der Folge, daß sie nicht nur als Käufer nicht in Betracht kamen, sondern auch einige der von ihnen gehaltenen Anleihen flüssig machen mußten, um Nachschußpflichten zu erfüllen. Ein großer Teil des Kredits kam von ausländischen Banken; und einige von ihnen versuchten, ihre Positionen flüssigzumachen. Diese Verkaufswellen drückten die russischen, in Dollar denominierten Schulden auf ein Rekordtief. Damit war eine ausgereifte Bankenkrise im Gange.

Für gewöhnlich wird eine Bankenkrise von der Zentralbank gezügelt, die interveniert und Liquidität bereitstellt, indem sie etwa Geld zu bewilligten Raten gegen Lombardkredite verleiht; aber in diesem Fall wurde die Zentralbank durch den IWF-Vertrag daran gehindert. Das machte die Situation so heikel.

Bereits am Freitag, dem 7. August, hatte ich mit Tschubais, den ich an seinem Ferienort erreichte, und mit Gaidar, der während Tschubais' Ferien die Regierungsgeschäfte führte, telefoniert. Ich erklärte den beiden, daß die ganze Angelegenheit ziemlich verfahren sei, und erläuterte auch, warum. Die Regierung werde unfähig sein, nach dem September ihre Schulden umzufinanzieren, selbst wenn die zweite Tranche des IWF-Kredits freigegeben würde. Die Lage werde sich noch weiter zuspitzen, denn alles sehe danach aus, daß die ukrainische Regierung mit der Zahlung für einen Kredit von 450 Millionen Dollar, den Nomura Securities arrangiert hatte und der am folgenden Dienstag fällig würde, in Rückstand gerate. Unter diesen Umständen könne ich es nicht verantworten, mich an einem Überbrückungskredit zu beteiligen. Das Risiko des Zahlungsverzuges sei zu groß. Ich sähe, so sagte ich, nur einen Ausweg: Man müsse ein Konsortium zusammenstellen, um im Rahmen einer »public private partnership« den Bedarf der russischen Regierung bis zum Jahresende abzudecken. Die Swjasinvest-Gruppe könne zum Beispiel mit 500 Millionen einsteigen, aber dem privaten Sektor allein sei es nicht möglich, genug Geld aufzubringen. Dann fragte ich, wieviel genau denn benötigt werde. Gaidar antwortete, es fehlten sieben Milliarden US-Dollar. Eine solche Summe setzte voraus, daß Sberbank, die einzige Bank, die große Einlagen des Publikums besaß, ihre Guthaben übertragen konnte. Zu der Zeit war das Publikum noch nicht darauf gekommen, seine Einlagen aus den Banken zurückzuziehen. Das heißt, erwiderte ich, das Konsortium müsse, um das Vertrauen in der Öffentlichkeit wiederherzustellen, mit zehn Milliarden Dollar ausgestattet sein. Die Hälfte werde wohl aus ausländischen Quellen kommen müssen, etwa aus dem Fonds zur Wechselkursstabilisierung, der unter Kontrolle des amerikanischen Finanzministeriums steht, und die andere Hälfte aus dem privaten Sektor. Das Konsortium könne tätig werden, wenn die Freigabe der zweiten Tranche des IWF-Kredits im September erfolge. Es werde dann einjährige GKOs zeichnen, beginnend mit etwa 35 Prozent (die gegenwärtige Rate liegt bei 90 Prozent). Das Programm solle vorher angekündigt werden, um öffentliche Käufe anzuziehen. Denn es würde sinnvoll erscheinen, bei 35 Prozent zu investieren, wenn ein glaubwürdiges Programm die Rate bis zum Ende des Jahres auf 25 Prozent reduziere. Sollte das zum Erfolg führen, würde tatsächlich nur ein kleiner Teil der zehn Milliarden Dollar benötigt. Es werde Mühe machen, beide Komponenten, die öffentliche und die private, zusammenzubringen, aber ich sei gerne bereit, es zu versuchen. Verständlicherweise nahm Gaidar das freudig zur Kenntnis.

Also rief ich David Lipton an, den für internationale Angelegenheiten verantwortlichen Staatssekretär im US-Finanzministerium. Er war sich des Problems vollkommen bewußt, aber auf den Gedanken, den Fonds für Wechselkursstabilisierung zu nutzen, waren sie dennoch nicht gekommen. Der Kongreß sei mehrheitlich gegen jegliche Art von staatlichen Hilfspaketen. Ich erklärte ihm, daß ich das wisse, aber keine Alternative sähe. Es herrsche Panik, und es liege im nationalen Interesse der Vereinigten Staaten, eine reformfreudige Regierung in Rußland zu unterstützen. Wenn es überhaupt zu privaten Beteiligungen kommen solle, müsse man diese durch politische Hilfspakete schmackhafter machen. Die Russen müßten dann immer noch triftige Gründe auf dem Capitol Hill vorbringen. Es werde auch sehr schwierig, private Mitspieler zu organisieren, weil sie, wie wir auch, Investmentbanker und spekulative Investoren seien, die sich von den Verantwortlichen nicht so leicht heranziehen ließen wie die großen Handelsbanken.

Nur um alle Alternativen zu prüfen, fragte ich Gaidar in einem weiteren Telefongespräch, ob es möglich sei, jene GKO-Inhaber, die eine Auszahlung zur Tilgung wollten, dafür zahlen zu lassen. Er sagte, daß dies den laufenden Kredit der GKOs zerstören würde, womit er natürlich recht hatte.

Ich war davon überzeugt, daß die Regierung ohne meinen Lösungsansatz ihren Verpflichtungen nicht würde nachkommen können und daß das schlimme Konsequenzen hätte; selbst bei Anwendung meines Programms würden die meisten der russischen Banken ausgelöscht. Doch es wäre ja auch ein Fehler, wenn man versuchen wollte, sie zu retten.

Dienstag, 11. August
Rubel (bar) = 6,30
Rubel Termin = 91 %
GKO = 147 %
Prins = 23,92 %
Standard & Poors Index = 1.068,98
Durchschnittsrendite 30jähriger US-amerikanischer
Schatzanweisungen = 5,60 %

Am Montag hatte ich wieder kurz mit Lipton gesprochen. Die US-
Administration war noch zu keinem Entschluß gelangt. Er ver-
sprach, sich im Falle einer Entscheidung umgehend zu melden. Am
Dienstag kam es auf dem russischen Finanzmarkt zu einem Kollaps.
Der Aktienhandel wurde zeitweilig eingestellt. Regierungsanlei-
hen sanken in ungeahnte Tiefen. Sogar die internationalen Märkte
wurden davon berührt. Für das Programm, das ich vorgeschlagen
hatte, war es nun zu spät. Nur ein längerfristiges Rettungspaket mit
einem Minimum von 15 Milliarden Dollar hätte den Markt noch
stabilisieren können, doch von keinem privaten Investor war zu erwarten, daß er in einer solchen Situation Geld bereitstellte. Lipton
reiste nach Moskau, ohne vorher mit mir telefoniert zu haben.
Gerüchteweise hörte ich, er sei erbost aufgebrochen, ohne konkrete
Angebote im Gepäck. Ich beschloß, den folgenden Brief an die
›Financial Times‹ zu schreiben:
»Sir, die Krise des russischen Finanzmarktes hat ihren Gipfel erreicht. Banker und Broker, die gegen Sicherheiten geliehen hatten,
konnten die Fälligkeiten nicht einhalten und forcierten die Über-
schwemmung sowohl des Aktien- wie auch des Anleihenmarktes
durch Verkäufe. Der Aktienmarkt mußte zeitweilig geschlossen
werden, weil kein Handel getätigt werden konnte; die Preise von
Staatsanleihen und Schatzwechseln fielen jäh. Obwohl die Verkäufe zeitweilig absorbiert wurden, besteht die Gefahr, daß die Be-

völkerung erneut Einlagen von Sparkonten zurückzieht. Sofortiges Handeln ist erforderlich.

Die Schwierigkeit liegt darin, daß der Eingriff, der nötig wäre, um die Bankenkrise zu beenden, jenen Aktionen zuwiderläuft, die mit dem IWF zur Bewältigung der Haushaltskrise vereinbart wurden. Das IWF-Programm verlangt eine strikte Geld- und Fiskalpolitik, die Bankenkrise dagegen eine Liquiditätsspritze – Erfordernisse, die nicht ohne weitere internationale Hilfe miteinander verbunden werden können. Das IWF-Programm hat darauf gesetzt, daß es Käufer für Staatsanleihen zu einem bestimmten Preis geben würde: Begänne die Regierung damit, Steuern einzutreiben und Ausgaben drastisch zu kürzen, würden die Zinsraten sinken und die Krisensymptome sich entschärfen. Die Annahme war falsch, weil eine Menge der ausstehenden Schulden gegen Kredit gehalten wurden und Kreditlinien sich nicht erneuern ließen. Hier gibt es eine Finanzierungslücke, die geschlossen werden muß. Die Lücke wird noch größer, wenn die Öffentlichkeit Einlagen zurückzieht.

Die beste Lösung wäre, nach einer Entwertung von 15 bis 25 Prozent eine Währungsbehörde zu gründen. Die Entwertung ist notwendig, um den Verfall der Ölpreise zu korrigieren und die Menge der Reserven, die die Währungsbehörde benötigt, zu reduzieren. Es würde auch die Inhaber von in Rubeln denominierten Staatsschulden bestrafen und damit die Anschuldigung, es handle sich um eine Rettungsaktion zugunsten privater Investoren, widerlegen.

Ungefähr 50 Milliarden Dollar wären nötig: 23 Milliarden, um den Geldumlauf zu decken, und 27 Milliarden, um den Fehlbetrag der inländischen Schuldendienste für das nächste Jahr zu decken. Rußland besitzt Reserven von 18 Milliarden Dollar; der IWF hat 17 Milliarden Dollar versprochen. Die G7-Staaten müssen weitere 15 Milliarden Dollar bereitstellen, um eine Währungsbehörde handlungsfähig zu machen. Eine Rettung des Bankensystems stünde nicht auf dem Programm. Mit Ausnahme weniger Institutionen, die öffentliche Einlagen halten, könnte den Banken erlaubt werden, für sich selbst zu sorgen. Die Preise der Staatsanleihen würden sich sofort erholen und die gesünderen Finanzinstitute überleben. Etwa 40 Milliarden Dollar werden von Russen in fremden Währungen gehalten. Durch eine Währungsbehörde könnte man sie dazu bringen, in Rubeln denominierte Staatsanleihen zu attraktiven Renditen zu kaufen. Täten sie dies, müßte der Beistandskredit der G7 nicht in Anspruch genommen werden. Die Senkung der Zinsraten würde der Regierung helfen, ihre fiskalischen Ziele zu erfüllen.

Wenn die G7-Staaten bereit wären, sofort 16 Milliarden Dollar zur Verfügung zu stellen, ließe sich die Situation sogar ohne eine Währungsbehörde stabilisieren, obwohl es länger dauern und der Schaden größer würde. Es wäre auch schwierig, eine begrenzte Währungsanpassung ohne eine Währungsbehörde zu erreichen, weil der Druck zu entwerten erheblich zunähme, so wie in Mexiko im Dezember 1994.

Wenn wir nicht rechtzeitig handeln, steigen die Kosten für die Rettung binnen kurzer Zeit dramatisch. Vor einer Woche hätten sie sich nur auf sieben Milliarden belaufen. Unglücklicherweise erfaßten die Finanzbehörden die Brisanz der Situation nicht. Die Alternativen sind Zahlungseinstellungen oder Hyperinflation. Beides hätte verheerende finanzielle und politische Konsequenzen.«

Donnerstag, 13. August
Rubel (bar) = 6,35
Rubel Termin = 162 %
GKO = 149 %
Prins = 23,67 %
Standard & Poors Index = 1.074,91
Durchschnittsrendite 30jähriger US-amerikanischer
Schatzanweisungen = 5,65 %

Nachdem ich meinen Brief an die ›Financial Times‹ geschrieben hatte, schränkte der Stellvertretende Direktor der russischen Zentralbank die Konvertibilität des Rubel ein. Das hatte katastrophale Folgen für den russischen Markt: Die Kurse eröffneten 15 Prozent niedriger und erholten sich auch nicht wieder. Mein Brief fand rege Aufmerksamkeit, aber das allgemeine Augenmerk richtete sich auf die von mir angeregte Entwertung, nicht auf die vorgeschlagene Währungsbehörde. Dies war einer der Faktoren, die den sogenannten Schwarzen Donnerstag herbeiführten. Man beschuldigte mich, gegen den Rubel zu spekulieren. Ich sah mich zu einer weiteren Stellungnahme genötigt: »Der Tumult auf den russischen Finanzmärkten wurde nicht durch das verursacht, was ich gesagt oder getan habe. Wir spekulieren nicht mit dem Rubel und haben auch nicht die Absicht, die Währung fallenzulassen. Tatsächlich würde unser Portfolio durch jegliche Entwertung geschädigt. Mit meinem Brief an die ›Financial Times‹ wollte ich lediglich die G7-Staaten aufwecken. Denn selbst wenn die russische Regierung alles in ihrer Macht Stehende tut, um mit der Situation fertig zu werden, kann sie ohne weitere Hilfe von außen nicht erfolgreich sein.«

Freitag, 14. August
Rubel (bar) = 6,35
Rubel Termin = 162,7 %
GKO = 172 %
Prins = 23,01 %
Standard & Poors Index = 1.062,75
Durchschnittsrendite 30jähriger US-amerikanischer
Schatzanweisungen = 5,54 %

An diesem Tag sprach ich mit Finanzminister Rubin und betonte, wie angespannt die Lage sei. Er war sich dessen vollkommen bewußt, aber seine Ansicht wurde von den anderen G7-Vertretern nicht geteilt, von denen die meisten unerreichbar an irgendwelchen

Urlaubsorten weilten. Als Senator Mitch McConnell Kontakt zu mir aufnahm, drängte ich ihn, Rubin anzurufen, um ihm die Hilfe der Republikaner zuzusichern. Später meldete sich noch Kirijenko bei mir. Er suche noch immer nach einem Überbrückungskredit in Höhe von 500 Millionen Dollar, alle Anstrengungen seien vergeblich gewesen. Ich bot an, nach Moskau zu fliegen, um, falls das helfen würde, die Hauptfragen zu diskutieren.

Sonntag, 16. August
Rubel (bar) = 6,35
Rubel Termin = 162,7 %
GKO = 172 %
Prins = 23,01 %
Standard & Poors Index = 1.062,75
Durchschnittsrendite 30jähriger US-amerikanischer
Schatzanweisungen = 5,54 %

Fast das ganze Wochenende war ich in Rußland. Dem Radiosender Echo Moskau gab ich ein Interview, in dem ich meine Position erläuterte, und meine Stellungnahme wurde im russischen Fernsehen verlesen. Ich hoffte, den Eindruck zu entkräften, daß ich zur Abwertung geraten habe und von ihr in irgendeiner Weise profitieren wolle. Bevor ich einen Artikel verfaßte, in dem ich erneut eine Währungsbehörde empfahl, hatte ich mehrere lange Gespräche mit Gaidar geführt. Er erzählte mir, daß er mit Larry Summers, dem Stellvertretenden US-Finanzminister, gesprochen habe und keine Hilfe zu erwarten sei. Rußland war gezwungen, einseitig zu handeln. Ich sagte, mein Artikel sei damit eigentlich überholt, doch Gaidar drängte mich, ihn dennoch zu veröffentlichen. Was ich nicht tat.

Dienstag, 18. August
Rubel (bar) = 6,8
Rubel Termin = 305 %
GKO29 = –
Prins = 29,41 %
Standard & Poors Index = 1.101,2
Durchschnittsrendite 30jähriger US-amerikanischer
Schatzanweisungen = 5,56 %

Am Montag war die Hölle los. Rußland verhängte ein Moratorium
und erweiterte den Handelsrahmen für den Rubel, der dabei bis
zu 35 Prozent abgewertet wurde. Noch schlimmer war, daß russische Banken ihre Auslandsverpflichtungen nicht erfüllen durften.
Das schuf Chaos unter den Haltern der Anleihen, die die russischen
Wertpapiere zu jedem Preis verschleuderten. David Lipton bat mich
telefonisch um eine Erklärung und schlug vor, ich solle ein Memo-
randum verfassen.

Worauf ich hinauswollte, war, daß mir eine konstruktive Lösung
für die Rußlandkrise noch nicht zu spät schien. Ich schrieb: »Die G7
sollten die harte Währung zur Verfügung stellen, die für die Schaffung einer Währungsbehörde nötig ist, *vorausgesetzt*, die Duma
verabschiedet die notwendigen Gesetze, um die Bedingungen des
IWF zu erfüllen. Es gibt zwei Möglichkeiten: Die Duma kann zustimmen oder das Angebot zurückweisen. Im ersten Fall könnten
der Wert des Rubel wiederhergestellt, die Rubelschulden in einer
ordentlichen Art und Weise restrukturiert und die Strukturreformen (Unternehmen, die keine Steuern zahlen, zum Bankrott zwingen usw.) durchgeführt werden. Die meisten russischen Banken
würden Pleite machen und die internationalen Banken und Fonds,
die Verträge mit diesen Banken haben, Verluste erleiden; doch die
russischen Staatsanleihen gewännen wieder an Wert, ließen die
besseren Banken überleben und fingen die Krise auf. Andernfalls

wird das Debakel andauern und die ganze Last auf die Duma fallen; Jelzin könnte sie auflösen, Wahlen ausrufen und Reformen einführen. Hätten sie Erfolg, würden sie von der Wählerschaft sicher gutgeheißen. Und selbst wenn sich Jelzin der Lage nicht gewachsen zeigt oder die Reformen scheitern, hätten wir getan, was wir konnten. Kurz, wir müssen die Flamme der Reform in Rußland am Brennen halten. Es ist eine sehr riskante Strategie, aber nichts zu tun, wäre ein noch höheres Risiko.«

Samstag, 22. August
Rubel (bar) = 7,15
Rubel Termin = 443 %
GKO = –
Prins = 36,05 %
Standard & Poors Index = 1.081,18
Durchschnittsrendite 30jähriger US-amerikanischer Schatzanweisungen = 5,43 %

Die internationalen Märkte waren inzwischen von der Rußlandkrise stark in Mitleidenschaft gezogen worden. So fiel der deutsche Aktienmarkt bereits am Freitag um sechs Prozent. Ich fand es erstaunlich, daß es so lange gedauert hatte, bis es denen dämmerte. Der amerikanische Aktienmarkt bildete einen sehr guten zwischenzeitlichen Boden aus, und mein Partner und ich waren Käufer von Aktien und Verkäufer von Verkaufsoptionen. Nebenbei gesagt, während dieser Zeit handelten wir keine russischen Wertpapiere. Ich versuchte meine Idee einer Währungsbehörde jedem nahezubringen, der bereit war zuzuhören, aber umsonst. Es hätte Rußland geholfen. Unter diesen Umständen jedoch konnte die Duma die Gesetze nicht verabschieden und der IWF die zweite Tranche des Pakets nicht auszahlen. Wenn nicht in absehbarer Zukunft mehr Geld aus dem Ausland kommen würde, so dachte ich, müsse Jelzin die gegenwärtige Regierung davonjagen und eine neue Quelle der

Unterstützung suchen. Aber wo? Die Oligarchen waren tödlich geschwächt. Nur Gazprom und ein paar der Ölfirmen blieben. Würde
wieder Tschernomyrdin die Aufgabe zufallen? Zumindest trachtete
er danach. Wie auch immer, keine Führung kann Erfolg haben,
sagte ich mir, solange der politische Wille, die strukturellen Fehler
auszuräumen, fehlt. Der Niedergang hat ein offenes Ende.

Sonntag, 23. August
Jelzin entließ die Regierung und ernannte Tschernomyrdin. Nun
konnte ich nichts mehr vorhersagen.

Mittwoch, 26. August
Rubel (bar) = 10,00
Rubel Termin = 458 %
GKO = –
Prins = 42,83 %
Standard & Poors Index = 1.084,19
Durchschnittsrendite 30jähriger US-amerikanischer
Schatzanweisungen = 5,42 %

Es gibt keine Grenze dafür, wie weit eine Krise gehen kann. Die
Auflösung des russischen Bankensystems ging in einer vollkommen ungeregelten Weise vor sich. Banken setzten Zahlungen aus,
und das Publikum war verängstigt. Die Bedingungen des Angebotes
zur GKO-Umwandlung waren angekündigt und zuerst auch recht
gut aufgenommen worden, doch der Rubel befand sich im freien
Fall, was dieses Angebot praktisch wertlos machte. Das internationale Finanzsystem erlebte eine Erschütterung nach der anderen. Es
mochten 75 bis 100 Milliarden Dollar an Währungskontrakten aus-
stehen, und es war unklar, welche von ihnen noch erfüllt werden
sollten. Eine Ratingagentur ließ Deutschlands größte Handelsbank
herabstufen. Es kam ein gewisses Element von Kreditrisiko in internationale Swapgeschäfte zwischen Banken. Europäische und ame-

rikanische Aktienmärkte bebten, fanden ihre Fassung allerdings relativ schnell wieder. Doch die russische Krise dauerte an, mit unkalkulierbaren politischen und gesellschaftlichen Konsequenzen. Hier endet das Tagebuch.

Von den Auswirkungen der russischen Zahlungseinstellung auf die internationalen Finanzmärkte war bereits die Rede. Ihr Effekt auf die russische Wirtschaft war weniger verheerend, als man erwartet hatte. Die Tilgungsaussetzung bei Staatsanleihen entlastete den Haushalt, und die Erholung der Ölpreise trug dazu bei, sowohl fiskalisch als auch bei der Handelsbilanz das Gleichgewicht wiederherzustellen. Zudem führte die von Jelzin im Sommer 1998 bekanntgegebene Abwertung zu steigender Nachfrage nach heimischen Produkten. Nach einem anfänglichen, durch den Zusammenbruch des Bankensystems ausgelösten Schock faßte die Konjunktur wieder Tritt, die Erholung begann, und obwohl die Banken und Oligarchen schwere Verluste erlitten hatten, übertraf das russische Bruttosozialprodukt schon nach einem Jahr die Werte vor der Finanzkrise. Selbst den ausländischen Kreditgebern wurden Vergleiche angeboten, die sie für vorteilhaft hielten und annahmen.

Die politische und soziale Entwicklung in Rußland dagegen verlief weniger zufriedenstellend. Jelzins Familie hatte unter Federführung Beresowskis nach einem Nachfolger gesucht, der sie nach der Präsidentschaftswahl vor Verfolgung schützen würde. Schließlich fanden sie ihn: Wladimir Putin, den Leiter des nationalen Geheimdienstes. Im Sommer 1999 wurde er zum Premierminister ernannt und als Jelzins Präsidentschaftskandidat nominiert. Unterdessen flammten die terroristischen Aktivitäten in Tschetschenien wieder auf. Als der tschetschenische Guerillaführer Schamil Basajew in das benachbarte Dagestan eindrang, schlug Putin heftig zurück. Russische Sicherheitskräfte griffen die Tschetschenen an, und Putin gab ultimativ bekannt, Dagestan werde bis zum 25. August »von Terroristen gesäubert« sein – er hielt sein Versprechen. Die russische Bevölkerung reagierte begeistert auf Putins hartes Durchgreifen, und seine Popularität wuchs schlagartig. Dann wurden in Moskau durch eine Reihe rätselhafter Explosionen ganze Wohnhäuser zerstört, und rund 300 Menschen kamen im Schlaf ums Leben. In der nun folgenden Panik richteten sich Angst und Wut – geschürt durch eine sorgfältig inszenierte Presse- und Fernsehkampagne – gegen die Tschetschenen. Putin ließ Truppen in Tschetschenien einmarschieren, und die Parlamentswahlen wurden in einer Atmosphäre der Kriegshysterie abgehalten, in der nur sehr wenige Kandidaten es wagten, sich gegen die Invasion auszusprechen.

Einer dieser wenigen war Grigori Jawlinski. Er unterstützte den Kampf gegen den Terrorismus in Dagestan, lehnte jedoch die Invasion Tschetscheniens ab – die Beliebtheit seiner Jabloko-Partei ging rapide zurück; sie konnte kaum die Fünf-Prozent-Hürde überwinden, die für den Einzug in die Duma notwendig war. An zweiter Stelle hinter den Kommunisten lag mit 23 Prozent eine hastig zusammengeschusterte Regierungspartei namens »Einheit«, die über kein zusammenhängendes Programm verfügte. Die von Tschubais, Sergej Kirijenko und anderen Reformern geführte Union der Rechten Kräfte schloß sich Putin an und schnitt mit 8,6 Prozent recht gut ab. Jewgeni Primakow, der von dem Moskauer Oberbürgermeister Juri Luschkow unterstützt wurde und zuvor als Favorit für die Präsidentschaft galt, erlitt eine empfindliche Niederlage; seine Partei erhielt nur 13 Prozent. Jelzin nutzte den durch den Sieg bei der Parlamentswahl entstandenen Schub aus und gab zu Silvester seinen Rücktritt bekannt, womit Putins Wahl als Nachfolger praktisch gesichert war. Primakow zog seine Kandidatur zurück.

Putins unglaublicher Aufstieg aus dem Nichts ähnelte beängstigend den politischen Machenschaften, die 1996 für Jelzins Wiederwahl gesorgt hatten. Nach meinen langjährigen Erfahrungen mit Beresowski ist mir klar, daß er in beiden Fällen seine Hand im Spiel hatte. Ich traf ihn zum ersten Mal zu der Zeit, als er 1,5 Millionen Dollar zur International Science Foundation beisteuerte; ihr Verwaltungsdirektor, Alex Goldfarb, machte uns miteinander bekannt. Unser Gespräch in Davos, von dem Beresowski später behauptete, es sei für ihn der Anlaß gewesen, eine Vereinigung für Jelzins Wiederwahl zu gründen, habe ich bereits erwähnt. Im Laufe des Jahres 1996 erörterten wir mehrfach sehr freimütig den Wahlkampf; dabei erfuhr ich, wie er vorgeht.

Auch nachdem wir bei der Swjasinvest-Versteigerung zu Gegnern geworden waren, rissen unsere Gespräche nicht ab. Ich versuchte, ihn vom Raubkapitalismus zum legitimen Kapitalismus zu bekehren; er versuchte, mich in seinen Kampf um den Vorstandsvorsitz bei Gasprom einzuspannen, dem mit Abstand wichtigsten Wirtschaftsunternehmen in Rußland. Im Juni 1997 lud er mich nach Sotschi zu einem Besuch bei Tschernomyrdin ein, der vor seiner Ernennung zum Premierminister Vorstandsvorsitzender von Gasprom gewesen war. Anschließend brachte Beresowski mich in seinem Privatflugzeug zurück nach Moskau und erklärte mir, sowohl Tschubais als auch Nemtsow unterstützten seine Kandidatur. Da ich ihm nicht glaubte, fragte ich selbst bei Nemtsow nach – er fiel aus allen Wolken. »Nur über meine Leiche«, war seine Antwort.

Danach aß ich mit Beresowski in seinem »Club«, der – absichtlich oder nicht – wie die Hollywood-Version eines Mafia-Schuppens eingerichtet war, zu Mittag. Ich war der einzige Gast. Wie Nemtsow reagiert hatte, erwähnte ich zwar nicht, wohl aber, daß ich ihn gefragt hatte und daß er offenbar nichts von Beresowskis Ambitionen wußte. Beresowski war außer sich, und seine Wut ließ mir kalte Schauer über den Rücken laufen; ich spürte förmlich, daß er mich hätte umbringen können, und obwohl er es nicht direkt sagte, gab er mir doch zu verstehen, daß ich ihn durch mein Gespräch mit Nemtsow hintergangen hätte. Es war der Wendepunkt in unserer Beziehung. Wir sprachen zwar weiter miteinander – einmal flog Beresowski sogar nach New York, um sich mit mir zu treffen –, aber ich versuchte von nun an, Distanz zu ihm zu halten.

Wie ich bereits erwähnt habe, war der Streit zwischen den Oligarchen und insbesondere der Konflikt zwischen Beresowski und Tschubais eine bizarre Episode, aber noch bizarrer war die Art, wie Putin als Jelzins Nachfolger aufgebaut wurde. Beresowski sah die Welt durch die Brille seiner persönlichen Interessen. Ihm bereitete es keinerlei Schwierigkeiten, das Schicksal Rußlands seinem eigenen unterzuordnen. Er glaubte allen Ernstes, er und die Oligarchen hätten die Regierung gekauft, indem sie Jelzins Wiederwahl finanzierten, und die Regierung habe den Vertrag gebrochen, weil sie für Swjasinvest eine echte Versteigerung zuließ. Beresowski war entschlossen, Tschubais' Existenz deswegen zu vernichten. Als ich ihm warnend sagte, er säge an seinem eigenen Ast, erwiderte er, daß er keine Wahl habe; wenn er nur die geringste Schwäche zeige, könne er nicht überleben.

Das verstand ich damals nicht, aber im Rückblick erscheint es völlig logisch. Beresowski konnte den Übergang zum legitimen Kapitalismus nicht vollziehen; seine einzige Überlebenschance bestand darin, die Menschen in dem von ihm geknüpften Beziehungsnetz festzuhalten. Jelzin war ihm verpflichtet, weil Beresowski dessen Familie ungesetzliche Vorteile verschafft hatte. So hatte er beispielsweise Jelzins Schwiegersohn ins Management von Aeroflot gebracht; die Einkünfte der Fluggesellschaft in harter Währung flossen zu einer Schweizer Firma namens Forus, deren Name, wie man mir erklärte, Programm war: »For us« – »Für uns«. Das verschaffte ihm eine Macht über Jelzin, wie sie kein anderer der Oligarchen besaß. Auch Tschubais war Beresowski ausgeliefert, und als es hart auf hart ging, zögerte dieser nicht, das auszunutzen; er ließ Tschubais über die 90.000 Dollar für den angeblichen Autorenvertrag straucheln. Vor diesem Hintergrund sind die nachfolgenden Ereignisse zu betrachten.

Beresowski und Jelzins Familie versuchten, sich die Immunität zu erhalten, die sie unter der Regierung Jelzin genossen, und dabei verfielen sie auf zum Teil absurde Ideen. Einmal teilte Jelzin auf Beresowskis Anregung hin dem Präsidenten der Duma mit, er werde Nikolai Axionenkow als Premierminister nominieren, aber daraufhin intervenierte Tschubais; in dem offiziellen Dokument, das die Duma erhielt, stand dann der Name Sergej Stepaschin. Später wurde Stepaschin aus dem Amt gedrängt. In eine verzweifelte Lage geriet Beresowski schließlich, als 1999 der Skandal der Wäsche illegaler russischer Gelder bei amerikanischen Banken bekannt wurde – jetzt wußte er, daß er im Westen keine Zuflucht mehr finden konnte. Er mußte unbedingt einen geeigneten Nachfolger für Jelzin finden, und so entstand der Plan, Putin als Kandidaten aufzubauen.

Auf dem Flug von Sotschi nach Moskau im Jahre 1997 hatte Beresowski mir großartige Geschichten darüber erzählt, wie er antirussische Militärführer in Tschetschenien und Abchasien dafür bezahlt hatte, daß sie sich zurückzogen. Deshalb wurde ich hellhörig, als der Tschetschenenführer Schamil Basajew in Dagestan einfiel. Ich dachte mir einen Test aus: Würde Basajew sich innerhalb der von Putin gesetzten Frist zurückziehen? Er tat es. Dennoch konnte ich nicht ganz glauben, daß die Explosionen in den Moskauer Wohnhäusern Teil eines Plans sein sollten, mit dem man den Krieg rechtfertigen wollte. Das erschien allzu teuflisch. Es wäre zwar nicht das erste von *agents provocateurs* begangene Verbrechen in der russischen Geschichte gewesen – Beispiele hierfür gab es genug, angefangen bei dem Spion Asew während der Zarenzeit bis zum Mord an Kirow, mit dem Stalins »Säuberungen« gerechtfertigt wurden –, aber es hätte eine völlig neue Qualität bedeutet. Dennoch konnte ich die Möglichkeit nicht ausschließen. Für Beresowski kamen die Terroranschläge wie gerufen. Sie würden nicht nur bei der Wahl eines Präsidenten helfen, der Jelzin und seiner Familie Immunität gewähren würde, sondern Beresowski auch Macht über Putin verschaffen. Bisher sind keine Beweise bekanntgeworden, die diese Theorie widerlegen.

Die Wahrheit über die Moskauer Explosionen wird man vielleicht nie herausfinden, aber es gibt keinen Zweifel daran, daß der Krieg in Tschetschenien zu Putins Wahlsieg führte. Ich finde das, gelinde gesagt, bestürzend. Zwischen 1994 und 1996, während des vorherigen Tschetschenienkrieges, war die russische Bevölkerung entsetzt über die Fernsehbilder von Zerstörung und Leid, die durch die Invasion in Tschetschenien verursacht worden waren. Die Proteste von Müttern eingezogener Soldaten und von Menschenrechtsaktivisten wie Sergej Kowaljow trugen dazu bei, daß es zu einer Verhandlungslösung kam. Dieses Mal stand die Reaktion der russischen Bevölkerung in krassem Gegensatz zu ihrer früheren Haltung. Zugegeben: Einen großen Teil der Schuld tragen die tschetschenischen Terroristen selbst; sie nahmen Journalisten und Angehörige von Hilfsorganisationen gefangen, forderten Lösegeld und brachten ihre Geiseln häufig um. Auf diese Weise starb Fred Cuny, der Held von Sarajevo. Heute wagt es kaum noch jemand, sich an der Tschetschenienhilfe zu beteiligen oder über die an der tschetschenischen Bevölkerung verübten Greueltaten zu berichten. Die antitschetschenischen Empfindungen der Öffentlichkeit wurden meisterhaft geschürt. Wie auch immer, die Haltung der russischen Bevölkerung ist heute ganz anders als noch vor wenigen Jahren.

Zu Beginn der Ära nach Gorbatschow hatten die Russen eine eindeutige Abneigung gegen Gewalt. In den Anfangstagen ist sehr wenig Blut geflossen, und in den seltenen Fällen, in denen Menschen ums Leben kamen – in der georgischen Hauptstadt Tiflis, im litauischen Wilna und im Oktober 1993 bei der Belagerung der Duma –, richtete sich die öffentliche Meinung gegen jene, die Gewalt angewendet hatten. Heute ist das anders. Als das russische Volk im März 2000 Putin wählte, verwickelte es sich in das Blutvergießen in Tschetschenien.

Es gibt eine Theorie, wonach ein Opfer, das sehr brutal behandelt wurde, später selbst zur Gewaltanwendung neigt. Dies scheint auf viele Straftäter ebenso zuzutreffen wie auf das Verhältnis zwischen Volksgruppen.[44] Die Serben betrachteten sich selbst lange Zeit als Opfer, und diese Empfindung konnte Slobodan Milošević für seine Politik der »ethnischen Säuberung« ausnutzen. Ähnliches spielte sich anscheinend auch in Rußland ab.

Putin wird versuchen, wieder einen starken Staat aufzubauen. Das könnte ihm durchaus gelingen, und es wäre in vielerlei Hinsicht zu begrüßen. Die Erfahrungen mit Rußland haben uns gelehrt, daß ein schwacher Staat zu einer Gefahr für die Freiheit werden kann. Eine Autorität, die bestehende Regelungen durchzusetzen vermag, ist für eine funktionierende Marktwirtschaft unentbehrlich. Wenn Putin den Übergang vom Raubkapitalismus zum legitimen Kapitalismus schafft, kann er durchaus zum Präsidenten des wirtschaftlichen Aufschwungs werden; dann dürften sich meine Investitionen in Rußland – einschließlich Swjasinvest – letztlich doch noch auszahlen.

Aber Putins Staat wird vermutlich nicht auf den Prinzipien der offenen Gesellschaft, sondern vielmehr auf den Gefühlen der Demoralisierung, Erniedrigung und Frustration aufgebaut sein, die das russische Volk nach dem Zusammenbruch des Sowjetsystems erlebt hat. Putin wird sich bemühen, nach innen die Autorität des Staates und nach außen den Ruhm Rußlands wiederherzustellen. Rußland ist nicht verloren; im Gegenteil: Es könnte unter Putin zu neuem Leben erwachen. Als Freund und Verbündeten allerdings hat der Westen Rußland ebenso verloren wie als Anhänger der Prinzipien einer offenen Gesellschaft. Eines ist sonnenklar: Die Aussichten, die heute für Rußland zu erkennen sind, hätten völlig andere sein können, wenn die offenen Gesellschaften des Westens selbst stärker dem Prinzip der offenen Gesellschaft verpflichtet gewesen wären.

In seiner Abschiedsrede bat Jelzin das russische Volk um Vergebung dafür, daß er die Hoffnungen auf eine leuchtende, reiche Zukunft nicht erfüllen konnte, weil die Schwierigkeiten größer gewesen seien als befürchtet. Was Jelzin nicht erwähnte, war, daß er und viele andere ihr Vertrauen in den Westen gesetzt hatten, doch der erfüllte ihre zugegebenermaßen übertriebenen Erwartungen nicht. Ich kann nur für mich selbst sprechen. Anfangs glaubte ich, die westlichen Politiker hätten einfach nicht begriffen, was geschah. Daß Gorbatschow bereit war, das System zu verändern, war zu schön, um wahr zu sein, und deshalb wollten sie ihn auf die Probe stellen. Sie bauten Hürden auf, und als Gorbatschow sie übersprang, errichteten sie größere Hindernisse. Schließlich mußten sie zugestehen, daß ein echter Wandel eingetreten war, aber mittlerweile hatten sie allen Respekt vor Rußland als Supermacht verloren. Jetzt behandelte der Westen die Russen wie Bettler. Er trieb Geld auf, um ihnen bei der nuklearen Abrüstung zu helfen, aber kaum etwas für andere Zwecke. Ich weiß noch, wie der russische Wirtschaftswissenschaftler Nikolai Schmeljow mir 1990 erzählte, er habe während eines Fluges mit dem damaligen US-Außenminister James Baker fünf Stunden lang vergeblich um Hilfe gebeten, und Alexander Jakowlew, die treibende Kraft hinter Gorbatschow, sagte mir später, wie erniedrigt er sich in den Verhandlungen mit den Amerikanern gefühlt habe. Zu meinem Bedauern mußte ich feststellen, daß dem Westen die Idee der offenen Gesellschaft nicht viel bedeutete. Wäre das der Fall gewesen, hätte immer noch ein schmerzhafter Übergang mit Verschiebungen und Enttäuschungen stattfinden müssen, aber zumindest hätte Rußland sich dann in die richtige Richtung bewegt. Es hätte zu einer echten Demokratie und einem wahren Freund der Vereinigten Staaten werden können, so wie Deutschland nach dem Zweiten Weltkrieg und dem Marshallplan. Heute besteht diese Aussicht nicht mehr.

Meine Stiftung ist in Rußland nach wie vor aktiv und erfährt von der russischen Gesellschaft nachdrücklich Unterstützung. Wir richteten an Provinzuniversitäten 32 Computerzentren ein und förderten so die Entwicklung einer Internet-Infrastruktur in Rußland, wo die Information aus dem Netz sich als eine wichtige Alternative zu einer immer stärker eingeschüchterten Presse etabliert. In unseren neueren Programmen bestehen wir meist darauf, daß örtliche Körperschaften sich mit einem gleich hohen Betrag an der Finanzierung beteiligen. Wir liefern beispielsweise Bücher für 5.000 örtliche Bibliotheken; dabei fordern wir im ersten Jahr 25, im zweiten Jahr 50 und im dritten 75 Prozent der Kosten – und wir bekommen das Geld tatsächlich.

Ich empfinde es nach wie vor als Verpflichtung, die Arbeit der Stiftung zu unterstützen, solange sie Rückhalt in der russischen Gesellschaft hat und ungehindert funktioniert. Das Streben nach der offenen Gesellschaft ist eine Flamme, die nicht einmal Stalins Terror auslöschen konnte. Ich bin sicher, daß sie in Rußland am Leben bleiben wird, ganz gleich, wie seine Zukunft aussieht.

Kapitel 10 Eine neue Weltfinanzarchitektur

Die Weltfinanzkrise von 1997 bis 1999 ist mittlerweile Geschichte. Selbst wenn die Finanzmärkte morgen zusammenstürzten, müßte man von einer neuen Krise sprechen und nicht von einer Fortsetzung der vorangegangenen. Die Krise war kürzer, und die Wirtschaftstätigkeit ging weniger stark zurück, als man es zu jener Zeit erwarten konnte. Das gilt allgemein als Beleg dafür, daß die Finanzmärkte die Fähigkeit zur Selbstkorrektur besitzen und daß das kapitalistische Weltsystem in seiner derzeitigen Ausprägung grundsätzlich stabil ist. Der herkömmlichen Lehre zufolge lagen die Mängel in den Ländern, die von der Krise betroffen waren, und nicht im System selbst. Derzeit arbeitet man daran, die Schwächen zu beheben, und anschließend wird das System, so heißt es, stärker sein denn je. Für diese Beobachtungen spricht angeblich auch die Tatsache, daß die Weltwirtschaft erneut wächst.

Ich teile diese optimistische Einschätzung nicht. Nach meiner Überzeugung ist das kapitalistische Weltsystem alles andere als stabil. Zwar werden momentan einige der vor der Krise bestehenden Ungereimtheiten beseitigt, aber an ihre Stelle sind bereits neue Verzerrungen getreten. Während der Krise dienten die Interventionen des IWF dazu, den internationalen Gläubigern unter die Arme zu greifen, und das war, wie man heute erkennt, mit einer moralischen Gefahr verbunden. Nunmehr hat sich der Spieß umgedreht: Man will vor allem die Privatwirtschaft »in die Pflicht nehmen«, das heißt, die Kreditgeber sollen sich an den Lasten für Rettungsmaßnahmen beteiligen. Damit mögen sich die Probleme der moralischen Gefahr und der übermäßigen Kreditgewährung lösen lassen, es wurden allerdings keine Vorkehrungen getroffen, um den drohenden unzureichenden Kapitalfluß in die Länder der Peripherie auszugleichen. Unter dem Strich ist das Weltfinanzsystem anfälliger geworden, weil der IWF einen großen Teil seiner Autorität und seiner Reputation verloren hat.

Auf dem Höhepunkt der Krise wurde viel über das Weltfinanzgefüge und die Notwendigkeit eines neuen Bretton-Woods-Abkommens gesprochen. Mittlerweile ist der Ruf nach grundlegenden Reformen verstummt, und Neuerungen, die nicht bereits auf den Weg gebracht wurden, haben jetzt wahrscheinlich keine Chance mehr, Gehör zu finden. Der einzige radikale Reformvorschlag stammt von der sogenannten Meltzer-Kommission, einem vom US-Kongreß eingesetzten Beratergremium.[45] Sie spricht sich dafür aus, die internationalen Finanzinstitutionen stark zu verkleinern. Zwar dürfte der Vorschlag kaum umgesetzt werden, da internationale Institutionen sich nicht ohne weiteres verändern lassen, aber er wird voraussichtlich einengende, negative Auswirkungen auf ihre Tätigkeit haben. Das ist schade, denn wir brauchen stärkere, besser funktionierende internationale Institutionen und nicht schwächere, die unter Druck stehen.

Geschichtlich gesehen, führten Finanzkrisen bislang immer zur Verschärfung von Vorschriften. Auf diese Weise entwickelte sich das System der Zentralbanken bis zu seinem jetzigen, ausgefeilten Zustand, und da die Finanzmärkte inzwischen global geworden sind, müssen wir die internationale Regulierung verstärken. Doch es sieht so aus, als sei die Krise von 1997 bis 1999 eine Ausnahme: Heute geht die Tendenz dahin, Vorschriften abzubauen. Vielleicht liegt das daran, daß nicht das Zentrum, sondern nur die Peripherie von der Krise betroffen war.

Die derzeit laufenden Reformen greifen nicht besonders tief. Sie dienen im großen und ganzen dazu, die Strukturmängel in den

Nehmerländern zu beseitigen und die Vergabe unsolider Kredite zu verhindern, aber die Vorstellung, mit den Weltfinanzmärkten könne strukturell etwas nicht in Ordnung sein, wird abgelehnt. Noch immer herrscht in der Finanzwirtschaft die Lehre vor, daß die Märkte nur bessere Informationen brauchen und dann für sich selbst sorgen können, oder genauer, daß niemand anderer für sie sorgen kann, wenn sie dazu nicht selbst in der Lage sind; deshalb gehe es vor allem darum, die notwendigen Informationen verfügbar zu machen und jede Beeinträchtigung der Marktmechanismen zu vermeiden. Durchsetzung von Marktdisziplin bleibt das Grundprinzip, die Schlüsselwörter sind »Transparenz« und »Information«. Das Ziel besteht sozusagen darin, die Wasserleitungen in Ordnung zu bringen, statt das ganze Gebäude umzubauen.

Ich habe überhaupt nichts dagegen, die Wasserleitungen in Ordnung zu bringen. Die Mängel der nationalen Bankensysteme waren zweifellos ein wichtiger Faktor, der zum Ausmaß des Schadens beigetragen hat. Wie ein Wirbelsturm traf die Krise jene Länder am meisten, die über die geringsten Abwehrkräfte verfügten, und deshalb läßt sich durch eine Stärkung der lokalen Bankensysteme viel gewinnen. Doch dann bleibt immer noch die Frage, ob nicht auch die internationalen Abwehrmechanismen gestärkt werden müssen. Wir sollten die größere Architektur nicht vergessen, denn in der jüngsten Krise haben sich einige schwerwiegende strukturelle Schwächen offenbart, und es ist wichtig, daß man die Risse in den Wänden behebt, bevor man Tapete darüberklebt.

Tatsächlich haben sich in der Weltfinanzarchitektur bereits wichtige Veränderungen vollzogen, ohne daß man sich dessen in vollem Umfang bewußt wurde. Sie dienen vor allem dazu, unsolide internationale Kredite soweit wie möglich zu verhindern. Das wird sicherlich dazu beitragen, einer Wiederholung der letzten Krise vorzubauen, die ja durch unsolide Kredite entstand, aber es kann meines Erachtens auch leicht zu einer neuartigen Krise führen, deren Ursache wahrscheinlich ein unzureichender Kapitalfluß in die Peripherie sein wird. Das alles erinnert mich an die Maginot-Linie in Frankreich; sie wurde gebaut, um das Land vor einer Wiederholung des Ersten Weltkrieges zu schützen, erwies sich allerdings im Zweiten Weltkrieg als nutzlos.

Die Mängel der früheren Architektur

Wenn wir von der Weltfinanzarchitektur sprechen, meinen wir damit im wesentlichen die Rolle der internationalen Finanzinstitutionen, insbesondere des Internationalen Währungsfonds. Sieht man sich an, wie der IWF vor und während der Krise von 1997 bis 1999 agierte, erkennt man zwei wichtige Schwächen oder, genauer, Asymmetrien: zum einen eine Diskrepanz zwischen Krisenvorbeugung und Krisenintervention, zum anderen ein Ungleichgewicht in der Behandlung von Kreditgebern und Kreditnehmern. Beides hängt miteinander zusammen und ist Teil des Systems; deshalb kann man der Leitung des IWF eigentlich aus beidem keinen Vorwurf machen. Zugegeben: Der IWF beging mehrere politische Fehler. Er bestand etwa darauf, die Staatsausgaben zu senken, wenn die Ursache der Schwierigkeiten in der Privatwirtschaft lag; er unterschätzte das Ausmaß der Ansteckung; und in Indonesien löste er einen Sturm auf die Banken aus, weil er einige Geldinstitute schloß, ohne zuvor ein System der Einlagensicherung einzurichten. Doch es geht hier nicht um einzelne Fehler, sondern darum, die strukturellen Schwächen zu erkennen, denn nur sie erfordern strukturelle Veränderungen.

Nach den derzeitigen Regeln hat sich der IWF – außer in Krisenzeiten, wenn er von einem Mitgliedsland um Hilfe gebeten wird – in die inneren Angelegenheiten seiner Mitgliedsstaaten nicht groß einzumischen. Er kann Besuche machen und Ratschläge erteilen, aber in normalen Zeiten hat er weder die Vollmacht noch die Möglichkeiten zum Eingreifen. Seine Hauptaufgabe besteht darin, das System zu erhalten, und in den Fällen, in denen er einschreitet, ist dies sein wichtigstes Motiv. Deshalb kann er den Schuldnerländern während einer Krise keinen Schuldenerlaß verschaffen, denn das könnte sich verheerend auf die Finanzmärkte auswirken. Die von ihm vergebenen Kredite und die damit aufgezwungenen Bedingungen sollen die Schuldnerländer in die Lage versetzen, ihren Verpflichtungen nachzukommen. Jeder Schuldenerlaß muß zurückgestellt werden, bis die Situation sich entspannt hat.

Der IWF verfügt nicht über ausreichende Mittel, um als Kreditgeber letzter Instanz aufzutreten. Damit seine Programme Erfolg haben, ist er auf die Kooperation der Finanzmärkte angewiesen, und sowohl Banken als auch Investmentfirmen wissen ganz genau, wie sie ihre Position ausnutzen können. Außerdem wird der IWF von den Ländern im Zentrum des kapitalistischen Systems kontrolliert; es würde den nationalen Interessen der tonangebenden Teilnehmer widersprechen, wenn der IWF die Kreditgeber bestrafen würde.

Zu den vom IWF aufgezwungenen Bedingungen gehören in der Regel die Verminderung von Haushaltsdefiziten und die Anhebung der Zinssätze. Das hat zur Folge, daß das Nehmerland in eine Rezession stürzt, so daß die Importe sich vermindern und Exporte begünstigt werden. Mit dem so entstehenden Außenhandelsüberschuß kann das Schuldnerland seine Kredite bedienen und tilgen. Im Notfall können die Finanzinstitutionen auch Druck auf die Kreditgeber ausüben, damit diese ihre Darlehen umschichten, aber dabei müssen sie sorgfältig den Anschein wahren, daß die Kreditvergabe freiwillig erfolgt, damit die Bilanzen der Banken für die Dauer der Krise nicht über Gebühr geschwächt werden. Später, in einer ruhigeren Lage, kann man die Kredite längerfristig neu ordnen. Das geschah während der großen internationalen Kreditkrise von 1982. Mehrere Jahre danach wurden die ausstehenden Kredite reorganisiert, und man gab die sogenannten Brady-Bonds aus.

Insgesamt hatte diese Vorgehensweise zur Folge, daß die Nehmer-länder die Hauptlast der Umstellung tragen mußten. Von ihnen wurde verlangt, daß sie die Kredite bis an die Grenzen ihrer Fähig-keiten bedienten. Zwar kamen auch die Kreditgeber nicht unge-schoren davon, doch ihre Verluste waren viel geringer, als wenn der IWF nicht eingegriffen hätte. Die Banken in den Vereinigten Staa-ten beispielsweise erlitten in den achtziger Jahren durch ihr Enga-gement in der Spar- und Kreditwirtschaft wesentlich größere Ver-luste als durch internationale Darlehen. Dennoch hatten die Banken etwas dagegen, wenn ihnen die Hände gebunden wurden. Nach den Erfahrungen der achtziger Jahre sträubten sie sich gegen die Vergabe langfristiger Kredite; sie zogen es vor, der Öffentlichkeit Schuld-verschreibungen zu verkaufen, statt die Kredite in ihren eigenen Bilanzen aufzuführen. Dadurch wurde die Position der Gläubiger gestärkt, denn auf die Inhaber von Obligationen kann die Banken-aufsicht sehr viel schwerer Druck ausüben als auf Geschäftsbanken. Das zeigte sich während der Mexikokrise von 1994. Aus ihr kamen die ausländischen Inhaber von »Tesobonos« (in Dollar denominierte mexikanische Staatsanleihen) mit heiler Haut davon, obwohl diese Papiere zu einem Zinssatz angeboten worden waren, der ein hohes Risiko signalisierte. Als Mexiko nicht mehr zahlen konnte, griffen das US-Finanzministerium und der IWF ein, und die Investoren waren fein heraus. Die Rechnung beglich der mexikanische Steuer-zahler.

Diese Erfahrung prägte die Erwartungen der Investoren in Ruß-land. Banken, Broker und Hedgefonds kauften selbst dann noch russische Staatsanleihen (GKOs), als bereits jeder sehen konnte, daß die Lage sich verschlechterte. Rußland galt als zu wichtig, um zahlungsunfähig werden zu können; man verließ sich darauf, daß die internationalen Institutionen notfalls Rettungsmaßnahmen ergreifen würden. Auch wenn die Inhaber der GKOs dabei leichte Blessuren einkalkulierten, galt das Risiko-Nutzen-Verhältnis als attraktiv. Also kaufte man weiter GKOs mit ständig steigenden Erträgen, und dann hörte die Musik plötzlich zu spielen auf. Ironischerweise machte gerade die Erwartung der GKO-Inhaber, man werde sie schadlos halten, es den internationalen Finanzinstitutionen schwer, das zu tun. Man erkannte, welche moralische Gefahr in der Vorgehensweise des IWF steckte, und der politische Druck gegen eine Entschädigung von Investoren, die genau auf diese Entschädigung spekulierten, wurde übermächtig. Deshalb hatten die Institutionen praktisch keinerlei Möglichkeit, die Zahlungseinstellung durch Rußland zu verhindern. Hier liegt die wichtigste Veränderung, die sich in der Weltfinanzarchitektur während der Krise von 1997 bis 1999 – freilich nur ganz langsam und fast unbemerkt – vollzogen hat.

Die entstehende neue Architektur

Zu Beginn der Krise waren beide beschriebenen Asymmetrien – die eine zwischen der Behandlung von Kreditgebern und Kreditnehmern, die andere zwischen Krisenvorbeugung und Intervention – in vollem Umfang wirksam. Sie erklären weitgehend, warum die Programme des IWF in Asien so wenig Erfolg hatten. Betrachten wir die drei asiatischen Länder, die sich an den IWF wandten – Thailand, Indonesien und Korea –, so zeigt sich, daß alle drei an einer strukturellen Unausgewogenheit litten: Die Privatwirtschaft hatte sich zuviel Geld in harter Währung und ohne Absicherung geliehen, und die Unternehmen besaßen im Verhältnis zu ihrer Verschuldung nicht genügend Eigenkapital. Als dann die Abwertung kam, verschob sich das Mißverhältnis von Auslandsschulden und Eigenkapital weiter. Zusätzlich steigerten die hohen Zinssätze und der durch die IWF-Programme erzwungene Zusammenbruch der Inlandsnachfrage die Schuldenlast, so daß die Bonität der Schuldner fragwürdig wurde. Ihnen noch mehr Geld zu leihen war keine

Lösung; diese Länder brauchten vielmehr einen Weg, um Schulden in Eigenkapital umzuwandeln. Aber ein Moratorium aufzuerlegen und ein System für diese Umwandlung zuzulassen hätte die internationalen Banken und Inhaber von Schuldverschreibungen geschädigt, und deshalb konnte der IWF eine solche Maßnahme nicht einmal in Erwägung ziehen. Also blieb er bei den hergebrachten Rezepten, und die üblichen Nebenwirkungen stellten sich ein: Die Länder stürzten in eine Rezession.

Gleichwohl konnte der Rückgang der Wirtschaftsaktivität den Niedergang der Währungen nicht aufhalten, weil die Schuldenlast immer drückender wurde. Die Schuldner setzten alles daran, ihren Verpflichtungen in harter Währung nachzukommen, und die internationalen Gläubiger versuchten, so viele Vermögenswerte wie möglich abzuziehen. In der Folge reagierten die Währungen zu stark – die indonesische Rupiah ging in den freien Fall über –, so daß die Kreditgeber schwere Einbußen erlitten. Das war ein übles Gegengift gegen die moralische Gefahr. Und dann kam Rußland, wo die Erkenntnis der moralischen Gefahr der Methode, die Kreditgeber schadlos zu halten, im Wege stand. Dieses Mal waren die Verluste noch größer.

Als die Brasilienkrise ihren Höhepunkt erreichte, war die moralische Gefahr zu einer entscheidenden Überlegung geworden. Der IWF und die Finanzministerien der verschiedenen betroffenen Länder wollten Brasilien keine weiteren Gelder mehr gewähren, ohne daß die Geschäftsbanken sich verpflichteten, ihre Kreditlinien einzuhalten. Diesem Druck widersetzte sich die brasilianische Regierung, weil sie negative Auswirkungen auf ihre Kreditwürdigkeit befürchtete. Im Verlauf langwieriger Verhandlungen konnten die Banken ihre Kreditlinien zurückfahren oder kurzfristige Gegenpositionen aufbauen – die kritische Phase, die schließlich eintrat, war um so heftiger. Zu diesem Zeitpunkt hatte sich die Haltung des IWF bereits um 180 Grad gedreht: Statt die Kreditgeber freizustellen, wurde es jetzt zur offiziellen Politik, sie »in die Pflicht zu nehmen«. In meinen Augen ist das boshafter Unsinn. Unsinn ist es, weil es bedeutet, Wasser in ein sinkendes Boot zu schütten; boshaft ist es, weil es das Boot zum Sinken bringt.

Der IWF lehnt es heute ab, Ländern, die auf ihre Schuldverschreibungen überhöhte Zinsen gezahlt haben, Geld zu leihen, es sei denn, die Inhaber der Papiere nehmen Einbußen in Kauf. Seit geraumer Zeit hält der IWF Ausschau nach einem Land, bei dem er seine neue Vorgehensweise auf den Prüfstand stellen kann. Er versuchte es mit Rumänien, aber das Land wollte seine Zahlungen nicht einstellen; es zahlte die fälligen Papiere mit noch teureren neuen Krediten aus, bevor es das Darlehen des IWF erhielt, mit dessen Hilfe es sich billiger Geld hätte leihen können – ein nicht gerade befriedigendes Ergebnis. Schließlich wandte man die neue Politik auf die ecuadorianischen Brady-Bonds an und gab damit ein klares Signal an die Finanzmärkte, daß internationale Obligationen nicht ohne Risiko sind.

Eine der kürzlich entworfenen, noch nicht umgesetzten Reformen sieht vor, in internationale Schuldverschreibungen Umschuldungsklauseln, sogenannte Collective-action Clauses, aufzunehmen. Sie würden es leichter machen, Pläne zur Neuorganisation von Schulden durchzusetzen. (Wie nicht anders zu erwarten, stößt der Vorschlag auf erbitterten Widerstand sowohl bei den Inhabern von Schuldverschreibungen als auch bei Investmentbanken.) Gleichzeitig hat man erkannt, wie wichtig die Krisenprävention ist. Diesem Zweck dienen sowohl die verschiedenen Bestrebungen, insbesondere im Bankwesen Standards und Verhaltensregeln durchzusetzen, als auch die neuen »Contingency Credit Lines« (CCL), sogenannte bedingte Kreditlinien, die der IWF kürzlich zur Krisenvorbeugung einführte.

Wie man sieht, haben die verschiedenen Reformvorschläge jeweils eines der beschriebenen Ungleichgewichte im Blick. Mit den erwähnten bedingten Kreditlinien ist sogar ein erster Schritt unternommen worden, um beide miteinander zu verknüpfen. Indem man sie nämlich nur jenen Ländern zur Verfügung stellt, die eine solide Politik betreiben, erzeugt man einen Anreiz zu einer solchen Politik. Ich trete schon lange für diese Vorgehensweise ein und halte sie zur Zeit für die wichtigste positive Veränderung in der Weltfinanzarchitektur. Leider lassen nur wenige Länder ein Interesse an der Nutzung der neuen Möglichkeiten erkennen, und das ist nicht verwunderlich, denn die Kreditlinien sind wegen fehlender Mittel eingeschränkt. Bestimmte Fonds – die »General Arrangements to Borrow« und die »New Arrangements to Borrow« – stehen nur jenen Ländern zur Verfügung, die ein Risiko für das gesamte System darstellen; damit bleiben kleinere Staaten, die ebenfalls einer Ansteckungsgefahr ausgesetzt sind, außen vor. Sollen die CCL einen Sinn bekommen, müssen sie meines Erachtens durch die Vergabe von Sonderziehungsrechten ergänzt werden, aber das ist nicht vorgesehen.

Der Trend geht derzeit dahin, Macht und Mittel des IWF nicht zu steigern, sondern zu vermindern, und das ist, wie gesagt, eine gefährliche Entwicklung. Alle Bemühungen richten sich darauf, der unsoliden Vergabe von Krediten vorzubeugen. So weit, so gut. Doch jetzt drohen die Mittel nicht mehr ausreichend in die Peripherie zu fließen. Dieser Gefahr schenkt man keine Aufmerksamkeit, weil das herrschende Vorurteil verlangt, daß man sich auf die Marktmechanismen verläßt. Allgemein wird eingeräumt, daß diejenigen, die internationale Kredite gewährten, die damit verbundenen Risiken nicht hinreichend tragen mußten, und diese Diskrepanz führt man auf die vom IWF erzeugte moralische Gefahr zurück. Es reiche aus, so glaubt man, diese zu beseitigen. Das ist mittlerweile auch gelungen, und dadurch sind die Risiken der internationalen Kreditvergabe größer geworden. Unter solchen Bedingungen ist es nicht damit getan, die Risiken mit einem angemessenen Preis zu versehen;

wir müssen sie auch zu vermindern suchen. Aber dieser Vorschlag paßt nicht zur herrschenden Denkweise.

»Moralische Gefahr« (»Moral Hazard«) ist zum neuen Schlagwort der Marktfundamentalisten geworden – und zu einem recht wirksamen. Es bietet moralischen Rückhalt für eine ihrem Wesen nach amoralische Institution – den Markt –, und es liefert eine hervorragende Ausrede, um sich jeder Einmischung in die Märkte zu widersetzen. Das ändert freilich nichts daran, daß man unmöglich einen Kreditgeber letzter Instanz oder eine Rückversicherung beibehalten kann, ohne mit der moralischen Gefahr rechnen zu müssen. Nach den Empfehlungen der Meltzer-Kommission sollte der IWF für entstehende Wirtschaftsräume als Kreditgeber letzter Instanz tätig werden, doch in ihrem Eifer, die moralische Gefahr zu bannen, erlegt sie den Kreditnehmern so strenge Bedingungen auf, daß der IWF dieser Funktion gar nicht nachkommen könnte. Nach den Vorstellungen der Meltzer-Kommission müßten »Liquiditätsdarlehen eine kurze Laufzeit haben, zu einem Strafzinssatz (oberhalb des derzeitigen Marktzinssatzes des Kreditnehmers) vergeben werden und durch einen klaren Vorranganspruch auf die Vermögenswerte des Kreditnehmers abgesichert werden«. Um in ihren Genuß zu kommen, müssen die Länder ihr Finanzsystem dem internationalen Wettbewerb öffnen, eine ausreichende Kapitalausstattung ihrer Banken gewährleisten und eine solide Haushaltspolitik nach der Definition des IWF betreiben. Ob viele Länder diese Voraussetzungen erfüllen und ob es ihnen sonderlich nützt, wenn sie es tun, ist zweifelhaft. Hier besteht keine echte moralische Gefahr – aber es hilft auch einer entstehenden Wirtschaft kaum.

An dieser Stelle möchte ich noch ein anderes Schlagwort einführen, um ein Gegengewicht zur moralischen Gefahr zu schaffen: das ebene Spielfeld. Vor der jüngsten Krise war das Spielfeld der Weltfinanzen alles andere als eben, und der Wechsel vom In-die-Bresche-

Springen zum In-die-Pflicht-Nehmen wird das Spielfeld weiter zuungunsten der Peripherie kippen. Wer Investoren in die Pflicht nimmt, erwartet von der Privatwirtschaft irgendein Opfer – die Verlängerung von Kreditlaufzeiten oder die Zusage, Kreditlinien einzuhalten. Allerdings pflegt die Privatwirtschaft keine Opfer zu bringen, ohne etwas dafür zu verlangen. Die Aussicht, in die Pflicht genommen zu werden, wird Kredite teurer machen, und da die Kapitalkosten eine der wichtigsten Variablen für die Konkurrenzfähigkeit sind, wird die Kluft zwischen Zentrum und Peripherie immer breiter. Heute werden der Peripherie bereits viel höhere Margen in Rechnung gestellt als vor der Krise von 1997 bis 1999.

Immer wieder wird behauptet, das alles sei nur gut so, denn die Margen seien allzu niedrig gewesen und die Länder der Peripherie hätten sich viel zuviel Geld geliehen. Es sei weit gesünder, wenn unmittelbare Investitionen an die Stelle der Kredite träten. Dieses Argument gilt aber nur bis zu einem gewissen Punkt. Die Margen waren tatsächlich viel zu niedrig, und Direktinvestitionen sind wesentlich stabiler und verursachen nicht so leicht einen Crash wie Portfolio-Investitionen oder kurzfristige Kredite. Doch das Problem des schiefen Spielfeldes bleibt bestehen und verschärft sich durch die höheren Margen bei den Kreditkosten sogar noch. Multinationale Unternehmen, die über größere Mittel verfügen und besseren Zugang zu Kapital haben, können die örtliche Konkurrenz überbieten, überdauern und überflügeln. In Argentinien beispielsweise sind mit einer Ausnahme alle wichtigen Banken in ausländischer Hand. Bei der Privatisierung des staatlichen argentinischen Ölunternehmens YPF konnte die spanische Firma Repsol argentinische Interessenten ohne weiteres überbieten, weil sie viel billigere Kredite bekam, und schließlich übernahm sie das gesamte Unternehmen. Die Aktienbörse von Buenos Aires ist bis zur Bedeutungslosigkeit geschrumpft, weil viele ihrer führenden Titel zu Tochterunternehmen ausländischer Firmen wurden.

All das mag auch sein Gutes haben. Durch die Internationalisierung des Finanzsystems und die Ausbreitung multinationaler Unternehmen könnten sogar viele Übel der weniger entwickelten Welt beseitigt werden. Es ließe sich verhindern, daß korrupte, diktatorische Regierungen die Wirtschaft ihren eigenen Interessen unterwerfen, und gleichzeitig könnten sich die Vorteile des modernen Managements und der Hochtechnologie ausbreiten, aber das hat seinen Preis. Länder, die bereits zur Peripherie gehören, würden sich zu Recht noch weiter an den Rand gedrängt fühlen. So etwas wäre politisch unerträglich, es sei denn, damit ginge eine erkennbare Verbesserung der Lebensbedingungen einher. Genau das ist allerdings in vielen Gebieten der Welt heute nicht der Fall.

Unternehmen machen Geschäfte, um Gewinne zu erzielen, und nicht, um Wohltaten zu verbreiten. Angesichts der zusätzlichen Risiken können sie in den weniger entwickelten Teilen der Welt nur bei höheren Gewinnmargen tätig werden, und um einen Ausgleich dafür zu schaffen, wären besondere Vorkehrungen erforderlich. Außerdem verbessert die bloße Anwesenheit ausländischer Unternehmen nicht zwangsläufig schon die wirtschaftlichen und politischen Bedingungen. Im Gegenteil: Häufig stecken ausländische Firmen mit korrupten, diktatorischen Regierungen unter einer Decke. Ausbeutung durch das Ausland ist noch bedenklicher als Ausbeutung durch inländische Kräfte, und sie kann leicht politisch nach hinten losgehen. In der Geschichte gibt es eine Fülle von Beispielen: den Boxeraufstand in China, den Peronismus in Argentinien, die Enteignung der Ölfirmen auf der ganzen Welt. Die Gefahr politischer Unruhen würde den Wert des Eigentums in den neu entstehenden Wirtschaften vermindern und die Kluft zwischen Zentrum und Peripherie weiter vergrößern. Sie könnte zu einer Epidemie führen, die sich ganz ähnlich wie die Finanzkrise von 1997 bis 1999 von Land zu Land ausbreitet.

Ich möchte meine Argumentation für ein ebenes Spielfeld nicht auf der Gefahr der Enteignung aufbauen. Wie ich im siebten Kapitel deutlich gemacht habe, bringen ausländische Investitionen dringend benötigten Unternehmergeist und Technologie mit sich. Wahrscheinlich werden die Länder der Peripherie viele Ungerechtigkeiten in Kauf nehmen, weil es noch nachteiliger wäre, sich gegen das System zu entscheiden. Aber es ist moralisch falsch, an Ungerechtigkeiten festzuhalten, insbesondere wenn sie sich vermeiden lassen. In nüchterne geschäftliche Berechnungen fließt in der Regel keine Moral ein, im politischen Kalkül jedoch sollte sie eine Rolle spielen. Menschen, die Ungerechtigkeiten erkennen, um sie für sich auszunützen, können eine Menge Schaden anrichten, und es liegt im Interesse der Länder im Zentrum des kapitalistischen Weltsystems, die wirtschaftliche und politische Entwicklung der Peripherieländer zu fördern.

Ein bescheidener Vorschlag

Wie können wir ein ebeneres Spielfeld schaffen? Ich habe mich seit Ausbruch der Krise darum bemüht, den Kapitalfluß vom Zentrum in die Peripherie zu erleichtern. In einem Artikel, der am 31. Dezember 1997 in der Londoner ›Financial Times‹ erschien, setzte ich mich für ein internationales System zur Kreditsicherung ein.[46] Die Idee habe ich in ›Die Krise des globalen Kapitalismus‹ ausführlich dargelegt: Die Institution, die entsprechende Garantien übernimmt, sollte als eine Art internationale Zentralbank fungieren. Am 4. Januar 1999 veröffentlichte ich erneut einen Artikel in der ›Financial Times‹, in dem ich mich für eine internationale Zentralbank aussprach.[47] Ich muß einräumen, daß diese Ideen jetzt, nach dem Ende der Krise, viel zu weit gehen. Deshalb schlage ich eine bescheidenere Reform vor, die zwar keine radikal neuen Ideen enthält, die aber die Weltfinanzarchitektur ausgewogener und deshalb belastbarer machen würde. Sie beinhaltet die bereits umgesetzten Reformelemente und verknüpft sie so, daß sie einheitlicher werden und sich gegenseitig unterstützen, so wie man es von einer tragfähigen Architektur erwartet.

Mehrere Maßnahmen richten sich auf die beiden beschriebenen Ungleichgewichte. Was die erste Unausgewogenheit angeht, so handelt es sich im wesentlichen um Strafmaßnahmen: Collective-action Clauses für Bonds sowie verschiedene Abkommen, mit denen die Geschäftsbanken bei Rettungsaktionen des IWF in die Pflicht genommen werden. Sie sollen dazu dienen, die moralische Gefahr zu beseitigen, indem die Kreditgeber für die Folgen unsolider Kreditvergabe aufkommen müssen.

Zur Beseitigung des zweiten Ungleichgewichts sind vor allem Präventivmaßnahmen vorgesehen: bessere Bankenaufsicht, effektivere Kontrolle der Wirtschafts- und Strukturpolitik durch den IWF, größere Transparenz und ähnliches. Zwischen den Maßnahmenpaketen besteht allerdings – außer bei den CCL, die jedoch nur mit unzureichenden Mitteln ausgestattet sind – keine Verbindung, und genau diese muß meines Erachtens gestärkt werden, indem man die Strafmaßnahmen mit positiven Anreizen verbindet. Insbesondere plädiere ich dafür, die Strafwirkung der Collective-action Clauses zu mildern, indem man Länder, die eine solide Politik betreiben, davon ausnimmt.

Das Ganze würde folgendermaßen funktionieren: Schon nach den jüngst vorgeschlagenen Reformen ist der IWF verpflichtet, im Gefolge von Konsultationen nach Artikel vier der IWF-Charta öffentliche Informationen herauszugeben, in denen er seine Einschätzung der makroökonomischen Gesundheit eines Landes darlegt und mitteilt, inwieweit es sich an die üblichen Standards und Verhaltensregeln hält. Meiner Meinung nach sollte der IWF noch einen Schritt weiter gehen und die Staaten nach ihrer Leistung einteilen. Für Länder, die dem höchsten Standard entsprechen, würden die IWF-Programme keine Umstrukturierung der Schulden gestatten, so daß die Inhaber von Bonds keine Berufung auf die Collective-action Clauses fürchten müßten, es sei denn, einzelne Unternehmen brächen zusammen. Das würde die betreffenden Staaten in die Lage versetzen, günstige Kredite auf den Finanzmärkten aufzunehmen. In Ländern mit etwas niedrigerem Standard würde der IWF nicht verlangen, daß eine Umstrukturierung durchgeführt wird, bevor sie an einem Programm teilnehmen, wohl aber in jenen mit dem niedrigsten Standard. Auf diese Weise würde er über ein wirksames Präventivmittel verfügen, ohne die Souveränität der Mitgliedsstaaten zu beeinträchtigen. Er könnte beispielsweise übermäßige Kreditaufnahme verhindern, indem er einem Land mit der Herabstufung droht. (Bei Ländern, die sich bereits in der untersten Kategorie befinden, bestünde die Gefahr übermäßiger Kreditaufnahme ohnehin nicht.)

Die Absicherung durch den IWF würde sich auf Staatsanleihen beschränken und die Kreditlinien der Banken ausschließen. In der jüngsten Krise stellten implizite Garantien für die Banken eine wichtige Ursache der Schwierigkeiten dar, und deshalb sollte man sie nicht beibehalten. Das erforderliche Druckmittel gegenüber den Banken könnte sich der IWF verschaffen, indem er die Kapitalanforderungen gemäß dem Baseler Abkommen entsprechend differenziert. Da das Baseler Abkommen derzeit überarbeitet wird, könnte man diese Maßnahme in die neuen Regelungen einfließen lassen. Darüber hinaus befürworte ich eine Stärkung der CCL, die man zu diesem Zweck mit einer speziellen Vergabe von Sonderziehungsrechten (SZR) unterfüttern sollte. Die regelmäßige Vergabe von SZR könnte inflationssteigernd wirken, gezielt an die bedingten Kreditlinien gebundene SZR jedoch könnten ausschließlich dazu dienen, dem Deflationsdruck entgegenzuwirken.

Zusammengenommen, gäben diese drei Veränderungen dem IWF sowohl das Zuckerbrot als auch die Peitsche an die Hand, die er braucht, um zu einem wirksamen Instrument der Krisenvorbeugung zu werden. Außerdem würde das Zuckerbrot die langfristige Kreditvergabe fördern, und die Peitsche würde von kurzfristigen Krediten abhalten. Das wäre eine gesunde Entwicklung.

Ich halte dies für einen äußerst sinnvollen Vorschlag, doch er ist auf heftigen Widerstand gestoßen. Im Bericht des außenpolitischen Ausschusses (»Independent Task Force Report on the Future International Finance Architecture«) zum Beispiel wurde er abgelehnt, und ich mußte ihn in Form eines Minderheitsvotums formulieren. Einer der Einwände lautete, der IWF könne es nicht wagen, ein Land herabzustufen, weil er damit gerade die Krise beschleunigen würde, die er verhindern will. Aber der IWF hat als Institution ein Interesse daran, das System zu erhalten, und durch die frühzeitige Herabstufung eines Landes würde er das Ausmaß der Krise begrenzen. Ein anderer Einwand lautete, die Unterscheidung zwischen Ländern, welche die Ansprüche erfüllen, und anderen, die es nicht tun, werde zu schroffe Brüche erzeugen. Doch durch die Einteilung der Länder in drei Gruppen – solche, in denen eine Neuorganisation der Schulden gefordert wird, solche, in denen sie hingenommen, aber nicht verlangt wird, und solche, in denen sie ausgeschlossen ist – würden Brüche gemildert, und entsprechend könnte man die Kapitalanforderungen an die Banken staffeln. Der wichtigste Einwand schließlich betraf das Problem der moralischen Gefahr: Wäre eine Garantie des IWF nicht eine Aufforderung zu unsolider Kreditvergabe? Die Antwort lautet: Nein. Falls unsolide Kreditvergabe zu einer Krise führen sollte, müßte der IWF die Konsequenzen tragen und ohne Anwendung der Collective-action Clauses Hilfestellung leisten. Er würde zwar ein echtes Risiko eingehen, aber eine moralische Gefahr wäre damit nicht verbunden. Hier zeigt sich, wie der Begriff der moralischen Gefahr mißbraucht wird.

Die von mir vorgeschlagenen Maßnahmen – mit dem Ziel, die Leistung einzelner Staaten mit der Art der Hilfe zu verknüpfen, die sie vom IWF erwarten können – sind alles andere als revolutionär. Es handelt sich um eine abgespeckte Version meines ursprünglichen Programms für Kreditgarantien. Bedauerlicherweise hat selbst ein solch bescheidener Vorschlag im derzeitigen politischen Umfeld keine Chance, Gehör zu finden. Die Stimmung ist gegen jeden Eingriff in die Marktmechanismen.

Trotzdem bleibt die Notwendigkeit hierzu bestehen. Der Erfolg der Federal Reserve, die in den Vereinigten Staaten die Hochkonjunktur erhalten konnte, steht in krassem Gegensatz zum Versagen des IWF, dem das gleiche in den Ländern der Peripherie nicht gelang. In der jüngsten Krise forderte der IWF Strafzinssätze, und die betroffenen Länder stürzten in eine tiefe Rezession. Als die Krise schließlich die Vereinigten Staaten bedrohte, tat die US-Notenbank genau das Gegenteil: Sie senkte die Zinssätze, und die amerikanische Wirtschaft kam ungeschoren davon.

Freilich arbeiten beide Institutionen unter völlig anderen Bedingungen. Die Federal Reserve ist für ein Finanzsystem verantwortlich, über das sie zusammen mit anderen Bundesbehörden die Kontrolle ausüben kann; der IWF dagegen muß sich mit souveränen Staaten auseinandersetzen, denen gegenüber er keine Macht besitzt. Man konnte nicht erwarten, daß der IWF die russischen Banken im August 1998 auf die gleiche Weise mit Liquidität versorgte, wie die US-Notenbank es im Oktober 1987 mit der Wallstreet getan hatte. Eine internationale Finanzinstitution mit der Aufgabe, die Stabilität des Weltfinanzsystems aufrechtzuerhalten, muß nach ganz anderen Prinzipien handeln als eine nationale Zentralbank. Das ändert nichts daran, daß eine solche Institution notwendig ist.

Der stichhaltigste Einwand gegen eine Stärkung des IWF lautet, daß ihm die geeigneten Methoden fehlen, um zwischen solider und unsolider Wirtschaftspolitik zu unterscheiden.[48] Ich gebe zu, daß dieses Argument begründet ist – insbesondere im Lichte der jüngsten Entwicklungen. Sowohl der IWF als auch das US-Finanzministerium, das beim IWF den Ton angibt, haben sich die größte Mühe gegeben, auf die marktfundamentalistischen Tendenzen im Kongreß Rücksicht zu nehmen. Das läßt für die Fähigkeit des IWF, geeignete politische Leitlinien für einzelne Staaten aufzustellen, nichts Gutes ahnen. Nachdem er in der Krise von 1997 bis 1999 eine so schwache Leistung gezeigt hat und heute heftig angegriffen wird, scheint er aus dem Tritt geraten zu sein.

Ich kann nicht die Methoden entwerfen, mit denen der IWF als eine Art internationale Zentralbank zu agieren hätte. Allerdings bin ich überzeugt davon, daß er selbst dazu in der Lage wäre, wenn man ihm nur die Mittel und Zuständigkeiten zur Verfügung stellen würde. Man sollte daran denken, daß auch die nationalen Zentralbanken anfangs nicht über geeignete Methoden verfügten, als man ihnen die Aufgabe anvertraute, Finanzkrisen zu verhüten und ihre Wirtschaft im Lot zu halten, aber sie entwickelten solche Vorgehensweisen und hatten damit später großen Erfolg; dem IWF würde es genauso ergehen.

Die Weltbank

Die drei von mir vorgeschlagenen Maßnahmen würden dem IWF eine gewisse Handhabe zur Krisenprävention verschaffen, sie könnten jedoch nicht viel dazu beitragen, das Spielfeld auszugleichen. Insbesondere würden sie den ärmsten, am stärksten verschuldeten Staaten, die in der Regel keinen Zugang zu den internationalen Kapitalmärkten haben, kaum nützen. Für diese Länder sind zusätzliche Maßnahmen erforderlich, und in diesem Punkt erhalte ich Unterstützung von unerwarteter Seite: durch den Bericht der Meltzer-Kommission.

Die Anregung des Meltzer-Berichts geht dahin, daß sowohl multilaterale als auch bilaterale Kreditgeber sämtliche Ansprüche gegen stark verschuldete, arme Länder, die in Zusammenarbeit mit der Weltbank eine Strategie zur wirtschaftlichen Entwicklung umsetzen, vollständig abschreiben. Der Kommission zufolge sollten sich die Vereinigten Staaten darauf einrichten, ihre Haushaltsmittel für die Unterstützung solcher Länder beträchtlich zu erhöhen. Da die Hilfe derzeit bei nur sechs Dollar je US-Bürger liegt (insgesamt 1,5 Milliarden), besteht durchaus Spielraum für nennenswerte Steigerungen, vorausgesetzt, sie werden durch die Ergebnisse gerechtfertigt.

Das ist ein kluger Ratschlag, und ich kann mich dem nur anschließen. Anläßlich des Jubiläumsjahrs 2000 fand die Idee eines Schuldenerlasses breite Zustimmung, aber sie scheiterte, weil der US-Kongreß es ablehnte, seinen Anteil an den Kosten beizusteuern – nicht gerade ein erbauliches Beispiel für mitfühlend-konservatives Denken. Trotz der Erleichterungen, die der gegenwärtige Plan verspricht, wäre die verbleibende Schuldenlast der armen Länder immer noch so hoch, daß diese lediglich die Zinsen dafür aufbringen und keine Wachstumsdynamik entwickeln könnten. Ich würde einen Schritt weiter gehen und den Schuldenerlaß mit einem Kreditversicherungsprogramm verbinden, das Kapital in diese Staaten lockt.

Der Weltbank empfiehlt die Meltzer-Kommission den völligen Rückzug aus dem Kreditgeschäft und die Umwandlung in eine Organisation zur Subventionsvergabe. Kredite in Krisenzeiten soll demnach nur noch der IWF gewähren können, und die Weltbank – deren Größe die Kommission reduzieren will – hätte sich auf technische Hilfeleistung zu beschränken. Sogenannte Länder mit mittlerem Einkommen wie Brasilien, China und Rußland kämen danach für Hilfe von dieser Seite nicht mehr in Frage, und die Weltbank müßte die Garantien der Industrieländer übernehmen, sobald weniger entwickelte Staaten mit der Rückzahlung der Kredite beginnen. Das würde die Mittel von den Armen zu den Reichen fließen lassen und so das Gegenteil eines ebenen Spielfeldes schaffen. Dennoch hatte die Meltzer-Kommission recht, als sie sich dafür einsetzte, die Rolle der Weltbank in der heutigen Welt radikal neu zu bewerten.

Die Weltbank wurde zu einer Zeit, als kein privates Kapital zur Verfügung stand, gegründet, um die weniger entwickelten Länder mit Kapital zu versorgen. Dieses erhielt sie im wesentlichen in Form von Garantien der Industrieländer, mit denen die Weltbank auf den Kapitalmärkten bestens gesicherte Kredite aufnehmen konnte. Ihre Satzung verlangt, daß ihre Kredite durch die Regierungen der Nehmerländer gesichert werden, und das bedeutet für die Kreditvergabe der Bank eine schwerwiegende Einschränkung: Sie kann kein Geld unmittelbar an Unternehmen oder regierungsunabhängige Organisationen (NGO) verleihen. So werden die Garantien zu einem Kontrollinstrument in den Händen der jeweiligen Regierungen – für die Entwicklung einer offenen Gesellschaft ist das nicht gerade förderlich. Einen noch schädlicheren Einfluß allerdings üben die Regierungen der Industrieländer aus: Sie drängen auf Kredite, die ihren eigenen Bürgern nützen, und legen ihr Veto gegen Darlehen ein, die zu Konkurrenz führen oder ihren Interessen auf andere Weise zuwiderlaufen.

Ursprünglich engagierte sich die Weltbank vorwiegend in großen Infrastrukturprojekten, doch unter der Leitung von Jim Wolfensohn hat sie sich grundsätzlich neu orientiert und verfolgt heute das Ziel, menschliches sowie gesellschaftliches Kapital zu schaffen und Armut zu lindern. Diese Aufgabe könnte sie wesentlich wirkungsvoller erfüllen, wenn sie Förderungen vergeben und sich nicht nur mit der Zentralregierung, sondern auch mit anderen gesellschaftlichen Kräften auseinandersetzen würde – mit der Privatwirtschaft, Kommunalverwaltungen und regierungsunabhängigen Organisationen. Die Weltbank besitzt einen umfangreichen, kompetenten Mitarbeiterstab – der Meltzer-Report bezeichnete ihn als zu groß –, der vorwiegend aus der dritten Welt stammt, mit den örtlichen Gegebenheiten vertraut ist und sich um soziale Belange kümmert.

Ihm sind jedoch die Hände gebunden, weil er sich mit den Regierungen auseinandersetzen muß und nur über sie tätig werden kann. Unter Wolfensohn hat die Weltbank einige dringend notwendige soziale Vorhaben, von Kleinstkrediten bis zum Fernunterricht, in Angriff genommen, aber im Verhältnis zu den vergebenen Mitteln ist sie tatsächlich stark überbesetzt. Sie könnte wesentlich effektiver arbeiten, wenn ihr mehr frei verfügbare Mittel – Mittel also, die nicht an eine Garantie durch die Zentralregierung des Empfängerlandes gebunden sind – zur Verfügung stünden. Solche Mittel könnten für Kredite, eigentliche Förderungen oder eine Kombination aus beidem (wie zum Beispiel bei den Kleinstkrediten) verwendet werden.

Die Meltzer-Kommission empfiehlt, die Weltbank in »Weltentwicklungsagentur« umzubenennen. Auch wenn ich viel von einer solchen Agentur halte, wage ich doch nicht zu fordern, die Weltbank solle aus ihrem Hauptgeschäft, der Kreditvergabe, aussteigen. Ich fürchte, das würde in der gegenwärtigen politischen Atmosphäre nicht zu einer Aufstockung der frei verfügbaren Gelder, sondern zu einer Kürzung ihrer Mittel führen, und genau darauf läuft der Vorschlag der Meltzer-Kommission hinaus. Sie definiert mögliche Anwärter sehr eng: Staaten mit einem jährlichen Pro-Kopf-Einkommen von über 4.000 Dollar wären ausgeschlossen, und ab 2.500 Dollar wäre die offizielle Hilfe eingeschränkt. Das abrufbare Kapital soll entsprechend dem abnehmenden Kreditportfolio vermindert werden; die International Capital Corporation würde mit der Weltentwicklungsagentur fusionieren und ihr Kapital von 5,3 Milliarden Dollar an die Aktionäre zurückfließen; die Multilateral Investment Guarantee Agency würde aufgelöst. Das alles addiert sich zu einer gewaltigen Mittelverschiebung von der Weltbank zu den reichen Ländern.

Auch ich bin der Ansicht, daß die Kreditgeschäfte der Weltbank ineffizient, unzeitgemäß und in mancher Hinsicht kontraproduktiv sind, weil sie die Zentralregierungen in den Empfängerländern stärken. Dem Gedanken der Meltzer-Kommission, die vorgeschlagene Weltentwicklungsagentur solle nur noch eine eingeschränkte Rolle spielen, kann ich jedoch nicht zustimmen. Dazu gibt es in Ländern wie Rußland, Brasilien und Indonesien immer noch zuviel Armut. Außerdem leiden die weniger entwickelten Länder an der Unausgewogenheit der Kapitalkosten. Lokale Unternehmen, insbesondere die kleinen und mittleren Betriebe, werden gegenüber den multinationalen Konzernen benachteiligt. Deshalb ist es nicht gerechtfertigt, Kapital an die reichen Länder zurückzugeben oder das abrufbare Kapital der Weltbank abzuschaffen; es sollte vielmehr aktiver genutzt werden, indem man verstärkt kleinen und mittleren Unternehmen Kredite anbietet.

Eine Verwandlung der Weltbank in eine Hilfs- und Entwicklungsagentur wäre nicht ohne Tücken. Solche Institutionen sind für ihre Ineffizienz berüchtigt, und eine zuverlässige Methode zur Sicherung der Kosteneffektivität ist noch nicht erfunden. Doch es lohnt sich, die Herausforderung anzunehmen. Die Zentralbanken haben es geschafft, die Wirtschaft auf Kurs zu halten, und das gleiche könnte auch einer Weltentwicklungsagentur bei der Verteilung von Hilfen gelingen. Zunächst müßte die Leitung der Institution von den Regierungen der Geberländer unabhängiger werden, da sonst weiterhin die Interessen der Geber Vorrang vor den Bedürfnissen der Empfänger haben. Gleichzeitig müßte verhindert werden, daß die Mitarbeiter die Agentur beherrschen können, und das ließe sich etwa durch zeitlich befristete Beschäftigungsverträge erreichen. Derzeit ist die Weltbank mit hochqualifizierten Fachleuten vorwiegend aus Ländern der dritten Welt besetzt, die vor allem das Ziel haben, nicht nach Hause gehen zu müssen. Am besten sichert man das verantwortliche Verhalten der Agentur, indem man sie verpflichtet, die zur Verfügung stehenden Mittel innerhalb eines begrenzten Zeitraumes auszugeben. Anschließend müßte sie sich bei den Geberländern wieder um Nachschub bemühen. Dieser Kampf ums Überleben würde die Institution wahrscheinlich stärker beflügeln als alle herkömmlichen Kontrollmechanismen.

So etwas hatte die Meltzer-Kommission nicht im Sinn. Dennoch bin ich angenehm überrascht, daß ich in ihrem Bericht gewisse Übereinstimmungen mit meinen Ansichten finde. Die meisten ihrer Mitglieder halte ich für Marktfundamentalisten, und sie mußten an der »Armutsfront« zweifellos einige Zugeständnisse machen, um die Zustimmung ihres Kollegen Jeffrey Sachs zu erhalten; trotzdem bin ich hocherfreut, daß sie sich für eine Weltentwicklungsagentur aussprechen. Daran zeigt sich, daß Marktfundamentalismus und offene Gesellschaft keine diametralen Gegensätze sind; die Unterschiede sind viel feiner abgestuft.

Einspruch erhebe ich allerdings gegen die dem Meltzer-Bericht zugrunde liegende Annahme, Häufigkeit und Schwere der Finanzkrisen seien mehr auf die vom IWF ins Spiel gebrachte moralische Gefahr zurückzuführen als auf die innere Instabilität der Finanzmärkte. Diese Instabilität wird ebensowenig eingestanden wie die Tatsache, daß ein unebenes Spielfeld existiert und daß der IWF vorbeugend tätig werden muß. Immerhin erkennt die Kommission aber die Armut als Problem an, das die aktive Intervention der reicheren Länder erfordert, und offenbar teilt sie die Ansicht, daß wirtschaftliche Entwicklung eine Reform der Institutionen und damit auch der Politik voraussetzt. Ich begrüße den prägnanten Ton des Berichts. Obwohl ich nicht in allen Punkten mit ihm übereinstimme, liefert er zumindest Argumente, mit denen ich mich auseinandersetzen kann. In der Regel erscheinen mir Marktfundamentalisten in ihrem Denken kreativer und radikaler als Liberale der alten Schule; sie genießen den Vorteil, den Wind im Rücken zu haben. Ich würde es nicht wagen, die Umwandlung der Weltbank in eine Weltentwicklungsagentur zu befürworten, da ich Angst hätte, daß sie dann zur Bedeutungslosigkeit schrumpft; die

Kommission teilt diese Befürchtung nicht, denn sie will genau das erreichen.

Wie die Meltzer-Kommission bin auch ich der Ansicht, daß Aufgaben und Funktionsweise der internationalen Finanzinstitutionen neu überdacht werden müssen. Nachdem die akute Krise vorüber ist, breitet sich Selbstzufriedenheit aus. Allerdings lassen sich Reformen am besten dann durchführen, wenn keine unmittelbare Notlage besteht. Ich stelle mir solche Reformen ein wenig anders vor als die Meltzer-Kommission. Genauer werde ich sie im folgenden Kapitel im Zusammenhang mit der politischen Weltarchitektur behandeln. Hier möchte ich zunächst meine Erörterung der Finanzmärkte abschließen.

Währungssysteme

Das große ungelöste Problem des internationalen Finanzsystems ist die Währungsfrage. Derzeit gibt es kein eindeutig definiertes System der Wechselkurse. Die wichtigsten Währungen können gegeneinander schwanken, aber ein wirklich freies Floating haben wir nicht, denn oft entsteht der Eindruck, die Behörden sollten eingreifen – und gelegentlich tun sie das auch. Bei den kleineren Währungen reicht das Spektrum vom völlig freien Floating bis zu vollständig festgelegten, von einer Währungsbehörde gestützten Wechselkursen; die meisten Währungen liegen irgendwo in der Mitte.

Die Erfahrung zeigt, daß all diese Systeme Schwachstellen aufweisen. Frei floatende Währungen sind per se instabil, weil die Spekulation einem allgemeinen Trend folgt. Diese Instabilität schaukelt sich sogar hoch, da die trendfolgende Spekulation dazu neigt, mit der Zeit immer wichtiger zu werden. Andererseits bergen Systeme mit festgelegten Wechselkursen ebenfalls Gefahren, denn sie sind zu starr, und ein möglicher Zusammenbruch kann katastrophale Ausmaße annehmen. Ich vergleiche Währungssysteme gern mit einem Ehevertrag: Ganz gleich, wie man es macht, immer sieht das Gegenteil attraktiver aus.

Die Krise von 1997 bis 1999 hatte zur Folge, daß die in der Mitte liegenden Konstruktionen in Verruf gerieten. Während die starren Systeme sich behaupten konnten, hielten alle weniger streng festgelegten Wechselkurssysteme dem Angriff nicht stand. Die meisten Währungsanbindungen wurden aufgelöst, und Ländern, die ihre Währung schützen wollten, erging es schlechter als jenen, die sie einbrechen ließen. Deshalb haben wir es heute mit zwei Extremen zu tun: mit staatlich fixierten sowie mit frei floatenden Wechselkursen, wobei letztere überwiegen. Viele Fachleute versuchen, diese Polarisierung zu rechtfertigen, aber das ist nicht leicht – die Erfahrung hat gezeigt, daß keines der beiden Extreme dauerhaft bestehen kann: Die Instabilität des Währungssystems zwischen den Weltkriegen führte zum Bretton-Woods-Abkommen, und dieses brach ebenfalls zusammen. Nach meiner Überzeugung ist die derzeitige Situation instabil und wird nicht ewig halten.

In manchen Fällen sind festgelegte Wechselkurse gerechtfertigt. Das gilt etwa für die Länder, die sich um den Beitritt zur Europäischen Union bewerben, oder für die Balkanstaaten, die vom Stabilitätspakt für Südosteuropa profitieren wollen. (Siehe Kapitel elf.) Aber die Nachteile eines solchen Systems lassen sich überdeutlich am Beispiel Argentiniens erkennen. Als Brasilien abwertete, stand Argentinien plötzlich überbewertet da, und der naheliegende Ausweg war durch die Währungsbehörde versperrt. Jetzt befindet sich Argentinien in der denkbar schlechtesten Situation: hohe Arbeitslosigkeit in Verbindung mit hohen Zinssätzen. Nur mit schmerzhaften politischen Maßnahmen läßt sich sowohl das Haushalts- als auch das Außenhandelsdefizit verringern. Es ist eine ähnliche Lage wie 1925 in Großbritannien, als der Goldstandard zu einem unhaltbaren Wechselkurs wiedereingeführt wurde. Bisher hat man keinen Weg gefunden, wie sich ein staatlich festgelegter Wechselkurs anpassen ließe, wenn die Währung auf einmal überbewertet ist.

Auch frei floatende Wechselkurse haben schwerwiegende Nachteile: Sie machen Fremdwährungskredite riskant und setzen die Landeswährung den Angriffen von Spekulanten aus. Unter Umständen hat ein Land gar keine andere Wahl, als Kapitalkontrollen einzuführen. Dies wiederum kann jene Länder, die ihre Kapitalmärkte offenhalten wollen, verwundbarer machen, so daß es schließlich zu einem umfassenden Zusammenbruch kommt. Es muß unbedingt eine Alternative hierzu entwickelt werden, auch wenn man vielleicht nicht spürt, wie prekär die Lage ist.

Das Wechselkurssystem gehört zu den Problemen, für die es keine dauerhafte Lösung gibt. Man kann nur hoffen, die Schwierigkeiten durch Herumprobieren zu lindern. Ein vielversprechender Anfang könnte darin bestehen, das Ausmaß der Fluktuation zwischen den wichtigsten Währungen zu vermindern – Schwankungen von mehr als 50 Prozent übersteigen alle erträglichen Grenzen. Um das zu erreichen, befürwortet Paul Volcker, der frühere Vorsitzende der Federal Reserve, die Einführung von Zielzonen für die wichtigsten Währungen. Die Absicht ist zwar löblich, nicht jedoch die vorgeschlagene Methode: Offizielle Zielzonen bieten genau das, was der Name besagt – ein Ziel, auf das die Spekulanten schießen können. Stabile Wechselkurse sind wünschenswert, aber es läßt sich unmöglich feststellen, wo das Gleichgewicht oder der mittlere Kurs liegen sollte. In den Vereinigten Staaten etwa beträgt das Handelsdefizit über drei Prozent des Bruttosozialprodukts bei weiter steigender Tendenz, ein Indiz, daß der Dollar fallen sollte; aber in der Wirtschaft besteht die Gefahr der Überhitzung, was die Notwendigkeit eines starken Dollar nahelegt. Umgekehrt haben sowohl die elf Mitglieder der Eurozone als auch Japan gleichzeitig einen Handelsüberschuß, der für die Stärke ihrer Währungen spricht, und eine schwache Wirtschaft, was auf das Gegenteil schließen läßt. Um die Ungleichgewichte von Wirtschaft und Außenhandelsbilanz zu korrigieren, wären also je entgegengesetzte Kursverschiebungen erforderlich. Wahrscheinlich werden sich die Währungen tatsächlich bewegen, und zwar zuerst in die eine und später in die andere Richtung. Die Kunst besteht darin herauszufinden, wann – und in welcher Reihenfolge – sich die Richtungswechsel vollziehen, denn davon hängt das Schicksal der verschiedenen Finanzmärkte und der Konjunktur ab. Staatliche Maßnahmen werden einen großen Einfluß auf das Ergebnis haben, aber wegen ihrer unbeabsichtigten Folgen wird man es nicht genau vorherbestimmen können. Eines ist sicher: Unter dem Gesichtspunkt des Gleichgewichts läßt sich die Situation nicht verstehen.

Den nationalen Behörden eine Zielzone aufzuzwingen wäre kontraproduktiv, denn es würde ihren Handlungsspielraum einengen. Für das Streben nach Stabilität müssen raffiniertere Mittel gefunden werden, und ein wichtiger Teil dieses Balanceaktes besteht darin, die Methoden an die jeweils herrschenden Bedingungen anzupassen. Behörden und Märkte spielen ein nie endendes Katz-und-Maus-Spiel, bei dem jede Seite auf das Verhalten der anderen reagieren muß. Die staatlichen Stellen haben nicht nur Märkte und Konjunktur in ruhigem Fahrwasser zu halten, sondern sie wollen auch das Wachstum fördern, die Inflation kontrollieren und je nach der politischen Haltung der Regierung ihre Auffassung von sozialer Gerechtigkeit verwirklichen. Außerdem versuchen sie, ein möglichst großes Stück vom Kuchen abzubekommen und auf Kosten anderer zu profitieren. Mit diesen vielfältigen Absichten sind Zielzonen nicht zu vereinbaren.

Dennoch sollte die Stabilität des Weltsystems einen höheren Rang einnehmen als zur Zeit. Der Glaube daran, es werde sich stets von alleine korrigieren, ist eine sich selbst widerlegende Prophezeiung. Zwar hat sich das System tatsächlich korrigiert, und als ich seinen bevorstehenden Untergang voraussagte, hatte ich unrecht. Aber es wurde durch die Maßnahmen der Finanzbehörden gerettet, die auf eine unmittelbare Gefährdung reagierten. Der Marktfundamentalismus könnte die Entschlossenheit der Behörden untergraben, bei Bedarf einzugreifen.

Derzeit liegen Macht und Verantwortung für das Weltfinanzsystem vorwiegend bei den Vereinigten Staaten. Die US-Finanzbehörden sind sich dessen bewußt und versuchen, dieser Aufgabe gerecht zu werden, doch in erster Linie sind sie für die Konjunktur im Land selbst zuständig. Geraten innenpolitische und internationale Überlegungen miteinander in Konflikt, gibt es keinen Zweifel, welche Seite die Oberhand behält. Damit befindet sich die Federal Reserve in einer ähnlichen Situation wie die Deutsche Bundesbank 1992 im EWS, und bekanntlich brach das EWS zusammen. In der Krise von 1997 bis 1999 war der Konflikt zwischen innen- und außenpolitischen Überlegungen weniger deutlich zu erkennen, aber es läßt sich nicht übersehen, daß die Vereinigten Staaten dabei besser wegkamen als die übrige Welt.

Ich kann für dieses Problem keine Lösung anbieten, sondern nur die Aufmerksamkeit darauf lenken. Es wäre hilfreich, wenn den amerikanischen Wählern und dem Kongreß der Ernst der Lage bewußter wäre, doch das Beharrungsvermögen der Märkte spricht gegen jede strukturelle Reform. Selbst die drei kleinen Schritte, die ich vorgeschlagen habe, sind nicht zu verwirklichen. Nach meiner Überzeugung läßt sich die Instabilität des internationalen Finanzsystems derzeit nicht grundlegend beseitigen; sie stellt eher eine täglich neu zu lösende Aufgabe dar. Diese kann nur erfolgreich angegangen werden, wenn die Verantwortlichen sich der fundamentalistischen Annahme widersetzen, freie, sich selbst überlassene Märkte würden sich automatisch zum Gleichgewicht hinbewegen und sozial annehmbare Ergebnisse hervorbringen.

Auf lange Sicht gäbe es eine dauerhafte Lösung: die Abschaffung der nationalen Währungen. Der Euro zeigt, wie es gehen könnte. Zunehmend wird deutlich, daß eine nationale Währung für einen kleinen Wirtschaftsraum nachteilig ist. Manche lateinamerikanischen Länder stehen in ihrer Verzweiflung kurz davor, den Dollar zur offiziellen Währung zu erklären, aber das wird ihre Abhängigkeit von den politischen Entscheidungen der Vereinigten Staaten nur um so deutlicher machen. Man kann nationale Währungen nicht abschaffen, ohne eine internationale Zentralbank zu gründen, und bis dahin ist es noch ein langer Weg. Derzeit geht der Trend in die entgegengesetzte Richtung.

Derivate, Swaps und Spreads

Könnte man die Volatilität der Devisenmärkte vermindern, indem man sie für die Finanzprofis weniger profitabel machte? Der Wirtschafts-Nobelpreisträger James Tobin ist davon überzeugt, und er hat vermutlich recht; allerdings glaube ich, daß die Tobin-Steuer sich wegen der Erfindung von Derivaten nur noch schwer anwenden läßt. Der Konstruktion von Derivaten liegt die Theorie effizienter Märkte zugrunde. Aufgrund ihrer weiten Verbreitung sollte man eigentlich darauf schließen, daß sie richtig ist. Ich allerdings bin nicht dieser Meinung, muß jedoch mit meiner Kritik vorsichtig sein, weil ich die Theorie effizienter Märkte nicht bis ins Detail studiert habe; auch auf die Frage, wie Derivate konstruiert sind, verwendete ich nicht viel Zeit. Beta, Gamma und Delta sind für mich immer noch vor allem griechische Buchstaben. Vielleicht ist es überraschend, so etwas von einem »Finanzmagier« wie mir zu hören, aber es stimmt. Man mag daraus zugleich ersehen, wie wenig ich der Theorie effizienter Märkte vertraue.
Soviel ich weiß, kann Unbeständigkeit gemessen werden, und es ist möglich, Versicherungen gegen Unbeständigkeit zu kaufen, indem man Prämien für Optionen bezahlt. Diejenigen, die das Risiko durch

den Verkauf von Optionen eingehen, können es entweder mit ihren bestehenden Positionen ausgleichen oder sich durch die Beteiligung an sogenannten Delta-Geschäften selbst rückversichern. Das ist eine komplexe Strategie, läuft aber auf eine ziemlich simple Methode der Risikobegrenzung hinaus. Sie schließt den Verkäufer der Option ein, der einen bestimmten Teil der zugrundeliegenden Sicherheit zurückkauft, wenn sich der Preis gegen ihn wendet. Delta-Hedger sind in der Regel professionelle Market maker, die ihre Profite den Margen zwischen angebotenen und nachgefragten Preisen verdanken und ihr Risiko durch Delta-Hedging begrenzen.

Sauber ausgeführt, sollte diese Strategie längerfristig Profite erbringen, doch Delta-Hedges rufen ein quasiautomatisches, trendorientiertes Verhalten hervor. Bewegt sich der Markt in eine bestimmte Richtung, zieht der Delta-Hedger mit, indem er kauft, wenn die Preise steigen, und verkauft, wenn sie sinken. Auf diese Weise übertragen die Market maker ihr Risiko auf den Markt. Das Risiko müßte also verschwinden, wenn die Theorie der effizienten Märkte richtig wäre, doch ich halte sie für falsch. Nach meiner Überzeugung läßt sich die Volatilität nicht einmal annähernd genau messen, weil die Messung selbst das Gemessene reflexiv beeinflußt. Insbesondere das Delta-Hedging schafft ein Instabilitätsrisiko, das es zuvor nicht gab. Alles hängt davon ab, ob die Positionen der einzelnen Market maker sich addieren oder gegenseitig aufheben. Meistens kann der Markt das Risiko absorbieren, weil verschiedene Teilnehmer sich in verschiedene Richtungen bewegen. Höchst selten kommt es vor, daß das Risiko auf einer Seite des Marktes steigt und Delta-Hedging eine Diskontinuität der Preisbewegungen auslösen kann. Solche Fälle, in denen die Theorie effizienter Märkte zusammenbricht, sind so selten, daß sie kaum von den sonst profitablen Geschäften abschrecken, aber wenn sie eintreten, hat das mitunter verheerende Folgen für den Markt. Der Börsencrash von 1987 war ein Beispiel dafür.

Risikomanagement, wie es in den Abteilungen der Handels- und Investmentbanken praktiziert wird, hält die möglichen Verluste in Grenzen. Es funktioniert genauso wie Delta-Hedging: Indem man die Einbußen, die ein Händler erleiden kann, begrenzt, wird der Händler gezwungen, seine Handelspositionen zu reduzieren, wenn sie sich gegen seine Interessen bewegen. Das ist letztlich eine selbstauferlegte Anweisung, Verluste zu stoppen, und sie verstärkt den Trend, der den Verlust zunächst verursacht hat. Die Gefahren der gegenwärtigen Form des Risikomanagements wurden spätestens dann deutlich, als LTCM in Schwierigkeiten geriet.

Trendfolgendes Verhalten im allgemeinen und Delta-Hedges im besonderen tendieren dazu, die Volatilität des Marktes zu vergrößern. Doch die Market maker profitieren von dieser Unbeständigkeit, weil sie eine höhere Prämie für Optionen fordern können, und die Käufer der Optionen beklagen sich nicht, ist die höhere Prämie doch durch die größere Volatilität gerechtfertigt. Allerdings ist mit manchen Derivaten ein höheres Risiko verbunden, Unbeständigkeit zu schaffen, als mit anderen. Der Crash der Aktienmärkte von 1987 wurde durch ein weitverbreitetes Verfahren des Delta-Hedging beschleunigt, das unter dem Namen Portfolioversicherung auf den Markt kam. Wer eine solche Versicherung erwarb, investierte viel mehr in den Markt, als er es sonst getan hätte. Als die Verschlechterung des Marktes die Versicherung aktivierte, zog das plötzliche Ansteigen der Verkäufe erhöhte Unbeständigkeit nach sich, und der Markt brach zusammen. Um ein Wiederauftreten zu verhindern, führten die Regulatoren sogenannte *circuit breakers* ein, also kurzfristige Unterbrechungen des Marktes, die die Annahme von Kontinuität zerstören, auf der die Delta-Hedges basieren.

Ähnlich gefährliche Derivatinstrumente sind auf Währungsmärkten gang und gäbe, gleichwohl wurde nie vor ihnen gewarnt. Knockout-Optionen beispielsweise werden storniert, wenn ein bestimmtes Preisniveau erreicht ist, was den Käufer einer Option ohne Sicherheit dastehen läßt. Unausgeglichene Positionen von Optionen verursachen immer wieder ebenso große wie ungerechtfertigte Währungsbewegungen. Die Situation schreit nach Regulierung, zumindest aber nach Überwachung, doch auch hier gibt es kaum jemand, der danach verlangt. Kurzum, es fehlen Deckungsbedingungen für Derivate, Swaps und Termintransaktionen, es sei denn, sie werden an Terminbörsen getätigt. Diese Papiere entwickelten sich zu einer Zeit, als die Leute fester denn je an effiziente Märkte, rationale Erwartungen und die Selbstregulationskraft des Marktes glaubten. Wenn ich die gegenwärtige Situation richtig bewerte und einige der vor kurzem eingeführten Finanzinstrumente und Handelsverfahren tatsächlich auf einer vollkommen falschen Theorie gründen, dann stellt das Fehlen von Deckungsbedingungen ein ernsthaftes systemisches Risiko dar.

Wir sollten unsere Haltung gegenüber Finanzinnovationen sehr viel grundsätzlicher überdenken als bislang. Innovation wird als eine der größten Leistungen freier Märkte betrachtet, doch da Finanzmärkte schon an sich instabil sind, können Finanzinnovationen diese Instabilität noch verstärken. Innovationen auf dem Finanzmarkt besitzen eine andere Dimension als die Verbesserung von Mausefallen, Fortschritte im Bereich der Kommunikationstechnologie oder andere Erfindungen. Eine genaue Anpassung der jeweiligen Neuerungen fällt nicht nur deshalb so schwer, weil die besten Köpfe von der Selbstregulierungskraft der Finanzmärkte ausgehen, sondern auch weil die Verbindung von Computerkapazität und effizienter Markttheorie ein explosives Wachstum neuer Finanzinstrumente und neuer Typen von Arbitrage ausgelöst hat. Die Gefahren, die mit solchen Papieren für das Finanzsystem verbunden sind, werden ignoriert, eben weil man der Illusion anhängt, Märkte korrigierten sich von allein. Hinzu kommt, daß weder Regulatoren noch Marktakteure die innovativen Papiere und Verfahren bis ins letzte begreifen – auch darum sind sie eine Bedrohung für die Stabilität.

Wie ich sie verstehe, geht die Theorie effizienter Märkte davon aus, daß der Markt sich – solange der Preis den Markt räumt – ständig im Gleichgewicht befindet. Nach meiner Überzeugung allerdings verhält es sich genau umgekehrt: Die Märkte sind wegen der grundlegenden Unsicherheit, mit der ihre Teilnehmer zurechtkommen müssen, in ständigem Ungleichgewicht. Schon die bloße Vorstellung, Risiken messen zu können, halte ich für verfehlt, weil sie die Reflexivität außer acht läßt. Bei LTCM glaubte man an diese Vorstellung, und genau dieser Glaube erhöhte das Risiko, mit dem LTCM sich schließlich konfrontiert sah.

Vielleicht sollte man Derivate und andere synthetische Finanzinstrumente lizenzieren lassen, so wie neu ausgegebene Wertpapiere bei der Börsenaufsichtsbehörde registriert werden müssen. Gewöhnlich halte ich nicht viel davon, die kreativen Energien von Neuerern den von arbeitsamen Bürokraten geschaffenen Zwängen zu unterwerfen, doch in diesem Fall schlage ich genau das vor. Innovationen bringen den Neuerern intellektuellen Kitzel und Profite; gleichwohl gebührt der Stabilität, genauer gesagt: der Vermeidung von Exzessen, Vorrang.

Mit solchen Äußerungen richte ich mich gegen meine eigenen persönlichen Interessen und Vorlieben. Ich bin ein Anhänger der Märkte und verabscheue bürokratische Einschränkungen. Stets versuche ich, einen Weg zu finden, auf dem ich sie umgehen kann. So berate ich beispielsweise nur eine begrenzte Zahl von Fonds, damit ich mich nicht bei der »Securities and Exchange Commission« registrieren lassen muß. Aber ich glaube, daß die Finanzmärkte ihrem Wesen nach instabil sind, und ebenso ist mir klar, daß Vorschriften nie perfekt sein können. Deshalb hängt die Stabilität letztlich davon ab, daß Märkte und Aufsicht miteinander Katz und Maus spielen, und bei der Ungeschicklichkeit der Aufsicht hat es einen gewissen Nutzen, wenn Ausmaß und Geschwindigkeit finanzieller Neuentwicklungen vermindert werden.

Die Rußlandkrise von 1998 hat einige der systemeigenen Risiken zutage gefördert. Das Versäumnis von LTCM demonstriert das Versagen der Theorie. Die Tatsache, daß die amerikanische Notenbank einen Rettungsversuch einleiten mußte, zeigt, daß ein Systemrisiko vorlag. Die Notenbank tat, was sie tun sollte: einen Kollaps des Systems verhindern. Nachdem die Krise abgeflaut ist, muß das System jedoch überprüft werden, damit sich etwas Ähnliches nicht noch einmal wiederholt. Die Reform könnte oberflächlich sein, wie sie es nach dem Crash des Aktienmarkts von 1987 mit der Einführung von *circuit breakers* war, oder an die Wurzel gehen. Daß ich ein grundsätzliches Überdenken favorisiere, brauche ich wohl kaum zu wiederholen. Unsere gegenwärtigen Ansichten über Finanzmärkte beruhen nun einmal auf völlig falschen Voraussetzungen.

Dennoch bin ich mir nicht sicher, ob die Einführung von Mindestanforderungen an Swaps und Derivate oder andere Vorschriften die Volatilität vermindern würde, denn damit würde sich auch der Umfang des Kapitals vermindern, das die Market maker für ihre Geschäftstätigkeit einsetzen. Unter dem Strich könnten solche Vorschriften zur Folge haben, daß sich nicht die Volatilität, sondern die »Markttiefe« verringert. Im Falle der Devisenmärkte hätte das allerdings auch sein Gutes. Derzeit tun sich die Behörden mit Interventionen schwer, weil das Volumen der Transaktionen – die Markttiefe – zu groß ist. Bei flacheren Märkten dagegen könnten sie ihren Einfluß wiedergewinnen. Sie könnten die Volatilität verringern, das würde die Nachfrage nach Hedges abschwächen, und so verlöre das trendfolgende Verhalten an Bedeutung. Transaktionen, die mit Handel und Investitionen zu tun haben, würden den Markt stärker bestimmen, und die Wechselkurse stünden mit den wirtschaftlichen Fundamentaldaten in einem engeren Zusammenhang als heute.

Hedgefonds und die Regulierung des Bankwesens

Seit der Rettung des LTCM wird viel über die Regulierung der Hedgefonds geredet. Ich glaube, die Diskussion geht in eine falsche Richtung. Nicht nur Hedgefonds üben Einfluß aus, die Hauptspieler bei Derivaten und Swaps sind die Vermögensverwalter der Handels- und Investmentbanken. Die meisten Hedgefonds sind an solchen Märkten und Geschäften nicht beteiligt. Das LTCM war in gewisser Weise eine Ausnahme. Aber ich verteidige die Hedgefonds nicht. Sie sollten wie alle anderen Investmentfonds reguliert werden – nicht mehr und nicht weniger. Das ist nicht leicht, weil viele von ihnen im Ausland operieren, doch wenn die Behörden kooperieren, sollte das keine unüberwindliche Schwierigkeit sein.

Nach meiner Ansicht müßten Vorschriften und Aufsicht da ansetzen, wo Kredite verlängert werden: bei den Geschäfts- und Investmentbanken. Die Aufsichtsbehörden haben die Macht, an dieser Stelle einzugreifen, und sie können im Ausland arbeitende Körperschaften unter ihre Kontrolle bringen. Das Problem ist nur, daß ihnen unter Umständen die nötigen Sachkenntnisse fehlen. Finanztransaktionen sind heute äußerst kompliziert, und es ist praktisch unmöglich geworden, Auswirkungen und Risiken von außen durch einen Blick in die Bücher zu beurteilen. Früher stellten die Behörden Deckungsanforderungen, sogenannte Haircuts und ähnliches. Doch ist dieses Verfahren mittlerweile nicht mehr praktikabel, denn auf die in letzter Zeit eingeführten, hochentwickelten Finanzinstrumente lassen sich Faustregeln kaum noch anwenden. Solche Instrumente können die Marktteilnehmer nutzen, um die Vorschriften zu umgehen, und viele Derivate wurden gezielt zu diesem Zweck entwickelt. Die krassesten Fälle hiervon gab es in Japan, wo internationale Investmentbanken die sogenannten Waschtransaktionen zu einer ganzen Branche ausbauten. Früher staunte ich oft über anormale Marktbewegungen, die nur durch Manöver erklärt werden konnten, mit denen die Anforderungen des Finanzministeriums erfüllt werden sollten. Credit Suisse verlor kürzlich in Japan die Lizenz, weil das Institut versuchte, frühere Aktivitäten auf diesem Gebiet zu vertuschen.

In den Vereinigten Staaten haben die Behörden erkannt, daß sie die Risiken nicht von außen messen können und daß sie sich besser auf die von den Banken selbst entwickelten Methoden zum Risikomanagement verlassen. Allerdings behalten die Banken nur jene Risiken im Auge, die sie individuell betreffen; Gefahren, die ihr Verhalten für alle Banken insgesamt erzeugt, werden außer acht gelassen. Ihr Risikomanagement erschöpft sich in einer hochentwickelten Stop-Loss-Order – wenn viele davon gleichzeitig ausgelöst werden, können Sie zu einem Sturzbach werden. Genau das geschah während der LTCM-Krise. Heute sind die Geldinstitute in diesem Punkt wahrscheinlich vorsichtiger, weil sie diese Krise noch frisch im Gedächtnis haben, aber das dürfte nur zu einer vorübergehenden Atempause führen.

Mit dem Baseler Abkommen von 1988 wurden bestimmte Anforderungen an das Kapital international tätiger Geschäftsbanken eingeführt. Die dabei angelegten Maßstäbe waren grob, und wie sich herausstellte, verschlimmerten sie insbesondere in Korea die Weltfinanzkrise von 1997 bis 1999. In Korea tätige internationale Banken wurden von der Verpflichtung zur Bildung besonderer Rücklagen ausgenommen, nachdem das Land Mitglied der Organisation für wirtschaftliche Zusammenarbeit und Entwicklung (OECD) geworden war. Das war für die Banken ein Anreiz, Kredite an Korea zu vergeben. Hinzu kam, daß die koreanische Zentralbank nur bei Krediten mit mehr als einem Jahr Laufzeit eine Registrierung verlangte, so daß die meisten Darlehen für weniger als ein Jahr vergeben wurden und die Zentralbank keine Ahnung hatte, welche Summen im Spiel waren. Dies alles führte dazu, daß die schließlich ausbrechende Krise noch schwieriger zu bewältigen war. Das Baseler Abkommen wird mittlerweile überarbeitet, und dabei werden solche Ungereimtheiten wahrscheinlich beseitigt.

Kapitalkontrollen

Bis vor kurzem war es eine Art Glaubensbekenntnis, daß Kapitalkontrollen abgeschafft und die Finanzmärkte einzelner Länder, die Banken eingeschlossen, für den internationalen Wettbewerb geöffnet werden sollten. Vor der jüngsten Krise bot der IWF sogar an, seine Charta zu ändern, um diese Ziele deutlicher zu machen. Nun sollte uns die Erfahrung der Asienkrise einen Moment innehalten lassen. Die Länder, die ihre Finanzmärkte geschlossen hielten, überstanden den Sturm besser als die, die offen waren. Indien wurde bei weitem nicht so in Mitleidenschaft gezogen wie die südostasiatischen Staaten; China war besser abgeschottet als Hongkong. Heute gehen die Meinungen zu dieser Frage deshalb eher auseinander. Daß kurzfristige Kapitalströme destabilisierend wirken können, ist weithin anerkannt, und vielfach lobt man das sogenannte chilenische Modell. Chile belegte einströmendes Kapital mit Anforderungen, die kurzfristige Kapitalbewegungen bestraften. Außerdem reformierte es sein Sozialversicherungssystem, wodurch langfristige inländische Kapitalquellen entstanden. Die Folge war, daß das Land sowohl in der Mexiko-Krise von 1994/95 als auch in der globalen Krise der Jahre 1997 bis 1999 relativ glimpflich davonkam.

Für sich betrachtet, richten kurzfristige Kapitalbewegungen mehr Schaden an, als sie Gutes tun. Wie die Asienkrise gezeigt hat, ist es für ein Empfängerland sehr riskant, sich für langfristige Ziele auf kurzfristige Kapitalzuflüsse zu stützen. Eine angemessene Politik wäre es, die Wirkung des Zuflusses zu neutralisieren. Das wird gewöhnlich durch Bildung von Reserven gemacht, doch das ist teuer und kann sogar weitere Zuflüsse anziehen. Kapitalmärkte offenzuhalten ist nur dann gerechtfertigt, wenn man damit den freien Zufluß von Kapital in langfristige Papiere wie Aktien und Schatzbriefe erleichtert.

Die verfrühte Öffnung der Kapitalmärkte zwischen den gerade erst industrialisierten Ländern in Asien gilt allgemein als wesentlicher Faktor, der zur Krise von 1997 bis 1999 beitrug. Im asiatischen Modell wurde das Bankensystem für politische Zwecke benutzt. Das Management der Banken hatte sich daran gewöhnt, Anweisungen von den Herrschenden entgegenzunehmen, und war schlecht auf die Konkurrenz in offenen Märkten vorbereitet. Das galt sogar für ein demokratisch geführtes Land wie Japan; viel stärker traf es auf Länder mit einem autokratischen, korrupten Regime zu.

Wie die Erfahrung gezeigt hat, läßt sich dieser Fehler nur schwer beheben. Japan, die zweitgrößte Wirtschaft der Welt, kämpft seit Jahren damit und ist bis heute nicht über den Berg. Das Problem betrifft nicht nur das Management der Geschäftsbanken, sondern auch die Aufsichtsbehörden: Die Zentralbanken Indonesiens, Koreas und Thailands – von Malaysia ganz zu schweigen – machten ihre Sache während der Krise nicht besonders gut.

Wie der Wirtschaftswissenschaftler Paul Krugman nachgewiesen hat, können einzelne Länder von verordneten Kapitalkontrollen profitieren, und Mahathir in Malaysia trat den praktischen Beweis dafür an. Aber politische Gründe sprechen dagegen, die Kapitalmärkte geschlossen zu halten. Kapitalkontrollen laden zu Korruption und Machtmißbrauch ein, und eine geschlossene Wirtschaft bedeutet eine Gefahr für die Freiheit. Mahathir ließ der Schließung der Kapitalmärkte eine Hexenjagd auf seinen politischen Gegner, Anwar Ibrahim, folgen.

Doch auch offene Kapitalmärkte haben einen politischen Preis. Auf globalen Märkten erfreuen sich multinationale Konzerne und Finanzinstitutionen gegenüber lokalen Unternehmen beträchtlicher Vorteile. Sie haben günstigeren Zugang zu Kapital, eine breitere Basis zur Finanzierung von Forschung und Entwicklung und können ihre Risiken besser streuen. Ohne Schutzmaßnahmen werden lokale Unternehmen von multinationalen Firmen geschluckt. Das asiatische Entwicklungsmodell war gerade deshalb so erfolgreich, weil es die Akkumulation lokalen Kapitals begünstigte. Noch wichtiger allerdings ist, daß offene Kapitalmärkte ein Land daran hindern können, selbst über sein Schicksal zu bestimmen. Politische Entscheidungen werden im Zentrum des globalen Systems getroffen, und dabei stehen innenpolitische Erwägungen im Vordergrund. Das kann selbst dann unglückselige Folgen haben, wenn keine gravierenden ökonomischen Unterschiede zwischen Zentrum und Peripherie bestehen, wie sich am Europäischen Währungssystem gezeigt hat. Im kapitalistischen Weltsystem sind die meisten Länder der Peripherie darauf angewiesen, daß das Zentrum sie mit Kapital versorgt, und das schränkt ihre Handlungsfreiheit ein. Sie müssen das Vertrauen ausländischer Investoren behalten – ansonsten ist die Hölle los. Nun könnte man behaupten, das sei gut so, weil es die Regierungen zwingt, sich an die Marktdisziplin zu halten. Aber auf Länder der Peripherie angewandt, hat Marktdisziplin etwas Perverses: Sie erfordert in Zeiten der Rezession steigende Zinssätze und verstärkt das Ungleichgewicht, statt ein Gegengewicht zu schaffen. So hat Keynes das nicht verordnet.

Offene Kapitalmärkte wären zweifellos ein höchst wünschenswertes, vielleicht sogar unentbehrliches Merkmal der offenen Weltgesellschaft. Doch die Kapitalmärkte werden nicht offen bleiben, solange wir nicht Wege finden, um die Stabilität zu erhalten und ein ebeneres Spielfeld zu schaffen. Solange keine gemeinsamen Maßnahmen getroffen werden, muß jedes Land selbst für seine Interessen sorgen, und das wiederum kann zur Verhängung von Kapitalkontrollen führen. Nach den Erfahrungen der Krise von 1997 bis 1999 dürften Länder, die unter Druck geraten, schneller darauf zurückgreifen als früher. Das mag ihnen vorübergehend Erleichterung verschaffen, aber da es das Vertrauen der Investoren erschüttert, werden gleichzeitig andere Länder geschädigt, die ihre Märkte offenhalten wollen. Kapitalkontrollen gehören zu den sogenannten *beggar-thy-neighbor policies*, also zu den Strategien, mit denen einzelne Länder sich Vorteile auf Kosten ihrer Nachbarn sichern wollen. Das Umsichgreifen einer solchen Haltung könnte das kapitalistische Weltsystem zerstören. Leider haben wir unsere Munition zur Bekämpfung dieser Möglichkeit fast verschossen, und gerade jetzt sind wir auch noch dabei, die internationalen Finanzinstitutionen im Namen der Beseitigung der moralischen Gefahr zu schwächen.

Kapitel 11 Die weltpolitische Architektur

Im Gefolge der Weltfinanzkrise wurde viel über die globale Finanzarchitektur geredet. Die politische Weltarchitektur dagegen stand so gut wie nicht zur Debatte. Das ist verwunderlich, steckt doch die internationale Politik voller Konflikte, und die Vorkehrungen zu ihrer Bewältigung sind wesentlich schwächer entwickelt als im Finanzbereich.

Bisher haben wir keine politischen Verwerfungen erlebt, die mit der Weltfinanzkrise vergleichbar gewesen wären, wohl aber eine Fülle lokaler Konflikte, und da es keinen wirksamen Mechanismus zur Friedensstiftung gibt, erwiesen sich manche davon als verheerend. Schon wenn wir nur einen einzigen Kontinent betrachten, nämlich Afrika, waren die Konflikte so zahlreich, daß man sie nicht alle auflisten kann. Zugegeben: Für das kapitalistische Weltsystem stellten sie keine Gefahr dar, doch vom nuklearen Rüstungswettlauf zwischen Indien und Pakistan oder von den Spannungen im Nahen Osten und auf dem Balkan kann man das nicht behaupten, von Taiwan ganz zu schweigen. Das frühere System des Weltkapitalismus endete im Ersten Weltkrieg. Ich möchte nicht das Gespenst eines neuen Weltkriegs heraufbeschwören, ich glaube allerdings, daß das gegenwärtige System durch politische Entwicklungen ebenso leicht zerstört werden kann wie durch finanzielle Instabilität, und wahrscheinlich wird beides einander verstärken.

Derzeit sieht es so aus, als seien lokale Konflikte immer schwieriger zu lösen. Während des kalten Krieges wurden sie durch die Konfrontation der beiden Supermächte eingedämmt, die jeweils versuchten, ihren eigenen Hinterhof in Ordnung zu halten und die Schwächen des anderen auszunutzen. Zwar war der Zustand alles andere als ideal, und manche lokalen Konflikte schwelten über Jahre, aber nur die wenigsten davon blieben unbeachtet. Nie ließ man sie zu einem regelrechten Krieg zwischen den Supermächten eskalieren. Heute dagegen müssen sie sich zu einer umfassenden Krise ausweiten, bevor man sie zur Kenntnis nimmt, und selbst dann ist der Wille, politisch zu handeln, nur schwer zu mobilisieren.

Die meisten lokalen Konflikte entstehen aus Verhältnissen innerhalb eines souveränen Staates, aus ethnischen Spannungen, Korruption, Unterdrückung oder dem Zusammenbruch der zentralen Staatsgewalt. Bevor sie auf andere Staaten übergreifen, können sie unter dem Schutz der nationalen Souveränität wuchern. Das ist der Grund, warum so viele davon sich zu handfesten Krisen auswachsen.

Außenpolitik befaßt sich im Normalfall mit zwischenstaatlichen Beziehungen, aber heutzutage ist wichtiger, was in den Staaten selbst passiert. Doch es fehlen wirksame Regelungen für den Umgang mit inneren Konflikten. Die Souveränität eines Staates gilt als vorrangig, es sei denn, er hat sie durch internationale Verträge aufgegeben oder delegiert, und daher gibt es keinen effektiven Mechanismus, mit dem sich die Entstehung einer Krise verhindern ließe. Jede Intervention von außen stellt einen Eingriff in die Souveränität dar. Da aber die Krisenvorbeugung in gewissem Umfang äußere Eingriffe erfordert, sind die derzeitigen Regelungen krisenanfällig.

Das ist nichts Neues. Das Prinzip, daß souveräne Staaten selbst über die Behandlung ihrer Bürger entscheiden sollen, wurde schon 1648 nach dem Dreißigjährigen Krieg im Westfälischen Frieden festgeschrieben. Seither beruhen die internationalen Beziehungen auf dem Prinzip nationaler Souveränität: Souveräne Staaten lassen sich von ihren nationalen Interessen leiten. Allerdings stimmen die

Staatsinteressen nicht unbedingt mit den Interessen der eigenen Bürger überein, und um so unwahrscheinlicher ist es, daß Staaten um das Wohl der Bürger anderer Staaten besorgt sind. Was innerhalb der Grenzen einzelner Gemeinwesen vorgeht, entzieht sich weitgehend internationaler Aufsicht, aber Menschen, die von ihrer Regierung unterdrückt werden, sind auf Schutz von außen angewiesen. Staaten mißbrauchen ihre Macht gegenüber ihren eigenen Bürgern eher als gegenüber anderen Staaten, weil sie dabei weniger eingeschränkt sind. Für die betroffenen Menschen ist Hilfe von außen häufig der einzige Rettungsanker. Doch die Bürger demokratischer Staaten sind in der Regel nur bereit, ihre eigene Freiheit zu verteidigen, und die offene Gesellschaft als allgemeingültiges Prinzip wird nicht ausreichend unterstützt. Wie schwer wiegt dieser Mangel? Läßt er sich beheben? Bevor ich mich dem tatsächlichen Stand der Dinge zuwende, möchte ich noch kurz auf die Grundlagen internationaler Beziehungen eingehen.

Geopolitischer Realismus

Internationale Beziehungen werden oft nicht hinreichend verstanden. Man kann dabei nicht auf eine wissenschaftliche Disziplin zurückgreifen, obwohl es eine Doktrin namens »Geopolitik« gibt, für die Wissenschaftlichkeit reklamiert wird. Genau wie die Theorie vom vollkommenen Wettbewerb hat die Geopolitik ihre Wurzeln im 19. Jahrhundert, als von der Wissenschaft erwartet wurde, deterministische Erklärungen und Voraussagen zu liefern. Gemäß der geopolitischen Theorie ist das Verhalten von Staaten größtenteils durch ihre geographische, soziale und ökonomische Lage bestimmt. Diese Doktrin hat insofern gewisse Ähnlichkeiten mit der Doktrin des *laissez faire*, als beide den Eigennutz als einzig realistische Basis betrachten, um das Verhalten eines Subjekts zu erklären. Das Subjekt des *laissez faire* ist der individuelle Marktteilnehmer, das der Geopolitik der Staat. Mit beiden eng verbunden ist die Vulgärversion des Darwinismus, die das Überleben des Stärkeren für ein Naturgesetz hält. Der gemeinsame Nenner aller drei Doktrinen ist, daß sie auf dem Prinzip des Eigeninteresses aufbauen und von sämtlichen moralischen oder ethischen Erwägungen absehen. Natürlich gibt es auch Ansichten über internationale Beziehungen, die moralische Überlegungen berücksichtigen, aber sie gelten als verweichlicht und idealistisch. Die meisten Politiker und Diplomaten sind überzeugt, daß sie sich im Umgang mit anderen Staaten nicht zu weit vom geopolitischen Realismus entfernen dürfen. Dabei weist dieser einige erstaunliche Mängel auf. So war er etwa nicht in der Lage, den Protest der Bürger gegen den Vietnamkrieg zu erklären. Genauso begriffslos stand er in jüngerer Vergangenheit vor dem Zerfall von Staaten wie der Sowjetunion oder Jugoslawien. Ein Staat ist ein Staat ist ein Staat – das ist der Standpunkt der Geopolitik, die uns lehrt, Staaten wie Bauern auf einem Schachbrett zu sehen; was in ihrem Innern vor sich geht, spielt für sie keine Rolle. Interessanterweise leidet die ökonomische Theorie an einer ähnlichen Schwäche. Geopolitik fußt auf dem Staat, die Ökonomie auf dem isolierten Individuum, dem Homo oeconomicus. Keines der beiden Subjekte ist stark genug, das Gewicht der Theorie zu tragen, die auf ihm errichtet wurde. Wir haben gesehen, wie sich die ökonomische Theorie aus der Schwierigkeit herauswindet, indem sie sowohl Präferenzen als auch Möglichkeiten als gegeben annimmt. Damit aber wird der Eindruck erweckt, Menschen würden als isolierte Individuen von ihrem Eigennutz geleitet. In Wirklichkeit sind Menschen »soziale Tiere«: Das Überleben des Stärkeren muß Kooperation ebenso einschließen wie Wettbewerb. Marktfundamentalismus, geopolitischer Realismus und die Vulgärform des Sozialdarwinismus haben einen gemeinsamen Fehler: die Mißachtung von Altruismus und Kooperation.

Keine Weltordnung

Wenden wir uns nun der Realität zu und betrachten den tatsächlichen Stand der Dinge in den internationalen Beziehungen. Das hervorstechendste Merkmal ihres gegenwärtigen Zustands ist, daß man nicht von einem übergreifenden Herrschaftssystem sprechen kann. Es gibt kein politisches Weltsystem in Entsprechung zum kapitalistischen Weltsystem. Und mehr noch: Es gibt auch keine Übereinstimmung in der Frage, ob ein politisches Weltsystem überhaupt erreichbar oder wünschenswert wäre. Das ist eine relativ neue Entwicklung. Bis zum Zusammenbruch des Sowjetreichs ließ sich von einem übergreifenden Leitmotiv in den internationalen Beziehungen sprechen: Es hieß kalter Krieg und war bemerkenswert stabil. Ein derartiges Gleichgewicht wird allgemein als ein möglicher Weg anerkannt, Frieden und Stabilität in der Welt zu erhalten; die Hegemonie einer Großmacht ist ein anderer, und die Existenz einer internationalen Organisation, die tatsächlich zu Friedensstiftung in der Lage ist, könnte ein dritter sein. Im Moment haben wir nichts von alledem.

Die Vereinigten Staaten sind als einzige Supermacht übriggeblieben, doch sie haben kein klares Bild von ihrer Rolle auf der internationalen Bühne. Während des kalten Krieges waren sie zugleich die Führungsmacht der freien Welt, und die beiden Funktionen verstärkten einander. Mit dem Zerfall des Sowjetreiches zerfiel auch die bequeme Identität von Supermacht und Führung, nur ist das den meisten Menschen entgangen. Um Führungsmacht der freien Welt zu bleiben, hätten die USA mit den anderen freiheitlich gesinnten Staaten zusammenarbeiten müssen und so dazu beitragen können, das zu erhalten, was ich eine offene Weltgesellschaft nenne. Bei zwei früheren Gelegenheiten verhielten sich die Vereinigten Staaten genau in diesem Sinne: Sie wirkten maßgeblich an der Entstehung des Völkerbunds und dann am Aufbau der Vereinten Nationen mit. Beide Maßnahmen aber zeitigten nicht die erhoffte Wirkung. Im ersten Fall weigerte sich der Kongreß, den Beitritt zum Völkerbund zu ratifizieren, im zweiten machte der kalte Krieg die UN weitgehend wirkungslos.

Als Michail Gorbatschow an die Macht kam, ergab sich die Gelegenheit, die UNO zu neuem Leben zu erwecken. Er hoffte, wenn er ein Bündnis mit den USA schmiedete, würden die Vereinten Nationen ihren ursprünglichen Absichten entsprechend arbeiten können. Dieses *novoje myschlenije* (neues Denken), der schlüssigste Teil von Gorbatschows Programm, war von der einzigen Institution der Sowjetbürokratie entwickelt worden, die seine Reformen unterstützte: dem Außenministerium. Gorbatschows Ideen zur Wirtschaftsreform waren weniger ausgereift; er rechnete damit, daß die Vereinigten Staaten als zukünftiger Verbündeter ihm zu Hilfe kommen würden.

Als eine seiner ersten Maßnahmen zahlte Gorbatschow die rückständigen sowjetischen UN-Beiträge. Dann trat er mit der leidenschaftlichen Forderung nach internationaler Zusammenarbeit vor die Vollversammlung. Die USA argwöhnten eine List und wollten Gorbatschows Aufrichtigkeit auf die Probe stellen. Als er diese bestand, wurden neue Proben konstruiert. Und als er dann alle ihm abverlangten Zugeständnisse gemacht hatte, hatten sich die Bedingungen in der Sowjetunion so verschlechtert, daß die führenden Politiker des Westens zu dem Schluß kamen, es sei nun zu spät, die Unterstützung zu gewähren, auf die Gorbatschow nach wie vor hoffte. Dennoch sorgten in den darauffolgenden fünf oder sechs Jahren weder Gorbatschow noch Jelzin für ernsthafte Schwierigkeiten im Sicherheitsrat.

Die Chance, den Sicherheitsrat so arbeiten zu lassen, wie es ursprünglich gedacht gewesen war, wurde zuerst durch einen unglücklichen Vorfall in Somalia, dann durch den Konflikt in Bosnien vertan. Die Erfahrung in Somalia zementierte das Prinzip, US-Soldaten nicht mehr dem Kommando der Vereinten Nationen zu unterstellen – dabei hatten sie zur Zeit des Zwischenfalls gar nicht unter UN Befehl gestanden. Dieses Vorkommnis lehrte die US-Regierung, daß die Öffentlichkeit eine sehr niedrige Toleranzschwelle für den Anblick toter amerikanischer Soldaten hat. Trotzdem hätte die Krise in Bosnien leicht begrenzt werden können, wenn die westlichen Ständigen Mitglieder des Sicherheitsrats untereinander einig gewesen wären. Die Aufgabe hätte, um die Tragödie zu vermeiden, von der Nato übernommen werden sollen, wie es ganz zuletzt auch geschah. Rußland hätte zu diesem Zeitpunkt, 1992, sicher keine Einwände erhoben. Doch von der somalischen Erfahrung eingeschüchtert, übernahm Präsident Clinton keine Führungsrolle, und Großbritannien sandte Truppen zur Wahrung des Friedens aus, obwohl es keinen Frieden gab, den man hätte bewahren können. Streit und Gehässigkeiten setzten sich fort, bis die USA schließlich eine festere Haltung einnahmen.

Nach den Erfahrungen mit dem Konflikt in Bosnien glauben die Vereinigten Staaten heute, daß ohne ihre Initiative nichts mehr unternommen wird. Europa kann sich nicht zusammenraufen, und die Unabhängigkeit der Vereinten Nationen gilt als Affront gegen die Führungsrolle der USA. Doch nach dem Debakel in Ruanda kann man ohne Übertreibung sagen, daß die Vereinten Nationen heute ohnmächtiger sind als während des kalten Krieges. Gleichzeitig haben die Vereinigten Staaten es in den meisten Fällen abgelehnt, bei internationalen Fragen die Initiative zu ergreifen, da ihnen die innenpolitische Unterstützung hierfür fehlte. Die Folge ist, daß Konflikte so lange vor sich hin brodeln, bis sie einen kritischen Punkt überschreiten und nicht mehr ignoriert werden können. Es ist dringend notwendig, die internationalen Beziehungen grundlegend zu überdenken und neu zu organisieren.

Auf dem Weg zu einer offenen Weltgesellschaft

Wie ich zu zeigen versucht habe, setzt eine funktionierende Weltwirtschaft eine Weltgesellschaft voraus. Doch wie läßt sich die Idee einer Weltgesellschaft mit der Souveränität der Staaten vereinbaren? Staaten haben Interessen, aber keine Prinzipien. Wie kann man ihnen da die Wahrung der globalen, gemeinsamen Interessen anvertrauen? Das ist nur möglich, wenn die Bürger demokratischer Staaten ihren Einfluß auf die Regierungen geltend machen und diese dazu bringen, sich nach den Bedürfnissen einer Weltgesellschaft zu richten.

Um das Ziel einer offenen Weltgesellschaft zu erreichen, schlage ich eine Allianz aller demokratischen Staaten vor. Ein solches Bündnis hätte zwei unterschiedliche, aber durchaus miteinander verknüpfte Aufgaben zu erfüllen: Zum einen müßte es die Entwicklung offener Gesellschaften weltweit fördern, zum anderen gewisse Normen und Institutionen schaffen, die das Verhalten der Staaten gegenüber ihren Bürgern und untereinander regeln. Das ist ein hochgestecktes Ziel, und man könnte es als Utopie abtun. Doch eine offene Gesellschaft erkennt die Beschränkungen an, die ihr die Realität auferlegt – und fehlerfreie Lösungen gibt es nicht. Deshalb müssen wir uns mit dem Zweitbesten zufriedengeben: mit unvollkommenen Vereinbarungen, die in einem Prozeß von Versuch und Irrtum verbessert werden und je nach Ort und Zeit unterschiedlich ausfallen. Vor allem müssen wir bedenken, daß gutgemeinte Maßnahmen oft unbeabsichtigte, negative Konsequenzen haben. Das gilt insbesondere für Eingriffe von außen. Wenn Menschen versuchen, anderen ihre Vorstellung von der letzten Wahrheit aufzuzwingen, kommt es fast immer zu religiösen, ideologischen oder gesellschaftlichen Konflikten, und der Streit nimmt kein Ende. Nichts anderes geschah im Dreißigjährigen Krieg. Stützt sich das internationale politische Gefüge aber auf die Prinzipien der offenen Gesellschaft, so läßt sich diese Gefahr umgehen. Die offene Gesellschaft beruht auf der Erkenntnis, daß uns letzte Wahrheiten nicht zugänglich sind. Wir müssen anerkennen, daß Menschen unterschiedliche Ansichten und Interessen haben, und wir müssen Wege finden, die ihnen dennoch ein friedliches Zusammenleben ermöglichen.

Der Aufbau einer offenen Weltgesellschaft würde zwangsläufig eine gewisse äußere Einmischung in innere Angelegenheiten mit sich bringen. Sowohl aus dem Prinzip der Fehlbarkeit als auch aus dem heute geltenden Souveränitätsprinzip folgt, daß solche Eingriffe nicht zwangsweise, sondern einvernehmlich und konstruktiv stattfinden sollten. Statt auf Strafmaßnahmen sollte das Schwergewicht auf der Krisenprävention liegen. Diese Vorbeugung kann nicht früh genug einsetzen, aber im ersten Stadium ist es noch nicht möglich, potentielle Konfliktpunkte zu erkennen. Der beste Weg zur Verhütung von Krisen besteht darin, die Entwicklung offener Gesellschaften überall in der Welt zu fördern. Dabei muß es sich sowohl um eine wirtschaftliche als auch um eine politische Entwicklung handeln. Sehr gut macht dies Amartya Sen deutlich, der den Grad der Entwicklung an der politischen Freiheit mißt.[49] Kurz, das Konzept der offenen Gesellschaft könnte gewisse Leitlinien für die Gestaltung der internationalen Beziehungen liefern. Dazu aber muß dieses abstrakte Konzept so verändert werden, daß es sich in die Praxis umsetzen läßt. Freilich widerspräche es den Grundsätzen der offenen Gesellschaft, wollte man einen Bauplan hierfür festlegen; außerdem würde es der Mühe nicht lohnen: Die offene Gesellschaft ist nicht aus reinen Prinzipien herzuleiten. Sie muß von den Menschen geschaffen werden, die in ihr leben – jedes Gemeinwesen und jedes Zeitalter muß sie neu entwickeln. Eine offene Weltgesellschaft kann nur entstehen, wenn sämtliche offenen Gesellschaften zusammenwirken, und genau das schlage ich vor.

Karl Popper empfiehlt zu diesem Zweck ein schrittweises Vorgehen. Ich bin damit nicht ganz glücklich, denn in Zeiten revolutionärer

Regierungswechsel läuft alles viel zu schnell ab, als daß man sich den Luxus schrittweisen Vorgehens leisten könnte – die Ereignisse geraten vollkommen außer Kontrolle. Ein solcher historischer Augenblick war der Zusammenbruch des Sowjetsystems. Wir haben ihn, wie gesagt, verstreichen lassen, ohne diese einzigartige Gelegenheit zu ergreifen. Mittlerweile jedoch ist es auf der internationalen politischen Bühne ruhiger geworden. Heute spitzen sich einzelne Probleme zu, und deshalb ist nun ein schrittweises Vorgehen angemessen. Daher möchte ich mich auf einen bestimmten Einzelfall – die Auflösung Jugoslawiens – konzentrieren, denn er macht die Themen, mit denen wir uns auseinandersetzen müssen, besonders deutlich. Ich werde also mein Plädoyer für die offene Gesellschaft mit dem Besonderen beginnen und dann zum Allgemeinen übergehen.

Der Zerfall Jugoslawiens

Seit ›Die Krise des globalen Kapitalismus‹ erschien, ist in der Kosovokrise eine Entscheidung gefallen. Die Intervention der Nato war ein wichtiger Präzedenzfall: Ein Bündnis demokratischer Staaten griff im Namen allgemeingültiger, allerdings nicht genau definierter Prinzipien in den innenpolitischen Konflikt eines souveränen Staates ein. Auch wenn die Aktion letzten Endes erfolgreich verlief, so warf sie doch viele beunruhigende Fragen auf. Das Schauspiel der Nato-Flugzeuge, die Bomben aus großer Höhe fallen ließen, war zutiefst bestürzend und in vielerlei Hinsicht unmittelbar kontraproduktiv. Es beschleunigte die »ethnische Säuberung«, der es angeblich Einhalt gebieten sollte, brachte die Opposition gegen Slobodan Milošević im eigenen Land vorübergehend zum Schweigen und spaltete die Welt, statt sie im Namen der Prinzipien, auf die man sich berief, zu einigen. Zwar milderte das Endergebnis die negativen Konsequenzen, doch angesichts der momentanen Lage wäre es nicht angebracht, die Probleme zu vergessen und schlicht den Sieg zu proklamieren.

Die Hoffnungen, die sich mit der Intervention der Nato verbanden, haben sich nicht erfüllt. Im Kosovo wurden Recht und Ordnung nur langsam und unvollständig wiederhergestellt, Milošević schürte den immer noch vorhandenen ethnischen Konflikt, der ihm unmittelbar in die Hände spielte, und zwischen Serbien und Montenegro wuchsen die Spannungen. All diese Entwicklungen zeigen, daß es den Nato-Ländern nicht gelungen ist, sich im Anschluß an die Militäraktionen konstruktiv zu engagieren. Sie müssen den Zerfallsprozeß beenden, indem sie die Region in die wirtschaftliche und politische Gemeinschaft Europas einbinden. Diese Notwendigkeit haben die politisch Verantwortlichen erkannt; jetzt geht es darum, die Einsicht in die Praxis umzusetzen. Ich hoffe, man wird bereits bei Erscheinen dieses Buches nennenswerte Fortschritte gemacht haben. Das Schicksal des früheren Jugoslawien und seiner Nachbarn ist ein Prüfstein für die offene Gesellschaft.

Lassen wir den Zerfall Jugoslawiens einmal Revue passieren. Ich verfüge dabei über einige unmittelbare Kenntnisse, denn meine Open Society Foundations sind in allen Balkanländern mit Ausnahme Griechenlands und der Türkei tätig. Vor der Kosovokrise befanden sich im Kosovo und in Montenegro Zweigstellen der jugoslawischen Stiftung, die mittlerweile in eigenständige Institutionen umgewandelt wurden.

Im April 1990 – am gleichen Tag, an dem er die Gründung einer Bundespartei bekanntgab, die bei den Wahlen in allen Teilrepubliken antreten sollte – traf ich in Belgrad mit dem Premierminister Ante Marković zusammen. Wir verhandelten über die Einrichtung einer Open Society Foundation, zu der die Zentralregierung die Hälfte der Mittel beisteuern sollte. Zu jener Zeit befand Jugoslawien sich wirtschaftlich in einer viel besseren Lage als etwa Polen, denn es war schon in kommunistischer Zeit weltoffener und wohlhabender gewesen. Beide Länder hatten eine Phase der Hyperinflation hinter sich, und beide beteiligten sich seit dem 1. Januar 1990 an einem vom IWF finanzierten Stabilisierungsprogramm. Jugoslawien hatte den Vorteil, daß dort Fachleute arbeiteten, die von den internationalen Finanzinstitutionen in Washington ausgebildet worden waren, und das Programm zeitigte bessere Wirkung als in Polen. Im April sanken die Preise sogar – das war der Grund, warum Marković in diesem Monat seine neue Partei ins Rennen schickte. Später häufte Milošević in Serbien ein riesiges Haushaltsdefizit auf, mit dem er das Stabilisierungsprogramm ruinierte und die serbischen Wahlen gewann.

Auch im Juni 1991, kurz vor Ausbruch der Feindseligkeiten in Slowenien und Kroatien, war ich in Belgrad. Beim Frühstück mit dem US-Botschafter Warren Zimmerman erfuhr ich, was der amerikanische Außenminister Baker der jugoslawischen Armeespitze soeben bei einem Besuch mitgeteilt hatte: Die Vereinigten Staaten hätten keine Einwände, wenn die Militärführung den Notstand ausriefe, die Grenzen sicherte und innerhalb von sechs Monaten international überwachte, bundesweite Wahlen abhielte. Auch mit Außenminister Loncar traf ich zusammen. Von ihm erfuhr ich, daß die Europäische Gemeinschaft einen Kredit über die nicht geringe Summe von drei Milliarden Ecu für den Fall in Aussicht gestellt hatte, daß Jugoslawien in seiner damaligen Form erhalten bleibe, aber er hege in dieser Hinsicht keine großen Hoffnungen. Mehr als die Hälfte des jugoslawischen Bundeshaushalts floß in die serbisch dominierte Armee, und dieser Etat wurde vor allem durch Zolleinnahmen aus Slowenien finanziert. Da war es kein Wunder, daß die Streitkräfte sich ihre wichtigste Geldquelle unbedingt erhalten wollten, während Slowenien diese Mittel nur widerwillig lieferte. Bei Ausbruch des bewaffneten Konfliktes versuchte die jugoslawische Armee sofort, die slowenischen Grenzposten zu besetzen, doch die Slowenen gingen mit größerer Entschlossenheit vor und behielten die Oberhand.

Als der jugoslawische Bundesstaat auseinanderbrach, gründete ich Stiftungen in allen Nachfolgerepubliken. Bis heute bedaure ich, daß ich so lange damit zögerte – ich hoffte, ich könnte mir die finanzielle Beteiligung der Bundesregierung sichern. Eine Gruppe von Intellektuellen war entschlossen, Jugoslawien in eine Demokratie zu verwandeln, und bemühte sich um meine Unterstützung; ihnen vertraute ich die Verwaltung der Stiftungen an. Sie wandten sich gegen den zunehmenden Nationalismus und wollten über die neu entstandenen Grenzen hinweg weiterhin eng zusammenarbeiten. In ihren Augen spielte sich der Konflikt nicht zwischen Serben, Kroaten, Bosniern und Albanern ab, sondern zwischen offener und geschlossener Gesellschaft. Damit gerieten sie nicht nur mit den herrschenden Regimen auf Kollisionskurs, sondern in Kroatien auch mit fast der gesamten Bevölkerung. Die kroatische Stiftung lief Gefahr, sich in ein selbstgeschaffenes Ghetto zurückzuziehen, und ich tauschte widerstrebend die Führungsriege aus, damit die Institution für größere Teile der Gesellschaft annehmbar wurde.

Als die Bosnienkrise ausbrach und Sarajevo belagert wurde, stellte ich dem UN-Flüchtlingskommissariat (UNHCR) 50 Millionen Dollar zur Verfügung. Ich hoffte, zum Schutz der von mir unterstützten Organisationen würden UN-Friedenstruppen ins Land kommen, die Greueltaten verhindern könnten. Leider erwies sich dieser Ansatz als falsch. Doch das Geld wurde außerordentlich sinnvoll für humanitäre Zwecke eingesetzt. Unter Leitung von Fred Cuny, einem ganz besonders begabten Nothilfeorganisator, der später in Tschetschenien ums Leben kam, wurde eine alternative Wasserversorgung eingerichtet, im Krankenhaus ein Elektrogenerator installiert und zum Gemüseanbau auf kleinen Parzellen oder auf Balkonen geeignetes Saatgut verteilt. Trotzdem empfand ich meine Spende als Eingeständnis einer Niederlage: Es wäre besser gewesen, wenn die Krise verhindert und das Geld in Ländern ausgegeben worden wäre, die sich nicht im Prozeß der Zerstörung befanden.

Im November 1993 flog ich anläßlich der Fertigstellung der Wasserversorgung nach Sarajevo. Cuny hatte in Texas eine aus Modulen bestehende Wasseraufbereitungsanlage gebaut und in Einzelteilen hierhertransportiert. Sie wurde in einem Straßentunnel am Fluß montiert und reinigte das aus dem Fluß gepumpte Wasser. Cuny entdeckte auf einem nahe gelegenen Hügel sogar einen stillgelegten Wasserspeicher, der noch aus der Zeit der österreichisch-ungarischen Monarchie stammte. Von dort aus konnte das Wasser verteilt werden. Zunächst jedoch erlaubten die örtlichen Behörden nicht, daß die Anlage in Betrieb genommen wurde. Den Grund erfuhren wir nie – entweder hätte es einträgliche Geschäfte mit der Wasserverteilung gestört, oder die Regierung brauchte blutrünstige Fernsehbilder von Menschen, die auf Wasser warteten und dabei ums Leben kamen. Erst als ich drohte, meinen Protest an die Öffentlichkeit zu bringen, wurde die Genehmigung erteilt.

Die Open Society Foundation in Bosnien und Herzegowina hatte nicht unmittelbar mit den humanitären Hilfsaktionen zu tun. Ihr Ziel war die Unterstützung der Bürgergesellschaft, und sie hielt Distanz zu den Behörden. In ihr blieb der Widerstandsgeist erhalten, der an das Gewissen der Welt – mit Sicherheit jedenfalls an meines – appellierte. Bei meinem Besuch bestätigte sich, daß die Stiftung unerschrocken für die Werte der offenen Gesellschaft eintrat. Auf dem Rückweg machte ich in Zagreb Station und traf zum ersten und einzigen Mal mit dem Präsidenten Franjo Tudjman zusammen. Er warf mir vor, ich unterstütze die Verräter in seinem Land und verbreite eine gefährliche neue Ideologie namens offene Gesellschaft. Noch immer zog die dortige Stiftung den Unwillen der Regierung auf sich, insbesondere da sie sich für eine unabhängige Berichterstattung einsetzte. In Kroatien unterlagen die Medien sogar einer umfassenderen staatlichen Kontrolle als in Jugoslawien, doch Europa übte aus religiösen und historischen Gründen kaum Kritik daran. Dadurch stand die Stiftung ziemlich isoliert und ungeschützt da.

Auch in Mazedonien mischte ich mich heftig ein. Griechenland hatte über die Republik wegen des Streits um den Namen ein Embargo verhängt, von dem die mazedonische Wirtschaft schwer getroffen wurde. Da Mazedonien keinen Zugang zum Meer hat, ist es auf Öllieferungen aus Griechenland angewiesen. Anfang 1993 gewährte ich einen Kredit von 25 Millionen Dollar, damit man genügend Öl kaufen konnte, um den Winter zu überstehen. Ich hielt diese Hilfe schon deshalb für so wichtig, weil die Regierung offenbar begriffen hatte, daß das Land nur dann überleben und seine Unabhängigkeit bewahren konnte, wenn es alle Bürger – auch die große albanische Minderheit – gleich behandelte. Die Regierung zahlte den Kredit zwar zurück, aber ansonsten erfüllte sie ihre Versprechungen nicht. Vielleicht versuchte sie es und stieß dabei auf zu starke innere Widerstände. Eine der eklatantesten Verletzungen der Minderheitenrechte bestand darin, daß an der Universität kein Unterricht in albanischer Sprache stattfinden durfte. Nachdem in Tetovo eine illegale albanische Universität gegründet worden war, beschwor ich den Präsidenten Kiro Gligorow, sich nicht provozieren zu lassen, jedoch vergeblich: Es kam zum Blutvergießen. Als ich daraufhin öffentlich meine Enttäuschung zum Ausdruck brachte, wurde ich bei der Regierung zur Persona non grata. Die Gefühle beruhten allerdings auf Gegenseitigkeit. Bestürzt wurde ich Zeuge, wie die öffentliche Moral allmählich verfiel. In der Anfangszeit der Unabhängigkeit und während des griechischen Embargos hatte ich in der Regierung eine Menge Gemeinsinn und sogar Idealismus gespürt. Mit Verhängung des Embargos über Jugoslawien änderte sich die Lage. Schmuggel und andere Machenschaften ließen die Korruption blühen. Auf den Präsidenten Gligorow wurde sogar ein Mordanschlag verübt, der nur knapp sein Ziel verfehlte. Ich mußte feststellen, daß zuvor ehrliche Regierungsbeamte den Kampf aufgaben und zu Zynikern wurden.

Im eigentlichen Jugoslawien befand sich unsere Stiftung in ständiger Auseinandersetzung mit dem Regime, aber es gelang ihr, tiefe Wurzeln in der Bürgergesellschaft zu schlagen. Sie unterstützte nicht nur unabhängige Medien und andere Institutionen, die den Zorn der Regierung erregten, sondern engagierte sich auch für viele Projekte – insbesondere in den Bereichen Gesundheitswesen, Bildung, Kultur und Flüchtlingshilfe –, die das Regime nicht offen mißbilligen konnte. Einmal verlor die Stiftung vorübergehend ihre Zulassung, blieb jedoch weiterhin tätig. Als ich sie später – im Juni 1997 – besuchte, wurde ich vom damaligen Außenminister Milan Milutinović empfangen. Wir führten, um die diplomatische Sprachregelung zu benutzen, ein offenes Gespräch.

Die jugoslawische Stiftung hatte Zweigstellen in der Wojwodina, in Montenegro und im Kosovo. Die Abteilung im Kosovo unterstützte das parallele Bildungssystem, das die albanische Bevölkerung eingerichtet hatte, nachdem sie aus dem offiziellen System ausgeschlossen worden war. Die Mittel der Stiftung flossen zwar überwiegend an albanische Empfänger – darunter Medien in albanischer Sprache –, doch ihre Tätigkeit war nicht nach ethnischen Gesichtspunkten ausgerichtet. Als ich 1997 im Kosovo war, lernte ich bei der Stiftung Menschen aus allen Teilen der Gesellschaft kennen. Veton Surroi, das albanische Mitglied des Stiftungskomitees, war – und ist bis heute – eine wichtige Stimme, die zu Vernunft und Mäßigung aufruft. Er hatte entscheidenden Anteil daran, daß die im Februar 1999, vor der Militärintervention im Kosovo, abgehaltene Konferenz von Rambouillet nicht völlig scheiterte.

In Albanien beteiligte ich mich am Wiederaufbau von Schulgebäuden. Diese für uns ungewöhnliche Vorgehensweise – normalerweise beschränken wir uns auf Maßnahmen innerhalb der Schulen – war nötig, da beim Sturz der kommunistischen Regierung viele Schulen stark beschädigt worden waren. Es gelang uns, ein leistungsfähiges Bauprogramm in Gang zu setzen, in dem es keine Korruption gab, und wir bezogen die Gemeinden in die Pläne ein. Daß wir Erfolg hatten, wurde mir klar, als ein Lieferant Geld für das Projekt in seinem Heimatdorf spendete. Später, beim gewaltsamen Sturz der Regierung Berisha im Jahre 1997, wurden erneut viele Gebäude zerstört, unsere Schulen allerdings rührte man nicht an; dort blieben unsere Computer stehen, während man sie aus dem Lager plünderte. Diese Vorgänge lehrten mich, daß die Albaner hohe ethische Maßstäbe haben und daß man die Ablehnung einer Regierung nicht mit einem Mangel an öffentlicher Moral gleichsetzen sollte. Insgesamt betrachtet, machte ich in Albanien sehr positive Erfahrungen, und die Stiftung erfreut sich dort allgemeiner Unterstützung und eines guten Rufs. Das gleiche gilt auch für Bulgarien.

Ich berichte hier über solche Einzelheiten, weil ich einerseits die Möglichkeiten einer solchen Tätigkeit und andererseits meine eigene Sichtweise (oder mein Vorurteil) deutlich machen möchte. Meine Stiftungen kämpften für eine offene Gesellschaft – jedoch vergebens. Dennoch glaube ich, daß selbst verlorene Schlachten den Kampf wert sind. Auch bin ich überzeugt davon, daß das Ergebnis womöglich anders ausgesehen hätte, wenn die westlichen Mächte sich von den Prinzipien der offenen Gesellschaft hätten leiten lassen. Häufig kritisierte ich öffentlich wie privat die westliche Politik, und meine öffentlichen Äußerungen trugen oft dazu bei, daß ich mir auch privat Gehör verschaffen konnte. So führte ich beispielsweise mehrere Gespräche mit dem damaligen UN-Generalsekretär Boutros Boutros-Ghali, und dabei vertrat ich die Ansicht, er hätte lieber zurücktreten sollen, statt eine undurchführbare Friedensmission zu billigen – aber ein Rücktritt kam für ihn überhaupt nicht in Frage. Ich sprach mich für eine klare Position sowohl gegenüber Milošević als auch gegenüber Tudjman aus und fühlte mich in hohem Maße persönlich verantwortlich, als die USA im Kosovo schließlich eine feste Haltung einnahmen – nicht weil man mich konsultiert hätte (das war nicht der Fall), sondern weil ich von Anfang an dafür gewesen war. Ich möchte hier nicht jeden einzelnen Militärschlag Revue passieren lassen, sondern nur einige allgemeine Beobachtungen anstellen.

Erstens waren Europa und die Vereinigten Staaten tief in die Angelegenheit verstrickt. Den Besuch des US-Außenministers Baker und das europäische Angebot eines Kredits über 3 Milliarden Ecu habe ich bereits erwähnt. Meines Erachtens hätte man schon viel früher einschreiten sollen, nämlich als Milošević die Autonomie des Kosovo und der Wojwodina abschaffte oder als er das Wirtschaftsreformprogramm ruinierte, und man hätte sich dabei viel entschiedener auf die Prinzipien der offenen Gesellschaft stützen sollen. Die internationale Einmischung kann nicht früh genug beginnen, selbst wenn das den Erfolg nicht garantiert.

Zweitens standen für keine der westlichen Demokratien nationale Belange auf dem Spiel, aber Europa und die Vereinigten Staaten hatten ein gemeinsames Interesse an den Ereignissen in Jugoslawien. Der Politik des Westens fehlten Einigkeit und klare Ziele, im Grunde ging es nur darum, den Status quo zu erhalten und bewaffnete Konflikte zu vermeiden – so im Juni 1991, als der US-Außenminister Baker der Ausrufung des nationalen Notstands zustimmte; so auch in Bosnien, wo sich der Westen für humanitäre Hilfe und nicht für eine bewaffnete Intervention entschied, also für Artikel sechs (Friedenserhaltung) statt für Artikel sieben (Friedensschaffung) der UN-Charta; und so schließlich ebenfalls in der Kosovokrise, in der die Vereinigten Staaten alle Einflußmöglichkeiten auf Milošević ausschöpften.

Als dieser im Herbst 1998 einen großangelegten Feldzug gegen die aufständische Kosovo-Befreiungsarmee (UÇK) unternahm und rund 400.000 albanische Dorfbewohner vertrieb, erwirkte der US-

Gesandte Richard Holbrooke ein Abkommen, wonach im Kosovo unbewaffnete Beobachter der Organisation für Sicherheit und Zusammenarbeit in Europa (OSZE) zugelassen werden sollten. Zu deren Abberufung und zur Konferenz von Rambouillet kam es nur deshalb, weil Milošević die Vereinbarungen mißachtete und auch in Gegenwart der Beobachter weitere Greueltaten zuließ. Bei genauerem Hinsehen vermute ich, daß er ein Bombardement provozieren wollte, um eine gut vorbereitete, umfassende »ethnische Säuberung« durchführen zu können und so die Voraussetzung für eine De-facto-Teilung des Kosovo zu schaffen.

Ganz allgemein gesehen, fehlte dem Westen von Anfang an das Gespür für die innenpolitischen Verhältnisse in den einzelnen Teilrepubliken. Man ließ sich vor allem durch religiöse, historische und nationale Erwägungen leiten. Deutschland etwa bestand darauf, Kroatien und Slowenien als unabhängige Staaten anzuerkennen, kümmerte sich jedoch nicht um einen wirksamen Schutz der serbischen Minderheiten. Frankreich und Griechenland dagegen (mit Abstrichen auch Großbritannien) sympathisierten mit den Serben. Und in ganz Europa waren Vorurteile gegen Muslime weit verbreitet. Die Vereinigten Staaten handelten ebenfalls kurzsichtig, als sie das Abkommen von Dayton schlossen, ohne die Spannungen im Kosovo zu beachten. Ibrahim Rugova, der Führer der Kosovo-Albaner, befürwortete den gewaltlosen Widerstand und setzte sein Vertrauen in den Westen; nach Dayton schwand sein Einfluß, und die UÇK wurde immer stärker. Man kann ohne Übertreibung behaupten, daß die Kosovokrise von 1999 eine unmittelbare Folge des 1995 geschlossenen Dayton-Abkommens war.

Generell hätten die westlichen Politiker erkennen müssen, daß der Konflikt in Jugoslawien sich nicht nur zwischen Serben, Kroaten, Bosniern und Albanern abspielte, sondern auch zwischen der offenen und der geschlossenen Gesellschaft. Diese Einsicht hätte ihren Sinn für Themen wie Wahlmanipulation und den Mangel an unabhängigen Medien geschärft. Außerdem hätten sie sich dann nicht auf repressive Regierungen wie die von Slobodan Milošević, Franjo Tudjman und in geringerem Ausmaß auch, in Bosnien, Alija Izetbegović verlassen; sie hätten die Probleme im Kosovo nicht ein Jahrzehnt lang übersehen.

Und drittens schließlich waren sämtliche Interventionen erfolglos. In Bosnien griff die internationale Gemeinschaft im Rahmen der Vereinten Nationen ein – mit katastrophalen Ergebnissen. Der Westen lernte aus dieser Erfahrung und stützte sich im Kosovo auf die Nato. Doch auch diesmal war die Bilanz nicht viel besser. Am Ende mußte man auf die Autorität der UNO zurückgreifen, um ein Abkommen zu erreichen. Zuvor hatten die Vereinten Nationen bereits ein Wirtschaftsembargo verhängt, das unerwünschte negative Folgen hatte. Zwielichtige Geschäftsleute konnten mit Hilfe der Behörden die Sanktionen unterlaufen, und das führte in Jugoslawien und einigen Nachbarländern zu einer unheiligen Allianz zwischen den Regierungen und Mafiainteressen. Kurz, kein Mittel schlug an. Die Militärintervention im Kosovo erreichte ihr unmittelbares militärisches Ziel, aber Frieden brachte sie nicht.

Die Lehren aus Jugoslawien

Die Ereignisse in Jugoslawien bestätigen meine allgemeine Argumentation. Strafinterventionen sind in der Regel wirkungslos und häufig kontraproduktiv. Das gilt für Wirtschaftssanktionen ebenso wie für Friedensmissionen und Militäraktionen. Freilich kommen wir nicht ganz ohne sie aus, sie wären jedoch moralisch und politisch besser gerechtfertigt, wenn zuvor alle konstruktiven Möglichkeiten der Krisenvorbeugung ausgeschöpft würden. Diese ist in der Anfangsphase eine relativ schmerzlose, nicht sehr teure Angelegenheit; später steigen Schaden und Kosten exponentiell an. Deshalb kann die Prävention – gestützt auf die Prinzipien der offenen

Gesellschaft – nicht früh genug ansetzen. Leider gibt es selbst dann keine Erfolgsgarantie; es gehört zum Konzept der offenen Gesellschaft, daß nicht zu jedem Problem eine Lösung existiert. Der Status quo in Jugoslawien beispielsweise hätte sich beim besten Willen nicht aufrechterhalten lassen. Wenn der Westen aber 1989 protestiert hätte, als die Autonomie des Kosovo aufgehoben wurde, wäre Milošević vielleicht nicht in der Lage gewesen, seine Macht in Serbien zu festigen, und wenn die Nato bereits im Dezember 1991 eingegriffen hätte, als die jugoslawische Marine Dubrovnik bombardierte, wäre viel geringerer Schaden entstanden.

Eines der wichtigsten Hindernisse für eine frühe Krisenprävention besteht im negativen Verhältnis von Gewinn und Risiko. Mit der Beilegung einer Krise, die noch gar nicht ausgebrochen ist, kann man keine Lorbeeren verdienen: Falls die Krise erfolgreich verhindert wird, läßt sich der Erfolg schwer greifen; nur das Scheitern macht sich bemerkbar. Welche Regierung oder Institution arbeitet schon gerne unter solchen Bedingungen? Ich denke, dieses Hindernis ließe sich durch das moralische Argument überwinden, das ich oben erläutert habe: Wenn es darum geht, das Richtige zu tun, muß man bereit sein, auf der Verliererseite zu kämpfen. Ich möchte das noch einmal am Beispiel eines anderen Krisenherdes unterstreichen, der bisher noch nicht ins Bewußtsein der Öffentlichkeit gedrungen ist: das Ferganabecken.

Das Ferganabecken

Kaum jemand hat auch nur den Namen des Ferganabeckens, einer zwischen Usbekistan, Tadschikistan und Kirgisistan gelegenen Gebirgsebene, je gehört. Und noch weniger ist bekannt, daß sich dort schweres Unheil zusammenbraut. Auch ich wüßte nichts davon, wenn ich in diesen Ländern keine Stiftungen hätte. Der größte, mächtigste Staat der Region ist Usbekistan: Er verfügt über Öl sowie andere Bodenschätze und wird von einer repressiven Regierung beherrscht. Besonders hart geht das Regime gegen den islamischen Fundamentalismus vor, und da es alle Formen der islamischen Religion als fundamentalistisch betrachtet, hat es viel zu unterdrücken. Das kleinere, wesentlich ärmere Nachbarland Kirgisistan besitzt einen demokratisch geprägten, aber kraftlosen Präsidenten, und Tadschikistan leidet an den verheerenden Folgen eines jahrelangen, erst kürzlich beigelegten Bürgerkrieges.

Die Grenzen im Ferganabecken lassen sich nur schwer überwachen, und von Afghanistan aus ist das Gebiet leicht zugänglich. Wirtschaftlich gesehen befindet es sich im Niedergang; Drogenhandel und Terrorismus breiten sich aus, und es kommt zu bewaffneten Zwischenfällen – in Kirgisistan häufiger als in Usbekistan, und zwar gerade deshalb, weil dieses autoritärer geführt wird. Doch auch die kirgisische Regierung, die von allen Seiten unter Druck steht, greift zunehmend auf repressive Maßnahmen zurück, schüchtert die Medien ein und läßt potentielle Präsidentschaftskandidaten verhaften. Ob diese Kandidaten demokratischer wären als der derzeitige Amtsinhaber, ist zu bezweifeln. Kurz, die Aussichten sind trübe.

Unterdrückung und Terrorismus verstärken sich gegenseitig. Wir befinden uns hier im Frühstadium eines eskalierenden Konflikts. In dieser Hinsicht erinnert die Lage an Jugoslawien im Jahre 1990. Was tun? Ich kann keine Strategie zur Umkehrung des herrschenden Trends erkennen, und so bleiben mir zwei Möglichkeiten: entweder mit dem weitermachen, was unsere Stiftungen am besten können – nämlich Bildung, Bürgergesellschaft und gesetzliche Ordnung fördern –, oder alle Anstrengungen aufgeben. Die Bemühungen erscheinen vielfach nutzlos und könnten sich in einigen Fällen sogar als kontraproduktiv erweisen. Trotzdem wäre es nach meiner Überzeugung ein Fehler, sich zurückzuziehen. Es lohnt sich, die Anstrengungen ohne Rücksicht auf kurzfristige Ergebnisse fortzusetzen, denn wir legen dadurch die Samen der offenen Gesellschaft, und einige dieser Samen werden Wurzeln schlagen – nicht alle, aber diejenigen, die sich entwickeln, können gerade deshalb äußerst wertvoll werden, weil nur so wenige von ihnen durchkommen. Ich erinnere mich, daß die besten Kandidaten für die Leitung einer Wirtschaftsschule, die ich in Ungarn gründen wollte, 25 Jahre zuvor mit einem Stipendium der Ford Foundation im Ausland studiert hatten.

Die Schlußfolgerung, zu der ich gelangt bin, stellt mich nicht völlig zufrieden, da sie keinen Ausweg aus der derzeitigen Krise weist. Schon das scheint mein Plädoyer für präventive Maßnahmen zu untergraben: Wir haben eine Krise in einem relativ frühen Stadium erkannt, wir wollen sie verhüten, und doch wissen wir nicht, wie. Aber darin besteht eben die *conditio humana* – nicht für jedes Problem gibt es eine Lösung. Genau betrachtet spricht die Tatsache, daß eine Krise im Ferganabecken sich höchstwahrscheinlich nicht vermeiden läßt, sogar für die Notwendigkeit einer Arbeit, wie sie etwa meine Stiftungen leisten. Ich habe die Ansicht vertreten, Krisenvorbeugung könne nicht früh genug einsetzen und sei am besten zu erreichen, indem man die Grundlagen einer offenen Gesellschaft legt. Wüßten wir, wie Krisen sich exakt verhindern lassen, wäre mein Rezept wahrscheinlich zu aufwendig, so aber dürfte es die beste verfügbare Methode sein; sie ist vielleicht aufwendig, aber mit Sicherheit nicht nutzlos. Manchmal findet sich freilich eine verheißungsvolle Strategie: Als das Sowjetsystem zu bröckeln begann, konnte ich mir gleich mehrere vielversprechende Pläne fast bildlich ausmalen, und ich bemühte mich – allerdings erfolglos – um Unterstützung. In anderen Fällen scheint es keinen Ausweg zu geben, weil der Trend sich nicht mehr stoppen läßt. Ein Beispiel hierfür war die Auflösung Jugoslawiens, das Ferganabecken könnte zu einem weiteren werden. Dann müssen wir auf das Rezept von Sergej Kowaljow zurückgreifen und auch auf verlorenem Posten weiterkämpfen. Paradoxerweise wird das letztlich zum Sieg führen, denn Menschen, die zum Kampf auf der Verliererseite bereit sind, halten die Flamme der Freiheit am Leben: Die Gesellschaft kommt dem Ideal der offenen Gesellschaft näher, als wenn jeder nur sein eigenes Interesse verfolgt. Das ist die Rechtfertigung dafür, das Richtige zu tun, selbst wenn andere es nicht tun.

Hilfe aus dem Ausland

Wenn ich mich für konstruktive Interventionen einsetze, um den Aufbau offener Gesellschaften zu fördern, dann meine ich damit Hilfe aus dem Ausland. Ebendas leisten in einem gewissen Sinn meine Stiftungen, und ebendas sollte auch die Allianz der offenen Gesellschaften leisten.

Auslandshilfe steht heute in keinem guten Ruf, und das zu Recht. Obwohl es sich dabei um eine unternehmerische Tätigkeit handelt, die in vielerlei Hinsicht schwieriger durchzuführen ist als gewinnorientierte Geschäfte, hat man sie auf eine rein bürokratische Übung reduziert. Bürokratien neigen dazu, sich mehr mit ihrer Selbsterhaltung zu befassen als mit der Erfüllung ihrer eigentlichen Aufgaben. Die Aufteilung von Kompetenzbereichen ist ein unentbehrliches Merkmal der Demokratie, doch sie fördert auch defensives Verhalten, nachträgliche Kritik und wechselseitige Schuldzuweisungen. Bei Beamten legen wir strengere Maßstäbe an als bei Managern: Im Geschäftsleben nehmen wir Verluste in Kauf, nicht aber bei der Auslandshilfe. Da ist es kein Wunder, daß die Verantwortlichen jedes Risiko meiden, selbst auf Kosten des Erfolgs.

Wenn ich für Auslandshilfe plädiere, schwimme ich gegen den Meinungsstrom. Der Marktfundamentalismus versucht, die Wirtschaftstätigkeit von allen staatlichen Eingriffen zu befreien, und er hat zugegebenermaßen einige eindrucksvolle Ergebnisse gezeigt, nicht zuletzt, weil er die schöpferische Energie des menschlichen Geistes freisetzte. Und nun komme ich daher und will, wie man meinen sollte, das Leichentuch der Bürokratie darüberwerfen. Aber das ist keineswegs meine Absicht, schließlich erkenne ich die Verdienste der Marktwirtschaft an. Sie liegen nach meiner Überzeugung genau in der erwähnten Freisetzung schöpferischer Energien und nicht im Herstellen von Gleichgewichten. Doch Verdienste hin oder her, eines ist sicher: Profitdenken reicht nicht aus, um ein Gemeinwesen zu erhalten. Daneben muß es Versuche geben, die Entwicklung offener Gesellschaften zu fördern, und solche Versuche müssen konstruktiv sein, denn mit Strafmaßnahmen allein – abgesehen davon, daß sie moralisch nicht zu rechtfertigen sind – gelangt man sicher nicht ans Ziel. Wir müssen also Auslandshilfe leisten, selbst wenn wir uns ihrer Unzulänglichkeit voll und ganz bewußt sind.

Ich glaube, der menschliche Geist kann mit derselben schöpferischen Energie gesellschaftliche Ziele umsetzen, wie er nach wirtschaftlichem Gewinn strebt. Das habe ich mit meinen gemeinnützigen Tätigkeiten zu beweisen versucht. Ich habe sozusagen eine »fraktale Form« der offenen Gesellschaft geschaffen: ein internationales System von Stiftungen, deren Leitungsgremien sich aus Bürgern des jeweiligen Landes zusammensetzen. Ihnen überlasse ich die Entscheidung, was die Stiftung tun soll, und sie sind selbst dafür verantwortlich. Häufig bin ich verblüfft über ihre Maßnahmen. Manche der besten Programme hätte ich mir selbst niemals ausdenken können. Zugegeben, es funktioniert nicht immer. Wir hatten nicht nur riesige Erfolge, sondern auch mäßige Ergebnisse und gelegentlich sogar Fehlschläge, die personelle Veränderungen erforderlich machten.

Ich wünschte, das Verfahren ließe sich in größerem Maßstab anwenden, aber mir ist klar, daß dies nicht möglich ist. Selbst mein eigenes Stiftungssystem hat mittlerweile einen Umfang erreicht, der es seiner früheren Flexibilität bis zu einem gewissen Grad beraubt und allmählich den Charakter einer Bürokratie annehmen läßt. Aber nach wie vor handle ich unabhängig. Ich kann es mir leisten, meine Fehler einzugestehen und sie zu korrigieren; deshalb waren meine Bemühungen zum größten Teil erfolgreich. Bei Politikern und Beamten ist das anders: Sie müssen ihre Handlungen gegenüber einer kritischen, mitunter auch feindselig eingestellten Öffentlichkeit rechtfertigen, und das macht sie risikoscheu. Positive Ergebnisse lassen sich jedoch kaum ohne Risiken erreichen. Staatliche Auslandshilfe kann wahrscheinlich nicht so wirksam sein wie meine gemeinnützigen Unternehmungen, allerdings vermag sie durch Quantität das wettzumachen, was ihr an Qualität fehlt. Und eines ist klar: Der Aufbau einer offenen Weltgesellschaft ist ohne sie überhaupt nicht denkbar. Das gilt auch für andere Formen staatlicher Eingriffe: Aus dem Umstand ihrer gelegentlichen Ineffizienz sollte man nicht ableiten, daß sie überflüssig sind. Die Frage ist vielmehr: Wie läßt sich ihre Effizienz steigern? Gezielte Anreize sind dabei verordneten Programmen eindeutig vorzuziehen. Aber selbst im Rahmen verordneter Programme ist es möglich, schöpferische Energien freizusetzen – schließlich gibt es keinen Grund, warum Unternehmergeist sich auf das Erzielen von Profiten beschränken sollte.

Der Stabilitätspakt für Südosteuropa

Damit kommen wir wieder zurück zum Balkan. Ich habe das Auseinanderbrechen Jugoslawiens als hoffnungslose Situation bezeichnet, in der keinerlei Lösung abzusehen war. Nach der Intervention der Nato hat sich die Lage jedoch geändert. Nun besteht die Chance, ein positives Ergebnis herbeizuführen und zu stabilisieren, und wir müssen sie unbedingt nutzen. Allgemein herrscht der Eindruck, Europa habe sich auf dem Balkan viel zu ängstlich und abwartend verhalten. Die Europäische Union muß in der Region eine aktive, vorausschauende Politik entwickeln, mit der sie Krisen verhütet und nicht nur auf diese reagiert. Darauf hat mich zuerst der damalige Nato-Generalsekretär Solana hingewiesen, und zwar noch vor der Intervention der Nato. Meine Stiftungen begannen mit der Arbeit an einem umfassenden Programm für die Region, aber uns kam dabei das Zentrum für europäische Politikstudien (CEPS) zuvor, eine Denkfabrik in Brüssel, deren Pläne vom designierten EU-Kommissionspräsidenten Romano Prodi unterstützt wurden. Anstatt das Rad neu zu erfinden, übernahmen wir dieses Konzept als Grundlage unserer eigenen Überlegungen. Wir organisierten vom 18. bis 20. Juli 1999 in Ljubljana eine Tagung, an der 25 politikwissenschaftliche Institute aus der Region teilnahmen, und gaben eine Erklärung heraus, die eine Weiterentwicklung der Vorschläge des CEPS darstellte.

Der Kerngedanke dieses Programms besteht darin, die verschiedenen Länder der Region durch Heranführung an Europa einander anzunähern. Die EU kann als Magnet wirken, weil die Menschen in Südosteuropa sich zu ihr hingezogen fühlen. Mit den Zollschranken, welche die Länder voneinander und von der EU trennen, würde eine der wichtigsten Ursachen für Korruption und politische Konflikte beseitigt. Die Länder Südosteuropas erhielten finanzielle Unterstützung, so daß sie den Euro als Währung verwenden könnten. Diese Finanzhilfe wäre an politische Bedingungen gebunden, die das Fundament einer offenen Gesellschaft legen würden. Hilfsleistungen wären nicht auf bilateraler, sondern auf regionaler Ebene zu verteilen, und die einzelnen Länder müßten um die Finanzierung von Investitionen und technische Unterstützung konkurrieren, statt den Geldstrom kontrollieren und für persönliche oder politische Vorteile nutzen zu können.

Ein solcher Plan würde verhindern, daß sich die Fehler wiederholen, die in Bosnien gemacht wurden. Der Wiederaufbau Bosniens ist vor allem aus zwei Gründen fehlgeschlagen: Das Gebiet ist zu klein, und die politischen Gruppierungen haben überall ihre Finger im Spiel. Eine die gesamte Region berücksichtigende Vorgehensweise könnte beide Hindernisse überwinden. Ein gemeinsamer Markt und eine gemeinsame Währung, gestützt auf die Infrastruktur der Marktwirtschaft, würden einen ökonomischen Aufschwung ermöglichen. Natürlich bliebe auf sozialem und politischem Gebiet sowie bei der Vergangenheitsbewältigung eine Menge zu tun, aber der Weg in eine bessere Zukunft wäre eindeutig vorgezeichnet.

Weil Europa einen so ungeheuren Reiz auf die Region ausübt, ist es nicht schwer, vor Ort Unterstützung für den Plan zu finden. Meine Stiftungen mobilisieren die Bürgergesellschaft in dessen Sinne, und die verschiedenen Regierungen sind sehr an einer Zusammenarbeit interessiert. Auch aus der Europäischen Union kommen positive Signale, von Romano Prodi ebenso wie von Regierungsvertretern Deutschlands, Italiens und Großbritanniens.

Das Ganze erinnert zwar an den Marshallplan, aber die Kosten wären vergleichsweise bescheiden, denn die Region ist, wirtschaftlich betrachtet, winzig – kleiner als die Niederlande. Dennoch ist Geld ein Problem. Die Mitgliedsstaaten sträuben sich dagegen, den Etat der Europäischen Union zu erhöhen, und sie wollen die Kontrolle über ihre Mittel und deren Vergabe uneingeschränkt behalten. Das aber würde eines der wichtigsten Ziele des Planes untergraben: Die Konkurrenz um die Unterstützung soll zwischen den Ländern der Region stattfinden, nicht zwischen den Geberländern; anderenfalls könnten diejenigen, durch deren Hände das Geld geht, es leicht für eigene Zwecke verwenden.

Das zweite Problem ist die Organisation. Um das Konzept in die Realität umzusetzen, entwickelten die Außenministerien der Europäischen Union den Stabilitätspakt. Dies ist nichts anderes als ein leerer Rahmen, der noch mit Inhalt gefüllt werden muß; die Finanzministerien lehnen ihn ab und weigern sich, Mittel zur Verfügung zu stellen. Auch die Bürokraten der Europäischen Union stehen ihm skeptisch gegenüber. Sie sind an bilaterale Abmachungen gewöhnt; ihr bevorzugter Weg ist der Abschluß sogenannter Stabilitäts- und

Assoziationsverträge mit einzelnen Regierungen. Damit aber würde die grenzüberschreitende, regierungsunabhängige Vorgehensweise zunichte gemacht.

Wenn verschiedene Einrichtungen Druck in unterschiedliche Richtungen ausüben, besteht die Lösung in der Regel darin, eine neue Einrichtung zu ihrer Koordination zu schaffen. Unter dem Strich führt das dazu, daß es immer mehr Organisationen gibt. Nichts anderes geschah im Kosovo. Dort ist die Verfügungsgewalt aufgeteilt zwischen dem von der Nato geführten Militär (KFOR) und der UNMIK, einer von den Vereinten Nationen eingerichteten Zivilbehörde. Diese hat vier Säulen: UNHCR für humanitäre Angelegenheiten, die Vereinten Nationen für die zivile Übergangsverwaltung, die OSZE für den Aufbau politischer Institutionen und die Europäische Union für den wirtschaftlichen Wiederaufbau. Noch unübersichtlicher wird das Ganze, weil das UN-Hauptquartier in New York in allen Einzelheiten die Kontrolle über die UNMIK ausüben will.

Die Folgen sind katastrophal. Sechs Monate nach der Beilegung der Kosovokrise war die öffentliche Ordnung noch nicht wiederhergestellt, und die Menschen konnten sich nicht sicher fühlen. Es gelang den KFOR-Truppen zwar, sich selbst zu schützen, nicht aber die Zivilbevölkerung, und die Vereinten Nationen waren nicht in der Lage, eine leistungsfähige Polizei aufzubauen. Fehlende Finanzmittel und das Kompetenzchaos beeinträchtigten die UN-Verwaltung auf allen Ebenen. Sie konnte weder Lehrer und andere Beamte bezahlen noch lebenswichtige öffentliche Dienstleistungen garantieren, erste Ansätze eines Rechtssystems schaffen oder auch nur Personaldokumente ausstellen. Um sich Einnahmen zu erschließen, führte sie Einfuhrzölle auf Waren aus Mazedonien ein – ein Schritt in die falsche Richtung, der zu schrecklichen Verzögerungen und wüster Korruption führte; außerdem widersprach er unmittelbar dem Ziel, die Bedeutung der Grenzen abzubauen.

Im Gefolge der Kosovokrise zeigte sich eine gewaltige Diskrepanz zwischen den Mitteln, die für ein militärisches Vorgehen mobilisiert werden können, und jenen, die für konstruktive Ziele zur Verfügung stehen. In den USA beläuft sich der Verteidigungsetat auf 260 Milliarden Dollar, die Auslandshilfe dagegen macht 13 Milliarden Dollar aus; die Nato wandte zwischen zwei und vier Milliarden Dollar für die Bombardierung Jugoslawiens auf, aber gleichzeitig hatten die im Bündnis vereinten Staaten Schwierigkeiten, 50 Millionen Dollar aufzutreiben, um Montenegro bei der Durchsetzung von Wirtschaftsreformen zu helfen.

Die Kluft zwischen Anspruch und Wirklichkeit ist groß, und es muß unbedingt ein Ausweg aus dieser instabilen Situation gefunden werden. Es geht um viel – nicht nur um das Schicksal des früheren Jugoslawien, sondern auch um die Zukunft der Europäischen Union und den Wert des Konzeptes einer offenen Gesellschaft. Zwar ist der Balkan nur eines von vielen Krisengebieten in der Welt – sie lassen sich kaum alle aufzählen: Indonesien (das zu einem Jugoslawien in größerem Maßstab werden könnte), Tschetschenien, das Ferganabecken, Kongo, Angola, Kaschmir, Taiwan und etliche mehr –, aber sein Schicksal ist eine unmittelbare und besonders klare Herausforderung für die Nato. Wenn wir nicht bereit sind, uns konstruktiv zu engagieren, haben wir auch kein Recht, mit Strafmaßnahmen einzugreifen. Generell gilt: Wenn wir eine offene Gesellschaft wirklich wollen, dürfen wir nicht davor zurückschrecken, uns in die inneren Angelegenheiten eines souveränen, aber repressiven Staates einzumischen.

In manchen Augenblicken ist der Ausgang der Geschichte offener als in anderen. Einen solchen Augenblick haben wir 1989 in der Sowjetunion nicht genutzt; zu Beginn des neuen Jahrhunderts stehen wir auf dem Balkan vor einer weiteren derartigen Situation. In Tschetschenien können wir nicht viel tun: Je mehr wir protestieren, desto stärker fördern wir die verbittert-nationalistische Stimmung in Rußland. Doch liegt es durchaus in unserer Macht, die Geschehnisse auf dem Balkan zum Besseren zu wenden. Ich bin zuversichtlich, daß das Konzept der offenen Gesellschaft in diesem Fall die Prüfung bestehen wird. Viele Anzeichen sprechen dafür. Man erörtert so etwas wie einen Marshallplan für den Balkan, und er findet die Unterstützung wichtiger Entscheidungsträger: Das beweist, daß wir Fortschritte machen. Ich fühle mich mit meiner Stiftungsarbeit und meinen Positionen zur Auslandshilfe nicht mehr so allein wie beim Zusammenbruch der Sowjetunion. Doch die Unterstützung der Öffentlichkeit läßt nach. Als die Nato mit der Bombardierung Jugoslawiens begann, rückte der Kosovo ins Zentrum der weltweiten Aufmerksamkeit; mittlerweile wurde er von anderen Ereignissen verdrängt. Dennoch bleiben wir weiterhin verantwortlich für unsere Handlungen. Demokratische Regierungen reagieren auf den Willen des Volkes; solange die Menschen nicht den Prinzipien der offenen Gesellschaft verpflichtet sind, können wir nicht damit rechnen, daß sie die Oberhand gewinnt. Wir müssen dieses Ziel beharrlich weiterverfolgen – schon in unserem eigenen Interesse.

Kapitel 12   Die Allianz für eine offene Gesellschaft

Vom Konkreten zum Allgemeinen voranschreitend, fasse ich in diesem Kapitel die Gründe, die für eine offene Weltgesellschaft sprechen, in einem Plädoyer zusammen. Mein Vorschlag einer Allianz demokratischer Länder verfolgt ein doppeltes Ziel: zum einen auf der ganzen Welt die Entwicklung offener Gesellschaften zu fördern, zum anderen einige Grundregeln zu etablieren, an denen die Staaten ihr Verhalten den eigenen Bürgern gegenüber sowie ihren Umgang miteinander ausrichten sollten. Diese Allianz für eine offene Gesellschaft müßte von den bereits entwickelten Demokratien angeführt werden. Deshalb beschäftige ich mich zunächst mit der gegenwärtigen Lage in den USA und in der EU – die Probleme Japans zu erörtern würde hier zu weit führen. Da neben der entwicklungspolitischen auch eine militärische Komponente vorhanden sein müßte, werde ich einen Blick auf die Nato werfen, bevor ich mich der Allianz selbst zuwende. Und da diese sowohl im Rahmen der Vereinten Nationen als auch unabhängig davon aktiv werden könnte, werde ich vor meinem Schlußplädoyer die Aussichten für eine UN-Reform betrachten.

Die USA

Die Vereinigten Staaten sind die einzige verbliebene Supermacht, und ihre militärische Überlegenheit ist stärker denn je. Sie könnten eine offene Weltgesellschaft herbeiführen, wenn sie eine klare Vision hätten, wie eine solche Gesellschaft aussehen sollte. Doch leider wissen sie nicht genau, welche Rolle ihnen in der Welt zukommt; oder besser gesagt, sie haben widersprüchliche Vorstellungen davon. Die USA leiden, ohne es überhaupt zu merken, unter einer Identitätskrise.

In der US-Außenpolitik hat es schon immer zwei Hauptrichtungen gegeben: den geopolitischen Realismus und den Idealismus mit dem Ziel einer offenen Gesellschaft. Unter den Großmächten der Geschichte ist das Engagement der USA für bestimmte universale Prinzipien sicher einzigartig: Diese Grundsätze, bereits in der Unabhängigkeitserklärung von 1776 brillant formuliert, wurden in der Atlantikcharta bestätigt, die wiederum in die Präambel der UN-Charta eingegangen ist. Beide Tendenzen liegen allerdings oft im Streit miteinander. Insgesamt zog freilich der Idealismus gegenüber nationalen, institutionellen und anderen zu schützenden Interessen meist den kürzeren. Dennoch muß Politik in Amerika im moralischen Gewande daherkommen, will sie die Öffentlichkeit zufriedenstellen. Letztlich gelangte auf diese Weise ein heuchlerischer Zug in die US-Außenpolitik.

Während des kalten Krieges lebten die Vereinigten Staaten in der besten aller möglichen Welten: Sie konnten zugleich Supermacht sein und die freie Welt anführen. Auch die US-Außenpolitik profitierte von der Harmonie beider Ziele, die jedoch durch den Vietnamkrieg gestört wurde: Außen- und Innenpolitik gerieten in einen direkten Konflikt, und die Opposition im eigenen Lande machte es schließlich unmöglich, den Krieg fortzuführen. Diese Erfahrung hat tiefe Wunden geschlagen und bittere Erinnerungen hinterlassen.

Als der kalte Krieg mit dem inneren Zusammenbruch des Sowjetsystems und einer Implosion der UdSSR zu Ende ging, galt das als großer Sieg der Vereinigten Staaten. Man verstand diesen Sieg eigentlich niemals richtig, weil man die beiden Rollen – Supermacht und Anführer der freien Welt – nicht auseinanderhielt. Außerdem blieb unklar, wofür die »freie Welt« stand: für Kapitalismus oder für die offene Gesellschaft. Wurde jener Zusammenbruch durch die aggressiv verfolgte Strategic Defense Initiative (SDI) der USA (das sogenannte Star-Wars-Projekt), durch die wirtschaftliche Überlegenheit des Kapitalismus oder aber durch die Sehnsucht nach Freiheit in den betroffenen Ländern selbst verursacht? Und ebenso ratlos war man in der Frage, wie man auf den Fall des Sowjetreiches reagieren sollte.

Diese Konfusion prägt die US-Außenpolitik bis heute: Zweifellos gefällt es den Vereinigten Staaten, die einzige noch verbleibende Supermacht zu sein; gleichzeitig wollen sie weiterhin – wie während des kalten Krieges – Anführer der freien Welt bleiben. Im kalten Krieg war die freie Welt in ihrer Existenz bedroht, suchte den Schutz einer Supermacht, und die westlichen Demokratien schlossen sich, unter der Vorherrschaft der USA, in der Nato zusammen. Doch der kalte Krieg ist vorüber, die Bedrohung verschwunden. Andere Länder haben nicht mehr dieselbe Veranlassung, sich dem Willen einer Supermacht zu unterwerfen. Darum müßten die USA, um Führer der freien Welt zu bleiben, ihr Verhalten ändern. Sie müßten durch den Aufbau einer echten Partnerschaft führen und sich selbst an die Regeln halten, deren Befolgung sie anderen verordnen wollen.

Sie haben sich für einen anderen Weg entschieden. Die USA glauben, ihr Supermachtstatus verleihe ihnen besondere Privilegien und sie seien berechtigt, die internationalen Institutionen, denen sie angehören, zu beherrschen. Sie sind darauf bedacht, die Nato zu erweitern, gehören der Welthandelsorganisation, dem Internationalen Währungsfonds und der Weltbank an, aber nur, weil sie diese Organisationen dominieren können.[50] Das Spiel, auf die Vereinten Nationen einzudreschen, erfreut sich in den Vereinigten Staaten großer Beliebtheit. Und unter dem Einfluß konservativer Hardliner wie Senator Jesse Helms lehnen die USA jegliche Einschränkung ihrer nationalen Unabhängigkeit strikt ab. Dagegen sind sie durchaus bereit, die Souveränität anderer im Namen der Menschenrechte und der Demokratie anzutasten. Die Amerikaner ertragen es nicht, wenn ihre Soldaten getötet werden, doch zur Verteidigung ihrer Prinzipien verhängen sie Handelssanktionen oder werfen aus großer Höhe Bomben ab. Diesen Werten und Prinzipien schreiben sie universale Gültigkeit zu; gleichzeitig beanspruchen die USA, entscheiden zu dürfen, wie und wann sie anzuwenden sind. Eine solche Doppelmoral kann den Rest der Menschheit leicht verprellen, und die Amerikaner sind sich dessen nicht einmal bewußt. Man könnte zur Rechtfertigung dieser Einstellung zwar auf die militärische Überlegenheit der USA verweisen – sie sind die einzige Supermacht und geben deshalb den Ton an –, das läßt sich allerdings nicht mit ihrem Anspruch vereinbaren, Führer der freien Welt zu sein. Hier gerät die amerikanische Haltung in innere Widersprüche. Und so kommt es, daß dort, wo sich die USA im Recht sehen, andere hauptsächlich die Arroganz der Macht wahrnehmen.

Die Vereinigten Staaten genießen ihre militärische Überlegenheit, doch sie wollen nicht als einzige die Rolle des Weltpolizisten spielen. Das ist auch besser so: Die USA ziehen aus dem kapitalistischen Weltsystem nicht so viel Nutzen, daß damit die Opfer gerechtfertigt wären, die sie als alleinige Friedenshüter bringen müßten. Außerdem läßt sich die Weltherrschaft nur schwer mit einer offenen Gesellschaft vereinbaren. Nichtsdestotrotz braucht die Welt Spielregeln und Verhaltensmaßstäbe, und sie muß über Mittel verfügen, diese durchzusetzen, denn sonst würde – sowohl im zwischenstaatlichen Zusammenleben wie innerhalb der Staaten selbst – nur das Recht des Stärkeren gelten. Verhaltensregeln lassen sich jedoch nur im internationalen Konsens etablieren. Würden sie einseitig von einer Supermacht aufoktroyiert, wäre das nichts als ein weiteres Beispiel für die Herrschaft der Stärkeren über die

Schwächeren. Eben darin liegt der Konflikt zwischen der Rolle einer Supermacht und dem Anspruch, Führer der freien Welt zu sein.

Auch wenn es vielleicht schockierend klingen mag: Die Vereinigten Staaten sind mittlerweile das größte Hindernis auf dem Weg zu einer rechtsverbindlichen Regelung der internationalen Beziehungen geworden. Es gibt repressive Regime in der Welt, die ihre Untertanen fest im Griff haben, aber wenn sie ihre Macht nach außen spielen lassen, sind sie sehr darauf bedacht, keine schlafenden Hunde zu wecken. Demgegenüber sind die Vereinigten Staaten alles andere als repressiv, dennoch tun sie sich auf internationaler Ebene keinen Zwang an, ihre Macht – mehr als jedes andere Land – zu demonstrieren. Gelegentlich, nämlich dann, wenn kein allzu großes Risiko besteht, Soldaten zu verlieren, betätigen sie sich als Aggressor – wie beim Bombardement einer pharmazeutischen Fabrik im Sudan. Wichtiger ist jedoch, daß sie vehement jegliche internationale Zusammenarbeit verweigern. Sie zahlen ihre Beiträge an die Vereinten Nationen nicht; sie zögern, die Kassen des IWF aufzufüllen; und sie verhängen einseitige Sanktionen, vor allem um die Wähler im eigenen Land zu beeindrucken. Die Vereinigten Staaten waren eines der sieben Länder, die gegen den Internationalen Gerichtshof stimmten. Ebenfalls mit Nein gestimmt haben China, Irak, Israel, Libyen, Katar und Jemen. Das Pentagon, das US-Soldaten keiner internationalen Rechtsprechung unterstellt sehen wollte, ging sogar so weit, die Militärattachés an den US-Botschaften in der ganzen Welt anzuweisen, bei der Militärführung der Gastgeberländer dafür zu werben, gegen den Internationalen Gerichtshof zu arbeiten. Diese Taktik war besonders in jenen Ländern sehr fragwürdig, in denen die Kontrolle der Zivilregierung über das Militär auf schwachen Füßen steht.

Bei ihrer Ablehnung des Internationalen Gerichtshofs können die USA zumindest auf ein scheinbar plausibles Argument verweisen, nämlich daß dieser den amerikanischen Bürgern womöglich nicht denselben Schutz gewähren könnte wie die amerikanische Verfassung.[51] Keine Rechtfertigung gibt es allerdings dafür, daß der US-Kongreß sich weigert, unumstrittene internationale Verträge wie die Konvention zum Schutz der Meere oder das Artenschutzabkommen zu ratifizieren. Das letztere haben neben den USA nur acht weitere Länder nicht verabschiedet: Afghanistan, Kuwait, Liberia, Libyen, Malta, Thailand, Tuvalu und Jugoslawien – nicht gerade die beste Gesellschaft!

Internationale Kooperation ist für die USA leider alles andere als selbstverständlich. Diejenigen, die sich vom geopolitischen Realismus, vom Marktfundamentalismus oder gar von krudem Sozialdarwinismus leiten lassen und das Überleben der Stärksten mit wirtschaftlicher und militärischer Macht gleichsetzen, sehen wahrscheinlich auch keinen Grund, warum die Vereinigten Staaten irgendeine Einschränkung ihrer staatlichen Souveränität hinnehmen sollten. Nur dann, wenn wir ernsthaft in einer offenen Gesellschaft leben wollen, müssen wir unsere Souveränität universal gültigen Spielregeln und Verhaltensmaßstäben unterordnen. Es geht hier um eine echte Grundsatzentscheidung: Die Vereinigten Staaten haben sich – ohne sich der damit verbundenen Konsequenzen voll bewußt zu sein – dafür entschieden, ihre Macht zum Schaden der internationalen Zusammenarbeit auszuüben.

Die USA könnten ihre Stellung als Anführer der freien Welt zurückgewinnen, indem sie eine Allianz für die offene Gesellschaft schmieden. Dazu müßten sie freilich ihre Haltung radikal ändern – weg von der einseitigen, arroganten Selbstherrlichkeit, hin zu einem stärker kooperativen Ansatz. Ich bin davon überzeugt, daß ein solcher Wandel möglich ist. Die USA sind immer für das Ideal einer offenen Gesellschaft eingetreten, von der Unabhängigkeitserklärung bis heute. Umfragen zufolge sind die Vereinten Nationen populärer als der Kongreß oder der Präsident. Diese latente Unterstützung bräuchte man nur zugunsten der internationalen Zusammenarbeit zu aktivieren. Vor den Kongreß- und Präsidentschaftswahlen des Jahres 2000 hat sich eine konservative Mehrheit im Kongreß strikt gegen eine internationale Zusammenarbeit gestellt. Doch dieser Standpunkt entspricht nicht unbedingt der öffentlichen Meinung. Es herrscht eine unheilige Allianz von Marktfundamentalisten und verschiedenen Verfechtern der nationalen Souveränität – vom Isolationismus der religiösen Fundamentalisten über die Einstellung der Gewerkschaften, amerikanische Belange müßten immer Vorrang haben, bis zum Unilateralismus von Jesse Helms. Zwar eint sie der Widerstand gegen länderübergreifende Institutionen, aber sie verfolgen ganz unterschiedliche Ziele. Die Marktfundamentalisten wehren sich gegen Interventionen der Regierung im Bereich der Wirtschaft, religiöse Fundamentalisten widersetzen sich den vom Staat vertretenen und geschützten liberalen Prinzipien, zum Beispiel dem Recht auf Abtreibung. Marktfundamentalisten sind aus ebenjenen Gründen gegen internationale Zusammenarbeit, aus denen sie auch gegen eine Regierung mit weitreichenden Kompetenzen sind: Die Wirtschaft soll freie Hand haben. Isolationisten, Gewerkschaftler und religiöse Fundamentalisten wiederum lehnen internationale Kooperation aus dem entgegengesetzten Grund ab: Sie fürchten, daß der globale Markt ihre Werte und Interessen in Gefahr bringt. Es ist erstaunlich, wie es diese Gruppierungen verstanden haben, ihre Differenzen in Einklang zu bringen und sich auf einen gemeinsamen Feind zu konzentrieren: die Regierung und die internationalen Institutionen. Ich denke aber, daß die Unterschiede um so stärker wieder hervortreten werden, je eher die Fundamentalisten ihre Ziele erreichen.

Die Vereinigten Staaten stehen vor der wichtigen Entscheidung zwischen einem einseitigen oder einem multilateralen Vorgehen. Jenes führt auf ein erneutes Machtgleichgewicht zwischen gegnerischen Blöcken mit der Gefahr einer bewaffneten Auseinandersetzung zu, dieses hingegen auf eine offene Weltgesellschaft. Es bleibt abzuwarten, wie sich die innenpolitische Szene entwickeln wird; vielleicht tun sich die Internationalisten der verschiedenen Lager zusammen, um gemeinsam für eine offene Weltgesellschaft zu arbeiten. Dies könnte durchaus überparteilich geschehen. In beiden großen Parteien gibt es entsprechende Traditionen, die sich wiederbeleben ließen: bei den Demokraten die liberale Tradition des New Deal, bei den Republikanern die international ausgerichtete Tradition der freien Märkte. Es müßten nur die republikanischen Verfechter der Globalisierung erkennen, daß die offene Gesellschaft ein erstrebenswertes Ziel ist. Wie die Empfehlung einer Weltentwicklungsagentur durch den Meltzer-Report zeigt, ist dieser Wunsch gar nicht so weit hergeholt, wie es scheint.

Meistens bedarf es erst einer Krise, um einen echten Richtungswandel herbeizuführen. Darum hätte man sich gewünscht, daß die Krisen im Kosovo, in Osttimor und in Afrika schockierend genug gewesen wären, um die Gedanken konzentriert in die richtige Richtung zu lenken. Wenn wir erst darauf warten müssen, daß eine Krise die Stellung der USA in der Welt ganz direkt schwächt, dann könnte die Chance Amerikas, die Menschheit auf den Weg zu einer offenen Weltgesellschaft zu führen, schon dahin sein. Darum ist es von so außerordentlicher Bedeutung, daß die US-Politik sich die Schaffung einer offenen Gesellschaft zum Ziel setzt, solange die Vereinigten Staaten noch ihre Rolle als unangefochtene Supermacht innehaben.

Die Europäische Union

Bei der Schöpfung und Weiterentwicklung der Europäischen Union sind wir Zeugen eines gigantischen »sozialtechnischen« Experiments der kleinen Schritte im Sinne Poppers geworden. Es lohnt sich, dieses Vorhaben etwas genauer zu untersuchen. Der Einigungsprozeß Europas ist jetzt genau an dem Punkt angelangt, an dem sich die gegenwärtig wichtigste Frage stellt: Wie läßt sich das Hindernis nationalstaatlicher Souveränität überwinden, das der Verfolgung von gemeinsamen Interessen im Weg steht? Das Problem wird nicht direkt angesprochen, sonst wäre der europäische Prozeß nie so weit gekommen. Vielmehr verlief dieser indirekt; stets wurden konkrete Ziele anvisiert, für die dann genügend Unterstützung mobilisiert werden konnte. Es begann mit der Gemeinschaft für Kohle und Stahl und ist inzwischen bis zur gemeinsamen Währung gediehen. Jeder Schritt nach vorne führte unweigerlich zu einer Art Ungleichgewicht, das durch weitere Schritte in dieselbe Richtung korrigiert werden mußte. Nichts könnte für eine offene Gesellschaft angemessener sein.

Und doch ist der ganze Prozeß mit Unsicherheiten belastet. Wie weit er noch gehen wird, weiß niemand genau. Jeder einzelne Schritt stößt auf Widerstand, hauptsächlich weil man mit gutem Grund erwartet, daß er zu weiteren Schritten in dieselbe Richtung führen werde. Die Schaffung einer gemeinsamen Währung taugt zum Beispiel nichts ohne eine gemeinsame Finanzpolitik. Ob sich dafür jedoch genügend Rückhalt finden wird, bleibt abzuwarten.

Die Idee eines vereinten Europa hatte etwas überaus Verlockendes, vor allem solange die Erinnerung an den letzten Krieg noch frisch war und der Westen sich von den Sowjets bedroht fühlte. Die heutige Realität der Europäischen Union ist weit weniger attraktiv. Politisch ist sie immer noch ein Zusammenschluß von Staaten, die kleine Teile ihrer Souveränität an die Union abgetreten haben. Im Bereich der Wirtschaft funktioniert das einigermaßen gut, aber auf politischer Ebene ist praktisch überhaupt noch nichts delegiert worden. Die Resultate sind enttäuschend. Jede derartige Vereinigung von Staaten leidet unter einem gewissen »Demokratiedefizit«.[52] Die Interessen des Staates decken sich nicht unbedingt mit den Interessen seiner Bürger, doch in einem demokratischen Staat kann das Volk durch seine gewählten Abgeordneten Kontrolle über das Verhalten der Regierung ausüben. In einer Staatengemeinschaft gibt es diese Kontrolle dagegen nicht, weil die Macht, Entscheidungen zu treffen, bei den Einzelregierungen liegt, nicht bei den Bürgern und Abgeordneten.

Die Europäische Kommission steckt in einer schweren Krise. Sie untersteht dem Ministerrat, der aus den Regierungen der Mitgliedsstaaten gebildet wird und sich mehr von einzelstaatlichen als von übergreifenden Interessen leiten läßt. Selbst kleinere Entscheidungen erhalten so gleich den Charakter internationaler Verträge: Sie sind schwer zu erreichen und noch schwerer zu korrigieren. Die Mitglieder der Kommission werden nach nationalen Quoten bestimmt, und ihre Arbeit leidet unter den Schwächen einer Bürokratie, die nicht einem, sondern fünfzehn Herren zu dienen hat. Bürokraten neigen dazu, sich gegenüber ihren politischen Vorgesetzten dadurch abzusichern, daß sie Entscheidungen vermeiden, für die man sie tadeln könnte. Und wenn sie nicht nur einem, sondern gleich fünfzehn Herren verantwortlich sind, ist die Wirkung lähmend.

Das Demokratiedefizit wird durch die Unfähigkeit, Entscheidungen zu treffen, noch verschärft. Es ist kaum zu glauben, aber jedes Direktorat der EU-Kommission bildet eine in sich geschlossene Einheit, und ein Kommissar kann dem anderen keine Anweisungen geben. Die Mitgliedsstaaten sind eifrigst darauf bedacht, bestimmte Ausgaben zu blockieren, um ihre eigenen Beiträge zum EU-Budget so gering wie möglich zu halten. Gleichzeitig arbeiten die Abgesandten dieser Regierungen in Brüssel jedoch ständig daran, sich zum Vorteil des eigenen Landes vom EU-Haushalt einen möglichst großen Anteil zu sichern. Alle Ausgaben, ganz gleich ob sie für die Landwirtschaft, für Wissenschaft und Forschung oder für Auslandshilfe gedacht sind, müssen dieselben langwierigen Prozeduren durchlaufen. Von außen betrachtet ergibt sich das Bild einer

äußerst schwerfälligen Bürokratie, die auf unendlich verschlunge-
nen, verborgenen Wegen arbeitet. Sie scheint keinem Wähler gegenüber verantwortlich zu sein, wenn auch das Europäische Parlament kürzlich zusätzliche Kontrollbefugnisse erhalten hat und die
letzte EU-Kommission nach einer parlamentarischen Untersuchung
zum Thema Korruption zurücktreten mußte. Kurz, die Bürokratie
ist demoralisiert, die Öffentlichkeit enttäuscht, und das Europäische Parlament genießt weiterhin wenig Achtung, was sich bei den
jüngsten Wahlen erneut an einer geringen Wahlbeteiligung ablesen
ließ.

Besonders spürbar ist die Ernüchterung bei einer Minderheit, die
die europäische Idee ablehnt und nationalistische und fremden-
feindliche Töne anschlägt. Es ist zu hoffen, daß die politische Elite
die öffentliche Meinung noch einmal mobilisieren kann, doch dieses Mal müßten sich die entsprechenden Schritte gegen die politischen Eliten in den Ländern selbst richten. Die Menschen sollten die
Regierung der Europäischen Union direkt kontrollieren können.
Außerdem müßte das Problem der nationalen Souveränität entschiedener angepackt werden als bisher, aber es ist die Frage, ob das
möglich ist. Ein Scheitern könnte zur Desintegration der Europäischen Union führen, denn Integration ist ein dynamischer Prozeß:
Wenn er nicht vorangeht, dann muß man damit rechnen, daß er
zurückgedreht wird. Vor diesem Hintergrund müssen überdies
noch die Probleme der EU-Erweiterung gelöst werden – wirklich
prekäre Aussichten. Erschwerend kommt hinzu, daß sich die Europäische Union auf außenpolitischem Gebiet als völlig macht- und
erfolglos erwiesen hat. Die zweite Säule des Vertrags von Maastricht war einer gemeinsamen Außenpolitik gewidmet, aber die
Souveränität der Mitgliedsstaaten wurde nicht angetastet. Das Resultat entsprach den Erwartungen: Es kam nicht zu einer gemeinsamen Politik. Die Außenpolitik blieb den Interessen der einzelnen Länder untergeordnet. Ein Zusammengehen in diesem Punkt

wurde schon während der Verhandlungen über den Vertrag von Maastricht diskreditiert. In dem Kuhhandel, der ihn erst ermöglichte, gestanden die anderen europäischen Staaten dem damaligen deutschen Außenminister Hans-Dietrich Genscher die Anerkennung eines unabhängigen Kroatien und Slowenien zu, was letztlich zum Krieg in Bosnien führte.

Der EU gelang es nur selten, außenpolitisch mit einer Stimme zu sprechen, und selbst dann war es keine gewichtige Stimme. Das wurde besonders an der äußerst vorsichtigen Art und Weise deutlich, wie die Europäische Union mit dem Zerfallsprozeß in Jugoslawien umging. Dies könnte sich allerdings jetzt ändern, da die EU einen Beauftragten für eine gemeinsame Außenpolitik ernannt hat, den ehemaligen Nato-Generalsekretär Solana. Gleichwohl kann man sich immer noch nicht einigen, ob die EU eine Großmacht werden soll. Die gegenwärtige Situation ist, um es milde auszudrücken, unbefriedigend, und der Europäischen Union steht wie den USA in der Frage der internationalen Beziehungen noch ein gehöriges Maß an Selbsterforschung bevor. Dabei kann der Stabilitätspakt für Südosteuropa als Testfall dienen.

In vielen außenpolitischen Fragen haben einzelne Mitgliedsländer klare nationale Eigeninteressen, die sich von denen anderer Mitgliedsländer unterscheiden, besonders im Bereich von Handelsbeziehungen und Investitionen. Hier wäre es schwierig, eine Machtübertragung an die Europäische Union zu rechtfertigen. Doch es gibt genug andere Themen, bei denen das gemeinsame Interesse der EU Vorrang vor den Einzelinteressen der Mitgliedsstaaten haben sollte. In solchen Fällen erstreckt sich das gemeinsame Anliegen meistens über die Grenzen der EU hinaus. Was auf dem Balkan, im Mittleren Osten, in Nordafrika und in der früheren Sowjetunion geschieht, betrifft ja nicht nur Europa, sondern auch die Vereinigten Staaten und den Rest der Welt. Die Schaffung und Erhaltung von offenen Gesellschaften liegt im gemeinsamen Interesse aller bereits bestehenden offenen Gesellschaften, und um dieses Ziel zu verfolgen, muß die EU mit den anderen demokratischen Staaten zusammenarbeiten. Kurz, die meisten außenpolitischen Probleme können am besten auf einer Ebene gelöst werden, die entweder über oder unter der Ebene der EU liegt, und die Europäische Union muß dringend eine Allianz demokratischer Staaten schmieden – mehr noch als die USA.

Die Nato

Ein Bündnis mit geeigneten Mitgliedern gibt es bereits: die Nato. Doch leider handelt es sich dabei um einen Militärpakt, und die Aufgabe, offene Gesellschaften zu fördern, ist alles andere als eine militärische Angelegenheit. Zwar hat die Nato ebenfalls eine politische Dimension, und zu ihren politischen Zielen gehört ausdrücklich auch die Förderung der Demokratie. Das kann nicht verwundern, schließlich ist die Nato ein Geschöpf des kalten Krieges. Aber die politische Dimension hat nie das aktive Handeln geleitet; sie blieb das eigentlich nicht benötigte Anhängsel eines militärischen Bündnisses.

Nach dem Ende des kalten Krieges wurde die Nato zu einer Institution ohne eigentliche Mission. Ihre Ziele mußten neu überdacht werden, und eine intensive Diskussion – stets freilich im Kontext militärischer Überlegungen – setzte ein. Es gab Stimmen, die sich für ein neuartige Allianz unter Einschluß Rußlands aussprachen, andere stellten eher geopolitische Erwägungen in den Vordergrund. Am Ende kam es zu einem Kompromiß: Die Nato sollte nach Osten erweitert werden, einige frühere Mitglieder des Warschauer Paktes aufnehmen und eine – für zukünftige Erweiterungen offene – Partnerschaft für den Frieden bilden. Schließlich erhielt das Bündnis drei neue Mitglieder: Polen, Ungarn und die Tschechische Republik. Rumänien und Slowenien kämpften hart, aber erfolglos um den

Beitritt, der Slowakei blieb er aus politischen Gründen verwehrt. Andere Länder kamen nie ernsthaft in Betracht. Um die Ratifizierung der Osterweiterung zu sichern, mußte Rücksicht auf die unterschiedlichsten Kräfte genommen werden: auf die Geopolitiker und kalten Krieger genauso wie auf jene, die gern mehr für die Förderung offener Gesellschaften getan hätten. Die Nato-Erweiterung war ein heikler Kompromiß zwischen der Bewahrung beziehungsweise Erneuerung der Teilung Europas und dem Bemühen, den Prinzipien einer offenen Gesellschaft stärkere Geltung zu verschaffen. Der Akzent lag allerdings mehr auf der erstgenannten Seite – mit entsprechenden Resultaten: In Weißrußland etwa errichtete Alexander Lukaschenko eine Präsidialdiktatur, welche die Demokratie in Weißrußland zerstörte und auch die demokratischen Kräfte in Rußland gefährdete. Trotzdem schloß sich Rußland mit Lukaschenko zusammen, weil es in einer Nato-Erweiterung nach Osten die größere Bedrohung seiner Sicherheit sah. In diesem Fall wirkte sich die Nato-Expansion direkt zuungunsten der Interessen einer offenen Gesellschaft aus.

Im Kosovo intervenierte die Nato zur Verteidigung der Grundsätze einer offenen Gesellschaft. Dabei standen für keines der Nato-Länder vitale nationale Belange auf dem Spiel. Doch es gab das gemeinsame Interesse, einer weiteren »ethnischen Säuberung« entgegenzutreten. Bis dahin konnten die westlichen Demokratien in ihren Bemühungen, auf den Zerfall Jugoslawiens zu reagieren, nur Fehlschläge verbuchen, aber jetzt waren sie bereit, eine feste Haltung einzunehmen. Innerhalb der US-Regierung indes bestand Uneinigkeit: Das Außenministerium setzte sich für ein Nato-Ultimatum ein, das Verteidigungsministerium sperrte sich dagegen. Schließlich gab der Oberkommandierende der Nato-Streitkräfte, General Wesley Clark, den Ausschlag zugunsten der Intervention. Das Pentagon hat ihm das niemals verziehen: Es kämpfte gegen ihn fast genauso wie gegen Milošević; zum Beispiel sabotierte es den Einsatz der Apache-Hubschrauber. Und Clark wurde vorzeitig in den Ruhestand geschickt.

Für mich persönlich war die Kosovokrise ein traumatisches Ereignis. Ich hatte stets ein festes Auftreten gegenüber Milošević gefordert. Darum fühlte ich mich in gewisser Weise – obwohl ich an der Entscheidung keinen Anteil hatte – persönlich verantwortlich für das, was geschah, und die Resultate der Militäraktion erschütterten mich tief. Meiner Meinung nach ließ sich das Bombardement nur rechtfertigen, wenn anschließend konstruktive Aktionen Frieden und Wohlstand in die Region brächten.

Der Fall Milošević war eindeutig. Milošević hatte nicht nur erwiesenermaßen Grausamkeiten zu verantworten, derentwegen er vor dem Internationalen Gerichtshof in Den Haag angeklagt worden war; er hatte überdies ein internationales Abkommen gebrochen, das er nur wenige Monate zuvor selbst unterzeichnet hatte. Doch die Art und Weise, wie die Nato agierte, stimmte weniger zuversichtlich. Aus großer Höhe Bomben abzuwerfen, diese Strategie bestätigte nur die Trennung zwischen dem Wert amerikanischer Menschenleben und dem Wert der Menschen, denen diese ganze Aktion doch eigentlich helfen sollte. Außerdem verhinderte das Eingreifen die »ethnische Säuberung« nicht; im Gegenteil, es beschleunigte sie noch. Und sogar die Motive für die Intervention waren unklar: Sollte Milošević bestraft werden, sollten die Bewohner des Kosovo geschützt oder sollte die militärische Macht der Nato demonstriert werden? Man darf nicht vergessen, daß die Nato damals kurz vor ihrem 50. Geburtstag stand. Wäre es da nicht großartig gewesen, dieses Fest mit einem militärischen Sieg zu krönen? Eines ist jedenfalls sicher: Statt die Welt in der Verurteilung Miloševićs zu vereinen, trug die Nato-Intervention zu ihrer Spaltung bei, und Clintons kategorische Weigerung, Bodentruppen einzusetzen, erschwerte das militärische Vorgehen erheblich. Als Milošević schließlich die Herrschaft über den Kosovo aufgab, war das für alle Beteiligten eine echte Überraschung. Ich mag mir gar nicht vorstellen, was geschehen wäre, wenn er noch länger durchgehalten hätte.

Meiner Meinung nach haben im wesentlichen zwei Faktoren Milošević zum Rückzug bewogen: die Rolle der Kosovo-Befreiungsarmee (UÇK) und das Verhalten Rußlands. (Das Bombardement zeigte ebenfalls Wirkung, nachdem man begonnen hatte, sich über die Grundregel hinwegzusetzen, keine zivilen Ziele anzugreifen.) Präsident Clinton hatte zwar den Einsatz von Bodentruppen ausgeschlossen, aber es gab sie freilich doch – in Form der UÇK. Als diese die jugoslawische Armee in Kämpfe verwickelte, wurden Belgrads Streitkräfte durch Angriffe aus der Luft verwundbar. Die bewaffneten albanischen Kräfte entwickelten sich zu einer größeren Bedrohung für die jugoslawische Armee, als es Nato-Truppen je hätten sein können. Rußland spielte eine Doppelrolle. Einerseits schuldet die Nato Viktor Tschernomyrdin Dank dafür, daß er Milošević jede Hoffnung auf eine Unterstützung durch die russischen Streitkräfte nahm. Andererseits überraschte die russische Armee die Nato-Truppen dadurch, daß sie ihnen auf dem Flughafen von Priština zuvorkam; es bedurfte fintenreicher Manöver, um die russische Militärpräsenz im Kosovo auszuschalten. In dieser schizophrenen Haltung Rußlands kam ein Zwiespalt zwischen politischen und militärischen Erwägungen zum Ausdruck: Politisch mußte Rußland beim Westen wegen seiner wirtschaftlichen und finanziellen Abhängigkeit Punkte gewinnen, militärisch fühlte es sich von der Nato bedroht.

Die Allianz für eine offene Gesellschaft

Der Kosovokonflikt hat mich in meiner Überzeugung bestärkt, daß der Nato eine politische Allianz an die Seite gestellt werden muß, deren ausdrückliches Ziel es ist, die Werte und Prinzipien einer offenen Gesellschaft zu propagieren und zu fördern. Militärische

Interventionen zugunsten der Menschenrechte kommen immer zu spät und sind oft kontraproduktiv. Viel fruchtbarer ist die Krisenprävention, und sie kann gar nicht früh genug beginnen. Im Frühstadium reicht oft schon diplomatischer oder wirtschaftlicher Druck. Zum Beispiel haben die baltischen Staaten ein großes Interesse daran, zu Europa zu gehören. Lettland und Estland hatten restriktive Staatsbürgerschaftsgesetze verabschiedet, die wegen der Benachteiligung russischer Bürger zu einem Konflikt mit Rußland hätten führen können. Darum übten die EU und die Organisation für Sicherheit und Zusammenarbeit in Europa (OSZE) nachhaltig Druck auf diese Länder aus und sorgten für einen besseren Schutz der Minderheiten. Heute sind Lettland und Estland Kandidaten für die Mitgliedschaft in der EU. Wie bereits gesagt: Hätte die internationale Gemeinschaft energischer protestiert, als Milošević 1989 die Autonomie des Kosovo aufhob, hätte er seine Macht in Jugoslawien nicht festigen können. Und wäre die Nato im Dezember 1991 eingeschritten, als die jugoslawische Marine Dubrovnik bombardierte, dann wäre die Bosnienkrise wohl zu vermeiden gewesen.

Eine politische Allianz könnte Krisen also am besten dadurch verhüten, daß sie die Werte und Prinzipien einer offenen Gesellschaft propagiert und fördert. Was aber würde das im einzelnen bedeuten? Wir dürfen nicht vergessen, daß es für eine offene Gesellschaft keinen eindeutig festgelegten Entwurf gibt; verschiedene Länder stehen in jeweils anderen Traditionen und haben eine unterschiedliche Entwicklung genommen. Ganz allgemein müssen die Bürger in einer offenen Gesellschaft frei entscheiden können, wie ihr Gemeinwesen organisiert sein soll, und dazu müssen einige Bedingungen erfüllt sein. Es wäre Aufgabe der Allianz, die entsprechenden Voraussetzungen zu schaffen und zu bewahren: eine demokratische Verfassung etwa, rechtsstaatliche Verfahrensweisen, Rede- und Pressefreiheit oder ein unabhängiges Rechtssystem – welche Aspekte das im einzelnen sind, dafür gibt es keine objektiven, unumstrittenen Maßstäbe. Die Allianz müßte – im vollen Bewußtsein ihrer Fehlbarkeit – Kriterien etablieren und im übrigen jedem Gemeinwesen den größtmöglichen Freiraum lassen, über seinen eigenen Charakter zu entscheiden.

Der Zweck der Allianz bestünde vor allem darin, die Aktivitäten ihrer Mitglieder zur Förderung einer offenen Weltgesellschaft zu koordinieren. Dabei stünden zwei unterschiedliche, aber eng miteinander zusammenhängende Ziele im Mittelpunkt: zum einen die Förderung offener Gesellschaften in einzelnen Staaten, zum anderen die Entwicklung internationaler Rechts- und Verhaltensstandards.

Das erste der genannten Ziele ließe sich vor allem durch den umsichtigen Einsatz von Zuckerbrot und Peitsche durchsetzen. Handelsbeziehungen und Investitionen wäre dabei von besonderer Bedeutung. In diesem Punkt greifen die politische und die finanzielle Weltarchitektur eng ineinander, denn die Möglichkeiten von Zuckerbrot und Peitsche sind vorrangig finanzieller Art. Ich habe bereits darauf hingewiesen, daß die sich herausbildenden neuen Finanzstrukturen viel zuwenig positive Anreize bieten, und Möglichkeiten genannt, mit denen sich das ändern ließe: indem man die Fähigkeit des Internationalen Währungsfonds zur Belohnung von Ländern, die eine gesunde Finanzpolitik betreiben, deutlich verstärkt; indem man die Weltbank in eine leistungsfähige Weltentwicklungsagentur umwandelt; oder indem man einen Schuldenerlaß für jene armen Länder durchführt, die wirtschaftliche und politische Reformen umsetzen. Daneben mögen von Fall zu Fall – wie etwa beim Stabilitätspakt für Südosteuropa – zusätzliche Maßnahmen erforderlich sein.

Bei seiner Entscheidung darüber, was eine solide Politik auszeichnet, würde sich der IWF in erster Linie an finanziellen Kriterien orientieren. Allerdings gibt es keine strikte Trennungslinie zwischen dem finanziellen und dem politischen Bereich. Ein transparentes, professionell geführtes, gut überwachtes Bankensystem, das sich nicht für politische Zwecke einspannen läßt, wäre bei der Entwicklung einer offenen Gesellschaft eine große Hilfe. Und von der finanziellen Transparenz ist es nur ein kleiner Schritt zu einer freien, offenen Presse: In Ländern mit eingeschränkter Pressefreiheit bieten oft die Finanzblätter die beste politische Berichterstattung. Eine Weltentwicklungsagentur könnte bei der Verteilung ihrer Hilfe ausdrücklicher politische Kriterien zugrunde legen, zumal wenn sie sich am Gedanken des Nobelpreisträgers Amartya Sen orientiert, Maßstab für Entwicklung sei der Grad der Freiheit.

In vielen Bereichen haben die demokratischen Länder einander widerstreitende Interessen, und sie würden diese normalerweise weiter im freien Wettbewerb verfolgen. Wollen sie jedoch gemeinsam mit Zuckerbrot und Peitsche operieren, müssen sie eng zusammenarbeiten, das heißt, sie müssen sich gemeinsamen Entscheidungen unterordnen. Handelssanktionen beispielsweise können nur effektiv sein, wenn sich alle daran halten. Gegenwärtig haben die Vereinigten Staaten die Angewohnheit, einseitige Sanktionen zu verhängen; davon müßten sie nun Abstand nehmen. Und umgekehrt müßten sich sämtliche Mitglieder, die einen gemeinsamen Sanktionsbeschluß gefaßt haben, daran halten; anderenfalls müßten sie die Allianz verlassen.

Strafaktionen und Einmischungen in die inneren Angelegenheiten einzelner Länder wären auf ein Minimum zu beschränken, weil sie leicht unbeabsichtigte Folgen haben können. So sind etwa Handelssanktionen oft kontraproduktiv. Sie tragen dazu bei, das Regime, das sie eigentlich schwächen sollen, zu stärken. Schmuggler sind auf die Hilfe des Regimes angewiesen, dem sie dann ihrerseits behilflich sind. Wie sich im Falle Jugoslawiens gezeigt hat, ist eine schwarze Liste mit all jenen, die das Regime unterstützten, sehr viel wirksamer, und es spricht einiges dafür, Handelssanktionen wo irgend möglich durch solche schwarzen Listen zu ersetzen. Dadurch würden diejenigen getroffen, die es verdienen, und das Regime, das bestraft werden soll, würde tatsächlich geschwächt.

Militärinterventionen freilich eignen sich noch weniger dazu, Druck auszuüben. Sie schädigen nicht nur das Land, dessen Bevölkerung doch gerade unterstützt werden soll, sie lassen sich auch schlecht aufrechterhalten, denn in Demokratien ist es nicht populär, wenn die Soldaten in Särgen heimkehren. Ohnehin zielt die Tätigkeit der politischen Allianz ja darauf, Militäraktionen möglichst überflüssig zu machen. Wenn materielle Anreize zur Verfügung stehen und Ächtungsmaßnahmen drohen, dürften die Betroffenen in den meisten Fällen freiwillig mitwirken. Natürlich wird es Ausnahmen geben, und darum brauchen wir weiterhin zusätzlich ein militärisches Bündnis. Falls sich Militäreinsätze nicht vermeiden lassen, würde ihnen immerhin die Tatsache, daß Präventivmaßnahmen vorausgingen, größere Legitimität verleihen. Stets aber sollte man Gewaltanwendung als Eingeständnis der eigenen Niederlage werten.[53]

Die Allianz für eine offene Gesellschaft darf nicht mit der Nato identisch sein, schon damit sie nicht von militärischen Aspekten dominiert wird. Und um eine größere Legitimität als die Nato zu erhalten, sollten der Allianz mehr Mitglieder angehören als dieser: Sie sollte allen Ländern offenstehen, die ihre Ziele unterstützen, ganz unabhängig von der geographischen Lage dieser Staaten. Allerdings wäre es wegen der Diskrepanz zwischen Peripherie und Zentrum wünschenswert, wenn die Allianz so viele Mitglieder aus der Peripherie hätte wie irgend möglich. Weil dort freilich nur wenige reife Demokratien existieren, könnte man aufstrebenden Demokratien eine Art Kandidatenstatus einräumen. Dann freilich müßte man besonders darauf achten, daß ihr tatsächliches Verhalten ihren vorgeblichen Zielen entspricht. Viele internationale Organisationen begehen den Fehler, daß sie einmal aufgenommene Mitglieder nur selten wieder ausschließen oder suspendieren. Die Allianz für eine offene Gesellschaft sollte diesen Fehler vermeiden.

Die Mitgliedschaft in der Allianz könnte eine Außenpolitik im - eigentlichen Sinne freilich niemals ersetzen; der Einsatz für eine offene Gesellschaft müßte sich immer auch im Wettbewerb mit anderen Zielen bewähren. Doch würde die Allianz den internationalen Beziehungen ein bisher schmerzlich vermißtes Element hinzufügen: Unterstützung und Anreize für die politische und wirtschaftliche Entwicklung. Ihre wichtigsten Instrumente, um auf halsstarrige Regierungen Druck auszuüben, wären der Entzug von Vorteilsregelungen und die Ächtung der Führer solcher Regime. Gleichwohl würde jeder Einzelfall ein anderes Vorgehen erfordern. Ja, es wäre vielleicht sogar ratsam, für die Auseinandersetzung mit den Schwierigkeiten bestimmter Regionen separate Koalitionen zu bilden: etwa für den Balkan, für das Ferganabecken oder für Burundi. Entsprechend könnte die Allianz sich auch um Umweltprobleme wie den sogenannten Treibhauseffekt kümmern.

Damit wären wir beim zweiten Hauptziel der Allianz: der Entwicklung des internationalen Rechts und internationaler Verhaltensstandards. In diesem Zusammenhang werde ich mich nun mit der Welthandelsorganisation und den Vereinten Nationen befassen.

Die Welthandelsorganisation

Die Welthandelsorganisation (WHO) ist eine recht undurchschaubare Institution. Ihre Regeln sind noch komplizierter als die Einkommensteuergesetze in den USA oder in Deutschland und gehen vielfach auf einen Kuhhandel hinter verschlossenen Türen zurück. Ich gestehe, daß ich oft die Augen verdreht habe, wenn die Rede auf die WHO kam, aber trotz allem erfüllt sie eine wichtige Funktion, denn sie legt die Grundsätze für den freien Welthandel fest. Sie wird von den USA und der Europäischen Union unterstützt, obwohl sich beide in Detailfragen oft harte Auseinandersetzungen liefern. Kürzlich geriet die WHO anläßlich ihrer Tagung in Seattle ins

Rampenlicht der Weltöffentlichkeit. Vorausgegangen war der Versuch, eine Charta für internationale Investitionen zu verabschieden, wodurch die Vorteile kodifiziert worden wären, die ausländisches Kapital unter den Bedingungen des kapitalistischen Weltsystems genießt. Dieses Vorhaben wurde jedoch durch eine internationale Koalition regierungsunabhängiger Organisationen (NGOs) vereitelt. Bei der Tagung in Seattle wollten die USA das Thema der internationalen Mindeststandards für Arbeitsplätze und Umweltschutz aufs Tapet bringen, was die protestierenden NGOs zum Anlaß nahmen, die WHO anzugreifen. Sie verbündeten sich kurzerhand mit protektionistischen Kräften in den USA, hauptsächlich den Gewerkschaften, und so ging das Treffen in Seattle im allgemeinen Chaos unter – das ist höchst bedauerlich, denn die Themen, die in Seattle zur Sprache kommen sollten, berühren den Nerv einer offenen Weltgesellschaft.

Arbeitsplatz- und Umweltstandards sind ein wichtiges gemeinsames Anliegen, das die WHO bis dahin vernachlässigt hatte. Doch auch der Freihandel stellt ein wichtiges gemeinsames Interesse dar, denn durch ihn wird der Wohlstand erst geschaffen, der es uns gestattet, uns Arbeitsplatz- und Umweltproblemen zu widmen. Natürlich verschärft die Wohlstandsvermehrung ebendiese Probleme zugleich. Welches gemeinschaftliche Interesse Vorrang haben sollte, kommt auf die Perspektive an; wichtig sind jedenfalls beide. Doch wie lassen sie sich unter einen Hut bringen? Eine einfache Antwort hierauf gibt es nicht. Würde die WHO Sanktionen wegen der Verletzung von Arbeitsplatz- und Umweltstandards verhängen, dann müßte sie in erster Linie weniger entwickelte Länder bestrafen, weil diese am eklatantesten dagegen verstoßen, und das Spielfeld würde sich noch weiter neigen. Diese Länder würden sich mit solchen Maßnahmen niemals einverstanden erklären, und die WHO bräche zusammen.

Statt dessen müßte ein konstruktiver Ansatz zum Zug kommen.

Weniger entwickelte Länder sollten einen Ausgleich dafür erhalten, daß sie ein Mindestmaß an Arbeitsplatz- und Umweltstandards einführen. Schließlich sind es die reichen Länder, die diese Standards durchsetzen wollen, und die armen Länder können sie sich nicht leisten. Vernünftig wäre es also, wenn die reichen Länder Anreize böten, statt Strafmaßnahmen zu verhängen, und etwas Ähnliches ist ja bereits beim Handel mit Schadstoffemissionsrechten geschehen. Strafmaßnahmen würden den Freihandel zerstören, Anreize dagegen die WHO nicht gefährden und zugleich die Arbeits- und Umweltbedingungen verbessern.

Die NGOs sollten stärker auf den Gesamtzusammenhang achten; allzuoft vertreten sie nur Spezialinteressen, und in dieser Hinsicht unterscheiden sie sich nicht von den Wirtschaftslobbyisten, wenn sie auch selbstgerechter daherkommen. In mancherlei Hinsicht ähneln die NGOs selbst schon Wirtschaftsunternehmen: Indem sie sich für moralische Anliegen engagieren, erzielen sie Umsätze und Gewinne. Die Bürgergesellschaft bildet zwar ein wichtiges Element einer offenen Gesellschaft, aber das Gemeinwohl kann ihr nicht allein anvertraut werden. Wir brauchen daneben auch weiterhin öffentliche Institutionen, die die öffentlichen Interessen schützen, und die WHO ist eine solche Institution; es wäre sehr zu bedauern, wenn sie zerstört würde. Allerdings fördert sie ausschließlich ein einziges Gemeingut: den Freihandel. Wir müssen also einen Weg finden, auch die anderen Interessen zu stärken, die wir für wichtig halten. Könnten die Vereinten Nationen dabei eine Hilfe sein?

Die Vereinten Nationen

Man darf nicht zu hohe Erwartungen in die Vereinten Nationen setzen. Ihr grundsätzlicher Schwachpunkt liegt darin, daß sie als Staatengemeinschaft an einem Demokratiedefizit leiden. Selbst wenn die Bürger die UN-Delegierten ihres Landes kontrollieren könnten, hätten sie damit noch keine Kontrolle über die Organisation der UNO selbst. Daß einige Mitgliedsstaaten nicht einmal Demokratien sind, verstärkt das Demokratiedefizit zusätzlich. Aber was noch gravierender ist: Alle in der Präambel der UN-Charta skizzierten Ziele orientieren sich an den Menschen und ihren Rechten, während die UNO selbst nach staatlichen und zwischenstaatlichen Prinzipien aufgebaut ist. Folglich kann sie die in der Präambel enthaltenen Versprechen gar nicht erfüllen. Das ist zwar sehr bedauerlich, doch wenn wir uns darauf einstellen und unsere Erwartungen entsprechend herunterschrauben, könnten die Vereinten Nationen durchaus eine nützliche Institution sein; als internationale Organisation haben sie viele Möglichkeiten. Sehen wir uns ihre vier Hauptbereiche – den Sicherheitsrat, die Generalversammlung, den Stab des Generalsekretärs und eine Reihe von Spezialabteilungen – der Reihe nach an.

Der Sicherheitsrat könnte die Ziele der UNO wirkungsvoll durchsetzen, wenn die ständigen Mitglieder einer Meinung wären. Mit dem Ende des kalten Krieges bot sich ihm die Gelegenheit, so zu arbeiten, wie die Institution ursprünglich gedacht war, aber, wie der Fall Bosnien gezeigt hat, er hat sie nicht genutzt. Eine solche Chance kommt wohl so schnell nicht wieder, weil Rußland und China kaum noch einmal so gefügig sein werden wie 1992. Der Sicherheitsrat kann also in Einzelfällen nützlich sein, doch wäre man nicht gut beraten, sich bei der Friedenssicherung vor allem auf ihn zu verlassen. Was die Generalversammlung betrifft, so gleicht diese jetzt eher einer Rednerbühne, aber sie könnte mehr zu einer Art Parlament werden, das für unsere Weltgesellschaft Gesetze verabschiedet, wenn sich die Allianz für eine offene Gesellschaft ernsthaft darum bemühte. Eine Versammlung souveräner Staaten taugt vielleicht nicht so sehr für exekutive Funktionen, aber als internationales Parlament würde sie sich bestens eignen – vorausgesetzt, ihr Demokratiedefizit ließe sich beheben. Leider besteht gegenwärtig wenig

Neigung, die Generalversammlung entsprechend zu reformieren. Das Generalsekretariat könnte ebenfalls eine wichtigere Rolle spielen als heute, wenn man die Auswahlprozedur des Generalsekretärs ändern würde. Zur Zeit besitzen die ständigen Mitglieder des Sicherheitsrates ein Vetorecht, und namentlich die USA wollen keinen starken, unabhängigen UN-Generalsekretär. Die speziellen Abteilungen der UNO schließlich sind berechtigter Kritik ausgesetzt. Nur wenige von ihnen funktionieren wirklich. Die Mitarbeiter werden nach den Wünschen der einzelnen Nationen eingestellt, nicht nach ihren Leistungen. Beamte der Vereinten Nationen zu entlassen ist außerordentlich kompliziert, und noch schwieriger ist es, Organisationen aufzulösen, die nicht mehr gebraucht werden. Wegen derartiger Mängel steht die UNO in keinem besonders guten Ruf.

Eigentlich liegt es auf der Hand, daß eine Vereinigung von Staaten nicht das richtige Mittel sein kann, um exekutive Funktionen zu übernehmen. Soweit diese anfallen, sollten sie Spezialinstitutionen mit eigenen Beamten, Budgets und Aufsichtsgremien übertragen werden. Solche Beamten wären dann den betreffenden Aufsichtsgremien rechenschaftspflichtig. Die im Gefolge von Bretton Woods geschaffenen Institutionen funktionieren ungeachtet ihrer Mängel weit besser als die UN-Agenturen, und selbst dort üben die Aufsichtsgremien zuviel Macht aus.

So, wie die UNO von ihren Mitgliedsstaaten – speziell von den USA – behandelt wurde, hat sie viel von dem Wohlwollen, dem Ansehen und der moralischen Autorität verloren, die sie trotz ihrer Konstruktionsfehler einst besaß. Der Blauhelm etwa gewährte den UN-Soldaten ein gewisses Maß an Schutz. Vieles von dem ist inzwischen verloren und dürfte sich nur schwer zurückgewinnen lassen. Zwar hat man weithin die Notwendigkeit einer UN-Reform erkannt, und unzählige Studien haben die verschiedensten Empfehlungen hierzu vorgelegt. Doch keine davon ließ sich verwirklichen, weil sich die Mitgliedsstaaten nicht einigen konnten. Die Allianz für eine offene Gesellschaft hätte mehr als jede andere Initiative eine vernünftige Chance, die notwendigen Reformen durchzusetzen. Wenn ihre Mitglieder geschlossen vorgehen würden, könnte sie dafür sorgen, daß die UNO ihrem eigenen Potential gerecht wird. Die Allianz hätte die Möglichkeit, entweder innerhalb der Vereinten Nationen zu wirken oder von außen, und damit hätte sie einen Hebel in der Hand, den keine andere bisherige UN-Reforminitiative besaß.

Aber wie könnte nun die Allianz die Vereinten Nationen reformieren? Indem sie Mehrheitsabstimmungen einführt und die Generalversammlung in ein gesetzgebendes Organ verwandelt. Die Gesetze hätten nur in jenen Ländern Geltung, die sie ratifizieren, und die Mitglieder der Allianz für eine offene Gesellschaft würden sich verpflichten, sie unter der Voraussetzung, daß sie von einer qualifizierten Mehrheit freiwillig verabschiedet worden sind, automatisch zu unterzeichnen. Staaten, die die Entscheidungen einer qualifizierten Mehrheit nicht akzeptieren, müßten die Allianz verlassen. Auf diese Weise ließe sich ein internationales Rechtsorgan ins Leben rufen, ohne das Prinzip der nationalen Souveränität zu verletzen. Die Kriterien für eine qualifizierte Mehrheit müßten natürlich sorgfältig bestimmt werden. Ich halte die Idee einer »bindenden Triade«, die Richard Hudson in bezug auf die UNO vorgeschlagen hat, für vielversprechend. Sie ließe sich auf die Allianz übertragen. Eine qualifizierte Mehrheit würde durch zwei Drittel der Länder, zwei Drittel ihrer Bevölkerung und zwei Drittel ihres Bruttoinlandsprodukts zustande kommen. Aber es ist nicht an mir, über solche Einzelheiten zu entscheiden. Das fiele in die Kompetenz der Mitgliedsländer der Allianz.

Wenn es der Allianz gelänge, die Kontrolle über die Vereinten Nationen zu gewinnen, würde sie den Generalsekretär ernennen, der seinerseits für das Generalsekretariat verantwortlich wäre, und

dieses wiederum würde die gesetzgeberische Arbeit der Generalversammlung in die Wege leiten. Die Stellung des Generalsekretärs
entspräche dann ungefähr derjenigen eines gewählten Führers der
Mehrheitspartei in einem demokratischen Staat. Angesichts der erheblich erweiterten Machtfülle des Amtes wäre es dann freilich
wünschenswert, wenn der Generalsekretär durch ein Mißtrauens-
votum der Allianz abgewählt werden könnte.

Der Sicherheitsrat würde dieselben Funktionen behalten wie bisher, aber die ständigen Mitglieder hätten kein Vetorecht mehr, und
die wechselnden Mitglieder würden von der Allianz ausgewählt,
statt nach rein geographischen Prinzipien zu rotieren. Diejenigen
ständigen Mitglieder des Sicherheitsrates, die der Allianz angehören, würden ihr Vetorecht de facto schon dadurch verlieren, daß
sie verpflichtet wären, qualifizierte Mehrheitsentscheidungen der
Allianz mitzutragen. Und auch die beiden anderen ständigen Mitglieder des Sicherheitsrates, Rußland und China, dürften letztlich
der Aufhebung ihres Vetorechts ebenfalls zustimmen. Sie zögen es
wahrscheinlich vor, auch ohne Vetorecht in diesem Gremium zu
bleiben, statt zuzusehen, wie es von einer anderen Organisation
überlagert würde, der sie nicht angehören. Viel unsicherer ist allerdings, ob die USA bereit wären, sich an die Regeln der Allianz zu
halten, denn das würde einen radikalen Wandel der gegenwärtig
dort vorherrschenden Einstellungen voraussetzen. In Wirklichkeit
haben die Vereinigten Staaten jedoch am wenigsten von der Aufgabe ihres Vetorechts zu befürchten. Schließlich wäre es höchst un-
wahrscheinlich, daß sich die Allianz den Wünschen einer Supermacht widersetzte, ohne deren Beistand kein wirksames gemeinsames Handeln möglich wäre.

Im Zeitalter der Fehlbarkeit müssen wir uns von übertriebenen
Hoffnungen auf Vernunft und Rationalität verabschieden. Trotzdem gibt es gute Gründe, warum eine über Ländergrenzen hinaus-

gehende, multilaterale Denkweise auch die Öffentlichkeit in den USA interessieren und beflügeln könnte. Die Vereinigten Staaten würden nämlich durch den Beitritt zur Allianz viel gewinnen, weil sich die Last des Weltpolizisten dann auf viele Schultern verteilen würde. Sie könnten für logistische und technische Unterstützung sorgen und wären auf die Zusammenarbeit mit anderen angewiesen, die bereit wären, Bodentruppen einzusetzen.

Selbst ohne derart weitreichende Reformen gibt es wenigstens einen signifikanten Schritt, den die Vereinigten Staaten schon jetzt unterstützen sollten: den Aufbau einer permanenten zivilen Polizeitruppe unter dem Dach der Vereinten Nationen, die in Situationen wie im Kosovo, in Haiti und Osttimor eingesetzt werden könnte. UN-Generalsekretär Kofi Annan hat eine solche Truppe gefordert, die Clinton-Regierung hatte ihre Zustimmung gegeben, doch der US-Kongreß weigerte sich, die nötigen Finanzmittel zur Verfügung zu stellen.

Warum wir die Allianz für eine offene Gesellschaft brauchen

Für die Allianz für eine offene Gesellschaft sprechen im wesentlichen zwei Argumente. Das eine ist pragmatisch und hat mit politischer Klugheit zu tun, das andere ist idealistischer Natur. Das pragmatische Argument lautet, daß die USA heute eine größere militärische Überlegenheit besitzen als je zuvor in ihrer Geschichte, während die größte Bedrohung für Frieden und Wohlstand von den in anderen Ländern herrschenden innenpolitischen Verhältnissen ausgeht, die sich skrupellose Führer zunutze machen können. Mit diesen Bedrohungen können die USA allein nicht fertig werden; darum müssen sie mit gleichgesinnten Ländern eine Allianz bilden. Als Speerspitze einer solchen Allianz könnten die USA ihre Führungsposition in der Welt wiedergewinnen und erhalten, weil ihre aktive Mitwirkung für den Erfolg der Idee unverzichtbar wäre, und die anderen demokratischen Länder würden ihrerseits ein größeres Mitspracherecht bei der Gestaltung der internationalen Beziehungen gewinnen, wenn sie sich an einer solchen Allianz beteiligten. Gemeinsam würden alle von einer stabileren Weltordnung profitieren.

Wenn die USA allerdings weiterhin einseitig handeln, ist es nur noch eine Frage der Zeit, bis andere Länder sich dieser Vorherrschaft so sehr widersetzen, daß sie zum Machtausgleich eigene Koalitionen bilden. Dann würden die Vereinigten Staaten ihre herausragende Stellung verlieren. Weil aber ein Gleichgewicht von Machtblöcken für die Wahrung des Weltfriedens alles andere als eine sichere Bank ist, würde sich die Gefahr, daß sich eine Katastrophe ausbreitet, deutlich erhöhen.

Dieses Argument ist durchaus stichhaltig, wegen seiner hypothetischen Natur jedoch nicht allzu überzeugend. Man müßte Katastrophenszenarien entwerfen und darauf warten, daß sie Wirklichkeit werden, um dann verkünden zu können: »Ich hab's euch doch gesagt.« So etwas ist nicht unbedingt lohnend, wie ich selbst im Zusammenhang mit der Krise in Rußland feststellen mußte. Darum finde ich es vielversprechender, die Idee gleich offen idealistisch vorzutragen: Eine offene Weltgesellschaft würde zur Verbesserung der Welt beitragen, und die USA sind stark und reich genug, um sie entscheidend zu befördern – ein ebenso einfacher wie inspirierender Gedanke. Sein Nachteil liegt darin, daß Idealismus als weich und weltfremd gilt und meist hinter konkreten Einzelinteressen zurückstehen muß – in solchen Konfliktfällen hat er bislang jedenfalls immer den kürzeren gezogen. Überwinden ließe sich diese Schwäche allerdings, wenn wir mit dem Idealismus das Bewußtsein unserer Fehlbarkeit verbänden. Dadurch würden unsere Erwartungen gedämpft, wir würden toleranter gegenüber den Unzulänglichkeiten konstruktiver Eingriffe und wären vor einigen Trugschlüssen des politischen Aktionismus geschützt. Die offene Gesellschaft ist ein ganz besonderes Ideal. Es zielt nicht auf Perfektion ab, sondern bildet vielmehr nur einen Bezugsrahmen, innerhalb dessen Idealismus Erfolg haben kann.

Seltsamerweise hat die größte offene Gesellschaft der Welt – die USA – nie die prinzipiellen Grenzen und Unzulänglichkeiten einer offenen Gesellschaft akzeptiert. Sie hat Maßstäbe für das öffentliche Leben festgesetzt, denen kein Politiker entsprechen kann, und sie nimmt sich immer wieder das Recht, anderen Ländern ihre eigenen Standards für Menschenrechte und demokratische Werte nahezulegen oder gar aufzuzwingen. Da verwundert es nicht, daß ihre hehren Ansprüche in Enttäuschungen enden müssen. Die Amerikaner würden mehr erreichen, wenn sie weniger erwarteten. Statt ihre Werte allen zum Maßstab zu setzen, müßten sie ihre eigene Fehlbarkeit anerkennen, und statt selbstherrlich zu handeln, müßten sie sich an der Formulierung international gültiger Spielregeln beteiligen, an die sie sich dann auch gebunden fühlten.

Die Allianz für eine offene Gesellschaft würde auf freiwilligem Gehorsam basieren, aber sie könnte beim besten Willen nicht stets nur erfolgreich sein. Darum muß sie sich die militärische Option offenhalten. Sollte es der Allianz nicht gelingen, die Kontrolle über den UN-Sicherheitsrat zu erlangen, könnte sie immer noch an ihm vorbei agieren und ohne seine Autorisierung die Nato aktivieren, wie es während der Kosovokrise ja bereits geschehen ist. Wenn die Allianz zuvor alle konstruktiven Möglichkeiten ausgeschöpft hätte, würde dies ihren Strafaktionen eine wesentlich größere Legitimität verleihen, als sie die Nato-Aktion im Kosovo besaß.

Könnte die Allianz für eine offene Gesellschaft – ob sie nun innerhalb der Vereinten Nationen oder von außen operierte – die Fehler vermeiden, die offenbar allen Staatenbündnissen und internationalen Organisationen anhaften, vor allem das Demokratiedefizit und die Entscheidungsschwäche? Wahrscheinlich nicht. Doch solche negativen Wirkungen ließen sich mildern, indem man schon im

voraus damit rechnete. Man könnte zum Beispiel eine Klausel ein-
bauen, welche die Institutionen der Allianz von vornherein auf, sagen wir, 25 Jahre befristen würde. Gleich nach ihrer Gründung sind
neue Institutionen meistens von einem missionarischen Eifer erfüllt, der sich allerdings im Lauf der Zeit abnutzt. Das gilt auch für
die Vereinten Nationen. Zur Zeit ihrer Gründung riefen sie große
Begeisterung hervor, doch die meisten ihrer engagierten Befürworter haben inzwischen längst das Rentenalter erreicht. Der UNO
hätte eine zeitliche Befristung ihrer Existenz sicher gut getan. Keine Lösung ist perfekt oder für alle Zeiten gültig, und darum sollte
jede Koalition offener Gesellschaften sich stets für strukturelle
Revisionen oder Verbesserungen offenhalten.

Das Demokratiedefizit stellt ein grundlegendes Problem aller internationalen Organisationen dar, doch wenn es der Allianz für eine
offene Gesellschaft wirklich gelingen sollte, die UN-Generalver-
sammlung in ein Parlament mit Gesetzgebungskompetenz umzuwandeln, hätten wir vielleicht sogar ein Zuviel an Demokratie.
Denn dann würden die regierungsunabhängigen Organisationen
ihr mit Gesetzesvorschlägen die Türen einrennen. Die internationale Bürgergesellschaft ist in der Lage, Großes zu leisten, beispielsweise das Verbot von Landminen durchzusetzen, aber mit Hilfe des
Internets könnte es bald schon zuviel des Guten sein. Wir alle haben
gesehen, was im Zusammenhang mit der WHO-Tagung in Seattle
geschah. Zum Glück würde es strenge Sicherungen gegen legisla-
tive Exzesse geben: Die Gesetze wären nur in den Ländern gültig, in
denen sie ratifiziert wurden, und sie müßten erst durch eine qualifizierte Mehrheit der Allianz in Kraft gesetzt sein, ehe auch die
anderen Mitglieder zur Ratifikation gezwungen wären. Außerdem
müßten die Gesetze natürlich auch dem prüfenden Blick der Ge-
richte in allen Mitgliedsländern standhalten – einschließlich des US
Supreme Court. Damit wäre ein weiteres Kontrollsystem installiert, wie es jede offene Gesellschaft benötigt.

Während ich selbsternannten, selbstgerechten Aktivisten gegenüber ein wenig argwöhnisch bin, hätte ich zu den Mitarbeitern der Allianz größeres Vertrauen – und wenn die Allianz die Mehrheit in der UNO gewinnen könnte, auch zum Personal der Vereinten Nationen. Für internationale Organisationen engagierte Mitarbeiter zu finden ist nicht schwer, vorausgesetzt, es kommen wirklich die Besten zum Zuge und nicht die Protegés der einzelnen Länder. Es gibt viele, viele gute Leute, die trotz aller Frustrationen in den Vereinten Nationen ihren Dienst tun. Um die Lage zu verbessern, sollten der Generalsekretär und die Leiter der verschiedenen UN-Organisationen die Vollmacht erhalten, Personal einzustellen und zu entlassen. Dafür müßten sie dann aber auch die Verantwortung für das Funktionieren ihrer Organisationen übernehmen.

Ich werde hier die Details einer Allianz für eine offene Gesellschaft nicht weiter ausführen, weil ich das Gefühl habe, mich sonst in einer Art Wolkenkuckucksheim zu verrennen. Die Ausgestaltung der Einzelheiten müßte ohnehin den Teilnehmern der Allianz vorbehalten bleiben. Diese könnte mancherlei Gestalt annehmen, von einem festgefügten, formellen Bündnis bis hin zu Ad-hoc-Koalitionen zu bestimmten Themen – vom Abkommen über das Verbot von Landminen bis zu einem Kreditfonds für die Entwicklung und Förderung unabhängiger Medien in Ländern, in denen sie bisher fehlen.

Man kann nicht erwarten, daß die Initiative für die Schaffung einer offenen Weltgesellschaft von den Regierungen ausgeht. Sie benötigt die Unterstützung der Wähler. Nach deren Wünschen müssen sich demokratische Regierungen richten; nur wenn den Menschen wirklich etwas an den Grundsätzen einer offenen Gesellschaft liegt, werden sich diese Prinzipien durchsetzen. Nun könnte man natürlich fragen, wie sich eine solche Aussage mit meinen unfreundlichen Bemerkungen über selbsternannte, selbstgerechte Wächter der Zivilgesellschaft vereinbaren läßt. Ganz einfach: Der Impuls zur Förderung der Prinzipien einer offenen Gesellschaft muß zwar vom Volk ausgehen, aber die Zivilgesellschaft kann diese Aufgabe nicht allein bewältigen. Sie muß sich die Unterstützung der Regierungen sichern. Mit meinen Stiftungen habe ich die Erfahrung gemacht, daß sie mehr erreichen können, wenn sie mit den Regierungen zusammenarbeiten oder Druck auf sie ausüben. Die Auswirkungen sind dann doppelter Art: Es werden Veränderungen auf dem speziellen Gebiet erreicht, um das es gerade geht – etwa bei der Gefängnisreform, im Erziehungswesen oder beim Schutz geistig Behinderter –, und zugleich wird auch die Qualität der Regierungsarbeit verbessert.

Es ist wichtig, die große Vision einer offenen Weltgesellschaft zu beschreiben. Doch dem Ziel einer offenen Gesellschaft kann man sich nur Schritt für Schritt nähern. Darum möchte ich mich nicht weiter in Ausschmückungen ferner Möglichkeiten verlieren, sondern mich lieber den tatsächlichen Verhältnissen zuwenden. Und auf dem Balkan hat die offene Gesellschaft gerade einen praktischen Test zu bestehen. Hier engagiert sich bereits eine informelle Allianz demokratischer Staaten, und sie hat es in der Hand, ihr Wirken erfolgreich abzuschließen. Wenn wir uns der Bewährungsprobe auf dem Balkan gewachsen zeigen, würde uns dies dem Ideal einer offenen Weltgesellschaft einen Schritt näher bringen. Umgekehrt gilt aber auch: Wenn wir dort scheitern, wird das ein empfindlicher Rückschlag sein. Meine Stiftungen arbeiten engagiert daran, daß der Stabilitätspakt ein Erfolg wird – um seiner selbst willen ebenso wie zum Wohle des Ideals einer offenen Gesellschaft. Ich bin fest davon überzeugt, daß es uns gelingen wird, Schritt für Schritt eine offene Weltgesellschaft zu schaffen.

Schlußwort

Ich gebe das Manuskript dieses Buches mit gemischten Gefühlen an den Verlag, bang und erwartungsvoll zugleich. Wie in der Einleitung schon angedeutet, fällt es mir schwer, mich von diesen Seiten zu trennen. Habe ich meine Gedanken klar und deutlich genug zum Ausdruck gebracht? Sind sie in sich schlüssig? Bedeuten sie anderen genausoviel wie mir? Diese Fragen beunruhigen mich. Bestärkt werden meine Sorgen noch durch die Tatsache, daß ich bis zur letzten Minute am Manuskript etwas zu verbessern fand. Ich habe alles in meiner Macht Stehende getan. Mehr ist mir allein nicht möglich. Aus der Kritik anderer habe ich viel gelernt, und das kann und soll auch nach der Veröffentlichung dieses Buches so bleiben.

Meine Erwartungen konzentrieren sich auf die Allianz für eine offene Gesellschaft. Ich weiß nicht, auf welche Resonanz mein Vorschlag stoßen wird, aber ich weiß, daß wir Fortschritte in seinem Sinne machen müssen, wenn wir die Möglichkeiten, die uns die Entwicklung der globalen Wirtschaft eröffnet, gut nutzen wollen. Ob ich andere überzeugen kann oder nicht – ich selbst bin fest überzeugt davon. Nach einer Periode hektischer Aktivität, während der ich klar vor mir sah, was zu tun war, verspürte ich das Bedürfnis, meine Gedanken über die offene Gesellschaft zu ordnen und systematisch darzustellen. Das ist im vorliegenden Buch geschehen. Abermals habe ich nun klare Vorstellungen davon, wo die Aufgaben meines Stiftungsnetzwerks liegen. Ich werde sie hier nicht näher beschreiben, weil dies meine Flexibilität in der Praxis einschränken könnte – ich sehe sogar eine gewisse Parallele zum Problem meiner öffentlichen Meinungsäußerungen, als ich noch an der Börse aktiv war –, aber ich kann sie allgemein umreißen: Es geht darum, den zivilgesellschaftlichen Aspekt der Allianz für eine offene Gesellschaft zu stärken.

August 2000
George Soros

Danksagung

Zum ersten Mal hat der begriffliche Rahmen, mit dessen Entwicklung ich schon als Student begonnen habe, ernsthafte kritische Aufmerksamkeit gefunden. Das ist für mich eine anregende und in mancherlei Hinsicht befreiende Erfahrung gewesen. Ich danke allen, die für dieses und mein vorheriges Buch Interesse gezeigt haben.

Anatole Kaletsky wirkte de facto als Lektor von ›Die Krise des globalen Kapitalismus‹ und half mir, das Material zugänglicher zu präsentieren; Roman Frydman war besonders beim begrifflichen Rahmen eine große Hilfe; Leon Botstein brachte viele wichtige Punkte zur Sprache, und wir haben mehrfach angeregt miteinander diskutiert; Anthony Giddens kommentierte mehr als nur eine Version dieses Manuskripts; William Newton-Smith gab mir wertvolle Hinweise zu einigen philosophischen Fragen; und John Gray bewog mich, Karl Polanyis ›Great Transformation‹ aufs neue zu lesen. Hilfreiche Kommentare erhielt ich ferner von Robert Kuttner, John Simon, Jeffrey Friedman, Mark Malloch Brown, Armínio Fraga, Tom Glaessner, Aryeh Neier, Daniel Kahneman, Byron Wien und Richard Medley.

Bei der Vorbereitung dieses Buches hat mir Adam Posen vom Institute for International Economics wertvolle Hilfe geleistet, obwohl er für meine Ansichten natürlich nicht verantwortlich ist. Yehuda Elkana hat an der Mitteleuropäischen Universität in Budapest eine Arbeitsgruppe zum Thema des Buches organisiert, und geschrieben haben mir Lóránd Ambrus-Lakatos, Fabrizio Coricelli, John Gray,

János Kis, Mária Kovács, Petr Lom und István Rév. Katie Jamieson hat in ihrem gewohnt klaren Stil die Tagungsprotokolle verfaßt. Les Gelb organisierte eine Diskussionsrunde im Council on Foreign Relations in New York, aus der ich eine Menge gelernt habe. An der Diskussion haben teilgenommen: Elizabeth Colagiuri, Morris Goldstein, Nancy Goodman, Roger Kubarych, Lawrence Korb, Michael Mandelbaum, William Luers, Walter Mead, Peter Osnos, David Phillips, Adam Posen, Gideon Rose, Geoff Shandler, Dimitri Simes, Benn Steil und Fareed Zakaria. Mort Abramowitz, Martti Ahtisaari, Anthony Lester, Charles W. Maynes, Aryeh Neier, Stewart Paperin, Alex Rondos, Cornelio Sommaruga und Joseph Stiglitz beteiligten sich an einem Diskussionswochenende bei mir zu Hause. Lord Lester brachte dabei einige wichtige Punkte bezüglich meiner Definition einer offenen Gesellschaft zur Sprache, die ich nicht zu seiner Zufriedenheit gelöst hatte. Ich möchte an dieser Stelle auch all jenen danken, die das Manuskript in seinen verschiedenen Entwicklungsstadien gelesen haben. Ich kann sie hier nicht alle namentlich nennen, möchte aber Benjamin Barber, Leon Botstein, Bill Clapp, Jacques de Larosière, Jeffrey Friedman, Roman Frydman, Ekaterina Genieva, Anatole Kaletsky, Alex Lupis, Aryeh Neier, Joseph Nye, Andrei Shleifer, John Simon und F. van Zyl Slabbert hervorheben, die sich schriftlich geäußert haben. Justin Leites machte noch in letzter Minute einige wertvolle Vorschläge.

Mit meinem Verleger Peter Osnos und seinem Team bei Public Affairs habe ich bestens zusammenarbeiten können, und Kris Dahl danke ich, daß er ihn mir empfohlen hat.

Yvonne Sheer hat das Manuskript unzählige Male neu getippt; sie hat die Verweise geprüft und als Generalmanagerin des ganzen Projekts fungiert. Ohne sie wäre es nicht gegangen.

Anmerkungen

1   Vgl. Amartya Sen, *Ökonomie für den Menschen. Wege zur Gerechtigkeit und Solidarität in der Marktwirtschaft*, München 2000.

2   Vgl. Stephen Holmes, »What Russia Teaches Us Now: How Weak States Threaten Freedom«, in: *The American Prospect* (Juli/August 1997), S. 30–39.

3   Vgl. Bryan Magee, *Confessions of a Philosopher: A Personal Journey Through Western Philosophy from Plato to Popper*, New York 1999, S. 119.

4   William Newton-Smith hat mir erklärt, meine Auffassung der Gödel-Zahlen unterscheide sich von Gödels eigener. Anscheinend hatte Gödel ein platonisches Universum vor Augen, in dem Gödel-Zahlen existierten, bevor er sie entdeckte, während ich der Meinung bin, daß Gödel-Zahlen von ihm erfunden wurden, wodurch er das Universum, in dem er tätig war, vergrößerte. In diesem Falle mag meine Interpretation des Gödelschen Theorems als »fruchtbarer Irrtum« gelten.

5   Vgl. Thomas S. Kuhn, *Die Struktur wissenschaftlicher Revolutionen*, Frankfurt 1967.

6   Ich sollte allerdings betonen, daß sich die meisten Ökonomen zwar dem Prinzip des Gleichgewichts verpflichtet fühlen, deshalb aber nicht unbedingt Marktfundamentalisten sein müssen. Hinzu kommt, daß der Begriff der Reflexivität in der zeitgenössischen Wirtschaftstheorie mehr und mehr Anerkennung erfährt. Vgl. etwa Maurice Obstfeld, »Models of Currency Crisis with Self-Fulfilling Features«, in: *European Economic Review*, Bd. 40 (April 1996), S. 1037–1047.

7   Vgl. Lionel Robbins, *An Essay on the Nature and Significance of Economic Science*, London 1969.

8   Vgl. George Soros, *Die Alchemie der Finanzen. Wie man die Gedanken des Marktes liest*, Kulmbach 1994.

9   George Anders, »Internet Firms Offer Goods in a Bid to Increase Traffic«, in: *Wall Street Journal* vom 28. Juli 1999.

10   Robert Solow, »The False Economy of George Soros«, in: *New Republic* vom 8. Februar 1999.

11 Die beiden Hauptansätze für eine Risikoanalyse sind die sogenannte Fundamental Analysis, also die Analyse der Faktoren für Angebot und Nachfrage, und die technische Analyse. Die Fundamental Analysis folgt den Maximen der Wirtschaftstheorie und betrachtet die Preise von Anteilen als Ausdruck der Fundamentaldaten der Firma. Die technische Analyse ignoriert die Wirtschaftstheorie und untersucht die Dynamik von Preisbewegungen und die Muster des Marktverhaltens.

12 Vgl. Robert Floyd und Nancy Marion, »Perspectives on the Recent Currency Crisis Literature«, in: *National Bureau of Economic Research Working Paper* No. W6380 (Januar 1998).

13 Peter M. Allen, »Evolving Complexity in Social Science«, in: *Systems: New Paradigms for the Human Science,* hg. von Gabriel Altman und Walter A. Koch, Berlin 1998, S. 3–38.

14 Jeffrey A. Frankel und Kenneth A. Froot, »Chartists, Fundamentalists and the Demand for Dollars«, in: *Private Behavior and Government Policy in Independent Economics,* hg. von Anthony Courakis und Mark Taylor, Oxford 1990.

15 Zur Korruption vgl. Daniel Kaufmann, Aart Kraay und Pablo Ziodo-Lobaton, »Governance Matters«, in: *World Bank Policy Research Working Paper* No. 2196 (August 1999). Vgl. hierzu auch David Kaufmann, »Corruption: The Facts«, in: *Foreign policy* (Washington D. C.) No. 107 (Sommer 1997), S. 114–131. Zu bewaffneten Aufständen vgl. Paul Collier, »Economic Causes of Civil Conflict and their Implications for Policy«; Washington D. C.: World Bank, 15. Juni 2000.

16 Dieser Punkt wird überzeugend ausgeführt von Ivan Krustev, »The Strange (Re)Discovery of Corruption«, in: *The Paradoxes of Unintended Consequences,* Budapest 2000.

17 Diese Passage ist eine Zusammenfassung von Kapitel vier meines Buches *Opening the Soviet System,* London 1990.

18 Die Ausarbeitung von Idealtypen ist eine legitime Methode in den Sozialwissenschaften. Sie wurde von Max Weber hoffähig gemacht und auch von späteren Denkern – wie Ernest Gellner – angewandt. Ihr Vorzug – oder Nachteil – liegt darin, daß sie nicht nur eine deskriptive, sondern auch eine normative Rolle spielen kann. Vollkommener Wettbewerb, wie er von der Wirtschaftstheorie postuliert wird, ist ein solcher Idealtypus.

19 Istvan Rev behauptet, mit meiner Begeisterung für Idealtypen und Abgrenzungskriterien befände ich mich auf dem Holzweg. Geschichte ist ein Prozeß, und Reflexivität ist ein Prozeß, und ich versuche, die Geschichte als

reflexiven Prozeß zu interpretieren. Warum sollte ich da Prozesse auf Zustände reduzieren wollen? Diese Frage stellt sich wirklich. Mein Ziel besteht darin zu zeigen, daß der historische Prozeß *qualitativ* unterschiedliche Zustände hervorrufen kann – Zustände, die sich ebensosehr unterscheiden wie Wasser, Eis und Dampf. Modelle sollten Hilfe zum Verständnis der Realität leisten und nicht als deren Darstellung mißverstanden werden. Mit anderen Worten: Man sollte sie nicht zu wörtlich nehmen. Dennoch nehme ich den Begriff der offenen Gesellschaft durchaus ernst, nicht nur als Darstellung der Realität, sondern auch als erstrebenswertes Ziel. Das hat mir unglaubliche begriffliche Schwierigkeiten eingetragen, wie ich im Verlauf dieses und des folgenden Kapitels noch näher erläutern werde. Der Unterscheidung zwischen Alltagsereignissen und historischen Geschehnissen dagegen messe ich nicht allzuviel Gewicht bei, und ich hoffe, der Leser wird das auch nicht tun.

20   Ich habe ihn in meinem Buch *Opening the Soviet System*, London 1990, fast wörtlich wiedergegeben.

21   Vgl. Stephen Holmes, »What Russia Teaches Us Now: How Weak States Threaten Freedom«, in: *The American Prospect* (July/August 1997), S. 30–39.

22   Vgl. Tivadar Soros, *Maskerado: Dancing around Death in Nazi Hungary*, Edinburgh 2000.

23   Vgl. Robert Axelrod, *The Complexitiy of Cooperation: Agent-Based Models of Competition and Collaboration*, Princeton 1997; derselbe: *The Evolution of Cooperation*, New York 1984; Anatol Rapoport und Albert M. Chammah, *Prisoner's Dilemma*, Ann Arbor 1965.

24   Wesentliche Anregungen für diesen Abschnitt verdanke ich Michael Sandel, *Democracy's Discontent*, Cambridge 1996.

25   Vgl. meinen Artikel »… No, Keep It Alive to Help the Needy«, in: *Wall Street Journal* vom 14. Juli 2000.

26   Es hatte sich eingebürgert, Bill Gates Vorwürfe zu machen, daß er von seinem immensen Reichtum nicht mehr abgebe. Doch die Kritiker haben nicht zur Kenntnis genommen, daß die Anforderungen des Geschäftslebens und die Arbeit seine sämtlichen Energien beanspruchten. Inzwischen gehört im Zeichen des Kampfes gegen die gerichtlich angeordnete Zerschlagung seines Konzerns auch Philanthropie zu Gates' Geschäftsstrategie.

27   Das gilt nicht für das Gesundheitssystem. Hier ist Frankreich führend, Großbritannien liegt auf Platz 18 und die USA nehmen Platz 37 ein.

28   Vgl. Dani Rodrik, »Has Globalization Gone Too Far?«, Institute of International Economics, Washington 1992.

29 Dieser im August 1998 verfaßte Abschnitt wurde aus Gründen der historischen Genauigkeit weitestgehend beibehalten.

30 Zwischen Herbst 1998 und Mitte März 2000 ist der S&P um weitere 42 Prozent gestiegen, der Nasdaq um 238 Prozent und der DAX um 100 Prozent.

31 Auch hier ist die Entwicklung anders verlaufen. In Indonesien wurde mit Adburrahman Wahid ein islamischer Geistlicher zum Präsidenten gewählt, der ein entschlossener Anhänger der offenen Gesellschaft ist. In China haben die Reformer ihren Einfluß nach einer schwierigen Phase zurückerlangt, doch der Nationalismus etabliert sich immer mehr als Nachfolgeideologie des Kommunismus.

32 Ich brauche wohl kaum zu sagen, daß diese Einschätzung voreilig war.

33 Während dieses Horrorszenario durch den Verlauf der Ereignisse widerlegt wurde, sehe ich in der Entwicklung des IWF eine Quelle zukünftiger Probleme. (Siehe Kapitel 10.)

34 Was das Internet angeht, muß ich mich zu einer Voreingenommenheit bekennen, die fast an Blindheit grenzt. Ich kannte die Idee des Internets noch vor dessen Entstehung, denn ich war Investor bei Bolt, Beranek and Newman, wo Ende der siebziger Jahre an seinem Vorläufer, dem Arpanet, gearbeitet wurde. Ich begriff, welches Potential im Internet als Mittel zur Förderung der offenen Gesellschaft steckte, und wandte mehrere Millionen Dollar auf, um es in der Sowjetunion einzuführen; dennoch investierte ich nicht in seine ersten kommerziellen Anfänge.

35 Geschrieben im Sommer 1998; wo nötig, aktualisiert.

36 In der Folge lag das langfristige Kapitalmanagement danieder – mit katastrophalen Konsequenzen.

37 Diese Punkte erwähnte ich in meiner Stellungnahme vor dem US-Kongreß am 15. September 1998.

38 Interessanterweise ist mein Vorurteil über die negative Markttendenz, das uns während des nachfolgenden Booms hinderlich war, womöglich durch meine Arbeit an *Die Krise des globalen Kapitalismus* erzeugt worden. Einen ähnlichen Zusammenhang gab es 1987, als ich in Boston mit Wirtschaftswissenschaftlern derart eifrig über *Die Alchemie der Finanzen* diskutierte, daß ich vor dem Crash nicht mehr rechtzeitig die Flucht ergriff. In meiner besten Zeit hatte ich es mir zur Regel gemacht, keine öffentlichen Erklärungen abzugeben.

39 Trofim Lyssenko war ein Biologe, der im Sinne des Marxismus beweisen wollte, daß erworbene Merkmale vererbt werden können.

40 George Soros, *Underwriting Democracy*, New York 1991.

41 Implizite Zinsrate für einmonatige Forward-Kontrakte (für Rubel), die in Dollar gehandelt werden.

42 Durchschnittsrendite staatlicher Rubel-Anleihen.

43 Durchschnittsrendite russischer Dollar-Anleihen.

44 Siehe Richard Rhodes, *Why They Kill: The Discoveries of a Maverick Criminologist*, New York 1999.

45 Die International Financial Institution Advisory Commission (Meltzer-Kommission). Ihr Vorsitzender Allan H. Meltzer legte dem US-Finanzministerium am 8. März 2000 seinen Abschlußbericht vor.

46 »Avoiding a Breakdown: Asia's Crisis Demands a Rethink of International Regulation«, in: *Financial Times* vom 31. Dezember 1997.

47 »To Avert the Next Crisis«, in: *Financial Times* vom 4. Januar 1999.

48 Der gleiche Einwand gilt auch für die Empfehlung der Meltzer-Kommission, der IWF solle »geeignete fiskalische Anforderungen« für Länder einführen, die für IWF-Kredite in Frage kommen.

49 Amartya Sen, *Ökonomie für den Menschen. Wege zur Gerechtigkeit und Solidarität in der Marktwirtschaft*, München 2000.

50 Verglichen mit dem IWF, ist die Weltbank unabhängiger vom US-Einfluß; gleichwohl sah sich deren Erster Vizepräsident und Chefökonom Joe Stiglitz, der ein offenes Wort liebt, zum Rücktritt gezwungen, als er mit seinen Äußerungen die USA verärgert hatte.

51 Ich stimme diesem Argument nicht zu, denn dieser Fall kann gar nicht eintreten, solange ein US-Gericht bereit ist, den Prozeß zu führen, wie zum Beispiel im Falle des Massakers von My Lai.

52 Vgl. William Maynes, »America's Fading Commitments«, in: *World Policy Journal* (Sommer 1999).

53 Hier bietet die Organisation Amerikanischer Staaten (OAS) einen nützlichen Präzedenzfall. Die Resolution von Santiago de Chile (1991) sieht vor, daß der Generalsekretär der OAS innerhalb von zehn Tagen eine Außenministerkonferenz der Mitgliedsländer einberufen muß, wenn die rechtmäßige, gewählte Regierung eines Mitgliedslandes durch einen Staatsstreich oder andere illegitime Mittel an der Machtausübung gehindert wird. Diese Resolution wurde bisher viermal angewandt: 1991 nach dem Putsch auf Haiti, nach den regierungsinternen Staatsstreichen in Peru (1992) und Guatemala (1993) sowie nach der Bedrohung der Regierung in Paraguay (1996). In allen Fällen trug dieser Mechanismus zur wirkungsvollen Organisation politischer Unterstützung und zur Wiederherstellung der konstitutionellen Demokratie bei.

Die amerikanische Originalausgabe erschien 2000
unter dem Titel ›Open Society. Reforming Global Capitalism‹
im Verlag Public Affairs, New York

Deutsche Ausgabe:
Redaktion: Bernhard Klöckener, Berlin
Umschlaggestaltung: Ott + Stein, Berlin
Umschlagreproduktion: MetaDesign AG, Berlin
Buchgestaltung: ⑤ sans serif, Berlin
Gesetzt aus der Aldus und der Quay Sans
Druck und Bindung: Clausen & Bosse, Leck
Printed in Germany 2001
ISBN 3-8286-0160-X